Steuerfachkurs · Prüfung

Klausurenband Bilanzsteuerrecht

Von
Regierungsdirektor Wolfgang Bolk

▶ nwb AUSBILDUNG

978-3-482-**58771**-9

© Verlag Neue Wirtschafts-Briefe GmbH & Co. KG, Herne 2008
www.nwb.de

Alle Rechte vorbehalten.

Dieses Buch und alle in ihm enthaltenen Beiträge und Abbildungen sind urheberrechtlich geschützt. Mit Ausnahme der gesetzlich zugelassenen Fälle ist eine Verwertung ohne Einwilligung des Verlages unzulässig.

Druck: Griebsch & Rochol Druck GmbH & Co. KG, Hamm

VORWORT

Um die Steuerberaterprüfung zu bestehen, ist Klausurentraining unabdingbar. Nur so erlangt der Kandidat Sicherheit bei der Lösung von komplexen Sachverhalten. Grundlage für die hier vorliegenden Übungsklausuren ist meine langjährige Erfahrung aufgrund Unterrichtung, Klausurerstellung und Korrektur im Rahmen der Vorbereitung auf die Steuerberaterprüfung.

Der Klausurenband Bilanzsteuerrecht umfasst zehn Klausuren, die zur Prüfungsvorbereitung konzipiert wurden. Der Schwierigkeitsgrad orientiert sich an den Anforderungen der Steuerberaterprüfungen der letzten Jahre. Während die Klausuren Nr. 1 und Nr. 2 auch Grund- und Standardfälle zum Gegenstand haben, sind die Klausuren Nr. 3 bis Nr. 8 im Schwierigkeitsgrad insgesamt auf Prüfungsniveau.

Die Lösungen zu den Klausuren sind sehr ausführlich ausgearbeitet worden, um eine bestmögliche Wiederholung und Nacharbeit zu ermöglichen. In der Prüfung ist eine solch umfassende Lösung allerdings nicht – auch nicht für überdurchschnittliche Ergebnisse – erforderlich.

Die letzten beiden Klausuren sind Originalklausuren aus der Steuerberaterprüfung der Jahre 2003 und 2004, deren Daten auf 2007 fortgeschrieben und hinsichtlich der Lösungen auf den Rechtsstand 2007 gebracht wurden. Dabei wurde der amtliche Lösungsvorschlag berücksichtigt.

Für Ihre Prüfungen wünsche ich Ihnen viel Erfolg.

Nordkirchen, im Juli 2008   Wolfgang Bolk

Kein Produkt ist so gut, dass es nicht noch verbessert werden könnte. Ihre Meinung ist uns wichtig! Was gefällt Ihnen gut? Was können wir in Ihren Augen noch verbessern? Bitte verwenden Sie für Ihr Feedback einfach unser Online-Formular auf:

www.nwb.de/go/campus

Als kleines Dankeschön verlosen wir unter allen Teilnehmern einmal pro Quartal ein Buchgeschenk.

INHALTSVERZEICHNIS

Vorwort	V
Abkürzungsverzeichnis	IX

ÜBUNGSKLAUSUR 1

Aufgabe	1
Lösung	17
Punkteverteilung	33

ÜBUNGSKLAUSUR 2

Aufgabe	37
Lösung	45
Punkteverteilung	59

ÜBUNGSKLAUSUR 3

Aufgabe	63
Lösung	73
Punkteverteilung	89

ÜBUNGSKLAUSUR 4

Aufgabe	93
Lösung	109
Punkteverteilung	125

ÜBUNGSKLAUSUR 5

Aufgabe	129
Lösung	143
Punkteverteilung	159

ÜBUNGSKLAUSUR 6

Aufgabe	163
Lösung	173
Punkteverteilung	191

ÜBUNGSKLAUSUR 7

Aufgabe	195
Lösung	207
Punkteverteilung	223

ÜBUNGSKLAUSUR 8

Aufgabe	227
Lösung	237
Punkteverteilung	253

STEUERBERATERPRÜFUNG 2003 (Original)

Prüfungsaufgabe aus dem Gebiet der Buchführung und des Bilanzwesens	257
Lösung	267
Punkteverteilung	285

STEUERBERATERPRÜFUNG 2004 (Original)

Prüfungsaufgabe aus dem Gebiet der Buchführung und des Bilanzwesens	289
Lösung	303
Punkteverteilung	321

ABKÜRZUNGSVERZEICHNIS

A

a. a. O.	am angeführten, angegebenen Ort
Abs.	Absatz
abzgl.	abzüglich
Abschn.	Abschnitt
AfA	Absetzung für Abnutzung
AfaA	Absetzung für außergewöhnliche Abnutzung
AfS	Absetzung für Substanzverringerung
AG	Aktiengesellschaft
AK	Anschaffungskosten
akt.	aktiv/e
AktG	Aktiengesetz
aRAP	aktive Rechnungsabgrenzungsposten
AO	Abgabenordnung
Aufw.	Aufwendungen

B

BewG	Bewertungsgesetz
BFH	Bundesfinanzhof
BGA	Betriebs- und Geschäftsausstattung
BGB	Bürgerliches Gesetzbuch
BGH	Bundesgerichtshof
BGBl	Bundesgesetzblatt
BMF	Bundesministerium der Finanzen
BMG	Bemessungsgrundlage
bND	betriebsgewöhnliche Nutzungsdauer
Bp	Betriebsprüfung
bRND	betriebsgewöhnliche Restnutzungsdauer
BStBl	Bundessteuerblatt (Zeitschrift)
Buchst.	Buchstabe
BV	Betriebsvermögen
BVerfG	Bundesverfassungsgesetz
bzw.	beziehungsweise

C

ca.	circa
CAD	kanadische Dollar
CH	Schweiz
CHF	Schweizer Franken

VERZEICHNIS Abkürzungen

D

d. h.	das heißt

E

€	Euro
e. Kfm.	eingetragener Kaufmann
einschl.	einschließlich
ErbbauVO	Erbbaurechtsverordnung
EStDV	Einkommensteuerdurchführungsverordnung
EStG	Einkommensteuergesetz
EStH	Einkommensteuerhinweise
EStR	Einkommensteuerrichtlinien
EUSt	Einfuhrumsatzsteuer
evtl.	eventuell

F

Fa.	Firma
Febr.	Februar
ff.	fortfolgende

G

Geb.	Gebäude
GewStG	Gewerbesteuergesetz
GewStR	Gewerbesteuerrichtlinien
ggf.	gegebenenfalls
GmbH	Gesellschaft mit beschränkter Haftung
GmbHG	Gesetz betreffend die Gesellschaften mit beschränkter Haftung
GoB	Grundsätze ordnungsmäßiger Buchführung
Grdstck	Grundstück
GrESt	Grunderwerbsteuer
GrS	Großer Senat des BFH
GruBo	Grund und Boden
GuV	Gewinn- und Verlustrechnung
GWG	Geringwertige Wirtschaftsgüter

H

HB	Handelsbilanz
HGB	Handelsgesetzbuch
HK	Herstellungskosten
HR	Handelsrecht

I

IDW	Institut der Wirtschaftsprüfer in Deutschland e.V.
i. H. v.	in Höhe von
inkl.	inklusive
InsO	Insolvenzordnung
i. S. d.	im Sinne der/des
i. V. m.	in Verbindung mit

J

Jan.	Januar

K

KapErSt	Kapitalertragsteuer
KapG	Kapitalgesellschaft
Kdt.	Kommanditist
Kdtin.	Kommanditistin
KG	Kommanditgesellschaft
km	Kilometer
Kpl.	Komplementär
Kplin.	Komplementärin
KSt	Körperschaftsteuer
KStG	Körperschaftsteuergesetz
KStH	Körperschaftsteuerhinweise
KStR	Köperschaftsteuerrichtlinien

L

lt.	laut
LuL	Lieferungen und Leistungen

M

Masch.	Maschinen
Mio.	Million
m. w. N.	mit weiteren Nachweisen

N

ND	Nutzungsdauer
NWB	Neue Wirtschafts-Briefe (Zeitschrift)

O

o. g.	oben genannt

P

pass.	passive
PersG	Personengesellschaft

VERZEICHNIS Abkürzungen

Q

qm	Quadratmeter

R

RAP	Rechnungsabgrenzungsposten
RfE	Rückstellungen für Fertigerzeugnisse
RM	Reichsmark
RND	Restnutzungsdauer

S

s. b./sonst. betr.	sonstige betriebliche
s. o.	siehe oben
sog.	so genannt
SolZ	Solidaritätszuschlag
sonst. Verbind.	sonstige Verbindlichkeiten
SoPo/RL	Sonderposten mit Rücklageanteil
Stpfl.	Steuerpflichtiger
StB	Steuerbilanz/Steuerberater
StR	Steuerrecht

T

Tz	Textziffer

U

u. E.	unseres Erachtens
UmwSt-Erlass	Umwandlungssteuererlass
USt	Umsatzsteuer
UStG	Umsatzsteuergesetz
ustpfl.	umsatzsteuerpflichtig
UStR	Umsatzsteuerrichtlinien

V

v.	vom
Verbindl.	Verbindlichkeiten
vGA	verdeckte Gewinnausschüttung
vgl.	vergleiche
VorSt	Vorsteuer
VuV	Vermietung und Verpachtung

W

WAB	Warenanfangsbestand

Z

z. B.	zum Beispiel
zzgl.	zuzüglich

ÜBUNGSKLAUSUR 1

Möbeleinzelhandel Friederike Cöllner

Betriebsprüfung, Erbengemeinschaft, Einlage von Grundstücken, Mietereinbauten, Betriebsvorrichtungen, Gebäude auf fremdem Grund und Boden, Rückstellungen, Geschenkaufwendungen

Auftrag

Sie erhalten heute von Ihrer Mandantin Friederike Cöllner (FC) den Auftrag, unter Beachtung der entsprechenden steuer- und handelsrechtlichen Vorschriften den Jahresabschluss für das Einzelunternehmen der FC für das Jahr 2007 als Handels-/Steuerbilanz vorzubereiten.

FC betreibt in Dormagen die Firma Möbeleinzelhandel Cöllner (MC) mit Werkstatt für individuelle Einrichtung und Innenausbauten nach ihrer Planung. Die Firma ist im Handelsregister eingetragen. Die Buchführung für das Wirtschaftsjahr 1.1. – 31.12.2007 wurde ordnungsgemäß erstellt. Die Konten der Buchführung für 2007 weisen die in den **Anlagen 1 – 2** ausgewiesenen Salden aus.

FC versteuert die Umsätze nach den Regelbestimmungen des UStG. Im Falle einer notwendigen Aufteilung der Vorsteuern soll diese nach § 15 Abs. 4 UStG im Wege der Zuordnung nach wirtschaftlichen Gesichtspunkten erfolgen.

Die Bilanz zum 31.12.2006 ist den bereits bestandskräftigen Veranlagungen zur Einkommen- und Gewerbesteuer 2006 zugrunde gelegt worden. Eine Änderung der Einkommen- und Gewerbesteuerbescheide 2006 und früher ist nach den Vorschriften der AO nicht mehr möglich.

Aufgabe

1. Zu den einzelnen Punkten des unter IV. folgenden Sachverhalts ist unter Angabe der gesetzlichen Bestimmungen Stellung zu nehmen.
2. Die erforderlichen Umbuchungen (einschl. der vorbereitenden Abschlussbuchungen) **für 2007** sind in der Umbuchungsliste (Anlage 3) anzugeben.
   Die Buchungssätze sind fortlaufend zu nummerieren. Hier sind auch die **Gewinnauswirkungen** für das Jahr 2007 einzutragen.
3. Eine berichtigte Handels-/Steuerbilanz auf den **31.12.2007** sowie eine berichtigte Gewinn- und Verlustrechnung für 2007 sind **nicht** aufzustellen.
4. Centbeträge sind auf volle € zu runden.

> **HINWEISE**
>
> 1. Soweit keine besonderen Angaben gemacht sind, entsprechen die Buchwerte den Inventurwerten.
> 2. Soweit sich aus den einzelnen Sachverhalten nichts anderes ergibt, ist im Falle von Wahlrechten die Sachbehandlung zu wählen, die für das Jahr 2007 zu einem möglichst niedrigen Gewinn führt.

3. Das Eigenkapital/Betriebsvermögen beträgt zum 31.12.2006 ohne Berücksichtigung der Ergebnisse der Betriebsprüfung 116 000 €. In den Schlussbilanzen zum 31.12.2005 und zum 31.12.2006 ist eine Ansparrücklage i. H. v. 25 000 € für die Beschaffung eines neuen Computers mit allen Peripheriegeräten ausgewiesen. Das Finanzamt hat die Passivierung hinsichtlich Höhe und Dokumentation nicht beanstandet.

Sachverhalt

1. Ergebnis der Betriebsprüfung für die Jahre 2004 – 2006

Im September 2007 hat das zuständige Finanzamt eine Betriebsprüfung (Bp) bei der Fa. MC durchgeführt, die sich auf die Jahre 2004 – 2006 erstreckte.
FC hat gegen den Prüfungsbericht keine Einwände erhoben. Die berichtigten Steuerbescheide sind Ende April 2008 bekannt gegeben worden. Die Steuernachzahlungen erfolgten im Mai 2008. Im Ergebnis hat das Finanzamt folgende Berichtigungen (jeweils in €) vorgenommen:

		2004	2005	2006
a)	Fertigerzeugnisse/Warenbestand	+ 19 000	+ 15 000	+ 25 000
b)	Forderungen			+ 2 320
	Umsatzsteuerschuld			+ 320
c)	Warenentnahmen	+ 4 000	+ 7 500	+ 5 000
	Umsatzsteuerschuld	+ 640	+ 1 200	+ 800
d)	GewSt-Rückstellung	+ 3 800	+ 600	+ 2 800

Zu a)
Anschaffungsnebenkosten bzw. Fertigungsgemeinkosten wurden von der Bp bei der Überprüfung der Bestände nachaktiviert.

Zu b)
Ein Warenverkauf vom 29.12.2006 über 2 000 € zzgl. 16 % USt ist erst nach Zahlung des Kunden unter Abzug von Skonto bei Zahlungseingang im Januar 2007 wie folgt gebucht worden:

Bank   2 204 €   an Erlöse aus Warenverkauf   1 900 €
                               an Umsatzsteuer   304 €

Zu c)
Es handelt sich um Warenentnahmen, die nach § 6 Abs. 1 Nr. 4 EStG mit dem Teilwert (= Wiederbeschaffungspreis ohne USt) bewertet wurden.

Zu d)
Die Erhöhung der Gewerbesteuerrückstellung aufgrund des Mehrergebnisses der Bp wurde im jeweiligen Prüfungsjahr erfasst.

Die Buchhaltung hat nach Einsicht in den Bp-Bericht noch für 2007 folgende Buchungen vorgenommen:

zu a)	Fertigerzeugnisse/Waren	59 000 €	an	Kapital	59 000 €
zu b)	Kapital	2 000 €			
	Umsatzsteuer	320 €	an	Forderungen	2 320 €
zu c)	Entnahmen	16 500 €	an	s. b. Erträge	16 500 €
zu d)	Steuern/Abgaben	7 200 €	an	Rückstellungen	7 200 €

2. Todesfall am 1.1.2007 – Grundstück Waldweg 15

In den frühen Morgenstunden des 1.1.2007 verunglückte der Vater der Firmeninhaberin, Günter Cöllner (GC), mit dem Auto auf eisglatter Fahrbahn tödlich. Aufgrund testamentarischer Anordnung erbte FC zusammen mit ihrem jüngeren Bruder Bernd das Grundstück **Waldweg 15** zu gleichen Teilen. Das Grundstück ist einschließlich Belastungen auf die Erbengemeinschaft F+B Cöllner übergegangen und soll auch in Zukunft gemeinschaftlich verwaltet werden.

Die Verkehrswerte (Teilwerte) für das Grundstück betrugen am 1.1.2007:

- für den Grund und Boden   80 000 €,
- für das Gebäude   600 000 €.

Der Erblasser hatte den Grund und Boden (AK 50 000 €) und das Gebäude (AK 500 000 €/Bauantrag vom 1.6.1992) Anfang Oktober 2003 erworben. Seit Erwerb hatte der Erblasser das bebaute Grundstück unter Berechnung angemessener Miete dem Betrieb seiner Tochter FC zur betrieblichen Nutzung überlassen. Dabei handelt es sich im EG (200 qm) und im 1.OG (200 qm) um Büroräume sowie im 2.OG (100 qm) um eine Wohnung, die an den Betriebsleiter der Fa. MC zur Nutzung zu Wohnzwecken überlassen ist, damit dieser sich auch nach Feierabend und an Wochenenden stets abrufbar in Betriebsnähe aufhalten kann.

Die Erbengemeinschaft F+B Cöllner setzt diesen Mietvertrag unverändert fort. Dementsprechend hat die Fa. MC für das Grundstück Waldweg 15 in 2007 monatlich jeweils 2 000 € Miete zzgl. 380 € gesondert in Rechnung gestellte USt für die Büroräume und 700 € Miete für die Wohnung im 2.OG an die Erbengemeinschaft überwiesen.

Zusammengefasst für 2007 lautet die Buchung insoweit:

Mietaufwand	32 400 €			
Vorsteuer	4 560 €	an	Bank	36 960 €

Das Grundstück Waldweg 15 ist mit einem durch Grundschuld gesicherten Darlehen belastet, das am 1.1.2007 noch mit 300 000 € valutiert. Das Darlehen hat der Finanzierung der Herstellungskosten des Gebäudes gedient und ist 10 Jahre tilgungsfrei. Die Zinsen i.H.v. gleich bleibend jährlich 28 500 € sind jeweils am 1.9. eines Jahres nachschüssig fällig. Die Zinszahlung am 1.9.2007 wurde aus Mitteln der Erbengemeinschaft pünktlich entrichtet. Buchungen sind insoweit nicht erfolgt.

Das Gleiche gilt für die Grundstückskosten (Grundsteuer, Haftpflicht etc.), die die Erbengemeinschaft im Jahr 2007 in Höhe von 5 900 € getragen hat.

Anders verhält es sich hinsichtlich der Instandhaltungsaufwendungen. FC hat die laufenden Instandhaltungsaufwendungen laut Mietvertrag zu tragen.

Dementsprechend hat sie im November 2007 die Fassaden und Fenster streichen lassen. Die Rechnung über 25 000 € zzgl. 4 750 € USt = 29 750 € hat die Buchhaltung wie folgt erfasst:

Grundstücksaufwand	25 000 €			
Vorsteuer	4 750 €	an	Bank	29 750 €

Die AfA ist vom Erblasser seit Erwerb nach § 7 Abs. 4 Satz 1 Nr. 2 EStG mit 2 % von 500 000 € berechnet und bis einschließlich 2006 in Höhe von insgesamt 32 500 € als Werbungskosten bei den Einkünften aus VuV abgezogen worden.

3. Grundstück Waldweg 13

Das Grundstück **Waldweg 13** (Büro- und Werkstattgebäude) ist seit 2001 angemietet und seitdem ausschließlich von FC für ihre Betriebszwecke genutzt worden. Mit Einwilligung des Vermieters ließ FC in 2007 (Fertigstellung 30. 9. 2007) zusätzliche Fenster in das Gebäude (technische Nutzungsdauer ca. 80 Jahre) und in die Werkstatt besondere Lärmschutzwände einbauen (technische Nutzungsdauer ca. 20 Jahre, Fertigstellung 10. 9. 2007).

Der Einbau weiterer Fenster war schon alsbald nach Fertigstellung des Gebäudes geplant worden, weil Größe und bauliche Anordnung der vorhandenen Fenster von Anfang an eine vernünftige Gebäudenutzung nicht ermöglichten.

Die Lärmschutzanlage dient der Arbeitsplatzverbesserung im Rahmen der Sozialvereinbarungen mit dem Betriebsrat und verringert die Lärmbelästigung für die angrenzenden Büros.

Nach der schriftlichen Vereinbarung mit dem Vermieter verzichtet dieser auf jede Mieterhöhung für diese Wertverbesserungen. Die Ein- und Umbauten gehen bei etwaiger Beendigung des Mietverhältnisses auf ihn entschädigungslos über, und er übernimmt auch die Gefahr der Verschlechterung bzw. des Untergangs.

Der Gebäudesubstanzverlust durch den Einbau der neuen Fenster war unwesentlich. Beide Parteien gehen davon aus, dass das Mietverhältnis noch ca. 30 Jahre dauern wird.

Die Kosten haben lt. Rechnungen an die Fa. MC betragen:

a)	Fenstereinbau (Festpreis)	90 000 €	+ 17 100 € USt
b)	Lärmschutzwände mit Einbau	23 000 €	+ 4 370 € USt

Während die Position a) bis zum 31. 12. 2007 restlos bezahlt wurde, erkannte der Werkhersteller der Wände (zu b) eine Preisminderung i. H. v. 3 000 € zzgl. 570 € USt endgültig erst im Januar 2008 an. FC hatte die festgestellten Mängel bereits im November 2007 geltend gemacht und deshalb 20 % (= 4 600 € zzgl. USt) bei der Zahlung einbehalten.

Buchungen in 2007:

Mietaufwand	90 000 €			
Vorsteuer	17 100 €	an	Bank	107 100 €
Mietaufwand	18 400 €			
Vorsteuer	3 496 €	an	Bank	21 896 €

4. Grundstück Waldweg 17

Das unbebaute Grundstück **Waldweg 17** hat die Fa. MC seit 2005 von der Eigentümerin Britta von Breitenstein (BvB) angepachtet. FC hatte schon seit Jahren den Erwerb angestrebt, um eine Bebauung mit einer weiteren Werkstatt- und Ausstellungshalle durchführen zu können.

Die Grundstückseigentümerin war jedoch bisher zu einem Verkauf nicht bereit. Allerdings war sie mit der Bebauung einverstanden. Mit Einwilligung der Grundstückseigentümerin vergab FC daher im Mai 2007 einen Bauauftrag zum Festpreis von 300 000 € zzgl. USt 57 000 € = 357 000 €. Die Halle (Bauantrag 10.12.2006) wurde zum 20.12.2007 fertiggestellt und von FC und BvB gemeinsam abgenommen. FC und die Eigentümerin haben im Vorfeld der Baumaßnahme folgende Vereinbarung geschlossen:

1. Die Grundstückseigentümerin willigt in die Bebauung entsprechend der vorgelegten Pläne ein.
2. Die Bauherrin FC trägt alle mit diesem Bau verbundenen Kosten; sie braucht dafür für die Dauer des Vertrages für diesen Bau keine Miete zu zahlen. Die in dieser Zeit anfallenden Reparaturkosten trägt die Bauherrin.
3. Nach der Fertigstellung des Bauwerks darf die Bauherrin ohne Einwilligung des Grundstückseigentümers keine weiteren baulichen Veränderungen vornehmen. Sie hat den Bau in einem ordnungsmäßigen Zustand zu erhalten.
4. Bei Beendigung des Miet-/Pachtverhältnisses geht der Bau entschädigungslos auf die Grundstückseigentümerin über, wenn die Vertragszeit mehr als 35 Jahre betragen hat. Andernfalls entstehen Ansprüche nach Maßgabe des BGB.

Die Baukosten ließ FC in 2007 buchen:

Grundstücksaufwand	300 000 €			
Vorsteuer	57 000 €	an	Bank	357 000 €

Es ist davon auszugehen, dass die Halle eine betriebsgewöhnliche Nutzungsdauer von mehr als 50 Jahren hat.

5. Grundstück Waldweg 19

Das Grundstück **Waldweg 19** wurde Anfang Januar 2001 erworben und ist mit einem Verkaufsgebäude (Baujahr 1980) bebaut. Die Abschreibungen wurden bisher (2001 – 2006) mit jeweils 56 000 € (= 4 % der Anschaffungskosten von 1 400 000 €) angesetzt.

Die Restnutzungsdauer des Gebäudes beträgt ca. 60 Jahre. Die AfA für 2007 ist noch nicht gebucht worden. Der Grund und Boden ist zutreffend bilanziert.

6. Computerausstattung

a) Hardware

Am 4.4.2007 hat FC einen weiteren Computer einschließlich aller notwendigen Peripheriegeräte (Nutzungsdauer 3 Jahre) für einen neuen Mitarbeiter angeschafft, der die Kalkulation der Fertigerzeugnisse wie auch die Kontrolle über das Rohstofflager erledigen soll. Der vereinbarungsgemäß zu zahlende Kaufpreis sollte 21 000 € zzgl. USt betragen. FC erhielt jedoch im März 2007 eine Rechnung über 12 000 € zzgl. 2 280 € USt. Dieser Rechnungsbetrag wurde ohne Abzug sofort überwiesen. Die Lieferfirma hat ihren Irrtum bisher noch nicht bemerkt. Gebucht wurde bisher nur:

Betriebs-/Geschäftsausstattung	12 000 €			
Vorsteuer	2 280 €	an	Bank	14 280 €

b) Software

Die betriebsnotwendigen Arbeitsprogramme für den Computer ließ FC von der Technischen-Beratungs-GmbH (Köln) für 9 000 € zzgl. 1 710 € USt erstellen. Diese Programme sind seit Fertigstellung (1.8.2007) im Einsatz und haben eine voraussichtliche Nutzungsdauer von 5 Jahren. Die Bezahlung der Rechnung ist im Dezember 2007 erfolgt.

Für die Lagerhaltung ließ FC außerdem ein weiteres Programm von ihrem Angestellten Günni Günselmann (GG), der entsprechende Vorkenntnisse hat, erstellen. FC hat GG dafür im Dezember 2007 neben dessen Gehalt eine Prämie von 2 000 € gezahlt, die ordnungsgemäß lohnversteuert und als Lohnaufwand erfasst wurde.

Der durch die Erstellung der Software verursachte Arbeitsausfall des Angestellten GG führte zu Kosten in Höhe von 1 500 € sowie zu weiteren kleineren Aufwendungen i.H.v. 900 €, die sämtlich gewinnmindernd gebucht wurden.

Dieses „Lagerprogramm" (fertiggestellt im Dezember 2007), wird ab Januar 2008 eingesetzt und hat voraussichtlich eine betriebsgewöhnliche Nutzungsdauer von 5 Jahren.

Gebucht wurde im Dezember 2007:

BGA	13 400 €	an	Bank	10 710 €
Vorsteuer	1 710 €	an	s. b. Aufwendungen	900 €
		an	Lohnaufwand	3 500 €

7. Übriges Anlagevermögen

Die Abschreibungen für das **übrige Anlagevermögen** sind nicht zu beanstanden und betragen laut Anlagenverzeichnis für:

Technische Anlagen und Maschinen	72 000 €
Betriebs- und Geschäftsausstattung	14 000 €
Fahrzeugbestand	36 000 €

Zum Fahrzeugbestand gehört ein BMW 325i Cabrio, das 2006 als Vorführwagen für 45 000 € zzgl. USt angeschafft worden ist und ausschließlich von FC sowohl für betriebliche Zwecke als auch für Privatfahrten genutzt wird. Ein Fahrtenbuch führt FC nicht, aber sie schätzt den privaten Nutzungsanteil auf ca. 30 %. Dies ist nicht zu beanstanden.

Der Listenpreis für ein entsprechendes Neufahrzeug hat in 2006 inkl. USt 55 000 € betragen. Die Kfz-Kosten haben in 2007 insgesamt 8 000 € betragen und wurden gewinnmindernd gebucht. In den Abschreibungen (s. o.) ist die AfA für das Cabrio mit 9 000 € zutreffend enthalten. Das Cabrio nutzt FC auch für Fahrten zwischen ihrer Wohnung und dem Betrieb. Die Entfernung beträgt arbeitstäglich 32 km. FC schätzt glaubhaft, dass sie an 220 Tagen im Jahr zum Betrieb fährt.

FC ist damit einverstanden, dass die Privatnutzung und die Fahrten zum Betrieb ertragsteuer- und umsatzsteuerrechtlich nach den gleichen Grundsätzen beurteilt werden. Buchungen sind insoweit noch nicht erfolgt.

HINWEIS
Der Lösung ist die für 2007 maßgebliche Gesetzesfassung zugrunde zu legen. Die Frage der Verfassungsmäßigkeit der Kürzung der Pendlerpauschale ist angesichts des schwebenden Verfahrens unberücksichtigt zu lassen.

8. Vorratsvermögen

Die zum Bilanzstichtag am 31. 12. 2007 vorhandenen Bestände an Fertigerzeugnissen und Waren, unfertigen Leistungen sowie die Roh- Hilfs- und Betriebsstoffe wurden zutreffend durch Inventur ermittelt und bewertet:

Waren und Fertigerzeugnisse	240 000 €
Unfertige Leistungen	45 000 €
Roh-, Hilfs- und Betriebsstoffe	149 180 €

9. Dachreparatur

Das Flachdach des Gebäudes Waldweg 19 musste dringend repariert werden, weil Teile der Isolierung bei einem Hagelschlag am 10. 12. 2006 zerstört worden waren. Im Dezember 2006 hatte FC einer Bedachungsfirma den Reparaturauftrag erteilt. Dem Kostenvoranschlag zufolge sollte die Baumaßnahme 30 000 € zzgl. USt kosten und bei entsprechender Witterung durchgeführt werden. Die erforderlichen Arbeiten wurden im März 2007 erledigt und abgenommen.

Die Reparaturrechnung vom 15. 4. 2007 lautete über 35 000 € zzgl. 6 650 € USt = 41 650 € und wurde von FC im Juni 2007 bezahlt und wie folgt gebucht:

Sonstige Rückstellungen	35 000 €			
Vorsteuer	6 650 €	an	Bank	41 650 €

In der Bilanz für 2006 war dieser Sachverhalt unberücksichtigt geblieben. Auch die Betriebsprüfung hat den Vorgang für 2006 nicht gewürdigt, weil entsprechende Unterlagen zum Sachverhalt nicht vorgelegt worden waren.

10. Werbung

Am 21.12.2007 veranstaltete FC anlässlich der Eröffnung der neuen Ausstellungshalle (siehe Tz. 4) einen Tag der offenen Tür. Dabei erhielten alle Besucher, die an diesem Tag Waren im Wert von mindestens 2 000 € (ohne USt) gekauft hatten, als Geschenk eine Armbanduhr mit dem Firmenlogo „MC". Die Uhr konnte trotz entsprechender Nachfrage ohne gleichzeitigen Wareneinkauf von den Kunden nicht käuflich erworben werden, obwohl dabei sicher ein Verkaufspreis von 150 € zzgl. USt/Stück zu erzielen gewesen wäre.

FC hatte im Hinblick auf diese Aktion bereits im Oktober 2007 insgesamt 100 dieser Uhren für 7 500 € zzgl. 1 425 € USt erworben. Am Tage der Eröffnung wurden 80 Stück an Kunden verschenkt.

Nach dem Tag der Eröffnung hat FC weitere 3 Uhren verschenkt, und zwar an ihre für die Firma tätige Rechtsanwältin Caroline Recht, an ihre Tochter Uschi und an deren Freund Paul. Schließlich trägt FC eine Uhr selbst, und zwar vornehmlich während der Arbeit im Betrieb sowie bei Kundenbesuchen.

Die restlichen 16 Uhren waren am 31.12.2007 noch vorhanden und sollen bei Gelegenheit an gute Geschäftsfreunde verschenkt werden. Der Wiedereinkaufspreis hat sich inzwischen nicht geändert.

Die Anschaffung der Uhren wurde in der Buchführung mit 7 500 € als Werbeaufwand und mit 1 425 € auf dem Konto Vorsteuer erfasst.

11. Gewerbesteuer-Rückstellung

Die voraussichtliche GewSt-Schuld für 2007 ist noch nicht gebucht. Die darauf geleisteten Vorauszahlungen betragen 45 000 € und wurden in 2007 auf dem Konto Steuern und Abgaben gebucht.

In den nachstehenden Hinzurechnungen und Kürzungen sind bereits etwaige Änderungen aufgrund der vorangehenden Sachverhalte berücksichtigt:

Hinzurechnungen nach § 8 GewStG insgesamt	82 000 €
Kürzungen nach § 9 GewStG insgesamt	6 000 €

Der Hebesatz beträgt 400 %.

Anlage 1
Firma FC – Blatt 1
Bilanz zum 31.12.2007

Aktiva (in €)			vorläufige Bilanz 31.12.2007
A.	Anlagevermögen		
I.	Immaterielle Wirtschaftsgüter		
II.	Sachanlagen		
	1.	Grdstck Waldweg 19	90 000
		Gebäude Waldweg 19	1 064 000
	2.	Grdstck Waldweg 15	
		Gebäude Waldweg 15	
	3.	Gebäude Waldweg 17	
	4.	BGA	60 000
	5.	Techn. Anlagen/Maschinen	300 000
	6.	Fahrzeuge	120 000
B.	Umlaufvermögen		
I.	Vorräte		
	1.	Roh-, Hilfs- Betriebsstoffe	842 000
	2.	Unfertige Leistungen	45 000
	3.	Waren/Fertigerzeugnisse	1 200 000
II.	Forderungen und sonstige Vermögensgegenstände		
	1.	Kundenforderungen	84 000
	2.	Sonstige Forderungen	25 000
	3.	Vorsteuern	4 000
III.	Geldbestände		56 000
IV.	Rechnungsabgrenzung		
			3 890 000

Anlage 1

Firma FC – Blatt 2

Bilanz zum 31.12.2007

Passiva (in €)			vorläufige Bilanz 31.12.2007
A.	Eigenkapital		
	Kapital 31.12.2006	+ 116 000	
	Angleichung nach Bp	+ 57 000	
	Entnahmen	- 128 174	
	Einlagen	+ 171 925	
	Gewinn 2007	+ 1 796 249	2 013 000
B.	Sonderposten mit Rücklageanteil nach § 7g EStG		25 000
C.	Rückstellungen		
	1. GewSt-Rückstellung		7 200
	2. Sonstige Rückstellungen		53 000
D.	Schulden		
	1. Grundschulden		750 000
	2. Darlehensschulden		665 000
	3. Anzahlungen		60 000
	4. Liefererverbindlichkeiten		239 800
	5. Sonstige Verbindlichkeiten		70 000
	6. Umsatzsteuerschuld		7 000
			3 890 000

Anlage 2
Firma FC – Gewinn- und Verlustrechnung (in €)

	vorläufig
AfA	
Materialeinsatz	
Wareneinsatz	
s. b. Aufwendungen	296 913
Steuern/Abgaben	62 000
Grundstücksaufwand	400 400
Mietaufwand	140 800
Zinsaufwand	180 000
Lohnaufwand	960 000
	2 040 113
Erlöse	3 800 000
s. b. Erträge	31 616
	3 831 616
Gewinn 2007	1 791 503

Anlage 3

Firma FC – Blatt 1

Umbuchungsliste

Tz	Buchungen				Gewinnaus-wirkung
	Soll	Betrag	Haben	Betrag	+ oder ./.

Anlage 3
Firma FC – Blatt 2
Umbuchungsliste

	Buchungen				Gewinnaus-wirkung
Tz	Soll	Betrag	Haben	Betrag	+ oder ./.

Anlage 3
Firma FC – Blatt 3
Umbuchungsliste

Tz	Buchungen				Gewinnaus-wirkung
	Soll	Betrag	Haben	Betrag	+ oder ./.

Anlage 3
Firma FC – Blatt 4
Umbuchungsliste

Tz	Buchungen				Gewinnaus-wirkung
	Soll	Betrag	Haben	Betrag	+ oder ./.

LÖSUNG ÜBUNGSKLAUSUR 1

1. Kapitalangleichungsbuchungen

Der Grundsatz des Bilanzenzusammenhangs (Bilanzidentität) verlangt, dass für die Gewinnermittlung des Wirtschaftsjahres 2007 die berichtigte Bilanz 2006 als Anfangsbilanz 2007 zugrunde gelegt wird (§ 252 Abs. 1 Nr. 1 HGB und § 4 Abs. 1 Satz 1 EStG).

Folgende Kapitalangleichungen hätten daher vorgenommen werden müssen:

a)	WAB/Fertigerzeugnisse	25 000 €	an	Kapital	25 000 €
b)	Forderungen	2 320 €	an	Kapital	2 000 €
			an	Umsatzsteuer	320 €
c)	Kapital	2 640 €	an	Umsatzsteuer	2 640 €
d)	Kapital	7 200 €	an	GewSt-Rückstellung	7 200 €

Unter Berücksichtigung der Falschbuchungen einschließlich der Buchung der Erlöse im Januar 2007 ergeben sich daher die folgenden **Umbuchungen**:

a) Kapital 34 000 € an Waren/Fertigerzeugnisse 34 000 €
Gewinnauswirkung: + 34 000 € (Korrektur Wareneinsatz)

b) Erlöse 1 900 € an Kapital 4 000 €
Forderungen 2 320 € an Umsatzsteuer 320 €
Skonto 100 €
(s. b. Aufwendungen)
Gewinnauswirkung: ./. 2 000 € (./. 1 900 € und ./. 100 €)

c) Kapital 2 640 € an Umsatzsteuer 2 640 €
s. b. Erträge 16 500 € an Entnahmen 16 500 €
Gewinnauswirkung: ./. 16 500 €

d) Kapital 7 200 € an Steuern/Abgaben 7 200 €
Gewinnauswirkung: + 7 200 €

Ergänzende Hinweise zur Kapitalangleichung zu c) und d)

Wenn Sie im Fall c) nur die Zahl zum 31. 12. 2006 zugrunde gelegt haben, so beruht Ihr Irrtum geradezu auf einem klassischen Missverständnis, dass allein durch den geschilderten Sachverhalt ausgelöst werden kann.

Man muss unterscheiden, ob im Sachverhalt der berichtigte **Bilanzposten** oder ein von der vorangehenden Betriebsprüfung berichtigter Sachverhalt geschildert wird. Ist der berichtigte Bilanzposten zum 31. 12. 2006 genannt, dann ist dieser unmittelbar Gegenstand der Kapitalangleichung (Bilanzenzusammenhang 1. 1. 2007).

Wird dagegen – wie in dieser Klausur – geschildert, dass die Umsatzsteuerschuld aufgrund von Entnahmen in jedem Jahr erhöht worden ist, dann setzt sich der zu berichtigende Bilanzposten in der letzten Prüferbilanz zusammen aus der USt-Schuld für 2004, 2005 und 2006, mithin insgesamt 2 640 €. Das ist auch zusammengefasst die USt-Schuld, die aufgrund der berichtigten Steuerbescheide zu zahlen sein wird. Diese Zahlung kann jedoch aufgrund der Berichtigung der Betriebsprüfung für 2004 – 2006 nicht vor Ende des Jahres 2006 erfolgt sein, so dass die USt-Schuld noch in voller Höhe besteht und deshalb auch in dieser Höhe zu passivieren ist.

Entsprechendes gilt für d) für die GewSt-Rückstellung, denn man kann im Sachverhalt schildern, dass die GewSt-Rückstellung für jedes Jahr der Prüfung um einen Betrag X geändert wurde, dann müssen die 3 Ergebnisse addiert werden, um den Bilanzposten zum 31.12.2006 zu ermitteln (so diese Klausur). Man kann aber auch schildern, um welchen Betrag der Bilanzposten „Steuerrückstellungen" in der Bilanz 2006 berichtigt worden ist. In diesem Fall ist der Betrag schon „fertig", den man in die Kapitalangleichung einzubeziehen hätte.

2. Erbengemeinschaft Cöllner/Einlage von Grundstücken

Mit dem Tod des GC geht das Grundstück Waldweg 15 in das Gesamthandsvermögen der Erbengemeinschaft Cöllner über (§§ 1922, 2032 BGB). **Zivilrechtlich** besteht das Mietverhältnis, das der Erblasser mit seiner Tochter gehabt hat, zwischen dieser und der Erbengemeinschaft fort.

Steuerrechtlich ist das Gesamthandsvermögen jedoch den Erben nach § 39 Abs. 2 Nr. 2 AO entsprechend ihrer Erbquote zuzurechnen. Da das Grundstück dem Betrieb der FC zur Nutzung dient, liegt im Umfang der Zurechnung (hier 50 %) notwendiges Betriebsvermögen vor (R 4.2 Abs. 7 EStR 2005 und H 4.2 (4) und (7) EStH 2007 „Miteigentum"). Das gilt auch für die Wohnung des Betriebsleiters (R 4.2 Abs. 4 Satz 2 EStR 2005 und H 4.2 (7) EStH 2007 „Vermietung an Arbeitgeber").

Der Zugang zum Betriebsvermögen erfolgt durch Einlage (§ 4 Abs. 1 Satz 7 EStG), die nach § 6 Abs. 1 Nr. 5 EStG mit dem Teilwert zu bewerten ist, und zwar für den Grund/Boden mit 40 000 € und für das Gebäude mit 300 000 €.

Bei der Bestimmung der AfA im Anschluss an die Einlage sind § 7 Abs. 1 Satz 5 und Abs. 4 Satz 1, letzter Halbsatz EStG zu beachten. AfA-Bemessungsgrundlage ist dabei nach Wortlaut der Vorschrift und Auffassung der Finanzverwaltung nicht der Einlagewert von 300 000 €, sondern es sind die fortgeführten Anschaffungskosten zugrunde zu legen, weil AfA-Beträge vor der Einlage als Werbungskosten bei § 21 EStG abgezogen wurden. Als Bemessungsgrundlage sind daher 500 000 € ./. 32 500 € = 467 500 € x 50 % = 233 750 € anzusetzen (R 7.3 Abs. 6 EStR 2005, H 7.3 „Einlage ..." EStH 2007 und R 7.4 Abs. 10 Nr. 1 EStR 2005).

> **HINWEIS**
>
> Folgen Sie für Zwecke der StB-Prüfung dieser Lösung. Die Auffassung der Finanzverwaltung ist nicht unumstritten. *Schmidt/Kulosa*, EStG, § 7 Rz 80 schließen sich der Auffassung der Finanzverwaltung im Ergebnis an, dass als AfA-Bemessungsgrundlage der Einlagewert ./. AfA vor der Einlage anzusetzen sei. In diesem Fall würde die AfA-Bemessungsgrundlage 283 750 € betragen (600 000 € ./. 32 500 € AfA vor der Einlage = 567 500 € x 50 % = 283 750 €). Vgl. dazu auch

Weber/Grellet, DB 2000, S. 165 und *Falterbaum/Bolk/Reiß*, Buchführung und Bilanz, 20. Auflage, Achim, S. 1011. Die Entscheidung des BFH v. 24.1.2008 IV R 37/06, BFH/NV 2008, 854 hat die Rechtsfrage offen gelassen.

Da die Einlage nach dem 31.12.2000 erfolgt ist, muss die AfA nach Auffassung der **Finanzverwaltung** für die Betriebs- und Büroräume nach § 7 Abs. 4 Satz 1 Nr. 1 EStG wohl mit 3 % berechnet werden (§ 52 Abs. 21b EStG, R 7.3 Abs. 6 EStR 2005, H 7.3 „Einlage …." EStH 2007).

HINWEIS

Auch diese Auffassung ist nicht unumstritten. § 52 Abs. 21b EStG regelt den Fall der Einlage nicht. Es ist lediglich von einem „gleichstehenden Rechtsakt" die Rede. Die Einlage ist sicher kein Rechtsakt vergleichbar einem Kaufvertrag. Die Rechtsfrage wird vermutlich der BFH entscheiden müssen. Meines Erachtens muss die AfA entsprechend § 52 Abs. 21b EStG mit 4 % vorgenommen werden.

Das gilt jedoch nicht für den Teil des Gebäudes, der ebenfalls zum Betriebsvermögen gehört, aber Wohnzwecken des Betriebsleiters dient. Insoweit ist die AfA mit 2 % zu berechnen (§ 7 Abs. 4 Satz 1 Nr. 2 EStG).

233 750 € x 80 % =	187 000 € x 3 % =	5 610 €
233 750 € x 20 % =	46 750 € x 2 % =	935 €
		6 545 €

Der Mietvertrag kann nur insoweit gewinnmindernd berücksichtigt werden, als die Zahlungen anteilig auf den jüngeren Bruder als (Mit-) Vermieter entfallen. Im Übrigen liegen jeweils Entnahmen vor, weil die Zahlungen wirtschaftlich betrachtet zur Hälfte an FC als Mitglied der Erbengemeinschaft selbst fließen.

Zutreffend wurde dagegen die gesondert in Rechnung gestellte USt als Vorsteuer abgezogen. Umsatzsteuerrechtlich stehen sich die Erbengemeinschaft einerseits und FC andererseits als zwei verschiedene Unternehmer gegenüber, die miteinander Leistung und Gegenleistung austauschen. FC empfängt damit von einem anderen Unternehmer sonstige Leistungen und ist daher zum Vorsteuerabzug berechtigt (§ 15 Abs. 1 Nr. 1 Satz 1 UStG).

Die in Rechnung gestellte Vorsteuer entfällt ausschließlich auf die angemieteten Büroräume und ist daher nicht vom Abzug ausgeschlossen (§ 15 Abs. 1 Nr. 2 UStG). Für die Wohnungsüberlassung ist zu Recht keine USt in Rechnung gestellt worden (§ 9 Abs. 2 UStG). Die steuerfreie Vermietung an den Betriebsleiter beeinflusst folglich nicht den Vorsteuerabzug aus den Mietabrechnungen.

Das durch Grundschuld gesicherte Darlehen steht mit einem Wirtschaftsgut des notwendigen Betriebsvermögens im Zusammenhang. Im Umfang der Zurechnung des Grundstücks zum Betriebsvermögen ist daher eine Betriebsschuld zu passivieren (§ 5 Abs. 1 EStG, R 4.2 Abs. 15 EStR 2005). Die darauf entfallenden Zinsen stellen Betriebsausgaben dar. Die von der Erbengemeinschaft am 1.9.2007 gezahlten Zinsen für die Zeit vom 1.9.2006 bis zum 31.8.2007 sind i. H. v. 28 500 € x $^8/_{12}$ x 50 % = 9 500 € Aufwand in 2007 und zugleich als Einlage zu erfassen.

Die auf die Zeit vom 1.9. – 31.12.2007 entfallenden betrieblich veranlassten Zinsen sind gewinnmindernd als sonstige Verbindlichkeit zu passivieren, und zwar i. H. v. 28 500 € x $^4/_{12}$ x 50 % = 4 750 €.

Die von der Erbengemeinschaft getragenen Grundstückskosten stellen zu 50 % = 2 950 € Betriebsausgaben dar und sind als Einlage zu erfassen.

Soweit FC in 2007 Malerarbeiten an der Fassade und den Fenstern des Gebäudes im eigenen Namen und für eigene Rechnung hat ausführen lassen, hat sie die Aufwendungen aus betrieblicher Veranlassung getragen, so dass der Gesamtbetrag als Betriebsausgabe abzugsfähig ist. Allerdings ist die Vorsteuer nach § 15 Abs. 2 Nr. 1 und Abs. 4 UStG teilweise vom Abzug ausgeschlossen, weil das Gebäude auch zur Ausführung steuerfreier Umsätze verwendet wird. Umsatzsteuerfrei ist die Überlassung der Wohnung an den Betriebsleiter (§ 1 Abs. 1 Nr. 1 UStG i. V. m. § 4 Nr. 12a UStG). Der nicht abziehbare Teil der Vorsteuer ($^1/_5$ von 4 750 € = 950 €) stellt Betriebsausgabe dar.

Umbuchungen:

a)	GruBo Waldweg 15 ($^1/_2$)	40 000 €	an	Grundschuld ($^1/_2$)	150 000 €
	Geb. Waldweg 15 ($^1/_2$)	300 000 €	an	Einlagen	190 000 €
b)	Abschreibungen	6 545 €	an	Geb. Waldweg 15	6 545 €
c)	Entnahmen	16 200 €	an	Mietaufwand	16 200 €
d)	Zinsaufwand	14 250 €	an	Einlagen	9 500 €
			an	sonst. Verbindl.	4 750 €
e)	Grundstückskosten ($^1/_2$)	2 950 €	an	Einlagen	2 950 €
f)	Grundstückskosten	950 €	an	Vorsteuer	950 €
Gewinnauswirkung:		./. 8 495 € (./. 6 545/ + 16 200/ ./. 14 250/ ./. 2 950/ ./. 950)			

3. Grundstück Waldweg 13

FC tätigt die Gebäudeinvestitionen als Mieterin, indem sie selbst die Herstellungskosten aufwendet, die zur Schaffung neuer bisher nicht vorhandener Gebäudeteile führen (Eigenaufwand).

a) Betriebsvorrichtung (Betriebs- und Geschäftsausstattung)

Die Lärmschutzwände sind Betriebsvorrichtungen (R 4.2 Abs. 3 Nr. 1, R 7.1 Abs. 3 EStR 2005) und FC als wirtschaftlicher Eigentümerin zuzurechnen. Die Herstellungskosten (HK) sind **wertaufhellend** (§ 252 Abs. 1 Nr. 4 HGB) bereits zum 31.12.2007 um den Preisnachlass von 3 000 € zu mindern. Diese Preisminderung ist zwar erst nach dem Bilanzstichtag der Höhe nach konkretisiert worden, die Minderungsgründe standen jedoch bereits objektiv am Bilanzstichtag fest.

Kontenentwicklung:

	HK (23 000 € ./. 3 000 €)	20 000 €
./.	AfA (§ 7 Abs. 2 i. V. m. § 7 Abs. 1 Satz 4 EStG, $^4/_{12}$)*	1 000 €
	Wert 31. 12. 2007	**19 000 €**

* Bei einer betrieblichen Nutzungsdauer von 20 Jahren beträgt der degressive AfA-Satz in 2007 max. 15 %.

Keine Sonderabschreibung, weil in der Bilanz zum 31. 12. 2006 insoweit eine Ansparrücklage fehlt (§ 7g Abs. 2 Nr. 3 EStG, vgl. Hinweise Nr. 3 im Aufgabentext).

Die gegenüber dem Werkhersteller bestehende Restkaufpreisschuld ist ebenfalls unter dem Gesichtspunkt der Wertaufhellung nur noch mit dem geminderten Betrag zu passivieren (§ 252 Abs. 1 Nr. 4 HGB).

	Zugang	27 370 €
./.	Preisnachlass	3 570 €
./.	Bezahlung in 2007	21 896 €
	Wert 31. 12. 2007	**1 904 €**

Umbuchungen:

a)	BGA	20 000 €	an	Mietaufwand	18 400 €
	Vorsteuer	304 €	an	sonst. Verbind.	1 904 €
b)	Abschreibungen	1 000 €	an	BGA	1 000 €
	Gewinnauswirkung:		+ 17 400 € (+ 18 400/./. 1 000)		

b) Fenster

Hinsichtlich der eingebauten **Fenster** ist FC weder bürgerlich-rechtliche noch wirtschaftliche Eigentümerin. Die neuen Fenster sind wesentlicher Bestandteil des Gebäudes (§§ 94, 946 BGB) und stehen mit diesem in einem einheitlichen Nutzungs- und Funktionszusammenhang. Der Gebäudeumbau dient in erster Linie dazu, Baumängel zu beseitigen und damit die Nutzung des Gebäudes zu verbessern. Ein besonderer Bezug zu der im Gebäude ausgeübten gewerblichen Tätigkeit der Mieterin besteht nicht.

FC tätigt daher insoweit lediglich Aufwendungen für ein immaterielles Wirtschaftsgut. Dieses ist jedoch mangels entgeltlichen (abgeleiteten) Erwerbs nicht bilanzierungsfähig, § 248 Abs. 2 HGB, § 5 Abs. 2 EStG, R 5.5 Abs. 2 EStR 2005 (vgl. auch BMF-Schreiben vom 15. 1. 1976, Nr. 9, BStBl 1976 I 66). Die Beurteilung als sofort abziehbarer Aufwand ist daher nicht zu beanstanden. Die Vorsteuer ist zutreffend als abziehbar behandelt worden.

4. Grundstück Waldweg 17

FC ist zivilrechtlich betrachtet nicht Eigentümerin des Gebäudes geworden, weil die Halle auf fremden Grund und Boden errichtet wurde (§§ 94, 946 BGB). FC ist jedoch wirtschaftliche Eigentümerin der Baumaßnahme (§ 39 Abs. 2 Nr. 1 AO), weil sie berechtigt ist, die Halle unentgeltlich für ihre betrieblichen Zwecke zu nutzen und bei vorzeitigem Ende des Nutzungsrechtsverhältnisses Aufwendungsersatzansprüche nach §§ 951, 812 BGB geltend machen kann (H 4.7 EStH 2007 „Eigenaufwand auf ein fremdes Wirtschaftsgut"). Der Rechtsprechung des BFH zufolge ist insoweit ein Gebäude auf fremdem Grund und Boden zu aktivieren (vgl. auch § 266 Abs. 2 A. II. 1. HGB und BFH, GrS, BStBl 1995 II 281 und BFH, GrS, BStBl 1999 II 774, BFH, BStBl 2002 II 741). Der Vorsteuerabzug ist nicht zu beanstanden (§ 15 Abs. 1 Nr. 1 UStG).

Die AfA beträgt 3 % der Herstellungskosten (§ 7 Abs. 4 Satz 1 Nr. 1 EStG) und ist für 2007 mit $^1/_{12}$ zeitanteilig zu berechnen. § 7 Abs. 4 Satz 2 EStG ist nicht anzuwenden.

Zugang Gebäude auf fremden Grund und Boden	300 000 €
./. Abschreibungen (3 % x $^1/_{12}$)	750 €
Wert 31. 12. 2007	**299 250 €**

Umbuchung:

Gebäude	299 250 €	an Grundstücksaufwand	300 000 €
Abschreibungen	750 €		
Gewinnauswirkung:	+ 299 250 €	(+ 300 000/./. 750)	

5. Grundstücke Waldweg 19

Die AfA für das Gebäude Waldweg 19 beträgt nach § 7 Abs. 4 Satz 1 Nr. 2 EStG mit 2 % von 1 400 000 € = 28 000 €. Die überhöhte AfA der Vorjahre wird nicht durch Einmalbetrag reaktiviert. Stattdessen wird in Fällen fehlerhafter Gebäudeabschreibung mit Wirkung des Jahres, das nach der AO geändert werden kann, der richtige AfA-Satz zugrunde gelegt, was im Ergebnis zu einer Verkürzung des AfA-Zeitraums führt (vgl. H 7.4 EStH 2007 „Unterlassene oder überhöhte AfA"). Eine Bilanzberichtigung unter Beachtung des R 4.4 Abs. 1 Satz 3 EStR 2005 unterbleibt daher.

Umbuchung:

Abschreibungen	28 000 €	an Gebäude Waldweg 19	28 000 €
Gewinnauswirkung:	./. 28 000 €		

6. Computerausstattung (Betriebs- und Geschäftsausstattung)

a) Hardware

Die Anschaffungskosten für den Computer sind aufgrund der zivilrechtlich bestehenden Kaufpreisschuld (§ 433 Abs. 2 BGB) mit 21 000 € anzusetzen. Dementsprechend ist auch die Vorsteuer, die mangels richtiger Rechnung noch nicht verrechenbar ist (§ 14, § 15 Abs. 1 Nr. 1 UStG), als sonstige Forderung zu aktivieren. Soweit der vereinbarte Preis noch nicht bezahlt wurde, ist zum 31. 12. 2007 eine sonstige Verbindlichkeit zu passivieren (§ 5 Abs. 1 EStG i. V. m. § 246 Abs. 1 HGB).

Der Computer ist zum 31. 12. 2007 mit den Anschaffungskosten abzüglich zeitanteilige lineare AfA (§ 7 Abs. 1 EStG) und abzüglich Sonderabschreibung (§ 7g Abs. 1 EStG) zu bewerten (§ 6 Abs. 1 Nr. 1 Satz 1 EStG).

Es ergeben sich folgende Kontenentwicklungen:

a) **Betriebs- und Geschäftsausstattung**

Zugang (Anschaffungskosten)	21 000 €
./. Abschreibungen, $33^1/_3$ % x $^9/_{12}$	5 250 €
./. Sonderabschreibung, 20 %, § 7g EStG	4 200 €
Wert 31. 12. 2007	**11 550 €**

b) **Sonstige Verbindlichkeiten**

Zugang 2007	24 990 €
./. Bezahlung in 2007	14 280 €
Wert 31. 12. 2007	**10 710 €**

c) **Sonstige Forderungen (noch nicht verrechenbare VorSt)**

Zugang 2007	3 990 €
./. verrechnete VorSt	2 280 €
Wert 31. 12. 2007	**1 710 €**

d) **Ansparrücklage**

Die Ansparrücklage ist i. H. v. 25 000 € gewinnerhöhend aufzulösen und zwar i. H. v. 40 % der Anschaffungskosten, mithin i. H. v. 8 400 € nach § 7g Abs. 4 Satz 1 EStG (21 000 € x 40 %) und außerdem hinsichtlich des verbliebenen Betrags i. H. v. 16 600 € wegen Fristablaufs nach § 7g Abs. 4 Satz 2 EStG.

Außerhalb der Bilanz ist der Gewinn um 1 992 € (2 x 6 % von 16 600 €) zu erhöhen (§ 7g Abs. 5 EStG).

Umbuchungen:

a)	BGA	9 000 €			
	Sonst. Forderungen	1 710 €	an	sonst. Verbind.	10 710 €
b)	Abschreibungen	9 450 €	an	BGA	9 450 €
c)	Rücklagen	25 000 €	an	s. b. Erträge	25 000 €

Gewinnauswirkung:	+ 15 550 €
Gewinnerhöhung außerhalb der Bilanz:	+ 1 992 €

b) **Software**

Bei der Software handelt es sich um immaterielle Wirtschaftsgüter. Nach § 248 Abs. 2 HGB, § 5 Abs. 2 EStG i. V. m. R 5.5 Abs. 2 EStR 2005 sind diese Wirtschaftsgüter nur bei entgeltlichem Erwerb zu bilanzieren. Diese Voraussetzung trifft nur für die von der Beratungs-GmbH erworbene Software zu. Die restlichen Aufwendungen sind sofort abziehbare Betriebsausgaben. Die erworbene Software ist als unbewegliches Wirtschaftsgut des abnutzbaren Anlagevermögens gemäß § 253 Abs. 1 und 2 HGB, § 5 Abs. 1 und 6 EStG sowie § 6 Abs. 1 Nr. 1 i.V. m. § 7 Abs. 1 EStG zu bewerten.

Kontenentwicklung:

Anschaffungskosten	9 000 €
./. Abschreibungen (20 % x $^5/_{12}$)	750 €
Wert 31. 12. 2007	**8 250 €**

Umbuchungen:

a)	Lohnaufwand	3 500 €			
	s. b. Aufwendungen	900 €	an	BGA	4 400 €
b)	immaterielle WG	9 000 €	an	BGA	9 000 €
c)	Abschreibungen	750 €	an	immaterielle WG	750 €
Gewinnauswirkung:		./. 5 150 € (./. 3 500/./. 900/./. 750)			

7. Übriges Anlagevermögen/Fahrzeuge

a) Umbuchungen hinsichtlich der AfA

a)	Abschreibungen	72 000 €	an	Anlagen/Masch.	72 000 €
b)	Abschreibungen	14 000 €	an	BGA	14 000 €
c)	Abschreibungen	36 000 €	an	Fahrzeuge	36 000 €
Gewinnauswirkungen:		./. 122 000 € (./. 72 000/./. 14 000/./. 36 000)			

b) Private Pkw-Nutzung

Das Fahrzeug gehört zum notwendigen Betriebsvermögen, denn die betriebliche Nutzung übersteigt 50 % (§ 5 Abs. 1 EStG, R 4.2 Abs. 1 EStR 2005). Der Wert der privaten Pkw-Nutzung ist mit Hilfe eines Fahrtenbuchs oder der sog. 1 %-Regelung zu ermitteln (§ 6 Abs. 1 Nr. 4 Satz 2 und 3 EStG; beachte § 6 Abs. 1 Nr. 4 Satz 2 i.V. m. § 52 Abs. 16 Satz 15 EStG für Kfz des **gewillkürten** Betriebsvermögens). Da vorliegend ein Fahrtenbuch nicht geführt wurde, ist die 1 %-Regelung für die Bewertung der Entnahme zwingend (BFH v. 24. 2. 2000, BStBl 2000 II 273, v. 3. 8. 2000, BStBl 2001 II 332 und v. 1. 3. 2001, BStBl 2001 II 403). Soweit dabei die 1 %-Regelung zu einem Wert führt, der größer ist als die tatsächlich angefallenen Fahrzeugkosten, ist die Entnahme auf den Betrag der Kosten zu begrenzen. Dies ist vorliegend nicht der Fall.

Die private Kfz-Nutzung ist eine steuerbare und steuerpflichtige **unentgeltliche** Wertabgabe (§ 3 Abs. 9a Nr. 1 UStG), deren Bemessungsgrundlage nach § 10 Abs. 4 Nr. 2 UStG zu bestimmen ist. Aus **Vereinfachungsgründen** kann der Unternehmer die ertragsteuerrechtlich zugrunde gelegte 1 %-Regelung auch der Ermittlung der Bemessungsgrundlage für Zwecke der Umsatzsteuer zugrunde legen. Dabei ist ein Pauschalabschlag von 20 % abzuziehen (BMF v. 27. 8. 2004, BStBl 2004 I 864, Tz 2.1). Der Wert der Entnahme erhöht sich um die USt (§ 12 Nr. 3 EStG).

Berechnung:

Listenpreis incl. USt: 55 000 € x 1 % x 12 =	6 600 €	6 600 €
./. Pauschalabschlag 20 %	1 320 €	
Bemessungsgrundlage für die USt	5 280 €	
x 19 % Umsatzsteuer		1 003 €
Entnahme		**7 603 €**

Umbuchung:

Entnahmen	7 603 €	an	Erlöse (nicht steuerbar)	1 320 €
		an	Erlöse (ustpfl.)	5 280 €
		an	Umsatzsteuer	1 003 €
Gewinnauswirkung:	+ 6 600 €			

c) Fahrten zwischen Wohnung und Betriebsstätte

Kfz-Kosten, die auf Fahrten zwischen Wohnung und Betriebsstätte entfallen, sind nach der für 2007 maßgeblichen Gesetzesfassung keine Betriebsausgaben (§ 4 Abs. 5a EStG).

> **HINWEIS**
>
> Die dem BVerG vorliegenden Fragen zur Verfassungswidrigkeit dieser Regelung sind entsprechend Aufgabenstellung bei der Lösung nicht zu berücksichtigen.

Nach § 9 Abs. 2 i.V. m. § 4 Abs. 5a EStG können jedoch Aufwendungen ab dem 21. Entfernungskilometer mit einer Entfernungspauschale von 0,30 € je Entfernungskilometer wie Betriebsausgaben abgezogen werden. Die darüber hinaus gehenden Aufwendungen dürfen den Gewinn nicht mindern. Dabei sind die anteiligen Aufwendungen mit 0,03 % des Listenpreises je Entfernungskilometer und Monat anzusetzen, weil ein Fahrtenbuch nicht geführt wurde.

Berechnung der nicht abziehbaren Aufwendungen:

Listenpreis 55 000 € x 0,03 % x 32 km x 12 Monate =	6 336 €
./. 0,30 € x (32 ./. 20 km) x 220 Tage =	792 €
nicht abziehbare Betriebsausgaben	**5 544 €**

Die nicht als Betriebsausgabe abziehbaren Beträge sind **außerhalb** der Bilanz dem Gewinn hinzuzurechnen. **USt** entsteht nicht, weil der Vorgang nicht von § 3 Abs. 9a Nr. 1 UStG erfasst wird. Auch eine Kürzung des Vorsteuerabzugs scheidet aus, weil § 15 Abs. 1a UStG nicht auf § 4 Abs. 5a EStG Bezug nimmt (BMF v. 27. 8. 2004, BStBl I 2004, 864, Tz. 3).

8. Vorratsvermögen

Die durch Inventur ermittelten Bestände sind in die Bilanz aufzunehmen. Hinsichtlich der Fertigerzeugnisse/Waren ergibt sich unter Berücksichtigung der Kapitalangleichung (Tz. 1) ein Wareneinsatz von 926 000 € (1 200 000 € ./. 34 000 € = 1 166 000 € ./. Bestand 240 000 €).

Der Materialeinsatz für Roh-, Hilfs und Betriebsstoffe beträgt 692 820 € (842 000 € ./. Bestand 149 180 €).

Die unfertigen Leistungen sind bereits zutreffend erfasst.

Umbuchungen siehe Anlage.

Gewinnauswirkung: ./. 1 618 820 €

9. Rückstellung für unterlassene Instandhaltung

Die fehlende Passivierung einer Rückstellung für unterlassene Instandhaltung in der Bilanz auf den 31. 12. 2006 stellt einen Verstoß gegen die handelsrechtlichen Grundsätze ordnungsmäßiger Buchführung dar und erstreckt sich aufgrund der Maßgeblichkeit auch auf die Steuerbilanz. Die Rückstellung war nach § 249 Abs. 1 Satz 2 Nr. 1 HGB und § 5 Abs. 1 Satz 1 EStG geboten.

Eine Bilanzberichtigung auf den 31. 12. 2006 scheidet jedoch aus, weil der der Veranlagung 2006 zugrunde liegende Steuerbescheid nach den Vorschriften der AO nicht mehr geändert werden kann, denn eine Berichtigung der Bilanz würde sich auf die Höhe der veranlagten Steuer auswirken. Der Fehler ist deshalb in der ersten Schlussbilanz, die einer nach der AO noch änderbaren Veranlagung zugrunde liegt, erfolgswirksam richtig zu stellen (R 4.4 Abs. 1 Satz 3 EStR 2005). Anhaltspunkte für eine Durchbrechung des Bilanzenzusammenhangs wegen vorsätzlich zu niedriger Passivierung, ergeben sich aus dem Sachverhalt nicht (vgl. dazu H 4.4 EStH 2007 „Berichtigung...", 2. Spiegelstrich, Satz 2).

Die Berichtigung ist beim Jahresabschluss für 2007 zu erfassen:

Umbuchung:

s. b. Aufwendungen   30 000 €

Grundstücksaufwand   5 000 €   an   sonst. Rückstellungen   35 000 €

Gewinnauswirkung: ./. 35 000 € (./. 30 000 €/./. 5 000 €)

Der Vorsteuerabzug ist zeitgerecht und zutreffend gebucht worden.

10. Werbung

a) Bestand an Uhren

Die Armbanduhren gehören bis zur Abgabe an Kunden zum **Umlaufvermögen** (§ 247 Abs. 2 HGB, § 5 Abs. 1 EStG, R 6.1 Abs. 2 EStR 2005). Die Höhe der Anschaffungskosten ist dabei unerheblich. Insbesondere handelt es sich angesichts der Anschaffungskosten von weniger als 410 €/Stück **nicht um geringwertige Wirtschaftsgüter i. S. d. § 6 Abs. 2 EStG**, denn diese Regelung ist nur dem Anlagevermögen vorbehalten.

Da Anhaltspunkte für einen niedrigeren Börsen-/Marktpreis bzw. Teilwert nicht vorliegen, ist der Bestand von 16 Armbanduhren folglich zum 31. 12. 2007 mit den **Anschaf-

fungskosten von 1 200 € (16 x 75 €/Stück) zu bewerten (§ 253 Abs. 1 HGB, § 5 Abs. 1 und 6 EStG sowie § 6 Abs. 1 Nr. 2 EStG).

Umbuchung:

Warenbestand	1 200 €	an	Werbeaufwendungen	1 200 €
Gewinnauswirkung:	+ 1 200 €			

b) Kundengeschenke

Soweit die Armbanduhren an Kunden verschenkt worden sind, ist zu prüfen, ob es sich hierbei um Aufwendungen für Geschenke i. S. d. § 4 Abs. 5 Nr. 1 EStG handelt. Derartige Aufwendungen dürfen den Gewinn nicht mindern, wenn die Anschaffungs-/Herstellungskosten der dem jeweiligen Empfänger im Wirtschaftsjahr zugewendeten Gegenstände insgesamt **35 €** übersteigen.

Dabei liegt ein Geschenk allerdings nur vor, wenn ein StPfl. einem Geschäftsfreund ohne rechtliche Verpflichtung und **ohne** zeitlichen oder sonstigen unmittelbaren **Zusammenhang mit einer Leistung** des Empfängers Bar- oder Sachzuwendungen macht (R 4.10 Abs. 2 und 4 Satz 4 EStR 2005). In diesem Sinne liegt **kein Geschenk** vor, weil die Zuwendung einer Uhr jeweils vom Wareneinkauf im Wert von 2 000 € abhängig war (BFH v. 21. 9. 1993, BStBl 1994 II 170).

Es handelt sich um einen Preisnachlass, der zwar nicht zur Minderung des Barkaufpreises führt, aber in der Form eines Sachwertes gewährt wird, denn aus der Sicht der Fa. FC werden für mindestens 2 000 € Waren und eine Uhr mit Firmenlogo geliefert. Die Aufwendungen sind folglich auch ohne Beachtung besonderer Aufzeichnungspflichten i. S. d. § 4 Abs. 6 EStG als Betriebsausgaben abziehbar und der Vorsteuerabzug ist auch nicht nach § 15 Abs. 1a UStG zu kürzen. Die Buchung als Werbeaufwand ist daher nicht zu beanstanden.

c) Geschenk an die Rechtsanwältin

Die Übergabe einer Uhr an die Rechtsanwältin steht nicht im Zusammenhang mit einer Gegenleistung und ist daher als **Geschenk** i. S. d. § 4 Abs. 5 Nr. 1 EStG zu beurteilen. Die Aufwendungen für das Geschenk (75 €) dürfen den Gewinn nicht mindern, denn die Uhr ist nicht dazu bestimmt, von der Empfängerin ausschließlich betrieblich genutzt zu werden (R 4.10 Abs. 2 Satz 2 EStR 2005). Der Vorgang unterliegt nicht der Umsatzsteuer. Allerdings ist der **Vorsteuerabzug** nach § 15 Abs. 1a UStG zu kürzen. Die nicht abziehbare Vorsteuer darf den Gewinn ebenfalls nicht mindern (§ 12 Nr. 3 EStG).

Umbuchung:

Geschenkaufwand	75 €	an	Werbeaufwendungen	75 €
Steueraufwand	14 €	an	Umsatzsteuerschuld	14 €
Gewinnauswirkung:	./. 14 €			

Der Betrag von 89 € ist dem Gewinn außerhalb der Bilanz hinzuzurechnen.

d) Entnahmen

Die Übergabe der Uhren an Uschi und Paul stellt ebenso **Entnahmen** dar wie die Verwendung einer Uhr für eigene Zwecke der Betriebsinhaberin. Der Umstand, dass FC diese Uhr ausschließlich im Betrieb und bei Kundenbesuchen trägt, ändert nichts daran, dass es sich dabei um einen Gegenstand handelt, der vorrangig privaten Zwecken dient. Das **Aufteilungsverbot** des § 12 Nr. 1 EStG zwingt dazu, die Uhr dem Privatvermögen zuzuordnen.

Die Entnahmen sind mit dem **Teilwert** zu bewerten (§ 6 Abs. 1 Nr. 4 EStG). Dies ist der Wiedereinkaufspreis von jeweils 75 €. Die Entnahme der Uhren unterliegt nach **§ 3 Abs. 1b Nr. 1 UStG** der Umsatzsteuer. Bemessungsgrundlage ist nach § 10 Abs. 4 Nr. 1 UStG der Wiedereinkaufspreis ohne USt von insgesamt 225 €. Die USt beträgt 43 € und erhöht den Wert der Entnahmen.

Umbuchung:

Entnahmen	268 €	an	Werbeaufwendungen	225 €
		an	Umsatzsteuerschuld	43 €

Gewinnauswirkung: + 225 €

11. Gewerbesteuer-Rückstellung

Nach § 249 Abs. 1 HGB i.V. m. § 5 Abs. 1 EStG ist für die auf 2007 entfallende voraussichtliche GewSt-Abschlusszahlung eine Rückstellung zu passivieren.

Berechnung:

	Gewinn vor GewSt-Rückstellung (vgl. **Anlage 1**)	315 320 €
+	Hinzurechnungen (§ 8 GewStG)	82 000 €
./.	Kürzungen (§ 9 GewStG)	6 000 €
	Zwischensumme	**391 320 €**
+	GewSt-Vorauszahlungen	45 000 €
	Zwischensumme	**436 320 €**
./.	Freibetrag	24 500 €
./.	Staffelfreibetrag (1 % – 5 %; siehe Hinweis)	24 000 €
	Gewerbeertrag vor GewSt-Rückstellung	**387 820 €**
x	⁵/₆ (R 20 Abs. 2 EStR 2005)*	323 183 €
	abgerundet auf volle 100 €	323 100 €
	Steuermessbetrag (323 100 € x 5 %)**	16 155 €
	Hebesatz 400 % → Gewerbesteuerschuld	64 620 €
./.	Vorauszahlungen	45 000 €
	GewSt-Rückstellung 2007	**19 620 €**

Umbuchung:

Steuern/Abgaben	19 620 €	an	GewSt-Rückstellung	19 620 €

Gewinnauswirkung: ./. 19 620 €

> **HINWEIS**
>
> Anstelle des Abzugs eines zusätzlichen Freibetrags für die Staffelung der Steuermeßzahl von 1 % – 5 % i. H. v. jeweils 12 000 € kann bis einschließlich 2007 auch eine Minderung des **Steuermessbetrages** um 1 200 € erfolgen. Nach dem UntStRefG 2008 kann ein Staffelfreibetrag ab 2008 nicht mehr abgezogen werden.

* Ab 2008 ist die Gewerbesteuer nicht mehr als Betriebsausgabe abziehbar (§ 4 Abs. 5b EStG).

** Ab 2008 beträgt die Messzahl einheitlich 3,5 %.

Anlage 1
Firma FC
Umbuchungsliste

Tz	Soll	Betrag	Haben	Betrag	Gewinnauswirkung + oder ./.
1a	Kapital	34 000	Wareneinkauf	34 000	s. WES/Tz 9a
1b	Erlöse	1 900	Kapital	4 000	
	Forderungen	2 320	Umsatzsteuer	320	
	s. b. Aufw.	100			./. 2 000
1c	Kapital	2 640	Umsatzsteuer	2 640	
	s. b. Erträge	16 500	Entnahmen	16 500	./. 16 500
1d	Kapital	7 200	Steuern/Abgaben	7 200	+ 7 200
2a	GruBo Waldweg 15	40 000	Grundschuld	150 000	
	Geb. Waldweg 15	300 000	Einlagen	190 000	
2b	Abschreibungen	6 545	Geb. Waldweg 15	6 545	./. 6 545
2c	Entnahmen	16 200	Mietaufwand	16 200	+ 16 200
2d	Zinsaufwand	14 250	Einlagen	9 500	
			sonst. Verbindl.	4 750	./. 14 250
2e	Grdst. Aufwand	2 950	Einlagen	2 950	./. 2 950
2f	Grdst. Aufwand	950	Vorsteuer	950	./. 950
3a	BGA	20 000	Mietaufwand	18 400	
	Vorsteuer	304	sonst. Verbindl.	1 904	+ 18 400
3b	Abschreibungen	1 000	BGA	1 000	./. 1 000
4	Geb. Waldweg 17	299 250	Grdst. Aufwand	300 000	
	Abschreibungen	750			+ 299 250
5	Abschreibungen	28 000	Geb. Waldweg 19	28 000	./. 28 000
6.1a	BGA	9 000	sonst. Verbindl.	10 710	
	sonst. Forderung	1 710			
6.1b	Abschreibungen	9 450	BGA	9 450	./. 9 450
	Rücklagen	25 000	s. b. Erträge	25 000	+ 25 000
6.2a	Lohnaufwand	3 500	BGA	4 400	./. 4 400
	s. b. Aufw.	900			
6.2b	immat. WG	9 000	BGA	9 000	

Tz	Buchungen				Gewinnauswirkung
	Soll	Betrag	Haben	Betrag	+ oder ./.
6.2c	Abschreibungen	750	immat. WG	750	./. 750
7a	Abschreibungen	72 000	Anlagen/Masch	72 000	./. 72 000
7b	Abschreibungen	14 000	BGA	14 000	./. 14 000
7c	Abschreibungen	36 000	Fahrzeuge	36 000	./. 36 000
7d	Entnahmen	7 603	Erlöse	6 600	+ 6 600
			Umsatzsteuer	1 003	
8a	Wareneinsatz	926 000	Waren/Fertigerz.	926 000	./. 926 000
8b	Materialeinsatz	692 820	Roh-Hilfs-Betr-St.	692 820	./. 692 820
9	s. b. Aufw.	30 000	Rückstellungen	35 000	./. 35 000
	Grdst. Aufwand	5 000			
10a	Warenbestand	1 200	Werbeaufwand	1 200	+ 1 200
10c	Geschenkaufwand	75	Werbeaufwand	75	
	Steueraufwand	14	USt-Schuld	14	./. 14
10d	Entnahmen	268	Werbeaufwand	225	+ 225
			USt-Schuld	43	
	Zwischensumme				./. 1 488 554
	Gewinn lt. Buchführung bisher				+ 1 796 249
	zzgl. Gewinnzuschlag nach § 7g Abs. 5 EStG (Tz 7.1.)				+ 1 992
	zzgl. nicht als Betriebsausgabe abziehbar (Tz 8.3)				+ 5 544
	zzgl. nicht abziehbare Betriebsausgaben (Tz 11.3)				+ 89
	Gewinn vor GewSt-Rückstellungen				315 320
11	Steuern/Abgaben	19 620	GewSt-RS	19 620	./. 19 620
Berichtigter Gewinn (§ 15 EStG)					295 700

Punkteverteilung: Übungsklausur 1

1. Kapitalangleichungen

Begründung zur Kapitalangleichung	1
Richtige Kapitalangleichungsbuchungen	2
Umbuchungen	2
Gewinnauswirkung	2/7

2. Erbengemeinschaft

Zurechnung – Zivilrechtliches und wirtschaftliches Eigentum	1
Notwendiges Betriebsvermögen zur Hälfte – Einlage	1
Bewertung der Einlage des Grund und Bodens	1
Aktivierung des Gebäudes – Teilwert	1
Abschreibung nach Einlage – AfA-BMG – AfA-Satz a) Betrieb b) Wohnung	3
Mietzahlungen	1
Umsatzsteuer	1
Vorsteuer	1
Darlehen – Passivierung und Zinsen	2
Grundstückskosten / Einlagen	1
Erhaltungsaufwand	1
Umbuchungen und Gewinnauswirkung	2/16

3. Waldweg 13

Mietereinbau – Betriebsvorrichtungen	1
Herstellungskosten Abschreibung	1
Kaufpreisschuld	1
Umbuchungen und Gewinnauswirkung	1
Mietereinbau (Fenster) kein aktivierungspflichtiges Wirtschaftsgut	1/5

4. Waldweg 17

Gebäude auf fremdem Grund und Boden – wirtschaftliches Eigentum	2
Aktivierung und Abschreibung	2
Umbuchungen und Gewinnauswirkung	1/5

5. Waldweg 19

Abschreibung des Gebäudes nach fehlerhafter AfA in den Vorjahren	2
Umbuchungen und Gewinnauswirkung	1/3

6. a) Hardware

Anschaffungskosten und Kaufpreisschuld	1
Aktivierung und Abschreibung	1
Sonderabschreibung nach § 7g Abs. 1 EStG	1
Auflösung der Ansparrücklage und Gewinnzuschlag	2
Umbuchung und Gewinnauswirkung	1/6

6. b) Software

Immaterielle Wirtschaftsgüter	2
Anschaffungskosten und Abschreibung	2
Umbuchung und Gewinnauswirkung	1/5

7. a) Abschreibungen

Maschinen	1
Geschäftsausstattung	1
Fahrzeuge	1/3

7. b) Private Pkw-Nutzung

Notwendiges Betriebsvermögen	1
1%-Regelung mangels Fahrtenbuchs	1
Entnahme und Berechnung der Umsatzsteuer	2
Umbuchung und Gewinnauswirkung	1/5

7. c) Fahrten zwischen Wohnung und Arbeitsstätte

Betriebsausgabenabzugsverbot (vorbehaltlich BVerfG)	2
Berücksichtigung der sog. Pendlerpauschale ab 21. Entfernungskilometer	1
Berechnung der nichtabziehbaren Betriebsausgaben	1
Gewinnerhöhung außerhalb der Bilanz	1
Keine Vorsteuerkorrektur oder USt-Belastung	1/6

8. Vorratsvermögen

Bestandsveränderungen	2
Umbuchung und Gewinnauswirkung	1/3

9. Rückstellung für unterlassene Instandhaltung

Fehlerhafte Bilanz zum 31.12.2006	1
Berichtigungsverbot mangels Änderungsmöglichkeit nach AO	2
Erfolgswirksame Berichtigung in 2007 – Korrektur der falschen Buchung	2
Umbuchung und Gewinnauswirkung	1/6

10. a) Uhren

Umlaufvermögen	1
Anschaffungskosten	1
Umbuchung und Gewinnauswirkung	1/3

10. b) Kundengeschenke

Grundsätzlich nichtabziehbare Betriebsausgaben (§ 4 Abs. 5 Nr. 1 EStG)	2
Preisnachlass in Form eines Sachwerts im Rahmen des Leistungsaustauschs	2
Buchung bisher zutreffend	1/5

10. c) Geschenk an Rechtsanwältin

Nichtabziehbare Betriebsausgaben (§ 4 Abs. 5 Nr. 1 EStG)	1
Vorsteuerabzugsverbot	1
Umbuchung und Gewinnauswirkung	1/3

10. d) Entnahmen

Geschenke an Uschi und Paul und Entnahme für eigene Zwecke	2
Bewertung mit dem Teilwert	1
Umsatzsteuer	1
Umbuchung und Gewinnauswirkung	1/5

11. Gewerbesteuer-Rückstellung

Gewerbeertrag vor GewSt-Rückstellung	2
Freibetrag und Messzahlen	2
Berechnung der Rückstellung	2
Umbuchung und Gewinnauswirkung	1/7

Anlagen

Umbuchungsliste (Folgefehler beachten)	4
Gewinnauswirkungen (Folgefehler beachten)	4
Gewinnermittlung	2/8
	100

ÜBUNGSKLAUSUR 2

Baumarkt und Baustoffhandel Claudia Schwarze

Erhaltungsaufwand – Herstellungskosten – Anschaffungskosten, Grundstück im Betriebsvermögen, Vermietung, Forderungen, Darlehen, nicht abziehbare Betriebsausgaben, Schenkung eines Gesellschaftsanteils, Leasingverträge

Vorbemerkungen

Ihre Mandantin, die Kauffrau Claudia Schwarze (CS) betreibt seit Jahren in Köln einen Baumarkt und Baustoffhandel. Das Unternehmen hat CS von ihrem Vater nach dessen Tode übernommen und zu Buchwerten fortgeführt.

CS ermittelt den Gewinn nach § 4 Abs. 1 i.V. m. § 5 EStG. Die Firma ist im Handelsregister eingetragen. Das Wirtschaftsjahr entspricht dem Kalenderjahr.

Aufgabe

1. Im Rahmen der Abschlussarbeiten für die Erstellung der Steuerbilanz zum 31.12.2007 sind die im nachfolgenden Sachverhalt dargestellten Feststellungen und Angaben zu berücksichtigen. Nehmen Sie als Steuerberater(in) der Firma CS dazu unter Hinweis auf gesetzliche Bestimmungen (EStG, EStDV, UStG, UStDV, HGB) sowie ggf. auf die EStR Stellung. Im Zweifel folgen Sie der Auffassung der Finanzverwaltung. Gehen Sie davon aus, dass der steuerliche Gewinn der Firma CS für das Wirtschaftsjahr 2007 so niedrig wie möglich zu ermitteln ist.

2. Soweit steuerrechtliche Gebote im Einzelfall handelsrechtlichen Wahlrechten oder Geboten gegenüber stehen sollten, ist der Lösung die steuerrechtliche Beurteilung unter Hinweis auf das abweichende Handelsrecht zugrunde zu legen.

3. Im Anschluss an die jeweilige Stellungnahme/Begründung sind die erforderlichen **Buchungssätze** (Umbuchungen) zu bilden und dazu die **Gewinnauswirkung** anzugeben. Der jeweilige Bilanzposten beim abnutzbaren Anlagevermögen ist zum 31.12.2007 in Staffelform zu ermitteln.
Eine Zusammenstellung aller Umbuchungen in einer Umbuchungsliste ist nicht erforderlich. Eine Bilanz ist nicht aufzustellen.

HINWEISE

1. Die Voraussetzungen des § 7g EStG liegen vor. Insbesondere sind zum jeweiligen Bilanzstichtag Ansparrücklagen in zutreffender Höhe gebildet und im Zeitpunkt der Investition gewinnerhöhend aufgelöst worden.
2. Auswirkungen auf die Gewerbesteuer sind nicht zu ermitteln.
3. CS versteuert ihre Umsätze nach vereinbarten Entgelten.

Sachverhalt

1. Grundstück Odenwaldstraße 1

CS hat eine von ihr in 1982/1983 errichtete Lagerhalle mit Bauantrag vom 1.10.2006 ab 2.1.2007 in einen Ausstellungs- und Ladenraum umbauen lassen, um in dem Gebäude einen Baumarkt betreiben zu können. Dabei wurden neue Zwischenwände eingezogen, mehrere nicht tragende Wände abgerissen, erstmals Fenster eingebaut, der alte Betonfußboden teilweise herausgerissen und durch einen neuen Belag (Fliesen) ersetzt, die bisherige Heizungsanlage vollkommen erneuert und auch erweitert sowie das bisherige Satteldach durch ein Flachdach mit Lichtkuppeln ersetzt. Der Umbau war am 31.10.2007 beendet.

Die Umbaukosten beliefen sich auf 200 000 € zzgl. 38 000 € USt. Der Buchhalter buchte Vorsteuer i.H.v. 38 000 € und aktivierte 40 000 € auf Konto Gebäude (12 000 € für die neuen Zwischenwände und 28 000 € für neue Fenster). Der restliche Betrag i.H.v. 160 000 € wurde als Erhaltungsaufwand gebucht, weil diese Kosten nach Auffassung des Buchhalters auch ohne den Umbau angefallen wären, denn Fußboden, Heizung und Dach waren unstreitig bereits reparaturbedürftig. Aus der Schlussrechnung des Bauunternehmers ergibt sich:

Kosten der Beseitigung der alten Wände	4 000 €
Erneuerung Fußboden	26 000 €
Erneuerung Heizungsanlage	40 000 €
Flachdach einschl. Lichtkuppeln	70 000 €
Maler- und Elektroarbeiten	20 000 €

Die Lagerhalle hatte vor dem Umbau einen Verkehrswert von 300 000 € und war seit Bezugsfertigkeit am 10.1.1983 linear mit 8 000 € (2 % von umgerechnet 400 000 €) abgeschrieben worden. Der Buchwert zum 31.12.2006 beträgt daher 208 000 €. Der anteilige Buchwert der wegen des Umbaus abgebrochenen Gebäudeteile beträgt unstreitig 30 000 €.

Die Buchung der Abschreibung für 2007 ist noch nicht erfolgt.

2. Pecher Straße 2

Am 1.3.2004 hatten CS und ihr Ehegatte, der Rechtsanwalt Ulf Schwarze (US), aus privaten Mitteln gemeinsam zu je 50 % das 500 m² große unbebaute Grundstück Pecher Straße 2 (Kaufpreis inkl. Erwerbsnebenkosten 200 €/m²) erworben. Die Eheleute wollten ursprünglich auf diesem Grundstück ein Mietwohnhaus errichten. Nachdem sich die Baupläne aus verschiedenen Gründen nicht realisieren ließen, ließ CS mit Bauantrag vom 10.6.2006 auf diesem Grundstück aus betrieblichen Mitteln ein Bürogebäude errichten (Baubeginn 10.1.2007), das ausschließlich den betrieblichen Zwecken der Firma CS zu dienen bestimmt ist. US war von Anfang an mit der Errichtung und der betrieblichen Nutzung durch CS einverstanden. Ein Miet-/Pachtvertrag wurde nicht abgeschlossen. Mietzahlungen sind nicht erfolgt. Ausdrücklich wurde vereinbart, dass bei vorzeitigem Ende der Nutzungsmöglichkeit Ansprüche nach §§ 951, 812 BGB bestehen.

Das Gebäude wurde zum Festpreis von einem befreundeten Bauunternehmer in kürzest möglicher Zeit errichtet. Der Festpreis betrug 240 000 € zzgl. 38 400 € USt und wurde nach Bezugsfertigkeit am 2.5.2007 vom betrieblichen Bankkonto überwiesen und wie folgt gebucht:

Gebäude	240 000 €			
Vorsteuer	45 600 €	an	Bank	285 600 €

Nachdem sich die Eheleute CS + US am 24.12.2007 getrennt hatten und seit diesem Tag die Scheidung anstreben, hat US zum 31.12.2007 die Herausgabe seines Anteils am Grundstück und des Bürogebäudes verlangt, weil er über seinen Grundstücksanteil selbst durch Vermietung verfügen will. CS hat diesem Wunsch entsprochen und deshalb mit US einen Miet-/Pachtvertrag mit Wirkung vom 1.1.2008 abgeschlossen.

Der Wert (gemeiner Wert = Teilwert) des Grund und Bodens ist seit der Anschaffung kontinuierlich gestiegen. Er betrug am 10.1.2007 240 €/m², am 2.5.2007 250 €/m² und zum 31.12.2007 260 €/m². Der Wert des Gebäudes beträgt am 31.12.2007 unstreitig 280 000 €.

Weitere Buchungen im Zusammenhang mit diesem Sachverhalt sind bisher nicht erfolgt. Das gilt auch für die AfA.

3. Grundstück Bonner Straße 3

CS ist Eigentümerin des bebauten Geschäftsgrundstücks Bonner Straße 3 in Köln. Am 1.7.2007 hat CS einen Seitenflügel ihres Anfang Januar 1995 fertig gestellten und selbst genutzten Bürogebäudes, der 25 % des Gesamtgebäudes umfasste, abbrechen lassen. An gleicher Stelle errichtete sie mit Bauantrag vom 1.12.2006 einen mit dem verbleibenden Gebäude verschachtelten Anbau. Die angefallenen Abbruchkosten lt. Rechnung vom 12.8.2007, die CS erst Anfang 2008 bezahlt hat, wurden in 2007 wie folgt gebucht:

s. b. Aufwendungen	20 000 €			
Vorsteuer	3 800 €	an	Gebäude	23 800 €

Die Architektenrechnung für den Neubauteil beinhaltet auch ein Entgelt für eine gutachtliche Stellungnahme über die Zweckmäßigkeit des Abbruchs des Seitenflügels. Die Rechnung setzt sich wie folgt zusammen:

Architektenhonorar	20 000 €
gutachtliche Stellungnahme	15 000 €
	35 000 €
Umsatzsteuer	6 650 €
Gesamtbetrag	41 650 €

CS ließ bei Zahlung in 2007 buchen:

s. b. Aufwendungen	15 000 €			
Gebäude Bonner Str. 3	20 000 €			
Vorsteuer	6 150 €	an	Bank	41 650 €

Der neue Gebäudeteil wurde am 1.10.2007 fertig gestellt und sofort nach Bezugsfertigkeit auf die Dauer von 10 Jahren fest an die CU-GmbH vermietet. CS ist Gesellschafterin der GmbH und mit 40 % beteiligt. Die übrige Beteiligung hält ihr Ehegatte. Die GmbH plant Bauvorhaben und vergibt Bauaufträge an verschiedene Subunternehmer.

Für die Überlassung des Gebäudeteils hat die GmbH am 1.10.2007 neben der ersten Jahresmiete i.H.v. 71 400 € (einschl. 19 % Umsatzsteuer) einen verlorenen Zuschuss von 11 900 € (einschl. 19 % Umsatzsteuer) gezahlt, für den CS der GmbH folgende Rechnung erteilt hat:

Zuschuss zur Errichtung eines Anbaus	10 000 €
Umsatzsteuer 19 %	1 900 €
	11 900 €

CS ließ bei Geldeingang in 2007 buchen:

Bank	71 400 €	an	Mieterträge	71 400 €
Bank	11 900 €	an	Gebäude	10 000 €
		an	Umsatzsteuer	1 900 €

Die vertraglichen Vereinbarungen mit der GmbH sind als fremdüblich einzustufen und daher dem Grunde nach nicht zu beanstanden.

Die Umbaukosten i.H.v. 300 000 € zzgl. 57 000 € Umsatzsteuer bezahlte CS am 30.9.2007, wobei sie 5 % des Rechnungsbetrages wegen möglicher Garantieleistungen einbehielt (Sicherheitseinbehalt).

CS ließ insoweit in 2007 buchen:

Gebäude Bonner Str. 3	285 000 €			
Vorsteuer	54 150 €	an	Bank	339 150 €

Die ursprünglichen Herstellungskosten des Gebäudes Bonner Str. 3 hatten 1993 insgesamt 500 000 € betragen. Die Gebäudeherstellungskosten wurden mit jährlich 4 % abgeschrieben. Der AfA-Satz ist nicht zu beanstanden. Für 2007 ist noch keine AfA gebucht worden.

4. Forderungen

Im vorläufigen Jahresabschluss zum 31.12.2007 ist beim Bilanzposten „Forderungen aus Lieferungen und Leistungen" ein Betrag von 440 895 € ausgewiesen. Der Buchhalter hat den Bilanzansatz wie folgt ermittelt:

a)	Forderungen aus Lieferungen und Leistungen (LuL)	357 000 €
b)	Forderungen aus Grundstücksverkauf	119 000 €
		476 000 €
c)	./. Einzelwertberichtigung einer Forderung (Nennwert 47 600 €) 25 % von 47 600 €	11 900 €
		464 100 €
d)	./. Pauschalwertberichtigung 5 % von 464 100 €	23 205 €
	Bilanzansatz	**440 895 €**

Die Differenz zwischen dem Nennwert der Forderungen und dem Bilanzansatz wurde als Forderungsabschreibung gebucht.

Zu a)
Die Forderungen aus Warenlieferungen betreffen Lieferungen an Kunden im Rahmen des Baustoffhandels.

Zu b)
Die Forderung aus dem Grundstücksverkauf betrifft die Veräußerung eines von CS in 1996 für umgerechnet 74 000 € angeschafften Bauplatzes, der für eine Betriebserweiterung vorgesehen war. Der Bauplatz wurde im November 2007 an die ZY-GmbH ohne Option nach § 9 UStG veräußert. CS ist an der ZY-GmbH als Gesellschafterin mit einem Anteil von 60 % beteiligt. Der Kaufpreis ist im Fremdvergleich nicht zu beanstanden.

Die im November 2007 vorgenommene Buchung lautete:

Forderungen	119 000 €	an	Bauplatz	74 000 €
		an	s. b. Erträge	45 000 €

Die Forderung aus dem Grundstücksverkauf wurde aus Vereinfachungsgründen mit den Forderungen aus Lieferungen und Leistungen zu einem Bilanzposten zusammengefasst.

Zu c)
Die i. H.v. 11 900 € gewinnmindernd gebuchte Einzelwertberichtigung bezieht sich auf eine Forderung aus einer Lieferung an den Kunden Langmut, Bonn. Bei vorsichtiger Beurteilung erscheint bei diesem Kunden eine Abschreibung der Forderung von 25 % angemessen, weil Langmut das Bestehen der Forderung insoweit bestreitet und CS die Rückgabe eines Teils der gelieferten Waren angedroht hat, falls diese nicht einem Preisnachlass zustimmen sollte.

Zu d)
Die gewinnmindernd gebuchte pauschale Wertberichtigung wurde nach Angaben der Buchhaltung mit 5 % der Forderungen berechnet, weil täglich in den Zeitungen über eine steigende Zahl von Insolvenzen berichtet wird. Man vermutet deshalb, dass diese Schwierigkeiten auch Kunden der CS treffen könnten. Aufgrund der betrieblichen Erfahrungen der letzten 5 Jahre kann anhand konkreter Aufzeichnungen ein Ausfall- und Einzugsrisiko i. H.v. lediglich 2,5 % der Forderungen aus Lieferungen und Leistungen am Stichtag nachgewiesen werden.

5. Bauvorhaben Clever Straße 4

Wie schon in anderen Fällen hat CS durch Vergabe von Aufträgen an einen Architekten sowie verschiedene Bauunternehmer und Handwerker auch das Bauvorhaben Clever Str. 4 im Auftrag des Bauherrn Hansi Hanselmann (HH) am 30.9.2007 fristgerecht fertig gestellt. HH hat das Bauwerk an diesem Tag zwar abgenommen, die Forderung der CS i. H. v. 800 000 € zzgl. 152 000 € USt jedoch teilweise bestritten, weil nach seiner Auffassung minderwertige Baumaterialien verwendet worden seien, ohne konkret einen Nachweis anzutreten. HH hat deshalb am 16.11.2007 nur den unstreitigen Betrag i. H. v. 600 000 € zzgl. 114 000 € USt überwiesen.

Daraufhin verklagte CS am 10.12.2007 den Bauherrn HH und bekam durch Urteil des zuständigen Gerichts vom 1.6.2008 (vor Bilanzaufstellung für 2007) in vollem Umfang Recht. Dem Urteil zufolge muss HH den streitigen Betrag in voller Höhe zzgl. 10 000 € Verzugszinsen an CS zahlen. HH nahm das Urteil sofort an.

Bisherige Buchungen am 1.10./16.11.2007:

Forderungen LuL	952 000 €	an	Erlöse	800 000 €
		an	USt	152 000 €
Bank	714 000 €			
Zweifelhafte Forderungen	238 000 €	an	Forderungen LuL	952 000 €

Insbesondere dieser Fall hatte CS bewogen, entsprechende Bauvorhaben nicht mehr auf eigene Rechnung durchzuführen, sondern der zu diesem Zweck gegründeten CU-GmbH zu übertragen (siehe Tz 3).

6. Kreditaufnahme

CS hat zur Verstärkung der betrieblichen Liquidität am 1.7.2007 bei der Schweizer „URI-BANK" ein Darlehen über 300 000 CHF (Schweizer Franken) aufgenommen. Der Kredit ist durch Vermittlung des Vermögensberaters Windig gewährt worden. CS sollte deshalb an Windig für dessen Bemühungen eine Provision von 5 000 € auf ein Schweizer Konto einzahlen. Eine Rechnung wollte Windig nicht erteilen. CS hatte Windig daraufhin einen Scheck über 5 000 € zu Lasten ihres privaten Girokontos ausgestellt.

Der Kredit ist jährlich, erstmals zum 1.7.2008 mit $1/10$ der ursprünglichen Darlehenssumme zu tilgen. Der Zinsfuss beträgt 8 %. Die Zinsen sind halbjährlich, erstmals am 31.12.2007 fällig. Bei Auszahlung des Darlehens hat die URI-BANK eine Bearbeitungsgebühr von umgerechnet 2 500 € und ein Disagio von 5 000 € einbehalten. Die Hausbank der Fa. CS hat den Transfer des Geldes abgewickelt und folgende Abrechnung erteilt:

Kreditsumme 300 000 CHF zum Kurs von 1,5000 CHF/1 €	200 000 €
./. Disagio/Bearbeitungsgebühren URI-BANK	7 500 €
./. Transferkosten/Provision HAUSBANK	3 500 €
Gutschrift auf dem Kontokorrentkonto	189 000 €

Buchung bei Geldeingang:

Bank	189 000 €	an	Darlehensschuld	189 000 €

Weitere Buchungen sind insoweit in 2007 nicht erfolgt. Der Umrechnungskurs beträgt zum 31.12.2007 für 1 € = 1,4750 CHF. Am Tage der Bilanzaufstellung für 2007 beträgt der Kurs für 1 € = 1,4500 CHF.

7. Geschäftsbeziehungen

Am 20.12.2007 erhielt CS von ihrem Baustofflieferanten Klaus Winzig (KW) eine Porzellanvase geschenkt. KW versprach sich davon eine weitere Verbesserung der Geschäftsbeziehungen. Der Einkaufspreis hatte bei KW am 10.9.2006 ohne Vorsteuer 700 € betragen. Inzwischen ist der Marktpreis der Vase auf 1 800 € zzgl. Umsatzsteuer gestiegen. Auf Nachfrage hat KW erklärt, pauschale Einkommensteuer nach § 37b EStG nicht abgeführt zu haben.

Da Uschi, die Tochter der CS, Vasen sammelt, schenkte CS ihr die Vase zum Weihnachtsfest 2007. Buchungen sind insoweit nicht erfolgt.

8. Holzbau GmbH

Mit Wirkung zum 1.1.2007 erhielt CS von ihrem in Zürich (Schweiz) ansässigen Onkel Max Rütli (MR), der sonst kein Vermögen im Inland hat, 50 % der Anteile an der Holzbau GmbH (H-GmbH) mit Sitz und Geschäftsleitung in Köln geschenkt. MR hatte die Anteile am 3.1.2004 für 200 000 € erworben. Der Nennwert der geschenkten Anteile beträgt 100 000 €, am 1.1.2007 betrug der Teilwert 300 000 €. CS pflegt mit der H-GmbH seit vielen Jahren enge Geschäftsbeziehungen. Es handelt sich um einen wichtigen Lieferanten der Firma CS.

Am 11.5.2007 hat die H-GmbH (Wirtschaftsjahr = Kalenderjahr) aufgrund des Beschlusses der Gesellschafterversammlung vom 10.5.2007 für das Jahr 2006 eine Dividende i. H. v. insgesamt 140 000 € unter Abzug von 20 % Kapitalertragsteuer und 5,5 % Solidaritätszuschlag (SolZ) an die Gesellschafter ausgeschüttet. Die Auszahlung der Ausschüttung an CS erfolgte per Gutschrift auf deren privates Bankkonto. Bisher ist insoweit keine Buchung erfolgt.

Da die Anteile aufgrund der Gewinnausschüttung nunmehr im Wert gesunken waren und der Wert sich bis zum 31.12.2007 auch nicht wieder erholt hatte, nahm der Buchhalter der Fa. CS zum 31.12.2007 eine Teilwertabschreibung i. H. v. 100 000 € vor.

Bisherige Buchungen:

Beteiligungen	200 000 €	an	Einlagen	200 000 €
Teilwertabschreibung	100 000 €	an	Beteiligungen	100 000 €

HINWEIS
MR fällt nicht unter die erweiterte beschränkte Steuerpflicht.

9. EDV-Anlage

Am 1.7.2007 hat CS mit der Computer GmbH in Köln einen Leasing-Vertrag über eine neue EDV-Anlage mit Netzwerkverbindung in allen betrieblich genutzten Grundstücken abgeschlossen. Der Vertrag ist bis zum 30.6.2011 von keiner Vertragspartei kündbar und sieht vor, dass eine Leasingsonderzahlung zu Beginn des Vertrages i. H.v. 20 000 € zzgl. gesondert in Rechnung gestellter USt i. H.v. 3 800 € zu entrichten ist.

Außerdem sind jeweils am Jahresanfang, und zwar erstmals zum 10.1.2008, Leasing-Raten i. H.v. jeweils 30 000 € zzgl. 5 700 € USt zu zahlen. Entsprechende Rechnungen mit gesondertem Steuerausweis werden für die einzelnen Leasing-Raten jeweils 5 Tage vor dem Zahlungstermin erteilt.

Darüber hinaus wurde vereinbart, dass die EDV-Anlage nach Ablauf der Grundmietzeit durch die Computer GmbH veräußert wird. Ist dabei der Veräußerungserlös niedriger als die Differenz der Gesamtkosten der Computer GmbH (eigene Anschaffungskosten sowie alle Nebenkosten einschließlich der Finanzierungskosten) und der in der Grundmietzeit entrichteten Leasingraten einschließlich Einmalzahlung des CS, so muss die Leasingnehmerin CS eine Abschlusszahlung in Höhe der Differenz zwischen dieser Restamortisation und dem Veräußerungserlös leisten.

Ist der Veräußerungserlös hingegen höher als die Restamortisation, so erhalten die Computer GmbH 25 % und CS 75 % des die Restamortisation übersteigenden Teils des Veräußerungserlöses.

Bei einem Barverkauf der EDV-Anlage zum 1.7.2007 würde die Computer GmbH bei eigenen Anschaffungskosten i. H.v. 140 000 € insgesamt 160 000 € zzgl. 19 % USt berechnen. Die betriebsgewöhnliche Nutzungsdauer der EDV-Anlage beträgt fünf Jahre.

Bisherige Buchung am 1.7.2007:

Mietaufwand	20 000 €			
Vorsteuer	3 800 €	an	Bank	23 800 €

LÖSUNG ÜBUNGSKLAUSUR 2

1. Grundstück Odenwaldstraße 1

Der Umbau der Halle zur Nutzung als Ausstellungs- und Ladenraum hat die Wesensart des Gebäudes erheblich verändert. Insbesondere erfordern die Ausstellungs- und Ladenräume eine andere Raumaufteilung und andere Lichtverhältnisse. Vor diesem Hintergrund stellt die Ersetzung des alten Satteldaches durch ein Flachdach mit Lichtkuppeln nicht Erhaltungsaufwand dar, sondern ist ebenso wie die Erneuerung der Heizungsanlage und des Fußbodens als Teil einer einheitlichen Baumaßnahme zu beurteilen. Eine Ausgrenzung eines Teils der Baukosten als Erhaltungsaufwand kommt daher nicht in Betracht (R 21.1 Abs. 2 EStR 2005).

> **HINWEIS**
>
> BMF v. 18.7.2003, BStBl 2003 I 386, Tz 25, 28, 34, 35.
>
> Vgl. auch BFH v. 25.9.2007 IX R 28/07. Die Entscheidung des BFH v. 16.1.2007 IX R 39/05 zum Erhaltungsaufwand bei der Umgestaltung eines Großraumbüros in Einzelbüros ist auf den hier zu lösenden Sachverhalt nicht übertragbar, weil mit der umfassenden Umgestaltung nicht nur eine wesentliche Verbesserung der Bausubstanz, sondern gleichzeitig auch eine Änderung der bisherigen Nutzung einhergeht.

Trotz der wesentlichen Veränderungen ist durch die Umbaumaßnahme kein neues Wirtschaftsgut entstanden. Der Umbau war nicht so tief greifend, dass die eingefügten neuen Teile dem Gebäude das Gepräge geben würden. Vielmehr sind die verwendeten Altteile der Lagerhalle nicht bedeutungslos und auch nicht wertmäßig untergeordnet, denn Fundamente, Außenmauern und tragende Wände sind auch nach dem Umbau noch Bestandteile des Gebäudes. Im Übrigen übersteigen die Umbaukosten nicht den Verkehrswert der Lagerhalle vor der Baumaßnahme (R 7.3 Abs. 5 EStR 2005 und H 7.3 „Nachträgliche Anschaffungs- und Herstellungskosten" EStH 2007).

Die Umbaukosten i.H.v. 200 000 € sind daher im vollen Umfang als **nachträgliche Herstellungskosten** zu aktivieren. Die Vorsteuer ist abziehbar und gehört daher nicht zu Herstellungskosten (§ 9b Abs. 1 EStG). Da bisher lediglich 40 000 € aktiviert worden sind, ergibt sich folgende

Umbuchung:

Gebäude	160 000 €	an	Erhaltungsaufwand	160 000 €
Gewinnauswirkung:	+ 160 000 €			

Für die beim Umbau entfernten Teile des Altgebäudes ist eine Absetzung für außergewöhnliche technische Abnutzung (AfaA) gem. § 7 Abs. 1 Satz 7 EStG und § 7 Abs. 4 Satz 3 EStG geboten (vgl. auch H 7.4 „AfaA" EStH 2007). Da das Gebäude bereits vor vielen Jahren errichtet worden ist, kommen die Grundsätze, die für ein in Abbruchabsicht erworbenes Gebäude gelten, nicht zum Tragen. Das gilt auch bei Teilabbruch (vgl. H 6.4 „Abbruchkosten" EStH 2007; BFH v. 20.4.1993, BStBl 1993 II 504).

Umbuchung:

Abschreibungen (AfaA)	30 000 €	an	Gebäude	30 000 €
Gewinnauswirkung:	./. 30 000 €			

Die nachträglichen Herstellungskosten erhöhen die AfA-Bemessungsgrundlage (H 7.3 Satz 1 „Nachträgliche AK/HK" EStH 2007). Dabei ist zu unterstellen, dass die Aufwendungen zu Beginn des Wirtschaftsjahres angefallen sind (R 7.4 Abs. 9 Satz 3 EStR 2005). Da sich aus dem Sachverhalt keine andere tatsächlich kürzere Nutzungsdauer nach Umbau entnehmen lässt, ist weiterhin der AfA-Satz von 2 % maßgebend (H 7.4 (2) und (3) „Nachträgliche AK/HK" EStH 2007).

Die AfA-Bemessungsgrundlage ist um die AfaA zu mindern. Diese Minderung ist nach § 11c Abs. 2 Satz 2 EStDV allerdings erst mit Wirkung für das folgende Wirtschaftsjahr (2008) zu berücksichtigen.

Berechnung:

AfA-Bemessungsgrundlage bisher	400 000 €
+ nachträgliche Herstellungskosten	200 000 €
AfA-Bemessungsgrundlage 2007	600 000 €
AfA (2 %)	12 000 €

Umbuchung:

Abschreibungen (AfA)   12 000 €   an   Gebäude   12 000 €

Gewinnauswirkung: ./. 12 000 €

Der Bilanzansatz für das Gebäude ist danach wie folgt zu entwickeln:

Herstellungskosten 10. 1. 1983	400 000 €
./. AfA 1983 – 2006	192 000 €
+ nachträgliche Herstellungskosten	200 000 €
./. AfaA 2007	30 000 €
./. AfA 2007	12 000 €
31. 12. 2007	366 000 €

2. Pecher Straße 2

Das Grundstück Pecher Straße 2 ist den Ehegatten CS + US zivilrechtlich nach den Grundsätzen des Bruchteilseigentums zu je ½ zuzurechnen. Deshalb gehört der Grund und Boden, der im vollen Umfang betrieblichen Zwecken dient, gleichwohl nur zur Hälfte zum notwendigen Betriebsvermögen (§ 246 Abs. 1 HGB, § 5 Abs. 1 EStG, H 4.2 (7) „Miteigentum" EStH 2007). Der Grund und Boden ist in diesem Umfang mit Beginn der Errichtung des Bürogebäudes am 10. 1. 2007 durch Einlage Betriebsvermögen geworden (§ 4 Abs. 1 Satz 7 EStG).

Die Einlage ist nach § 6 Abs. 1 Nr. 5 EStG mit dem Teilwert am 10. 1. 2007 zu bewerten, höchstens jedoch mit den Anschaffungskosten i. H. v. 50 000 € (250 m² x 200 €), denn die Einlage ist innerhalb von drei Jahren seit dem Erwerb erfolgt (§ 6 Abs. 1 Nr. 5 Satz 1a EStG).

Umbuchung:

Grund und Boden	50 000 €	an	Einlagen	50 000 €

Gewinnauswirkung: keine

Der Grund und Boden ist folglich in der Bilanz zum 31.12.2007 mit 50 000 € auszuweisen. Der zum 31.12.2007 gestiegene Teilwert ist nicht zu berücksichtigen, denn er überschreitet die Anschaffungskosten (Bewertungsobergrenze, § 253 Abs. 1 HGB, § 5 Abs. 1 und 6 sowie § 6 Abs. 1 Nr. 2 EStG).

Da die Eheleute CS + US zu je 50 % bürgerlich-rechtliche Eigentümer des Grund und Bodens sind, ist ihnen gemäß § 946 BGB i.V. m. § 94 BGB und § 39 Abs. 1 AO auch das Gebäude zu je 50 % zuzurechnen. Der Gebäudeteil, der sich danach im Bruchteilseigentum der CS befindet und betrieblichen Zwecken dient, gehört zum notwendigen Betriebsvermögen und ist mit den Herstellungskosten abzüglich AfA zu bewerten (§ 246 Abs. 1 HGB, § 5 Abs. 1 und 6 sowie § 6 Abs. 1 Nr. 1 Satz 1 EStG).

Hinsichtlich des US zuzurechnenden Gebäudeteils ist CS nach der Rechtsprechung des BFH (v. 14.5.2002, BStBl 2002 II 741 und v. 25.6.2003, BStBl 2004 II 403) wirtschaftliche Eigentümerin geworden (§ 39 Abs. 2 Nr. 1 AO), weil sie sämtliche Kosten der Herstellung im eigenbetrieblichen Interesse und ohne Absicht der Zuwendung getragen hat sowie bei Beendigung der Nutzungsmöglichkeit gegen ihren Ehemann einen Aufwendungsersatzanspruch nach §§ 951, 812 BGB hat (R 7.1 Abs. 5 Satz 2 EStR 2005, H 4.7 „Eigenaufwand" EStH 2007). Dem folgend gehört auch diese Hälfte des Gebäudes zum notwendigen Betriebsvermögen der CS (§ 246 Abs. 1 HGB, § 5 Abs. 1 EStG) und ist mit den Herstellungskosten ./. AfA zu bewerten.

HINWEIS

Nach den Entscheidungen des GrS des BFH v. 30.1.1995, BStBl 1995 II 281 und v. 23.8.1999, BStBl 1999 II 774 und 778 hatte derjenige, der aus betrieblicher Veranlassung auf eigene Rechnung sämtliche Herstellungskosten für ein Gebäude getragen hat, durch die Baumaßnahme eine Nutzungsmöglichkeit für seinen Betrieb geschaffen, die **wie ein materielles Wirtschaftsgut** mit den Herstellungskosten in Höhe der eigenen Aufwendungen (Eigenaufwand) zu aktivieren und nach Gebäudegrundsätzen abzuschreiben sei. Diese Aktivierung unterscheidet sich nicht von derjenigen, die aufgrund der BFH-Entscheidungen v. 14.5.2002 und v. 25.6.2003 auf der Grundlage der Annahme wirtschaftlichen Eigentums am Gebäude auf fremden Grund und Boden geboten ist. Lediglich die Begründung für die Aktivierung ist vom BFH auf ein anderes Fundament gestellt worden. Dies ist zu begrüßen, denn die bisherige Aktivierung „wie" ein materielles Wirtschaftsgut war nicht gerade ein Meisterstück. Vgl. dazu auch *Schmidt/Weber-Grellet*, EStG, § 5 Rz 270, Stichwort „Bauten auf fremden Grund und Boden" sowie *Schmidt/Kulosa*, EStG, § 7 Rz 55.

Die Diskussion ist indes noch nicht abgeschlossen. Mindestens hinsichtlich der anteiligen betrieblichen Nutzung eines im gemeinsamen Eigentums stehenden Wohnhauses der Ehegatten hält der BFH mit aktuellem Urteil v. 29.4.2008 VIII R 98/04 am „wie-Wirtschaftsgut" als „rechtstechnisches Instrument" fest, um den Abzug der AfA unter Hinweis auf das Nettoprinzip zu ermöglichen. Ein Wirtschaftsgut liege nicht vor, was bei Beendigung der Nutzungsmöglichkeit mangels Anspruchs nach § 951 BGB dazu führt, dass der Buchwert hinsichtlich des dem anderen Ehegatten zuzurechnenden Gebäudeteils erfolgsneutral auszubuchen sei. Diese Auffassung ist kritisch zu hinterfragen, denn der BFH hat mit Urteil v. 10.4.1997 IV R 12/96, BStBl 1997 II 718 die Übertragung stiller Reserven nach § 6b EStG auf ein entsprechendes „Wirtschaftsgut" zugelassen. Dies ist jedoch mit einer erfolgsneutralen „Ausbuchung" des Buchwerts nicht vereinbar. Die Reaktion der Finanzverwaltung auf die neue Entscheidung des BFH steht zurzeit noch aus.

Nach allem ist jedenfalls hier das ganze Bürogebäude zu aktivieren und nach Gebäudegrundsätzen abzuschreiben. Eine Aufteilung in den Gebäudeteil, der im Miteigentum steht, und jenen, der (lediglich) zum wirtschaftlichen Eigentum gehört, ist aus bilanziellen Gründen nicht erforderlich, weil für beide Teile die gleichen Ansatz- und Bewertungsgrundsätze gelten.

Die Aktivierung auf dem Konto Gebäude ist mithin nicht zu beanstanden. Dies entspricht auch § 266 Abs. 2 A. II. 1. HGB, wonach Grundstücke, grundstücksgleiche Rechte und Bauten auf fremden Grundstücken als Sachanlagen unter derselben Bilanzposition erfasst werden. Der AfA-Satz für das Bürogebäude beträgt mit 3 % (§ 7 Abs. 4 Satz 1 Nr. 1 EStG). Für 2007 ist die AfA mit $^{8}/_{12}$ zeitanteilig zu berücksichtigen.

Buchung:

Abschreibungen (AfA)	4 800 €	an Gebäude	4 800 €
Gewinnauswirkung:	./. 4 800 €		

Aufgrund der Trennung der Ehegatten und der Herausgabe der Gebäudehälfte an US endet das Nutzungsverhältnis vor Ablauf der betriebsgewöhnlichen Nutzungsdauer des fremden Gebäudeteils. Der zivilrechtlich US gehörende Gebäudeteil ist daher mit dem Restbuchwert zum 31.12.2007 gewinnmindernd auszubuchen:

Zugang Gebäude 5/2007 (100 %)	240 000 €
./. AfA 2007	4 800 €
Buchwert 31.12.2007	235 200 €
Gebäudeanteil US (50 %)	117 600 €

Umbuchung:

Aufwand/Anlagenabgang	117 600 €	an Gebäude	117 600 €
Gewinnauswirkung:	./. 117 600 €		

Zum 31.12.2007 ist der Aufwendungsersatzanspruch nach §§ 951, 812 BGB in Höhe des Verkehrswertes des fraglichen Gebäudeteils als Forderung gegenüber dem Miteigentümer US zu aktivieren (BFH v. 10.3.1999, BStBl 1999 II 523), vgl. dazu auch *Schmidt/Kulosa*, EStG, § 7 Rz 55. Die Entscheidung des BFH v. 29.4.2008 VIII R 98/04 ist auf diesen Fall nicht übertragbar, weil ein Anspruch nach §§ 951, 812 BGB ausdrücklich vereinbart war und es sich nicht um das gemeinsame Wohneigentum mit anteiliger betrieblicher Nutzung eines Ehegatten handelt.

Umbuchung:

Sonstige Forderungen	140 000 €	an Erlöse/Anlagenabgang	140 000 €
Gewinnauswirkung:	+ 140 000 €		

Eine Begünstigung nach § 6b EStG kommt mangels sechsjähriger Zugehörigkeit des Gebäudes zum Anlagevermögen nicht in Betracht.

Die Vorsteuer aufgrund der Baumaßnahme hat CS zu Recht abgezogen, denn sie war Empfängerin der Werklieferung des Bauunternehmers (§ 15 Abs. 1 Nr. 1 UStG, Abschn. 192 Abs. 16 UStR).

Mit der Beendigung der Nutzungsbefugnis verschafft CS ihrem Ehegatten ungeachtet des bereits vorhandenen zivilrechtlichen Eigentums nach § 1 Abs. 1 Nr. 1 UStG i.V. m. § 3 Abs. 1 UStG die Verfügungsmacht an dem ihm zivilrechtlich bereits gehörenden Gebäudeteil. Diese Lieferung ist nach § 4 Nr. 9a UStG steuerfrei, weil sie unter das Grunderwerbsteuergesetz fällt (§ 2 Abs. 2 Nr. 2 GrEStG, Abschn. 71 Abs. 2 Nr. 3 UStR; vgl. dazu evt. auch BMF v. 23. 7. 1986, BStBl 1986 I 432 zu F II mit Beispiel 4).

Damit liegen die Voraussetzungen für eine Berichtigung des Vorsteuerabzugs nach § 15a Abs. 1 i.V. m. Abs. 8 und 9 UStG vor. Die Berichtigung ist nach § 44 Abs. 4 Satz 3 UStDV im Voranmeldungszeitraum 12/2007 durchzuführen. Der Berichtigungsbetrag i. H. v. 21.280 € (45 600 € x $^1/_2$:120 x 112) ist nach § 9b Abs. 2 EStG als Aufwand zu buchen.

Umbuchung:

Steueraufwand	21 280 €	an	Umsatzsteuerschuld	21 280 €
Gewinnauswirkung:	./. 21 280 €			

3. Grundstück Bonner Straße 3

Aufgrund des Teilabbruchs hinsichtlich des Seitenflügels des Gebäudes ist eine Absetzung für außergewöhnliche Abnutzung (AfaA) nach § 7 Abs. 4 Satz 3 EStG i.V. m. § 7 Abs. 1 Satz 7 EStG geboten. Der Wert der abgebrochenen Substanz erhöht nicht die Herstellungskosten für den Neubau, weil es sich um ein von CS in 1995 selbst hergestelltes Gebäude handelt (vgl. H 6.4 „Abbruchkosten" EStH 2007).

Ermittlung der AfaA sowie des Bilanzansatzes „Altgebäude":

Herstellungskosten 1/1994		500 000 €
./. AfA 1995 – 2006 (12 x 20 000 €)		240 000 €
Bilanzansatz 31. 12. 2006		260 000 €
./. AfA 1 – 6/2007	10 000 €	
./. AfaA → 25 % von	250 000 €	62 500 €
./. AfA 2007 (§ 11c Abs. 2 EStDV)		20 000 €
Bilanzansatz 31. 12. 2007		**177 500 €**

Umbuchung:

AfA	20 000 €			
AfaA	62 500 €	an	Gebäude	82 500 €
Gewinnauswirkung:	./. 82 500 €			

Die Abbruchkosten stellen sofort abziehbare Betriebsausgaben im Wirtschaftsjahr 2007 dar (H 6.4 „Abbruchkosten" EStH 2007). Mangels Zahlung ist zum 31. 12. 2007 eine sonstige Verbindlichkeit i. H. v. 23 800 € zu passivieren. Da die Vorsteuer bereits zutreffend erfasst wurde, lautet die

Umbuchung:

Gebäude Bonner Straße	23 800 €	an	sonst. Verbindlichkeiten	23 800 €

Gewinnauswirkung: keine

Die Aufwendungen für die Errichtung des neuen Gebäudeteils stellen Herstellungskosten für ein selbständiges Wirtschaftsgut dar, denn dieser Gebäudeteil steht in einem von der übrigen Gebäudenutzung verschiedenen Nutzungs- und Funktionszusammenhang, indem er fremden betrieblichen Zwecken zu dienen bestimmt ist (R 4.2 Abs. 3 Nr. 5 und R 4.2 Abs. 4 Satz 1 EStR 2005). Das gilt auch für die Überlassung zur Nutzung an die GmbH, an der CS selbst beteiligt ist.

Die Herstellungskosten betragen (§ 255 Abs. 2 HGB):

Architektenhonorar	20 000 €
Gutachterkosten	15 000 €
Baukosten	300 000 €
Herstellungskosten	335 000 €

Der Sicherheitseinbehalt wegen künftiger Garantieleistungen mindert nicht die Herstellungskosten des Gebäudes. Es handelt sich vielmehr um eine weiterhin bestehende Zahlungsverpflichtung, die als sonstige Verbindlichkeit i. H. v. 17 850 € auszuweisen ist. Gleichzeitig ist der Vorsteuerabzug um 2 850 € zu erhöhen.

Umbuchung:

Neubau Bonner Straße	335 000 €	an	sonst. Verbindlichkeiten	17 850 €
Vorsteuer	2 850 €	an	Gebäude Bonner Straße	285 000 €
		an	Gebäude Bonner Straße	20 000 €
		an	s. b. Aufwendungen	15 000 €*

Gewinnauswirkung: + 20 000 €

* Minderung wegen Aktivierung der Gutachterkosten

Nicht zu den Herstellungskosten gehört die nach § 15 UStG abziehbare Vorsteuer, weil CS aufgrund der Option insoweit nicht vom Vorsteuerabzug ausgeschlossen ist (§ 9b Abs. 1 EStG). Auch der von der GmbH als Mieterin geleistete Zuschuss mindert nicht die Herstellungskosten für den Neubau. Vielmehr handelt es sich um eine Mietvorauszahlung, die als zeitbezogene Gegenleistung für die Nutzungsüberlassung passiv abzugrenzen ist (§ 250 Abs. 1 HGB; § 5 Abs. 5 Satz 1 Nr. 2 EStG, R 5.6 EStR und R 6.5 Abs. 1 Satz 2 und 3 EStR 2005). Die Umsatzsteuer ist nach § 13 Abs. 1 Nr. 1a Satz 4 UStG mit Ablauf des Voranmeldungszeitraums Oktober 2007 entstanden und zutreffend erfasst worden.

Umbuchung:

Gebäude Bonner Straße	10 000 €	an	Mieterträge	250 €
		an	pass. RAP	9 750 €

Gewinnauswirkung: + 250 €

Da aufgrund der Option eine umsatzsteuerpflichtige Vermietung vorliegt, ist die Umsatzsteuer wegen der im Voraus gezahlten Miete nach § 13 Abs. 1 Nr. 1a Satz 4 UStG mit Ablauf des Voranmeldungszeitraums Oktober 2007 entstanden (Mindest-Istversteuerung) und daher zu passivieren. Soweit die Jahresmiete auf das Wirtschaftsjahr 2008 entfällt, ist eine passive Rechnungsabgrenzung geboten (§ 5 Abs. 5 Satz 1 Nr. 2 EStG).

Umbuchung:

Mieterträge	56 400 €	an	Umsatzsteuer	11 400 €
		an	pass. RAP	45 000 €

Gewinnauswirkung: ./. 56 400 €

Nach allem betragen die Herstellungskosten für das selbständige Wirtschaftsgut „Neubau" 335 000 €. Dieser vom übrigen Gebäude getrennt zu beurteilende Gebäudeteil ist abweichend vom „Altgebäude" nach § 7 Abs. 5a EStG i. V. m. § 7 Abs. 4 Satz 1 Nr. 1 EStG mit 3 % der Herstellungskosten – in 2007 zeitanteilig – abzuschreiben (vgl. auch R 4.2 Abs. 6 i. V. m. R 7.4 Abs. 6 Satz 2 EStR 2005).

Umbuchung:

AfA (10 – 12/2007)	2 513 €	an	Neubau	2 513 €

Gewinnauswirkung: ./. 2 513 €

4. Forderungen

a) Veräußerung des Grundstücks

Nach dem Grundsatz der Bilanzklarheit und -wahrheit ist die Forderung aus dem Grundstücksverkauf getrennt von den Forderungen aus Lieferungen und Leistungen zu bilanzieren. Der Ausweis erfolgt unter den Forderungen gegen Unternehmen, mit denen ein Beteiligungsverhältnis besteht (§ 266 Abs. 2 B. II. 3. HGB). Die Forderung ist mit ihrem Nennwert i. H. v. 119 000 € anzusetzen, denn Gründe für eine Teilwertabschreibung liegen nicht vor. Insbesondere betrifft das pauschale Ausfallrisiko (Delkredere) lediglich Forderungen aus Lieferungen und Leistungen.

Bei der Veräußerung dieses Grundstücks sind stille Reserven i. H. v. 45.000 € aufgedeckt worden (119.000 € ./. Buchwert 74.000 €). Umsatzsteuer ist im Hinblick auf § 4 Nr. 9a UStG und der fehlenden Option nicht entstanden. Da das Grundstück seit mehr als 6 Jahren zum Anlagevermögen gehört hat, ist die gewinnmindernde Passivierung einer Rücklage nach § 6b EStG in Höhe des Gewinns aus der Veräußerung zulässig (§ 6b Abs. 1 Satz 1, § 6b Abs. 3 Satz 1 und § 6b Abs. 4 Nr. 2 EStG).

Unter Beachtung der umgekehrten Maßgeblichkeit (§ 5 Abs. 1 Satz 2 EStG) ist entsprechend der Aufgabenstellung im Hinblick auf den Ausweis eines möglichst niedrigen Gewinns vom Wahlrecht der Passivierung einer Rücklage Gebrauch zu machen, denn eine

Übertragung der stillen Reserven durch Abzug von den Herstellungskosten der verschiedenen Baumaßnahmen würde zu einer Verringerung der Abschreibung und damit zu einer Gewinnerhöhung führen. Eine Übertragung der stillen Reserven auf den Grund und Boden Pecher Straße (Tz 2) kommt schon deshalb nicht in Betracht, weil keine Reinvestition vorliegt, denn das Grundstück ist durch Einlage Betriebsvermögen geworden.

Die Rücklage ist als Sonderposten mit Rücklageanteil (SoPo/RL) in der Bilanz auszuweisen (§ 247 Abs. 3 HGB). Dabei ist die Einstellung in den Sonderposten unter den „sonstigen betrieblichen Aufwendungen" zu buchen (§ 281 Abs. 2 Satz 2 HGB).

> **HINWEIS**
> Zwar gehört § 281 HGB zu den besonderen nur von Kapitalgesellschaften und GmbH & Co. KG zu beachtenden Rechnungslegungsvorschriften, dennoch entspricht dieser Ausweis zu Recht der kaufmännischen Übung auch anderer Unternehmen. Insbesondere kommt eine unmittelbare Einstellung des Ertrages in den Sonderposten nicht in Betracht (§ 246 Abs. 2 HGB)

Umbuchungen:

Forderungen gegen verbundene Unternehmen	119 000 €	an	Forderungen aus LuL	119 000 €
s. b. Aufwendungen	45 000 €	an	SoPo/RL (§ 6b EStG)	45 000 €
Gewinnauswirkung:	./. 45 000 €			

b) Einzelwertberichtigung

Hinsichtlich des konkreten Ausfallrisikos der Forderung gegenüber Langmut ist die Abschreibung (§ 253 Abs. 3 HGB i.V. m. § 5 Abs. 1 und 6 EStG, § 6 Abs. 1 Nr. 2 EStG) im Wege einer sog. Einzelwertberichtigung nicht zu beanstanden, denn es liegt offensichtlich eine voraussichtlich dauernde Wertminderung vor.

Gleichzeitig ist auch die Berichtigung der Umsatzsteuer nach § 17 Abs. 2 Satz 1 UStG geboten, weil das Bestehen der Forderung bestritten wird (Abschn. 223 Abs. 5 Satz 3 UStR).

Umbuchung:

Zweifelhafte Forderungen	35 700 €	an	Forderungen LuL	35 700 €
Umsatzsteuer	1 900 €	an	Abschreibungen	1 900 €
Gewinnauswirkung:	+ 1 900 €			

c) Pauschalwertberichtigung

Die (verbleibenden) Forderungen sind nach § 253 Abs. 1 und Abs. 3 HGB sowie § 5 Abs. 1 und 6 EStG, § 6 Abs. 1 Nr. 2 EStG mit dem niedrigeren beizulegenden Wert bzw. Teilwert zu bewerten. Es handelt sich auch um eine voraussichtlich dauernde Wertminderung, weil das Ausfallrisiko durch betriebliche Erfahrungen der Vergangenheit nachgewiesen werden kann. Die pauschale Wertberichtigung beträgt 2,5 % der Forderungen abzüglich

Forderungen, die der Einzelwertberichtigung unterliegen, und abzüglich USt (Abschn. 223 Abs. 5 Satz 8 UStR):

Nennwert der Forderungen aus Lieferungen und Leistungen	357 000 €
./. Einzelwertberichtigung	47 600 €
	309 400 €
./. Umsatzsteuer (19 %)	49 400 €
Bemessungsgrundlage für Pauschalwertberichtigung	260 000 €
davon 2,5 % = Pauschalwertberichtigung	6 500 €
bisher	23 205 €
Berichtigung	./. 16 705 €

Umbuchung:

Forderungen aus LuL	16 705 €	an	Abschreibungen	16 705 €
Gewinnauswirkung:	+ 16 705 €			

> **HINWEIS**
> KapG und GmbH & Co. KG müssen eine pauschale Wertberichtigung durch Minderung der Forderungen aus Lieferungen und Leistungen (LuL) auf der Aktivseite erfassen, denn der Ausweis eines Postens „Delkredere" oder „Wertberichtigung" ist auf der Passivseite nach § 266 Abs. 3 HGB nicht unzulässig. Auch § 247 Abs. 1 HGB, der für die übrigen Kaufleute verbindlich ist, nennt einen Wertberichtigungsposten auf der Passivseite nicht. Daraus wird überwiegend richtigerweise geschlossen, dass die pauschale Wertberichtigung durch Minderung der Forderungen auf der Aktivseite darzustellen ist.

5. Bauvorhaben Clever Straße 4

Mit der Fertigstellung des Bauwerks und der Abnahme durch HH hat CS die Werklieferung ausgeführt. Der Anspruch auf die Gegenleistung ist damit realisiert (§ 252 Abs. 1 Nr. 4 HGB). Deshalb ist CS grundsätzlich verpflichtet, die Forderung in voller Höhe auszuweisen.

Da HH jedoch das Bestehen eines Teilbetrages der Forderung wegen Vertragsverletzung bestreitet, ist nach den Verhältnissen am Bilanzstichtag zum 31.12.2007 eine Abschreibung der Forderung in Höhe des strittigen Betrages auf den niedrigeren Teilwert vorzunehmen. Die Voraussetzungen für eine voraussichtlich dauernde Wertminderung liegen vor (§ 253 Abs. 3 HGB, § 5 Abs. 1 und 6 EStG, § 6 Abs. 1 Nr. 2 EStG), denn aus der Sicht am Bilanzstichtag muss CS mit einem endgültigen Ausfall des streitigen Teils der Forderung rechnen. Unbeachtlich ist, dass die Entscheidung des Gerichts vor Aufstellung der Bilanz für 2007 ergangen ist. Im Hinblick auf die Durchsetzbarkeit des Anspruchs ist das Urteil keine bessere Erkenntnis im Rahmen der Wertaufhellung (§ 252 Abs. 1 Nr. 4 HGB), sondern nach Rechtskraft ein Ereignis, das erst die Durchsetzung der Forderung ermöglicht (**Realisationsprinzip**, BFH v. 26.4.1989, BStBl 1991 II 213).

Die USt ist noch nicht nach § 17 Abs. 1 Nr. 1 UStG zu korrigieren, denn die Forderung wird nicht substantiiert bestritten (Abschn. 223 Abs. 5 Satz 3 UStR). Die Restforderung aufgrund der Werklieferung ist daher zum 31.12.2007 lediglich mit 38 000 € in der Bilanz auszuweisen.

Umbuchung:

Abschreibungen 200 000 € an zweifelhafte Forderungen 200 000 €

Gewinnauswirkung: ./. 200 000 €

Der Anspruch auf die Verzugszinsen ist nach den Grundsätzen des Vorsichtsprinzips zum 31.12.2007 noch nicht realisiert. Daher kommt insoweit der Ausweis einer Forderung zum 31.12.2007 nicht in Betracht.

6. Kreditaufnahme

Das Darlehen ist nach § 253 Abs. 1 HGB, § 6 Abs. 1 Nr. 3 EStG mit dem Rückzahlungsbetrag zu passivieren. Der Unterschiedsbetrag zum Auszahlungsbetrag ist als Rechnungsabgrenzungsposten zu aktivieren, soweit es sich um Vergütungen an das Institut handelt, das den Kredit gewährt hat. Dabei ist das Aktivierungswahlrecht nach Handelsrecht (§ 250 Abs. 3 HGB) in der Steuerbilanz als Aktivierungsgebot zu befolgen (§ 5 Abs. 5 Satz 1 Nr. 1 EStG, vgl. auch H 6.10 „Damnum" EStH 2007).

Der Abgrenzungsposten i.H.v. 7 500 € ist arithmetisch-degressiv aufzulösen, weil es sich um ein Tilgungsdarlehen handelt. Die Auflösung für 2007 beträgt bei 10 Raten*
7 500 € : 55 x 10 x $^6/_{12}$ = 681 €.
* Summe der Zahlenreihe = n/2 x (n + 1) = $^{10}/_2$ x 10+1 = 55.

> **HINWEIS**
>
> Die arithmetisch-degressive Auflösung ist wohl nach allgemeiner Auffassung im Falle von Tilgungsdarlehen nicht zwingend, im Hinblick auf die periodengerechte Gewinnermittlung und das Ziel, einen möglichst niedrigen Gewinn auszuweisen, hier jedoch die zutreffende Lösung. In Original-StB-Klausuren ist eine lineare Auflösung bisher in der Regel nicht mit Punktabzug bestraft worden. Für den Fall der Passivierung eines einbehaltenen Disagios ist die Auflösung mit Hilfe der Zinsstaffelmethode dagegen zwingend (BFH v. 8.11.1989, BStBl 1990 II 207).

Zahlungen an Dritte im Zusammenhang mit der Kreditaufnahme stellen dagegen sofort abziehbare Betriebsausgaben dar (H 6.10 „Vermittlungsprovision" EStH 2007). Dazu gehören die Gebühren der Hausbank und die Provision an den Vermittler Windig. § 160 AO greift hinsichtlich der Provision nicht, denn danach ist eine Betriebsausgabe nur dann nicht abziehbar, wenn der Steuerpflichtige auf Verlangen der Finanzbehörde den Empfänger für die Zahlung nicht benennt. Einerseits ist ein solches Verlangen noch nicht an CS gerichtet worden und andererseits könnte CS den Empfänger bei entsprechender Nachfrage benennen. CS ist nicht aus sich selbst heraus aufgefordert, sich den Betriebsausgabenabzug zu versagen.

Schulden in ausländischer Währung sind am Bilanzstichtag auf Grund des Niederstwertprinzips (= Höchstwertprinzip auf der Passivseite) mit dem höheren Umrechnungskurs zu bewerten (§ 253 Abs. 1, § 252 Abs. 1 Nr. 4 HGB). Dies gilt grundsätzlich auch für die Steuerbilanz (§ 5 Abs. 1 EStG). Allerdings ist der Bewertungsvorbehalt (§ 5 Abs. 6 EStG) zu beachten.

Danach sind Verbindlichkeiten sinngemäß wie Umlaufvermögen zu bewerten (§ 6 Abs. 1 Nr. 3 EStG). Eine Bewertung mit dem höheren Umrechnungskurs kommt nach diesen Grundsätzen nur in Betracht, wenn es sich um eine voraussichtlich dauernde Werterhöhung handelt. Eine solche könnte angesichts der bis zur Bilanzaufstellung anhaltenden Kursänderung vorliegen, wenn es sich um eine Verbindlichkeit des laufenden Geschäftsverkehrs handeln würde. Dies ist nach Auffassung der Finanzverwaltung im vorliegenden Fall nicht anzunehmen, weil das Darlehen bei dieser Laufzeit auf Dauer die betriebliche Liquidität stärkt (BMF v. 12. 8. 2002, BStBl 2002 I 793).

Das Darlehen ist daher in der Steuerbilanz nicht mit dem Umrechnungskurs vom Bilanzstichtag (203 390 €), sondern weiterhin mit 200 000 € (Umrechnungskurs bei Entstehung der Schuld) zu bewerten.

Die am 31. 12. 2007 fälligen und noch nicht gezahlten Zinsen für die Zeit vom 1. 7. – 31. 12. 2007 sind als sonstige Verbindlichkeiten zu passivieren. Die Zinsverbindlichkeit beträgt 300 000 CHF x 8 % x $^6/_{12}$: 1,4750 CHF/1 € = 8 136 €. Für diese selbständig zu beurteilende Schuld ist der Umrechnungskurs vom Bilanzstichtag zugrunde zu legen.

Umbuchungen:

a)	s. b. Aufwendungen	5 000 €	an	Einlagen	5 000 €
b)	s. b. Aufwendungen	3 500 €			
	akt. RAP	7 500 €	an	Darlehensschuld	11 000 €
c)	Zinsaufwendungen	681 €	an	akt. RAP	681 €
d)	Zinsaufwendungen	8 136 €	an	sonst. Verbindlichkeiten	8 136 €
Gewinnauswirkung:		./. 17 317 € (./. 5 000 / ./. 3 500 / ./. 681 / ./. 8 136)			

7. Geschäftsbeziehungen

Die Zuwendung der Vase an CS erfolgte aus geschäftlichem und nicht aus privatem Anlass. Die Vase ist deshalb in das Betriebsvermögen der CS gelangt (§ 246 Abs. 1 HGB, § 5 Abs. 1 EStG). Die unentgeltliche Vermögensmehrung erhöht deshalb den Gewinn (§ 4 Abs. 1 Satz 1 EStG).

Da KW die Zuwendung nicht selbst pauschal versteuert hat (§ 37b Abs. 1 EStG), kann CS den Wert des Geschenks bei der Ermittlung ihres Gewinns nicht außer Ansatz lassen (§ 37b Abs. 3 EStG).

Bei einem unentgeltlichen Erwerb eines Wirtschaftsguts aus dem Betriebsvermögen eines anderen Steuerpflichtigen ist der Zugang nach § 6 Abs. 4 EStG mit dem gemeinen Wert anzusetzen. Dieser Wert gilt als Anschaffungskosten. Als gemeiner Wert ist nach § 9 BewG der im gewöhnlichen Geschäftsverkehr erzielbare Veräußerungspreis maßgebend, der die Umsatzsteuer einschließt. Der gemeine Wert beträgt hier 2 142 € (1 800 € zzgl. 19 % USt). Ein Vorsteuerabzug scheidet aus, weil es an einem Leistungsaustausch i. S. d. § 1 Abs. 1 Nr. 1 UStG fehlt.

Umbuchung:

Geschäftsausstattung	2 142 €	an	s. b. Erträge	2 142 €
Gewinnauswirkung:	+ 2 088 €			

Die anschließende Zuwendung der Vase an die Tochter ist als Entnahme zu beurteilen (§ 4 Abs. 1 Satz 2 EStG), die nach § 6 Abs. 1 Nr. 4 EStG mit dem Teilwert zu bewerten ist. Der Teilwert entspricht dem Marktpreis ohne USt im Zeitpunkt der Entnahme und beträgt 1 800 €.

Umsatzsteuerrechtlich kann dahin stehen, ob der Gegenstand zunächst dem Unternehmen zugeordnet (vgl. Abschn. 192 Abs. 17 und Abs. 21 Nr. 2 Satz 5 – 8 UStR) wurde und anschließend eine unentgeltliche Wertabgabe i. S. d. § 3 Abs. 1b Nr. 1 UStG erfolgt ist, oder ob die Vase erst gar nicht in das Unternehmensvermögen gelangt ist. Unter beiden Voraussetzungen unterliegt die Weitergabe nicht der Umsatzsteuer. Eine unentgeltliche Wertabgabe wäre mangels vorangehenden Vorsteuerabzugs nicht steuerbar (§ 3 Abs. 1b Satz 2 UStG) und die Weitergabe einer nicht zum Unternehmensvermögen gehörenden Vase ist nicht steuerbar (§ 1 UStG). In Fällen, in denen mangels entgeltlichen Erwerbs ein Vorsteuerabzug nicht in Betracht kommt, kann davon ausgegangen werden, dass eine Zuordnung nicht erfolgt ist, wenn der Gegenstand wenige Tage nach dem Erwerb weiter verschenkt worden ist.

Wie auch immer die Motivation der Unternehmerin gewesen sein sollte, die Entnahme unterliegt nicht der Umsatzsteuer. Dies ist auch nur folgerichtig, denn die Umsatzsteuerlast hat bereits der Schenker KW getragen, weil er wegen der Schenkung die Vorsteuer nach § 15 Abs. 1a UStG kürzen musste, denn es handelte sich aus seiner Sicht um eine nicht abziehbare Betriebsausgabe i. S. d. § 4 Abs. 5 Nr. 1 EStG.

Umbuchung:

Entnahmen	1 800 €		
s. b. Aufwendungen	342 €	an Geschäftsausstattung	2 142 €
Gewinnauswirkung:	./. 342 €		

Die Buchung einer zeitanteiligen AfA für die Zeit zwischen Erwerb vom Lieferanten der und Schenkung an die Tochter kann unterbleiben, weil die Differenz zwischen dem nach AfA niedrigeren Buchwert und dem höheren Teilwert als Ertrag zu erfassen wäre.

8. Holzbau GmbH

CS hat die Anteile an der H-GmbH unentgeltlich erworben und ihrem Betrieb im Wege der Einlage gewidmet. Seit der Einlage gehören die Anteile zum notwendigen Betriebsvermögen, denn aufgrund der langjährigen Geschäftsbeziehungen der CS und der Tatsache, dass es sich um einen wichtigen Lieferanten handelt, ist die Beteiligung und der dadurch gewonnene Einfluss auf die H-GmbH dazu bestimmt, dem Betrieb der CS zu dienen (§ 5 Abs. 1 EStG, R 4.2 Abs. 1 EStR 2005).

Einlagen sind nach § 6 Abs. 1 Nr. 5 EStG mit dem Teilwert im Zeitpunkt der Zuführung zu bewerten. Sie sind jedoch höchstens mit den Anschaffungskosten anzusetzen, wenn das zugeführte Wirtschaftsgut

a) innerhalb der letzten drei Jahre vor dem Zeitpunkt der Zuführung angeschafft worden ist (§ 6 Abs. 1 Nr. 5 Satz 1 Buchst. a EStG) oder

b) ein Anteil an KapG i. S. d. § 17 EStG ist (§ 6 Abs. 1 Nr. 5 Satz 1 Buchst. b EStG).

Da CS die Beteiligung im Wege der Schenkung erworben hat, liegt keine Anschaffung vor. Die Schenkung ist als Einzelrechtsnachfolge auch kein Fall, in dem der Rechtsnachfolger in die Rechtsstellung des Rechtsvorgängers eintritt. Es ist also unbeachtlich, dass der Schenker MR die Beteiligung seinerseits innerhalb von 3 Jahren vor der Einlage angeschafft hatte (BFH v. 14.7.1993, BStBl 1994 II 15).

Die Anteile an der H-GmbH gehören jedoch zu den Beteiligungen i. S. d. § 17 EStG. Bei einer Einlage solcher Beteiligungen in das Betriebsvermögen sind auch dann höchstens die Anschaffungskosten anzusetzen, wenn die Beteiligung im Wege eines unentgeltlichen Erwerbs erlangt worden ist (§ 17 Abs. 1 Satz 4 EStG). Für diesen Fall sind nach § 17 Abs. 2 Satz 5 EStG die Anschaffungskosten des Rechtsvorgängers maßgebend. Die Einlage ist daher mit 200 000 € (= Anschaffungskosten des MR) zu bewerten. Die Buchung ist im Ergebnis nicht zu beanstanden.

Bedingt durch die Tatsache, dass die Beteiligung seit dem 1.1.2007 zum Betriebsvermögen des CS gehört, ist die Dividende als Betriebseinnahme zu erfassen (§ 20 Abs. 1 Nr. 1, § 20 Abs. 3 i.V. m. § 15 Abs. 1 Nr. 1 EStG). Unbeachtlich ist, dass der zur Ausschüttung kommende Gewinn der GmbH vor dem Tage der Einlage erwirtschaftet worden ist. Der Anspruch auf die Dividende entsteht mit dem Ausschüttungsbeschluss und dieser ist nach der Einlage erfolgt.

Nach den Grundsätzen des Halbeinkünfteverfahrens ist die Dividende nach § 3 Nr. 40d i.V. m. § 3 Nr. 40 Satz 2 EStG zur Hälfte steuerfrei. Diese Steuerbefreiung ist außerhalb der Bilanz zu berücksichtigen.

Die Gutschrift des Auszahlungsbetrages bezogen auf die Beteiligung beträgt 55 230 € (50 % von 140 000 € ./. KapErSt 28 000 € und ./. Solidaritätszuschlag 1 540 €) und ist wegen Vereinnahmung auf dem zum Privatvermögen gehörenden Bankkonto eine Entnahme (§ 4 Abs. 1 Satz 2 EStG). Das gilt auch für die einbehaltene KapErSt (§ 43 Abs. 1 Nr. 1 i.V. m. § 43a Abs. 1 Nr. 1 EStG) und den SolZ (§ 12 Nr. 3 EStG).

Umbuchung:

Entnahmen (Zahlung)	55 230 €			
Entnahmen (KapErSt)	14 000 €			
Entnahmen (SolZ)	770 €	an	Beteiligungserträge	70 000 €
Gewinnauswirkung:	+ 70 000 €			

Die Teilwertabschreibung zum 31.12.2007 ist zulässig, denn die Ursache für den niedrigeren Teilwert beruht ausschließlich auf der Gewinnausschüttung, so dass eine voraussichtlich dauernde Wertminderung vorliegt (BMF v. 25.2.2000, BStBl 2000 I 372, Tz 36 Satz 3). Außerhalb der Bilanz ist die Hälfte des Betrages der Teilwertabschreibung dem Gewinn aus Gewerbebetrieb wieder hinzuzurechnen (§ 3c Abs. 2 i.V. m. § 3 Nr. 40a EStG).

9. EDV-Anlage

Die EDV-Anlage ist sowohl nach zivilrechtlicher Beurteilung als auch unter wirtschaftlicher Betrachtung der Computer GmbH zuzurechnen. Wirtschaftliches Eigentum der Firma CS liegt nicht vor (§ 39 Abs. 2 Nr. 1 AO; Leasing-Erlasse des BMF, BStBl 1971 I 264 und BStBl 1992 I 13). Insbesondere decken die Leasing-Raten innerhalb der unkündbaren Grundzeit von 4 Jahren nicht die Investitions- und Refinanzierungskosten des Leasinggebers.

Es liegt daher kein Fall einer Vollarmortisation (Full-Pay-Out-Vertrag) vor, denn die Leasing-Raten der CS betragen einschließlich Einmalzahlung insgesamt 140 000 €. Diesem Betrag steht im Falle eines sofortigen Kaufs ein Kaufpreis von 160 000 € zzgl. USt gegenüber.

Bei Teilarmortisationsverträgen (Non-Pay-Out-Verträge), bei denen die Investitionskosten zzgl. Finanzierungskosten sowie aller Nebenkosten des Leasinggebers in der Grundmietzeit nur zum Teil gedeckt werden, ist es für die Anerkennung einer Nutzungsüberlassung unschädlich, wenn der Leasinggeber (GmbH) mindestens 25 % des Mehrerlöses (Verkaufserlös ./. Restamortisation) erhält In diesem Fall kann noch davon ausgegangen werden, dass der Leasinggeber in einem Umfang an etwaigen Wertsteigerungen des Leasing-Gegenstandes beteiligt ist, der wirtschaftlich ins Gewicht fällt.

Nach allem führt die Leasing-Vereinbarung mit der Computer GmbH einem Mietvertrag entsprechend dazu, dass die Leasing-Raten ebenso wie die Einmalzahlung als Aufwand zu würdigen sind. Da die Zahlung für die Zeit vom 1. 7. 2007 bis zum 30. 6. 2007 erst Anfang 2008 erfolgt ist, ist zum 31. 12. 2007 anteilig eine sonstige Verbindlichkeit zu passivieren. Die Vorsteuer ist noch nicht verrechenbar, weil die Rechnung i. S. d. § 14 UStG erst Anfang 2007 erteilt worden ist.

Umbuchung:

Mietaufwand	15 000 €			
nicht verrechenbare VorSt	2 850 €	an	sonst. Verbindlichkeiten	17 850 €
Gewinnauswirkung:	./. 15 000 €			

Die Leasingsonderzahlung ist als Mietvorauszahlung auf die Laufzeit des Mietvertrages im Wege einer aktiven Rechnungsabgrenzung zu verteilen (§ 250 Abs. 1 HGB, § 5 Abs. 5 Satz 1 Nr. 1 EStG). Der Rechnungsabgrenzungsposten beträgt zum 31. 12. 2007 insgesamt 17 500 € (20 000 € : 48 Monate Grundmietzeit x 42 Monate Restlaufzeit). Der Vorsteuerabzug erfolgte zu Recht (§ 15 Abs. 1 Nr. 1 Satz 2 UStG).

Umbuchung:

Akt. RAP	17 500 €	an	Mietaufwand	17 500 €
Gewinnauswirkung:	+ 17 500 €			

Punkteverteilung: Übungsklausur 2

1. Grundstück Odenwald

Abgrenzung Herstellungskosten, nachträgliche Herstellungskosten	3
Vorsteuerabzug	1
AfaA	1
Aktivierung und Abschreibung	2
Umbuchungen - Gewinnauswirkung	1
Bilanzansatz	1/9

2. Pecher Straße

Zurechnung – Zivilrechtliches und wirtschaftliches Eigentum	2
Notwendiges Betriebsvermögen zur Hälfte – Einlage	2
Bewertung der Einlage des Grund und Bodens	1
Aktivierung des Gebäudes – Wirtschaftliches Eigentum/Eigenaufwand	2
Abschreibung	1
Beendigung des Nutzungsverhältnisses – Aufwendungsersatzanspruch	2
Anlagenabgang und Aktivierung des Anspruchs, kein § 6b EStG	3
Vorsteuerberichtigung nach § 15a UStG und § 9b Abs. 2 EStG	2
Umbuchungen und Gewinnauswirkung	2/17

3. Bonner Straße

Würdigung des Teilabbruchs – AfaA – Abbruchkosten	3
Herstellungskosten Neubau und Abschreibung	4
Würdigung des Zuschusses	2
Passivierung der Umsatzsteuer	1
Passive Rechnungsabgrenzung	1/11

4. a) Forderungen – Veräußerung

Ansatz und Bewertung der Forderung aus Verkauf von Anlagegütern	2
Veräußerungsgewinn	1
Passivierung einer Rücklage nach § 6b EStG	2
Umbuchung und Gewinnauswirkung	2/7

4. b) Einzelwertberichtigung

Abschreibung der Forderung aufgrund Einzelwertberichtigung	2
Berichtigung der Umsatzsteuer nach § 17 UStG	1
Umbuchungen und Gewinnauswirkung	1/4

4. c) Pauschalwertberichtigung

Abschreibung der Forderung aufgrund Pauschalwertberichtigung	2
Keine Berichtigung der Umsatzsteuer nach § 17 UStG	1
Umbuchungen und Gewinnauswirkung	1/4

5. Bauvorhaben Clever Straße

Werklieferung und Forderung, Realisationsprinzip	2
Abschreibung der Forderung in Höhe eines strittigen Betrags	2
Keine Berichtigung der USt nach § 17 UStG	1
Verzugszinsen	1
Umbuchung und Gewinnauswirkung	1/7

6. Kreditaufnahme

Passivierung der Darlehensschuld	1
Damnum – aRAP – Auflösung	2
Zahlungen an Dritte	1
§ 160 AO	1
Schulden in ausländischer Währung – Handels-/Steuerbilanz	3
Bewertung der Verbindlichkeiten nach Steuerrecht	2
Passivierung der Zinsschulden	1
Umbuchung und Gewinnauswirkung	3/14

7. Geschäftsbeziehungen

Betriebsvermögensmehrung aus betrieblichem Anlass	2
Gewinnerhöhung nach § 6 Abs. 4 EStG – Gemeiner Wert	2
Schenkung = Entnahme	2
Keine Umsatzsteuer (Begründung erforderlich)	1
Umbuchung und Gewinnauswirkung	1/8

8. Holzbau GmbH

Einlage einer Beteiligung – notwendiges Betriebsvermögen	2
Einlage zum Teilwert, max. Bewertung nach § 6 Abs. 1 Nr. 5b EStG	2
Anschaffungskosten des Rechtsvorgängers als Höchstgrenze	1
Dividende als betrieblich veranlasster Beteiligungsertrag	2
Halbeinkünfteverfahren außerhalb der Bilanz	1
Entnahme hinsichtlich Einnahme sowie KapErSt und Solidaritätszuschlag	2
Umbuchung und Gewinnauswirkung	1/11

9. EDV-Anlage

Wirtschaftliches Eigentum beim Leasinggeber	2
Leasingraten und Sonderzahlung als Aufwand des Leasingnehmers	2
aRAP hinsichtlich Sonderzahlung und Zahlung für 2007	2
Umbuchung und Gewinnauswirkung	2/8
	100

ÜBUNGSKLAUSUR 3

Färber GmbH & Co. KG, Maler GmbH & Co. KG und OW GmbH & Co. KG

Färber GmbH & Co. KG:
Geschäftserweiterung, stiller Gesellschafter, Arbeitsvertrag mit Kommanditisten

Maler GmbH & Co. KG:
Untergang eines Gebäudes, Kraftfahrzeuge, Beteiligung an einer Kapitalgesellschaft, Warenbestand, Darlehen, Jahresabschlusskosten

OW GmbH & Co. KG:
Existenzgründerrücklage, Abfindung für Warenlager, Herstellungskosten, Kommissionsware

Aufgabenteil I: Färber GmbH & Co. KG

Aufgabe und Bearbeitungshinweise

a) Für die Färber GmbH & Co. KG (F-KG) wurde **zum 31.12.2007** eine vorläufige Bilanz erstellt. Weil bei einigen Sachverhalten Zweifel über die steuerrechtliche Beurteilung und deren buchmäßige bzw. bilanzielle Behandlung bestehen, legt Ihnen die Geschäftsführung der F-KG den folgenden Sachverhalt mit der Bitte um Prüfung und Entscheidung vor. Nehmen Sie zum Sachverhalt mit kurzer Begründung Stellung. Gesetzliche Bestimmungen und ggf. EStR sind anzugeben.

b) Der Gewinn ist bei verschiedenen Wahlmöglichkeiten – soweit sich aus dem Sachverhalt nicht ausdrücklich etwas anderes ergibt und vorbehaltlich d) – so niedrig wie möglich zu ermitteln. Dabei ist in der Handelsbilanz auf Wahlrechte zu verzichten, soweit diese steuerrechtlich nicht wahrgenommen werden dürfen (Einheitsbilanz).

c) Zwingende Abweichungen der Steuerbilanz gegenüber der Handelsbilanz sind nach § 60 Abs. 2 Satz 1 EStDV außerhalb der Bilanz darzustellen und zu erläutern.

d) Soweit sich die Möglichkeit ergibt, aufgedeckte stille Reserven nach § 6b Abs. 1 und 3 EStG zu begünstigen, ist eine Übertragung der stillen Reserven bereits in 2007 anzustreben, weil weitere Investitionen nicht geplant sind. Dagegen soll für den Fall einer Begünstigung nach § 6b Abs. 10 EStG einer Rücklage der Vorrang gebühren.

e) Im Anschluss an Ihre Stellungnahme sind die jeweiligen **Umbuchungen** mit Beträgen darzustellen. Außerdem sind die Gewinnauswirkungen anzugeben.

f) Die Bilanz zum 31.12.2006 F-KG liegt nach einer Betriebsprüfung der bestandskräftigen und nach AO nicht mehr änderbaren gesonderten und einheitlichen Feststellung des Gewinns für 2006 zugrunde.

g) Das Wirtschaftsjahr der F-KG entspricht dem Kalenderjahr.

h) Centbeträge sind auf volle EURO zu runden.

Sachverhalt

Die Färber GmbH & Co. KG (F-KG) hat ihren Sitz in Münster/Westfalen. Gegenstand des Unternehmens ist die Herstellung und der Vertrieb von Wohnmöbeln. An der F-KG ist als Komplementärin die F-GmbH als Verwaltungsgesellschaft ohne vermögensmäßige Einlage beteiligt. Kommanditisten sind Carolin Färber mit einer Beteiligung von 60 % und Paul Kramer mit 40 %.

1. Geschäftserweiterung

Die F-KG plante seit einiger Zeit, ihre Geschäftstätigkeit um den Bereich Büroeinrichtungen zu erweitern. Nach Änderung des Gesellschaftsvertrages zur Anpassung des Geschäftszwecks erwarb die F-KG mit Wirkung vom 1.1.2007 die Fa. Günselmann, Büroeinrichtungen, in Münster, Havixbecker Straße 55. Der Inhaber Günter Günselmann (GG) setzte sich nach dem Verkauf seines Betriebs zur Ruhe. Die Bilanz der Einzelfirma zum 31.12.2006 zeigte folgendes Bild:

Bilanz der Fa. Günselmann zum 31.12.2006

Grund und Boden	150 000 €	Kapital	500 000 €
Gebäude	210 000 €	Darlehen	160 000 €
Einrichtung	80 000 €		
Waren	220 000 €		
	660 000 €		660 000 €

In den Anlagegütern sind folgende stille Reserven enthalten:

Grund und Boden	120 000 €
Gebäude	180 000 €
Geschäftseinrichtung	20 000 €

Der Teilwert der Waren betrug zum 31.12.2006 unstreitig 200 000 €.

Als Kaufpreis für den Erwerb des Betriebs wurde mit GG ein Betrag von 900 000 € vereinbart. Daneben übernahm die F-KG die passivierte Darlehensschuld i.H.v. 160 000 € sowie die auf den Veräußerungsgewinn entfallende Einkommensteuer des GG i.H.v. 20 000 €. Außerdem zahlte die F-KG Grunderwerbsteuer, Notar- und Gerichtskosten i.H.v. insgesamt 26 400 € und buchte diesen Betrag als Aufwand. Die Vorsteuer aus der Notarrechnung wurde zutreffend gebucht.

Der Kaufpreis von 900 000 € wurde mit 800 000 € an GG ausgezahlt. In Höhe des restlichen Betrages von 100 000 € beteiligte sich GG als stiller Gesellschafter an der F-KG. GG ist am Gewinn und Verlust, nicht jedoch an den stillen Reserven der Gesellschaft beteiligt. Von einer Teilhabe an unternehmerischen Entscheidungen ist er ausgeschlossen.

Die Zahlung des Betrags von 800 000 € wurde durch Aufnahme eines Tilgungsdarlehens zum Nennwert über 850 000 € finanziert. Dieses Darlehen wurde i.H.v. 800 000 € ausgezahlt. Die Tilgung erfolgt – beginnend am 30.6.2007 – in 17 halbjährlichen Raten zu 50 000 €. Die Raten sind jeweils am 30. 6. und am 31. 12. zugleich mit den Zinszahlungen fällig. In diesem Zusammenhang wurde wie folgt gebucht:

GruBo (neu)	270 000 €	an	Verbindlichkeiten	800 000 €
Gebäude (neu)	390 000 €	an	Darlehen	160 000 €
Einrichtung	100 000 €	an	ESt-Schuld	20 000 €
Wareneinkauf	220 000 €			
s. b. Aufwendungen	100 000 €	an	Beteiligungskonto GG	100 000 €
Grundstücksaufwand	26 400 €	an	Bank	26 400 €
Bank	800 000 €			
Zinsaufwand	50 000 €	an	Darlehensschuld	850 000 €
Verbindlichkeiten	800 000 €	an	Bank	800 000 €
Darlehen	100 000 €	an	Bank	100 000 €
AfA		an	Gebäude	(vgl. Tz 2.c)

Die AfA für die Geschäftsausstattung/Einrichtung wurde zutreffend gebucht. Das gilt ebenfalls für die laufenden Zinszahlungen.

2. Gewinnanteil stiller Gesellschafter

Der Gewinnanteil des GG betrug für 2007 insgesamt 10 000 €. Die Auszahlung erfolgte im April 2008. Für 2007 ist bisher keine Buchung erfolgt.

3. Grundstücksveräußerung

Die Geschäftsräume der F-KG befanden sich bisher in Münster, Wolbecker Straße 100. Dieses Grundstück hatte die F-KG vor 12 Jahren erworben. Im März 2007 verlagerte die F-KG ihre Geschäftsräume in das Gebäude Havixbecker Straße 55, (vgl. Tz 2.a), weil dieses für die F-KG trotz des Baujahres 1977 nach Lage und Raumaufteilung gegenüber den bisherigen Verhältnissen besser geeignet ist. Das Grundstück Wolbecker Straße 100 wurde im Juli 2007 veräußert. Durch den Verkauf entstanden der F-KG Maklergebühren i. H. v. 12 000 € zzgl. 2 280 € USt. Der Verkaufspreis i. H. v. 600 000 € entfällt unstreitig zu einem Drittel auf den Grund und Boden. Zum Zeitpunkt des Verkaufs betrug der Buchwert des Grund und Bodens 140 000 € und der des Gebäudes 300 000 €.

Die Geschäftsführung ließ in diesem Zusammenhang buchen:

Grundstücksaufwand	12 000 €			
Vorsteuer	2 280 €	an	Bank	14 280 €
Forderungen	600 000 €	an	Grund und Boden (alt)	140 000 €
		an	Gebäude (alt)	300 000 €
		an	s. b. Erträge	160 000 €
Abschreibungen	160 000 €	an	Grund und Boden (neu)	160 000 €
AfA	7 800 €	an	Gebäude (neu)	7 800 €

4. Arbeitsvertrag mit dem Kommanditisten Kramer

Paul Kramer ist mit der Leitung des Vertriebs der F-KG betraut. Dem Anstellungsvertrag zufolge, der hinsichtlich Vergütung, Arbeitszeit, Urlaubsanspruch etc. üblichen Vereinbarungen mit einem leitenden Mitarbeiter entspricht, bezieht Kramer monatlich ein Gehalt von 5 000 €. Dieses ist pünktlich vor Monatsschluss ausgezahlt und gewinnmindernd gebucht worden.

Der zuständige Sozialversicherungsträger hat im Dezember 2007 festgestellt, dass Kramer mit seiner Tätigkeit sozialversicherungspflichtig ist. Die für 2006 und 2007 fälligen Nachzahlungsbeträge sind hinsichtlich des Arbeitgeberanteils von der KG im Januar 2008 i. H. v. 11 400 € entrichtet worden. Kramer hat seinen Teil der Verpflichtung noch im Dezember 2007 ebenfalls i. H. v. 11 400 € aus privaten Mitteln erfüllt.

Aufgabenteil II: Maler GmbH & Co. KG

Aufgabe und Bearbeitungshinweise

a) Für die Maler GmbH & Co. KG (M-KG) wurde **zum 31. 12. 2007** eine vorläufige Bilanz erstellt. Weil bei einigen Sachverhalten Zweifel über die steuerrechtliche Beurteilung und deren buchmäßige bzw. bilanzielle Behandlung bestehen, legt Ihnen die Geschäftsführung der M-KG den folgenden Sachverhalt mit der Bitte um Prüfung und Entscheidung vor.

b) Nehmen Sie zum Sachverhalt mit kurzer Begründung Stellung. Gesetzliche Bestimmungen (ggf. EStR) sind anzugeben.

c) Der Gewinn ist bei verschiedenen Wahlmöglichkeiten – soweit sich aus dem Sachverhalt nicht ausdrücklich etwas anderes ergibt – so niedrig wie möglich zu ermitteln.

d) Soweit sich die Möglichkeit ergibt, aufgedeckte stille Reserven nach § 6b EStG zu begünstigen, ist eine Rücklage nach § 6b EStG zu passivieren.

e) Im Anschluss an Ihre Stellungnahme sind die jeweiligen **Umbuchungen** mit Beträgen darzustellen. Außerdem sind die Gewinnauswirkungen anzugeben.

f) Die Bilanz zum 31.12.2006 der M-KG liegt nach einer Betriebsprüfung der bestandskräftigen und nach AO nicht mehr änderbaren gesonderten und einheitlichen Feststellung des Gewinns für 2006 zugrunde. Das Betriebsvermögen der M-KG beträgt zum 31.12.2006 unstreitig 185 256 €.

g) Soweit Verbindlichkeiten mit einem Zinssatz von 5,5 % abzuzinsen sind, sind die Tabellen 2 bzw. 3 des BMF-Schreibens v. 26.5.2005, BStBl 2005 I 699 (Anhang 9.V EStH) der Berechnung zugrunde zu legen.

h) Die M-KG versteuert ihre Umsätze nach vereinbarten Entgelten. Soweit umsatzsteuerfreie Umsätze ausgeführt werden, hat die M-KG nicht optiert.

i) Das Wirtschaftsjahr der M-KG entspricht dem Kalenderjahr.

j) Centbeträge sind auf volle EURO zu runden.

Sachverhalt

Die Maler GmbH & Co. KG (M-KG) hat ihren Sitz in Bonn. Nach dem Gesellschaftsvertrag ist Gegenstand des Unternehmens die Förderung unternehmerischer Initiativen im Bereich neuer Technologien. Dazu gehört auch der Handel mit Computern und Peripheriegeräten. Darüber hinaus betätigt die M-KG sich als Zwischenhändlerin für Geräte der elektronischen Datenverarbeitung.

An der M-KG ist als Komplementärin die M-GmbH ohne vermögensmäßige Einlage beteiligt. Kommanditisten sind Maria Maler (MM) mit einer Beteiligung von 75 % und Hans Hanselmann (HH) mit einer Beteiligung von 25 %.

1. Grundstück Kölner Straße 333

Mit notariell beurkundetem Vertrag vom 15.9.2007 hat die M-KG das bebaute Grundstück Bonn, Kölner Straße 333 mit dem Ziel erworben, die räumlichen Verhältnisse im Büro- und Betriebsbereich weiterhin zu verbessern. Als Kaufpreis wurden 320 000 € festgelegt, wovon 110 000 € unstreitig auf den Grund und Boden entfallen. Aus dem Kaufvertrag ergibt sich außerdem das Folgende:

1. Besitz, Nutzungen und Lasten gehen mit Wirkung vom 1.1.2008 auf die M-KG über. Die Eintragung in das Grundbuch ist am 10.3.2008 erfolgt.

2. Der Kaufpreis ist am 31.12.2007 fällig.

3. Die Gefahr des zufälligen Untergangs oder einer eventuellen Verschlechterung der Kaufsache geht mit dem Abschluss des notariellen Kaufvertrags auf die M-KG über.

4. Der Verkäufer tritt für den Fall des zufälligen Untergangs oder einer eventuellen Verschlechterung evt. Versicherungsansprüche an die M-KG ab.

Am 15.10.2007 ist das Gebäude nach einem Blitzeinschlag bis auf die Grundmauern abgebrannt. Die Kosten der Beseitigung der Brandruine haben insgesamt 35 000 € zzgl. USt betragen und wurden von der M-KG im November 2007 bezahlt und als Aufwand bzw. Vorsteuer gebucht.

Am 16.12.2007 hat die Gebäudeversicherung mitgeteilt, dass sie ihrer Zahlungsverpflichtung aus dem Versicherungsvertrag nachkommen werde und eine Schadenersatzzahlung i.H.v. 240 000 € für den Verlust des Gebäudes zu zahlen bereit sei. Eine Entschädigung für die Beseitigung der Brandruine können nicht gewährt werden, weil dies nach dem Versicherungsvertrag ausgeschlossen sei. Die Zahlung werde am 15.1.2008 entsprechend der Abtretung im notariellen Vertrag auf das Konto der M-KG erfolgen.

Die M-KG plant, nunmehr doch noch Bauherrin zu werden und auf dem frei geräumten Grundstück ein Betriebsgebäude zu errichten. Die Geschäftsführung rechnet mit Baukosten i.H.v. etwa 300 000 €.

Mit Wertstellung zum 31.12.2007 hat die M-KG den Kaufpreis i.H.v. 320 000 € überwiesen. Eine Buchung ist bisher unterblieben. Die Buchhaltung hat auf die Differenz zwischen Bankkonto lt. Buchführung und tatsächlichem Bankbestand außerhalb der vorläufigen Bilanz hingewiesen.

Die Erwerbsnebenkosten (Grunderwerbsteuer, Notar, Grundbuch) betragen 16 000 €, sind Anfang 2008 von der M-KG bezahlt und auf Konto „Grundstück" gebucht worden. Auf Vorsteuer aus der Notarrechnung ist vereinfachend nicht einzugehen.

2. Kraftfahrzeuge

Zum Kfz-Bestand der M-KG vom 31.12.2006 gehörte der Lieferwagen I, angeschafft als Gebrauchtfahrzeug am 2.11.2005 für 98 400 € zzgl. 16 % USt. Die betriebsgewöhnliche Nutzungsdauer beträgt seit Erwerb noch 5 Jahre. Die M-KG hat das Kfz bisher lediglich linear abgeschrieben.

Der Lieferwagen I wurde am 30.6.2007 durch Brand nach einem Kurzschluss in der elektrischen Zündanlage völlig zerstört. Die Versicherung überwies am 30.9.2007 eine Entschädigung i.H.v. 82 000 €, wovon 80.000 € für den zerstörten Lieferwagen I und 2 000 € für entgangenen Gewinn gezahlt wurden.

Die Buchhaltung der M-KG hat nach Geldeingang gebucht:

Bank   82 000 €   an   Fahrzeuge   82 000 €

Am 1.10.2007 hat die M-KG als Ersatz für das ausgeschiedene Kfz einen neuen Lieferwagen II (betriebsgewöhnliche Nutzungsdauer 6 Jahre) erworben. Dieses Fahrzeug entspricht den Anforderungen, die auch der bisherige Lieferwagen erfüllt hat.

Der Händler erteilte folgende Rechnung:

Nettokaufpreis*	60 000 €
+ Umsatzsteuer	11 400 €
Bruttoverkaufspreis	71 400 €

* Komplett inkl. Zulassung

Die Buchhaltung der M-KG hat bei Zahlung in 2007 gebucht:

Fahrzeuge   71 400 €   an   Bank   71 400 €

Beide Kfz wurden von den Gesellschaftern in 2007 nicht privat genutzt. Weitere Buchungen sind hinsichtlich der Fahrzeuge bisher in 2007 nicht erfolgt.

In den Bilanzen zum 31.12.2005 und 31.12.2006 ist jeweils eine Ansparrücklage i. H.v. 150 000 € ausgewiesen. Mit der Feststellungserklärung für 2005 hat die M-KG dem Finanzamt mitgeteilt, dass die Absicht besteht, den Fahrzeugpark der M-KG, der insgesamt aus 12 Fahrzeugen besteht (Lieferwagen, Personenwagen, Werkstattwagen) schrittweise zu erneuern. Das Volumen der Erneuerung – so wurde mitgeteilt – werde auf insgesamt 300 000 € geschätzt.

3. Elektra AG

In der Bilanz der M-KG zum 31.12.2006 sind Aktien der Elektra AG, Köln, im Nennwert von 240 000 € mit den Anschaffungskosten im Betrag von 270 000 € aktiviert und unter den Finanzanlagen als Beteiligung ausgewiesen.

Die Elektra AG ist Kundin der M-KG. Die M-KG will zur Förderung ihres Absatzes künftig einen größeren Einfluss auf die Unternehmensentscheidungen der Elektra AG ausüben. Deshalb erwarb die M-KG im August 2007 weitere Aktien der AG im Nennwert von 60 000 € zu einem Anschaffungspreis (einschl. Nebenkosten) von 90 000 €. Nach diesem Erwerb beträgt die Beteiligung der M-KG mehr als 75 % des Grundkapitals der Elektra AG.

Die Buchhaltung der M-KG hat gebucht:

Beteiligungen 90 000 € an Bank 90 000 €

Der Kurswert zzgl. Nebenkosten des Erwerbs von Elektra AG-Aktien hat am 31.12.2007 gemessen am Nennwert 125 % betragen. Die M-KG will daher die in 2007 erworbenen Aktien mit dem niedrigeren Teilwert ansetzen.

Nachforschungen haben ergeben, dass der Kurswert zzgl. Nebenkosten des Erwerbs bis zur Bilanzaufstellung für 2007 im März 2008 auf 110 % (gemessen am Nennwert) weiter nachgegeben hat.

4. Software GmbH

Die M-KG hatte sich 1991 an der Software GmbH, Rheinbach, mit einer Stammeinlage von 50 000 € beteiligt, um Aufträge zur Entwicklung von Anwender-Software, die bei Überlastung der eigenen Kapazität nicht selbst erledigt werden konnten, weitergeben und deren Erledigung überwachen, ggf. beeinflussen zu können. Die GmbH-Anteile sind mit 50 000 € als Beteiligung in der Bilanz zum 31.12.2006 aktiviert.

Nach Einstellung neuer qualifizierter Mitarbeiter besteht kein Anlass mehr, auf die Dienste der Software GmbH zurückzugreifen. Die M-KG hat die GmbH-Anteile deshalb mit Wirkung vom 1.12.2007 an den Mehrheitsgesellschafter der Software GmbH für 850 000 € abgetreten. Der vereinbarte Preis ist noch in 2007 gezahlt und wie folgt gebucht worden:

Bank 850 000 € an Beteiligungen 50 000 €
an s. b. Erträge 800 000 €

Die Notariatskosten für die Abtretung hatte vereinbarungsgemäß die M-KG zu tragen. Die Kosten beliefen sich auf 15 000 € zzgl. 2 850 € gesondert in Rechnung gestellter Umsatzsteuer und sind wie folgt bei Zahlung noch in 2007 gebucht worden:

s. b. Aufwendungen   17 850 €   an   Bank   17 850 €

5. Warenbestand (Rohstoffe und Handelswaren)

Im Warenbestand befindet sich die Warengruppe AB. Deren Bestand beträgt lt. Inventur 144 000 €, der sich aus den Wareneingangsrechnungen (ohne Vorsteuer) ergibt. Eine Überprüfung hat gezeigt, dass die auf diese Warengruppe entfallenden Frachtkosten, die an fremde Frachtführer in Höhe von 5 % der Einkaufspreise (ohne Vorsteuer) zu zahlen waren, als Aufwand gebucht und bei der Bewertung des Warenbestandes nicht berücksichtigt worden sind.

Die M-KG bezieht die Produkte der Warengruppe AB bei bestimmten Lieferanten, die auf jeden Einkauf 2 % Skonto einräumen. Bei der Warenbewertung wurde dieser Umstand nicht berücksichtigt. Im Bestand dieser Warengruppe sind auch Wareneinkäufe enthalten, die erst mit Beginn des folgenden Jahres bezahlt worden sind, und zwar zum Nettoeinkaufspreis von 24 000 €. Der Skontoabzug wurde jeweils bei Zahlung auf dem Konto Skontoerträge gebucht. Die Vorsteuer ist zutreffend nach § 17 UStG korrigiert worden.

6. Darlehen

Die M-KG hat zwei Darlehen von ausländischen Darlehensgebern erhalten, die aus Anlass der Finanzierung des laufenden Geschäftsverkehrs mit ausländischen Vertragspartnern Ende 2006 aufgenommen wurden, und zwar

a) ein Darlehen einer britischen Bank über 65 000 GBP (£) und

b) ein Darlehen einer neuseeländischen Bank über 120 000 NZD (NZ$),

die jeweils in Landeswährung zurückzuzahlen sind. Die Darlehen sind in der Bilanz zum 31. 12. 2006 zutreffend mit dem Nennwert umgerechnet in Euro entsprechend dem Umrechnungskurs bei Darlehensaufnahme ausgewiesen.

Die Umrechnungskurse betrugen bei Darlehensaufnahme 1 € = 0,6500 GBP und 1 € = 2,000 NZD. Am 31. 12. 2007 betragen die Kurse für 1 € = 0,715 GBP bzw. 1,9200 NZD. Beide Darlehen wurden im März 2008 zurückgezahlt und zwar zu a) mit umgerechnet 98 000 € und zu b) mit umgerechnet 64 000 €.

Der Buchhalter der M-KG hat den Ansatz der Darlehen aus der Schlussbilanz 2006 unverändert in die vorläufige Bilanz zum 31. 12. 2007 übernommen.

7. Jahresabschlusskosten

Die Buchhaltung der M-KG hat den „Rückstellungen für den Jahresabschluss" zum 31. 12. 2007 folgende Kosten zugeordnet:

1. Kosten für den Jahresabschluss der KG zum
   31.12.2007
   a) betriebsinterne Einzelkosten für vorbereitende
      Arbeiten   5 000 €
   b) betriebsinterne notwendige Gemeinkosten   3 000 €
   c) Steuerberaterkosten für die Erstellung des
      Jahresabschlusses   6 000 €
2. Kosten für den Jahresabschluss der Komplementär-
   GmbH zum 31.12.2007
   a) Honorar für den Jahresabschluss   3 500 €
   b) Honorar für KSt-Erklärung   1 000 €
   c) betriebsinterne Gemeinkosten für vorbereitende
      Arbeiten   500 €   5 000 €
3. Honorar für die Erstellung der Erklärung zur geson-
   derten und einheitlichen Gewinnfeststellung der KG
   für 2007   1 500 €
4. Honorar für die GewSt- und USt-Erklärung 2007   5 000 €
5. Honorar für die Erstellung der ESt-Erklärungen der
   Kdt   9 500 €
Rückstellung zum 31.12.2007   35 000 €

Aufgabenteil III: OW GmbH & Co. KG

Aufgabe

Beurteilen Sie den nachstehend geschilderten Sachverhalt bilanzsteuerrechtlich. Gehen Sie davon aus, dass die Gewinnfeststellungen und Gewerbesteuerveranlagungen der Jahre bis einschl. 2006 nach den Vorschriften der AO nicht mehr änderbar sind.

Stellen Sie die notwendigen Umbuchungen dar und gegen Sie die Gewinnauswirkungen aufgrund der ggf. notwendigen Korrekturen innerhalb und außerhalb der Bilanz an.

Sachverhalt

1. Existenzgründer-Rücklage

Die OW GmbH & Co. KG (OW-KG) wurde mit Wirkung vom 1.1.2004 mit Sitz in Essen gegründet. An der KG sind die OW GmbH als Komplementärin und Verwaltungsgesellschaft ohne vermögensmäßige Einlage sowie als Kommanditisten Otto Ottone und Willi Willich beteiligt.

Während die Verwaltungs-GmbH ebenfalls mit Wirkung vom 1.1.2004 gegründet wurde, waren Otto Ottone und Willi Willich vor der Gründung der OW-KG jeweils Arbeitnehmer in einem branchenverwandten Unternehmen. Seit dem 31.12.2004 wurde in der Bilanz der OW-KG eine Existenzgründer-Rücklage i.H.v. 288 000 € passiviert und in der Buchführung dokumentiert. Damit verbunden wurden dem FA in einem Begleitschreiben die beabsichtigten Investitionen bis zum Ablauf der 5-jährigen Investitionsfrist konkret und detailliert beschrieben. Die Summe der ordnungsmäßig so bezeichneten Wirtschaftsgüter betrug 720 000 €. Die beabsichtigten Investitionen sind bis zum 31.12.2007 noch nicht erfolgt.

2. Warenlager

Zur Eröffnung einer weiteren Betriebsstätte schloss die OW-KG Anfang Januar 2007 mit dem Eigentümer eines Geschäftshauses in Essen einen Mietvertrag über dessen Geschäftsräume für die Dauer von 20 Jahren, beginnend am 1.3.2007. Der vereinbarte und angemessene Mietzins wurde von der OW-KG jeweils fristgerecht entrichtet.

Da die OW-KG das branchenfremde Warenlager des Vermieters nicht übernehmen wollte, vereinbarte sie mit ihm, dass er im Jan./Febr. 2007 noch den Totalverkauf durchführen sollte. Die OW-KG verpflichtete sich im Gegenzug, für den zu erwartenden Verlust aus der Veräußerung der Waren einen Betrag von 30.000 € an den Vermieter zu zahlen. Eine Rechnung mit gesondertem Steuerausweis hat der Vermieter nicht erteilt.

Der Betrag wurde am 10.5.2007 per Bank an den Vermieter überwiesen. Ohne diese Zahlung wäre wahrscheinlich vor Ende 2007 der Bezug der Geschäftsräume nicht möglich gewesen.

Buchungen 2007:

1. Immaterielle Anlagewerte   30 000 €   an   Bank   30 000 €
2. Abschreibungen   1 250 €   an   Immaterielle Anlagewerte   1 250 €

3. Teppichhandel

Die von der OW-KG hergestellten und im eigenen Haus vertriebenen Teppiche werden auch an andere Einrichtungshäuser abgegeben, die diese Teppiche im eigenen Namen, aber für Rechnung der OW-KG verkaufen. Im Dezember 2007 sind Teppiche zum Ladenverkaufspreis von 120 000 € zzgl. Umsatzsteuer an die verschiedenen Einrichtungshäuser ausgeliefert worden. Nach Abzug einer Provision von 10 % erwartet die KG eine Gutschrift von 128 520 €.

Die OW-KG hat die zum 31.12.2007 bei den anderen Einrichtungshäusern sich befindlichen und zu $9/10$ noch nicht verkauften Teppiche weder im Vorratsvermögen noch unter den Forderungen erfasst, weil Abrechnungen der Vertragspartner am Bilanzstichtag noch nicht vorlagen. Die Überprüfung der Kalkulation der weitergegebenen Teppiche ergab folgende Daten:

Selbstkosten	75 % der Ladenverkaufspreise (Netto)
Verwaltungskosten	7 % der Ladenverkaufspreise (Netto)
Verpackungskosten	1 % der Ladenverkaufspreise (Netto)
Versandkosten	2 % der Ladenverkaufspreise (Netto)
Werbekosten	5 % der Ladenverkaufspreise (Netto)
Provision	10 % der Ladenverkaufspreise (Netto)
Material-/Fertigungsgemeinkosten	30 % der Ladenverkaufspreise (Netto)

LÖSUNG ÜBUNGSKLAUSUR 3

Aufgabenteil I: F-KG

1. Geschäftserweiterung

Nach Handels- und Steuerrecht sind die erworbenen Aktiva (Vermögensgegenstände bzw. Wirtschaftsgüter) mit den Anschaffungskosten zu bewerten (§ 253 Abs. 1 Satz 1 HGB, § 5 Abs. 1 EStG). Zu den Anschaffungskosten gehören auch die Erwerbsnebenkosten (Grunderwerbsteuer, Notariatskosten und Grundbuchgebühren; § 255 Abs. 1 HGB). Sie sind im Verhältnis der Anschaffungskosten auf die Wirtschaftsgüter Grund und Boden und Gebäude zu verteilen. Auf den Grund und Boden entfallen 10 800 € ($^{270}/_{660}$ von 26 400 €), auf das Gebäude 15 600 €. Die Anschaffungskosten des Grund und Bodens betragen demgemäß 280 800 €, die des Gebäudes 405 600 €. Wegen der AfA vgl. Tz 3.

Der Warenbestand ist mit den Anschaffungskosten i. H. v. 200 000 € zu aktivieren. Dieser Betrag entspricht dem Marktpreis zum Zeitpunkt der Vermögensübernahme. Dementsprechend mindert sich der Wareneinsatz um 20 000 €.

Die Passivierung der Einlage des stillen Gesellschafters GG (§§ 230 ff. HGB) auf einem Beteiligungskonto ist grundsätzlich nicht zu beanstanden. Handelsrechtlich besteht keine einheitliche Auffassung zum Ausweis typisch stiller Beteiligungen in der Bilanz. Überwiegend wird zu Recht vertreten, die Verpflichtung zur Rückgewähr der Einlage unter den sonstigen Verbindlichkeiten (vgl. dazu ausführlich Handbuch des Jahresabschlusses, Abt. III/1; ADS, 6. Aufl., § 246 Tz 90/91 m. w. N) auszuweisen und damit grundsätzlich als Fremdkapital zu passivieren.

HINWEIS

Abweichend hiervon wird die stille Beteiligung jedoch als Sonderposten im Eigenkapital behandelt, wenn die Gesellschaft für mindestens fünf Jahre nicht gekündigt werden kann, abweichend von § 236 HGB eine Rückzahlung der Einlage erst nach Befriedigung aller Gläubiger vereinbart wurde und der stille Gesellschafter am Verlust beteiligt ist. Die Einlage ist in diesen Fällen als Sonderposten innerhalb des Eigenkapitals auszuweisen, vgl. z. B. ADS, 6. Aufl., § 246 Rdn. 90 ff. und § 266 Rdn. 189. Dies wird aus § 10 Abs. 5 KWG abgeleitet, der die Bilanzierung stiller Beteiligungen an Banken regelt.

Soweit die **Gegenleistung** den Kaufpreis der übernommenen Vermögensgegenstände abzüglich Schulden übersteigt, stellt der **Mehrbetrag** den Kaufpreis für den **Firmen- bzw. Geschäftswert** dar (§ 255 Abs. 4 HGB), denn die erworbenen Wirtschaftsgüter sind mit den Teilwerten, höchstens den Anschaffungskosten zu bewerten (§ 6 Abs. 1 Nr. 7 EStG).

Berechnung:

Zahlung	800 000 €
+ Einräumung einen stillen Beteiligung	100 000 €
+ Übernahme der Einkommensteuerschuld	20 000 €
Gegenleistung	**920 000 €**

Gegenleistung (Übertrag)		920 000 €
Grund und Boden	270 000 €	
+ Gebäude	390 000 €	
+ Geschäftseinrichtung	100 000 €	
+ Warenbestand	200 000 €	
	960 000 €	
./. Betriebsschulden	160 000 €	
./. Anschaffungskosten		800 000 €
Firmenwert		**120 000 €**

Nach § 255 Abs. 4 HGB darf dieser Betrag in der Handelsbilanz aktiviert werden (Aktivierungswahlrecht). Die sofortige Erfassung als Aufwand ist jedoch handelsrechtlich ebenso zulässig. Steuerrechtlich ist der Firmenwert dagegen als Wirtschaftsgut des unbeweglichen abnutzbaren Anlagevermögens nach § 5 Abs. 2 EStG zu aktivieren und mit den Anschaffungskosten abzgl. AfA zu bewerten (§ 5 Abs. 6, § 6 Abs. 1 Nr. 1 Satz 1 EStG) und auf eine Nutzungsdauer von 15 Jahren linear abzuschreiben, § 7 Abs. 1 Satz 3 EStG. Die AfA beträgt 8 000 €.

Die übernommenen Verbindlichkeiten sind mit dem Rückzahlungsbetrag zu bewerten, § 253 Abs. 1 Satz 2 HGB, § 5 Abs. 1 und 6 EStG, § 6 Abs. 1 Nr. 3 i.V.m. § 6 Abs. 1 Nr. 2 EStG. Das gilt auch für die übernommene ESt-Schuld des Veräußerers. Aus der Sicht der erwerbenden F-KG ist die ESt-Schuld nicht außerbetrieblich veranlasst und deshalb als Folge der Schuldübernahme zu passivieren. Da Steuerschulden verzinslich sind, unterbleibt eine Abzinsung (§ 6 Abs. 1 Nr. 3a EStG).

Der Rückzahlungsbetrag des aufgenommenen Darlehens, das aus Anlass der Geschäftserweiterung aufgenommen wurde, beträgt 850 000 €. Nach Berücksichtigung der Tilgung für 2007 beträgt der Bilanzansatz folglich 750 000 €. Für das Damnum besteht nach § 250 Abs. 3 HGB in der Handelsbilanz ein Aktivierungswahlrecht. Die Buchung als Aufwand ist daher handelsrechtlich nicht zu beanstanden.

In der **Steuerbilanz** ist das Damnum jedoch zwingend als **Rechnungsabgrenzungsposten** zu aktivieren, § 5 Abs. 5 Satz 1 Nr. 1 EStG, (H 6.10 „Damnum" EStH 2007). Die Auflösung erfolgt arithmetisch-degressiv wie nachfolgend berechnet:

> **HINWEIS**
> Die arithmetisch-degressive Auflösung ist im Falle von Tilgungsdarlehen nach allgemeiner Auffassung wohl nicht zwingend, im Hinblick auf die periodengerechte Gewinnermittlung und das Ziel, einen möglichst niedrigen Gewinn auszuweisen, hier jedoch die zutreffende Lösung.

Damnum : Summe der Zahlenreihe x Laufzeitziffer (Rate)

Summe der Zahlenreihe = $n/2 \times (n+1) = 153$

→ Auflösungsbetrag 1. Rate 50 000 € : 153 x 17 =	5 556 €
→ Auflösungsbetrag 2. Rate 50 000 € : 153 x 16 =	5 229 €
Zinsaufwand 2007	10 785 €

Berichtigungen:	Gewinn bisher	berichtigt
Aufwand aus Firmenübernahme	./. 100 000 €	0 €
Erwerbsnebenkosten	./. 26 400 €	0 €
Wareneinsatz	./. 220 000 €	./. 200 000 €
AfA Firmenwert	0 €	./. 8 000 €
Zinsaufwand	./. 50 000 €	./. 10 785 €
	./. 396 400 €	./. 218 785 €
Berichtigung des Gewinns		**+ 177 615 €**

Umbuchungen:

Grund und Boden	10 800 €			
Gebäude	15 600 €	an	Grundstücksaufwand	26 400 €
Firmenwert	120 000 €	an	s. b. Aufwendungen	100 000 €
		an	Wareneinsatz	20 000 €
Abschreibungen	8 000 €	an	Firmenwert	8 000 €
ESt-Schuld	20 000 €	an	sonst. Verbindlichkeiten	20 000 €
Beteiligungskonto GG	100 000 €	an	sonst. Verbindlichkeiten	100 000 €
akt. RAP	39 215 €	an	Zinsaufwand	39 215 €

Gebäude-AfA siehe Tz 3.

2. Gewinnanteil des stillen Gesellschafters

Aufgrund der Beteiligung des GG liegt eine typische stille Gesellschaft (§ 230 HGB) vor, da der stille Gesellschafter weder Mitunternehmerinitiative entfalten kann, noch ein Mitunternehmerrisiko in Form einer Beteiligung an den stillen Reserven trägt. Der Gewinnanteil i. H. v. 10 000 € stellt handelsrechtlich wie steuerrechtlich Aufwand dar, denn er gehört nicht zur Gewinnverwendung, sondern wird im Jahresabschluss der GmbH als Ergebnis eines Teilgewinnabführungsvertrages behandelt. Der Gewinnanteil mindert daher den Jahresüberschuss im Wirtschaftsjahr 2007 und ist in der GuV der GmbH & Co. KG als Aufwand aus Teilgewinnabführung zu bezeichnen (§ 277 Abs. 3 Satz 2 HGB) sowie als sonstige Verbindlichkeit zu passivieren (§ 232 Abs. 3 HGB).

Umbuchung:

s. b. Aufwendungen	10 000 €	an	sonst. Verbindlichkeiten	10 000 €
Berichtigung des Gewinns:	./. 10 000 €			

3. Grundstücksveräußerung

Die Veräußerung der Wirtschaftsgüter Grund und Boden und Gebäude ist nach § 6b EStG begünstigt. Insbesondere sind auch die Voraussetzungen nach § 6b Abs. 4 EStG erfüllt. Die F-KG ermittelt den Gewinn nach § 5 EStG und die veräußerten Wirtschaftsgüter gehörten mindestens 6 Jahre zum Anlagevermögen einer inländischen Betriebsstätte.

Für die Inanspruchnahme der Steuervergünstigung ist nach dem Grundsatz der umgekehrten Maßgeblichkeit eine gleich lautende Bewertung in der Handelsbilanz erforderlich (§ 5 Abs. 1 Satz 2 EStG). Dem entspricht, dass der Abzug nach § 6b EStG handelsrechtlich betrachtet als Abschreibung nach § 254 i. V. m. § 279 Abs. 2 HGB erfolgt.

Ein Abzug des bei der Veräußerung des Grund und Bodens entstandenen Gewinns ist von den Anschaffungskosten der Wirtschaftsgüter Grund und Boden und auch Gebäude zulässig (§ 6b Abs. 1 Satz 2 Nr. 1 und Nr. 3 EStG). Vorrangig sollte jedoch ein Abzug von den Anschaffungskosten des Grund und Bodens erfolgen, um die Verringerung der AfA-Bemessungsgrundlage des Gebäudes nach § 6b Abs. 6 EStG zu vermeiden. Der Veräußerungsgewinn aus dem Abgang des Gebäudes kann dagegen nur von den Anschaffungskosten des Gebäudes abgezogen werden, § 6b Abs. 1 Satz 2 Nr. 3 EStG.

Unter Berücksichtigung der Tatsache, dass die Veräußerung des Grundstücks nach § 4 Nr. 9a UStG steuerfrei ist und dass dem folgend die Vorsteuer aus der Maklerrechnung vom Abzug nach § 15 Abs. 2 Nr. 1 UStG ausgeschlossen ist, betragen die Veräußerungskosten 14 280 €. Der Vorsteuerabzug ist folglich zu berichtigen, der Gewinn ist um 2 280 € zu mindern.

Der begünstigte Veräußerungsgewinn beträgt nach § 6b Abs. 2 EStG:

	Grund und Boden	Gebäude
Verkaufspreis	200 000 €	400 000 €
./. Veräußerungskosten	4 760 €	9 520 €
./. Buchwert	140 000 €	300 000 €
Veräußerungsgewinn	55 240 €	90 480 €

Entwicklung der Bilanzansätze für das Grundstück Havixbecker Straße 55

Grund und Boden	HB/StB	berichtigt	Auswirkungen
Zugang (Tz 1)	270 000	270 000	
Erwerbsnebenkosten (Tz 1)		10 800	GuV + 10 800
Anschaffungskosten	270 000	280 800	
Abzug nach § 6b EStG	160 000	55 240	GuV + 104 760
31. 12. 2007	110 000	225 560	

Gebäude	HB/StB	berichtigt	Auswirkungen
Zugang (Tz 1)	390 000	390 000	
Erwerbsnebenkosten (Tz 1)		15 600	GuV + 15 600
Anschaffungskosten	390 000	405 600	
Abzug nach § 6b EStG	0	90 480	GuV ./. 90 480
AfA-BMG (§ 6b Abs. 6)	390 000	315 120	
./. AfA 2007 (2 %)	7 800	6 303	GuV + 1 497
31. 12. 2007	382 200	308 817	

Bei der Berechung der AfA ist zu beachten, dass das Baujahr 1977 ist, so dass der AfA-Satz nach § 7 Abs. 4 Satz 1 Nr. 2a EStG lediglich 2 % beträgt.

Berichtigungen	Gewinn bisher	berichtigt	
Veräußerungskosten	./. 12 000 €	./. 14 280 €	
Abzug nach § 6b EStG	./. 160 000 €	./. 145 720 €	
AfA Gebäude	./. 7 800 €	./. 6 303 €	
Gewinnauswirkung:	./. 179 800 €	./. 166 303 €	+ 13 497 €

Umbuchungen:

s. b. Aufwendungen	14 280 €	an	Vorsteuer	2 280 €
		an	Grundstücksaufwand	12 000 €
Grund und Boden	104 760 €	an	Abschreibungen (§ 6b)	14 280 €
		an	Gebäude	90 480 €
Gebäude	1 497 €	an	Abschreibungen (AfA)	1 497 €

4. Arbeitsvertrag mit dem Kommanditisten Kramer

Kommanditisten, die sich in einem Arbeitsverhältnis mit ihrer KG ohne geschäftsleitenden Einfluss befinden, sind sozialversicherungspflichtig. Die Zahlung des Arbeitnehmeranteils noch in 12/2007 ist für die Gewinnermittlung der KG unmaßgeblich. Insbesondere liegen keine Sonderbetriebsausgaben des Kommanditisten vor (§ 4 Abs. 4 EStG). Im Rahmen der Höchstbeträge ist allenfalls ein Sonderausgabenabzug zulässig (§ 10 EStG).

Die Verpflichtung der KG, den Arbeitgeberanteil zu entrichten, stellt eine betrieblich veranlasste Schuld der KG gegenüber dem Sozialversicherungsträger dar, die bereits am 31. 12. 2007 entstanden und deshalb zu passivieren ist.

Umbuchung:

Soziale Aufwendungen	11 400 €	an	sonst. Verbindlichkeiten	11 400 €

Obwohl es sich um eine Verbindlichkeit des Arbeitgebers (hier KG) gegenüber dem Sozialversicherungsträger handelt, ist nach der Rechtsprechung des BFH (BFH, GrS v. 19.10.1970, BStBl 1971 II 177; BFH v. 8.4.1992, BStBl 1992 II 812 sowie aktuell bestätigt durch die Entscheidung vom 30.8.2007, BStBl 2007 II 942) davon auszugehen, dass mit der Zahlung der Arbeitgeberbeiträge zugleich eine Vergütung für die Tätigkeit der Kommanditistin im Dienst der KG vorliegt (§ 15 Abs. 1 Nr. 2 EStG) und die Steuerbefreiung nach § 3 Nr. 62 EStG nicht greift.

> **HINWEIS**
>
> Dieser Lösung ist in der StB-Prüfung uneingeschränkt zu folgen. Dennoch soll hier nicht unerwähnt bleiben, dass die Besteuerung des ArbG-Anteils als Teil der Vergütung i.S.d. § 15 Abs. 1 Nr. 2 EStG durchaus zweifelhaft ist, weil es sich hinsichtlich der Verpflichtung zur Zahlung des ArbG-Anteils um eine eigene Verbindlichkeit der KG handelt, die in dieser Form auch nicht dem Arbeitnehmer zu Gute kommt, mithin nicht Gegenleistung für die Arbeitsleistung ist. Diese Rechtsfolge ergibt sich auch aus der Entscheidung des für Lohnsteuerfragen zuständigen VI. Senats des BFH v. 6.6.2002, BStBl 2003 II 34 sowie der Entscheidung des VIII. Senats des BFH v. 4.11.2003, BStBl 2004 II 585. Dem folgend gehört der ArbG-Anteil nicht zum Arbeitslohn eines Arbeitnehmers. Überträgt man diese Überlegung auf das Arbeitsentgelt, das ein Mitunternehmer bezieht und das daher zu den Vergütungen gehört, dann kann nach den Maßstäben einer gleichmäßigen Besteuerung hier nichts anderes gelten. Vgl. dazu *Bolk*, FR 2003, 839; *Paus*, 2006, 336.
>
> Der IV. Senat zeigt sich in seinem Urteil vom 30.8.2007 IV R 14/06, BStBl 2007 II 942 von diesen Überlegungen allerdings unbeeindruckt und hält daran fest, dass der Arbeitgeberanteil schon deshalb zu den Vergütungen gehöre, weil die Zahlung durch das Dienstverhältnis mit dem Mitunternehmer verursacht sei, die Zahlung im Interesse des Mitunternehmers erfolge und ihm einen geldwerten Vorteil verschaffe. Die davon abweichende lohnsteuerrechtliche Beurteilung des VI. Senats gebe keine Veranlassung, von der bisherigen Rechtsprechung abzuweichen. Damit hat es sich der IV. Senat sehr leicht gemacht und die offenkundige Divergenz dem Grunde nach vermutlich nicht erkennen wollen. In einer erneuten Revision wird dies wohl nicht gelingen und eine Anrufung des Großen Senats geboten sein.

Dies hat zur Folge, dass der gewinnmindernd passivierten Verbindlichkeit in der Gesamthandsbilanz nach den Grundsätzen der korrespondierenden Bilanzierung in gleicher Höhe eine gewinnerhöhend aktivierte Forderung in der Sonderbilanz für Paul Kramer gegenüber zu stellen ist. Auf den Zahlungszeitpunkt kommt es nicht an. Diese Forderung erlischt – folgt man der Rechtsprechung des BFH – mit der Zahlung des Arbeitgeberanteils durch die KG. In der Sonderbilanz wird in diesem Zeitpunkt eine Entnahme zu erfassen sein.

Damit bildet der Arbeitgeberanteil zusammen mit der Gehaltszahlung die Vergütung für 2007 i.H.v. insgesamt 71 400 €, die dem Kommanditisten nach § 15 Abs. 1 Nr. 2, 2. Halbsatz EStG zuzurechnen ist. Weil die Gehaltszahlungen bereits erfolgt sind, liegen insoweit bereits Entnahmen im Sonderbereich vor.

Sonderbilanz Kramer 31.12.2007 (in €)

Forderungen	11 400	Gewinn	+ 71 400
		Entnahmen	./. 60 000
		Sonderkapital	11 400
	11 400		11 400

Aufgabenteil II – M-KG

1. Grundstück Kölner Straße 333

Das Grundstück geht mit Auflassung und Eintragung in das bürgerlich-rechtliche Eigentum der KG (§§ 873, 925 BGB) über. Dies geschieht erst in 2008. Die M-KG wird dem Vertrag entsprechend mit Wirkung vom 1.1.2008 mit dem Übergang von Besitz, Nutzungen und Lasten wirtschaftliche Eigentümerin (§ 39 Abs. 2 Nr. 1 AO). Das Grundstück gehört daher weder nach zivilrechtlichen Grundsätzen (§ 39 Abs. 1 AO) noch nach Grundsätzen des wirtschaftlichen Eigentums am 31.12.2007 zum Vermögen der M-KG und darf deshalb weder in der Handelsbilanz noch in der Steuerbilanz als Betriebsvermögen ausgewiesen werden (§ 246 Abs. 1 HGB, § 5 Abs. 1 EStG). Unmaßgeblich hierfür ist der Gefahrenübergang mit dem Tage der notariellen Beurkundung, denn damit wird weder unmittelbarer noch mittelbarer Besitz verschafft (BFH v. 3.8.1988, BStBl 1989 II 21).

Dies hat zur Folge, dass der Feuerschaden mangels Zurechnung des Gebäudes nicht durch AfaA (§ 7 Abs. 1 Satz 7, § 7 Abs. 4 Satz 3 EStG) gewinnmindernd berücksichtigt werden kann. Aus dem gleichen Grund kann eine Rücklage für Ersatzbeschaffung wegen des Ausscheidens eines Gebäudes aus dem Betriebsvermögen aufgrund höherer Gewalt nicht passiviert werden.

Der Feuerschaden führt aufgrund der Gefahrtragung zu einer Vermögenseinbuße bei der M-KG. Diese Vermögenseinbuße beeinflusst die Bewertung der am 31.12.2007 geleisteten Anzahlung. Diese ist zunächst mit den Anschaffungskosten i.H.v. 320 000 € zu erfassen (§ 253 Abs. 1 HGB, § 5 Abs. 1 und § 6 Abs. 1 Nr. 2 EStG) und auf den niedrigeren beizulegenden Wert/Teilwert von 110 000 € wegen einer voraussichtlich dauernden Wertminderung abzuschreiben (§ 253 Abs. 2 HGB, § 5 Abs. 1 und § 6 Abs. 1 Nr. 2 Satz 2 EStG).

Der Versicherungsanspruch steht der M-KG zu. Da die Versicherungsgesellschaft die Regulierung des Schadens i.H.v. 240 000 € noch vor dem Bilanzstichtag zugesagt hat, ist der Anspruch realisiert und muss gewinnerhöhend als Forderung aktiviert werden (§ 252 Abs. 1 Nr. 4 HGB, § 5 Abs. 1 EStG).

Die Buchung hinsichtlich der Kosten zur Beseitigung der Brandruine ist korrekt. Das Gleiche gilt für die Erwerbsnebenkosten. Diese sind zwar – jedenfalls hinsichtlich Grunderwerbsteuer und Notar – bereits entstanden, sie sind jedoch dem Anschaffungsvorgang zuzurechnen, der erst in 2008 verwirklicht worden ist.

Umbuchungen zum 31.12.2007:

Geleistete Anzahlungen	320 000 €	an	Finanzkonto	320 000 €
Abschreibungen	210 000 €	an	geleistete Anzahlungen	210 000 €
Forderungen	240 000 €	an	s. b. Erträge	240 000 €
Gewinnauswirkung:	+ 30 000 €			

> **ANMERKUNG:**
> Der Feuerschaden führt zweifellos zu einem Vermögensverlust infolge höherer Gewalt. R 6.6 EStR 2005 gewährt in solchen Fällen eine Steuerentlastung, indem die durch Erlangung einer Entschädigung aufgedeckten stillen Reserven auf ein Ersatzwirtschaftsgut übertragen werden dürfen. Da das Gebäude jedoch noch nicht zum Betriebsvermögen gehört hat, kann sich die Anwendung des R 6.6 EStR 2005 zweifellos nicht auf das Gebäude beziehen.
>
> Fraglich ist indes, ob der Verlust der **geleisteten Anzahlung** nach R 6.6 EStR 2005 begünstigt sein könnte. Nach R 6.6 Abs. 1 Nr. 1 EStR muss es sich um ein **Wirtschaftsgut** des Anlage- oder Umlaufvermögens handeln, das infolge höherer Gewalt aus dem Betriebsvermögen gegen Entschädigung ausscheidet. Auch Anzahlungen sind in diesem Sinne Wirtschaftsgüter. Nach Sinn und Zweck der Regelung sowie der Entstehungsgeschichte dieses Gewohnheitsrechts könnte eine Rücklage für Ersatzbeschaffung in Höhe von 30 000 € durchaus in Betracht kommen. Rechtsprechung zu diesen Überlegungen liegt nicht vor.
>
> Bei einer entsprechenden Begründung erfolgt deshalb kein Punktabzug.

2. Lieferwagen

Der Lieferwagen I ist am 30. 6. 2007 infolge höherer Gewalt aus dem Betriebsvermögen ausgeschieden. Da die Entschädigung den Buchwert des ausgeschiedenen Fahrzeugs übersteigt, können die aufgedeckten stillen Reserven nach R 6.6 Abs. 1 EStR 2005 auf den Lieferwagen II übertragen werden.

Der Lieferwagen II ist Ersatzwirtschaftsgut und die Entschädigung ist i. H. v. 80 000 € für das ausgeschiedene Wirtschaftsgut als solches gezahlt worden. Nicht in die Übertragung einzubeziehen ist allerdings die Entschädigung für den entgangenen Gewinn (vgl. zu allem R 6.6 Abs. 1 und 2 EStR 2005).

a) Entschädigung der Versicherungsgesellschaft

Die Entschädigung der Versicherungsgesellschaft ist als Ertrag zu buchen.

Umbuchung:

Fahrzeuge	82 000 €	an	s. b. Erträge	82 000 €

Gewinnauswirkung: + 82 000 €

b) Ermittlung des Restbuchwerts

	Anschaffungskosten Lieferwagen I am 2. 11. 2005	98 400 €
./.	AfA 2005 (pro-rata-temporis/linear 20 % x 2/12)	3 280 €
./.	AfA 2006	19 680 €
	Buchwert am 31. 12. 2006	75 440 €
./.	AfA 1 – 6/2007 (6/12)	9 840 €
	Restbuchwert am 30. 6. 2007	65 600 €

Neben der AfA für 1 – 6/2007 muss der Abgang des Lieferwagens I durch Totalschaden als Absetzung für außerordentliche Absetzung (AfaA) gebucht werden (§ 7 Abs. 1 Satz 7 EStG).

Umbuchung:

AfA	9 840 €			
AfaA	65 600 €	an	Fahrzeuge (I)	75 440 €
Gewinnauswirkung:	./. 75 440 €			

c) Ermittlung des übertragbaren Teils der stillen Reserven

Die aufgedeckte stille Reserve, die als Differenz zwischen der Versicherungsentschädigung für das Fahrzeug (80 000 €) und dem Restbuchwert (65 600 €) **gewinnwirksam zu erfassen ist**, beträgt 14 400 €.

Weil die Anschaffungskosten des Ersatzwirtschaftsguts lediglich 60 000 € betragen haben, ist die Entschädigung von 80 000 € nur zu 75 % zur Ersatzbeschaffung eingesetzt worden. Der übertragbare Teil der stillen Reserven beträgt daher 75 % von 14 400 € = 10 800 €. Nur in dieser Höhe darf ein Abzug von den Anschaffungskosten des Ersatzwirtschaftsguts im Wege der Abschreibung nach § 254 HGB, § 5 Abs. 1 Satz 2 EStG und R 6.6 EStR 2005 erfolgen (vgl. auch H 6.6 (3) „Mehrentschädigung" EStH 2007). Der danach nicht übertragbare Teil der stillen Reserven erhöht im Ergebnis den Gewinn.

d) Anschaffung und Abschreibung des Lieferwagens II

Die Anschaffungskosten des neuen Fahrzeugs betragen 60 000 €. Dazu gehört nicht die nach § 15 Abs. 1 UStG abziehbare Vorsteuer, § 9b Abs. 1 EStG. Der übertragbare Teil der stillen Reserven mindert die Anschaffungskosten und daher nach R 7.3 Abs. 4 EStR 2005 auch die AfA-Bemessungsgrundlage.

Die AfA ist nach § 7 Abs. 2 EStG degressiv mit 30 % und zeitanteilig für 2007 zu berechnen. Die AfA beträgt danach 3 690 € (60 000 € ./. 10 800 € = 49 200 € x 30 % x $^{3}/_{12}$).

Eine Sonderabschreibung nach § 7g Abs. 1 EStG i. H. v. 20 % der nach Abzug der stillen Reserven verbleibenden Anschaffungskosten ist nicht zulässig, denn die Voraussetzungen nach § 7g Abs. 2 Nr. 3 EStG sind nicht erfüllt. Die von der KG passivierte Ansparrücklage genügt nicht den Anforderungen. Es fehlt an der Benennung des zu investierenden Wirtschaftsguts seiner Art und Funktion nach, sowie der Angabe der voraussichtlichen Anschaffungs- oder Herstellungskosten, denn es muss für jede Rücklage die Überprüfung der Nämlichkeit zwischen der beabsichtigten Investition und der später tatsächlich durchgeführten Investition ermöglicht werden (Identitätskontrolle). Dies ist bei einer derart pauschalen Erklärung zur Bilanzierung für 2005 nicht gewährleistet (BFH v. 12. 12. 2003, BStBl 2004 II 385, BMF v. 25. 2. 2004, BStBl 2004 I 337 und v. 30. 10. 2007, BStBl 2007 I 790).

Der Bilanzansatz „Lieferwagen II" ist wie folgt zu entwickeln:

	Zugang 1. 10. 2007	60 000 €	
./.	Abzug nach R 6.6 EStR	10 800 €	49 200 €
./.	planmäßige Abschreibung (AfA)		3 690 €
	Buchwert 31. 12. 2007		**45 510 €**

Umbuchung:

Vorsteuer	11 400 €			
Abschreibungen (R 6.6)	10 800 €			
Abschreibungen (AfA)	3 690 €	an	Fahrzeuge (Kfz II)	25 890 €
Gewinnauswirkung:	./. 14 490 €			

e) Auflösung der Ansparabschreibung

Die Passivierung der Rücklage zum 31.12.2005 genügt nicht den Anforderungen des § 7g Abs. 3 EStG (siehe auch d). Die Gewinnminderung i.H.v. 150 000 € war deshalb unzulässig. Da die Feststellungsbescheide bis 2006 nach den Vorschriften der AO nicht mehr geändert werden können, ist die Rücklage gewinnerhöhend im Rahmen einer erfolgswirksamen Berichtigung zum 31.12.2007 aufzulösen. Die Auflösung der Rücklage beruht dabei nach Auffassung des BFH auf § 7g Abs. 4 Satz 2 EStG. Dem folgend ist außerhalb der Bilanz ein Gewinnzuschlag nach § 7g Abs. 5 EStG geboten.

HINWEIS
BFH v. 28.4.2005, BStBl 2005 II 704. Der BFH macht keinen Unterschied zwischen einer berechtigt gebildeten und einer unberechtigt gebildeten Ansparrücklage. Wäre das Jahr der Bildung der Rücklage nach den Vorschriften der AO noch änderbar, wären die Grundsätze der Bilanzberichtigung zu beachten. In diesem Fall wäre eine Rückwärtsberichtigung bis in das Jahr 2005 geboten gewesen.

Umbuchung:

Sonderposten/Rücklageanteil	150 000 €	an	s. b. Erträge	150 000 €
Gewinnauswirkung:	+ 150 000 €			

Außerhalb der Bilanz: + 18 000 € (150 000 € x 6 % x 2)

3. Elektra AG

Die Beteiligung (§ 271 HGB) an der Elektra AG gehört zum nicht abnutzbaren Anlagevermögen (Finanzanlagen) und ist nach § 253 Abs. 1 und 2 HGB bzw. § 5 Abs. 1 und 6, § 6 Abs. 1 Nr. 2 EStG mit den Anschaffungskosten oder dem niedrigeren beizulegenden Wert (HB) bzw. bei voraussichtlich dauernder Wertminderung mit dem Teilwert (StB) zu bewerten.

Die Anschaffungskosten betragen:

Altbestand	270 000 €
+ Zugang	90 000 €
	360 000 €

Gegenstand der Bewertung nach § 6 Abs. 1 Nr. 2 EStG ist das Wirtschaftsgut „**Beteiligung**" und nicht die einzelne Aktie. Eine isolierte Bewertung und Teilwertabschreibung auf die in 2007 erworbenen Aktien ist daher unzulässig. Eine Abschreibung des Wirtschaftsgutes „Beteiligung" auf den niedrigeren Teilwert wäre nur dann zulässig, wenn die Summe aller Anschaffungskosten der die Beteiligung bildenden Aktien höher ist als ihr Börsenwert am Bilanzstichtag (BFH, BStBl 1973 II 397 und BFH, BStBl 1991 II 342).

Der Börsenwert aller Aktien beträgt zum **31.12.2007 insgesamt 375 000 €** (Nennwert 300 000 € x Kurswert 125 %) und liegt damit über den **Anschaffungskosten** der Beteiligung i. H. v. **360 000 €**, so dass für eine Abschreibung weder in der HB noch in der StB Raum ist.

Der Börsenpreis bei **Bilanzaufstellung** darf nicht der Bewertung zugrunde gelegt werden. Dies wäre ein Verstoß gegen das **Stichtagsprinzip** (§ 252 Abs. 1 Nr. 4 HGB). Dieser Börsenpreis könnte bei nachhaltiger Wertschwäche allerdings ein Indikator für die Frage sein, ob eine **voraussichtlich dauernde Wertminderung** vorliegt. Dies wäre aber nur von Belang, wenn der Teilwert am Bilanzstichtag unter den Anschaffungskosten liegen würde (BMF v. 25. 2. 2000, BStBl 2000 I 372).

Eine Umbuchung kommt nach allem nicht in Betracht.

4. Software GmbH

Die Veräußerung der Anteile, die mehr als 6 Jahre zum Anlagevermögen der M-KG gehört haben, ist nach § 6b Abs. 10 Satz 1 EStG bis zum Betrag von 500 000 € begünstigt. Im Falle der Veräußerung der Anteile durch eine PersG bezieht sich die Grenze von 500 000 € auf jeden Mitunternehmer, soweit dieser nicht eine KapG ist (§ 6b Abs. 10 Satz 10 EStG und R 6b.2 Abs. 12 EStR 2005).

Zur Ermittlung des Veräußerungsgewinns sind vom Verkaufspreis (850 000 €) neben dem Buchwert (50 000 €) auch die Veräußerungskosten (17 400 €) abzuziehen (§ 6b Abs. 10 Satz 4 und § 6b Abs. 2 EStG). Die Vorsteuer aus der Notariatsrechnung ist nicht abziehbar, weil das bloße Erwerben, Halten und Veräußern einer Beteiligung keine unternehmerische Tätigkeit i. S. d. UStG darstellt (§ 15 Abs. 1 Nr. 1 UStG). Die Beteiligung an der GmbH wird deshalb im nichtunternehmerischen Bereich der M-KG gehalten, so dass die Veräußerung der Anteile keinen umsatzsteuerbaren Tatbestand darstellt.

HINWEIS

Vergleiche BMF v. 26. 1. 2007 BStBl 2007 I 211. Nimmt man entgegen BMF eine unternehmerische Leistung an, dann ergibt sich ertragsteuerrechtlich keine andere Lösung, weil der Vorsteuerabzug wegen der Steuerfreiheit der Veräußerung nach § 4 Nr. 8 i. V. m. § 15 Abs. 2 Nr. 1 UStG ebenfalls gesperrt wäre.

a) Ermittlung der Rücklage nach § 6b Abs. 10 Satz 5 EStG

Der Veräußerungsgewinn beträgt danach 782 600 € (§ 6b Abs. 2 EStG) und ist nach folgender Berechnung je Mitunternehmer begünstigt:

Kdt MM (75 %) = 586 950 €, höchstens	500 000 €
Kdt HH (25 %) = 195 650 €, höchstens	195 650 €
nach § 6b Abs. 10 EStG begünstigt	695 650 €

Der Teil des Veräußerungsgewinns von 782 600 €, der 695 650 € übersteigt, ist im Ergebnis zur Hälfte (43 475 €) nach § 3 Nr. 40a i.V. m. § 3c Abs. 2 EStG steuerfrei. Dies ist außerhalb der Bilanz zu berücksichtigen.

b) Umbuchung:

s. b. Aufwendungen   695 650 €   an   SoPo/RL (§ 6b x EStG)   695 650 €

Gewinnauswirkung innerhalb der Bilanz: ./. 695 650 €

Außerhalb der Bilanz: ./. 43 475 € (§ 3 Nr. 40a i.V. m. § 3c Abs. 2 EStG)

c) Gewinnverteilung

Weil der Veräußerungsgewinn die nach § 6b Abs. 10 EStG zulässige Begünstigung im Hinblick auf den Anteil der Gesellschafterin MM überschreitet, ist im Rahmen der Gewinnverteilung über eine evt. bestehende gesellschaftsvertragliche Gewinnverteilungsabrede hinaus zu beachten, dass der übersteigende, nicht begünstigte Gewinn nur MM zuzurechnen ist.

Veräußerungsgewinn	782 600 €
./. Einstellung in den Sonderposten mit Rücklageanteil	695 650 €
nicht nach § 6b Abs. 10 EStG begünstigt	**86 950 €**

Dieser Betrag ist MM im Rahmen der Gewinnverteilung vorweg zuzurechnen und außerhalb der Bilanz nach § 3 Nr. 40a i.V. m. § 3c Abs. 2 EStG zur Hälfte steuerfrei zustellen (Halbeinkünfteverfahren).

5. Warenbestand

Die Warengruppe AB gehört zum Umlaufvermögen und ist nach § 253 Abs. 1 HGB i.V. m. § 5 Abs. 1 und 6 sowie § 6 Abs. 1 Nr. 2 EStG mit den Anschaffungskosten zu bewerten (§ 255 Abs. 1 HGB). Dazu gehören auch die Frachtkosten, während der Skontoabzug die Anschaffungskosten mindert. Dies gilt jedoch nur für die Skontoabzüge, die vor dem Bilanzstichtag vorgenommen worden sind. Der Skontoabzug nach Bilanzstichtag und vor Bilanzaufstellung ist keine wertaufhellende Erkenntnis i. S. d. § 252 Abs. 1 Nr. 4 HGB.

Die Anschaffungskosten betragen danach:

Wareneingang (Nettoeinkaufspreis)	144 000 €
./. 2 % Skonto von 120 000 €	2 400 €
+ 5 % Frachtkosten von 144 000 €	7 200 €
Anschaffungskosten	148 800 €
bisher angesetzt	144 000 €
Berichtigung	**+ 4 800 €**

Umbuchung:

Warenbestand	4 800 €	an Bestandsveränderungen	4 800 €

Gewinnauswirkung: + 4 800 €

6. Darlehen

Nach § 253 Abs. 1 Satz 2 HGB sind Verbindlichkeiten mit ihrem Rückzahlungsbetrag anzusetzen. Bei Schulden in ausländischer Währung entspricht der Rückzahlungsbetrag grundsätzlich dem Nennwert, umgerechnet auf den Zeitpunkt der Entstehung der Verbindlichkeit. Nach § 252 Abs. 1 Nr. 4 HGB sind erkennbare Risiken und Verluste bei der Bewertung zu berücksichtigen. Soweit sich daher aufgrund veränderter Umrechnungskurse ein höherer Rückzahlungsbetrag ergibt, muss dieser in der Handelsbilanz angesetzt werden (Vorsichtsprinzip). Unterschreitet der Rückzahlungsbetrag aufgrund Umrechnung zum Bilanzstichtag den Nennwert, ist der Nennwert anzusetzen, denn nicht realisierte Gewinne dürfen nicht ausgewiesen werden (Realisationsprinzip, § 252 Abs. 1 Nr. 4 HGB).

Nach allem ist das Darlehen in britischer Währung in der Handelsbilanz mit dem Nennwert i. H. v. 100 000 € zu bewerten, denn der Stichtagswert beträgt umgerechnet 90 909 € und unterschreitet den Nennwert. Das Darlehen in neuseeländischer Währung ist mit dem höheren Rückzahlungsbetrag i. H. v. 62 500 € zu bewerten.

Nach § 5 Abs. 6 und § 6 Abs. 1 Nr. 3 EStG sind Verbindlichkeiten in der Steuerbilanz unter sinngemäßer Anwendung der für die Bewertung des Umlaufvermögens geltenden Vorschrift des § 6 Abs. 1 Nr. 2 EStG anzusetzen. Dementsprechend kommt ein niedrigerer (bei Schulden höherer) Teilwert nur in Betracht, wenn die Werterhöhung voraussichtlich von Dauer ist (BMF v. 12. 8. 2002, BStBl 2002 I 793). Umgekehrt darf ein Ansatz über den Anschaffungskosten wegen des Verbots des Ausweises nicht realisierter Gewinne auch steuerrechtlich nicht erfolgen.

Danach sind die Darlehensschulden in der Steuerbilanz

zu a)   mit 100 000 €   (= Anschaffungskosten = Nennwert bei Aufnahme)

zu b)   mit 62 500 €   (= höherer Teilwert/beizulegender Wert am 31. 12. 2007)

anzusetzen; insgesamt erfolgt die Bewertung also mit 162 500 €.

Hinsichtlich des Darlehens in neuseeländischer Währung stellt die Bewertung mit dem Umrechnungskurs vom 31. 12. 2007 eine voraussichtlich dauernde Werterhöhung dar, denn der umgerechnete Wert hat sich bis zur Darlehenstilgung vor Bilanzaufstellung weiter erhöht. Diese Grundsätze gelten handelsrechtlich ohnehin und sind steuerrechtlich bei Verbindlichkeiten des laufenden Geschäftsverkehrs anzuwenden (BMF, BStBl 2002 I 793, Tz 2). Wegen des Stichtagsprinzips kann der Kurs vom Tage der Darlehenstilgung nicht zugrunde gelegt werden.

Umbuchung:

s. b. Aufwendungen	2 500 €	an Darlehen	2 500 €

Gewinnauswirkung: ./. 2 500 €

7. Rückstellungen für Jahresabschlusskosten

Rückstellungen für Jahresabschlusskosten und für gesetzlich vorgeschriebene Prüfungen sind nach § 249 Abs. 1 Satz 1 HGB und § 5 Abs. 1 Satz 1 EStG zwingend zu bilden, weil es sich dabei um **öffentlich-rechtlich begründete** Verpflichtungen handelt (BFH, BStBl 1980 II 297, H 5.7 (3) EStH „Rückstellungen für öffentlich-rechtliche Verpflichtungen ..."). Gleiches gilt auch für die Verpflichtung zur Erstellung von Steuererklärungen, soweit Betriebssteuern betroffen sind.

Nicht rückstellungsfähig sind hingegen mangels betrieblicher Verpflichtung diejenigen Kosten, die durch die Erstellung der **ESt-Erklärungen** und der **gesonderten und einheitliche Gewinnfeststellung** als Grundlage für die Einkommensbesteuerung der Gesellschafter.

Soweit danach eine Rückstellung geboten ist, handelt es sich um eine **Sachleistungsverpflichtung**, so dass bei der Bewertung sowohl externe Aufwendungen wie auch interne **Einzelkosten** (z. B. Gehälter der Buchhalter) sowie die **angemessenen notwendigen Gemeinkosten** zu berücksichtigen sind (§ 6 Abs. 1 Nr. 3a Buchst. b EStG). Die Rückstellung beträgt daher 14 000 € für den Jahresabschluss sowie 5 000 € für die USt- und GewSt-Erklärungen der M-KG, mithin insgesamt 19 000 €.

Soweit in der M-KG-Buchführung **Rückstellungen** für die Verpflichtung der **GmbH** zur Erstellung des **Jahresabschlusses der GmbH** und der **KSt-Erklärung** gebildet wurden, fehlt es an einer Verpflichtung der **M-KG**. Eine Rückstellung ist daher insoweit in der Bilanz der KG **unzulässig**.

Umbuchung:

Rückstellungen	16 000 €	an	s. b. Aufwendungen	16 000 €
Gewinnauswirkung:	+ 16 000 €			

Aufgabenteil III – OW-GmbH

1. Existenzgründer-Rücklage

Die OW-GmbH & Co. KG durfte eine Existenzgründer-Rücklage nicht bilden. Die KG gehört zwar zum Kreis der in § 7g Abs. 7 Satz 2 Nr. 2 EStG genannten Gesellschaften, jedoch ist an der OW-KG neben den natürlichen Personen auch die Verwaltungs-GmbH beteiligt. Die Begünstigung kann jedoch PersG nur gewährt werden, wenn alle Gesellschafter die Voraussetzungen des § 7g Abs. 7 Satz 2 Nr. 1 EStG erfüllen, mithin natürliche Personen sind (vgl. OFD Karlsruhe v. 24. 1. 2007 S 2139b A – St 31 3).

Da die Gewinnfeststellungen bis einschließlich 2006 nach den Vorschriften der AO nicht mehr änderbar sind, ist die Rücklage zum 31. 12. 2007 erfolgswirksam aufzulösen. Nach der Auffassung des BFH (v. 28. 4. 2005, BStBl 2005 II 704 und auch FG München v. 20. 10. 2004, EFG 2005, 272) beruht die Auflösung einer unberechtigt gebildeten Rücklage dabei auf § 7g Abs. 4 Satz 2 EStG. Deshalb ist auch ein Gewinnzuschlag nach § 7g Abs. 5 EStG zu erfassen.

Umbuchung:

Sonderposten/Rücklageanteil   288 000 €   an   s. b. Erträge   288 000 €

Gewinnauswirkung: + 288 000 €

Außerhalb der Bilanz: + 51 840 € (288 000 € x 6 % x 3)

2. Warenlager

Bei der Abfindung an den Vermieter für die Verluste aus dem Totalverkauf zur schnelleren Räumung des Warenlagers handelt es sich nicht um das Entgelt für den Erwerb eines immateriellen Wirtschaftsgutes. Die Nutzungsmöglichkeit besteht allein aufgrund des Mietvertrages. Der Vorteil einer eventuell früheren Nutzungsmöglichkeit erschöpft sich bereits im Jahr des Vermietungsbeginns, so dass jedenfalls kein über den Bilanzstichtag hinausgehender betrieblicher Vorteil vorliegt, wie er für die Annahme eines immateriellen Wirtschaftsgutes erforderlich wäre.

Da an den Vermieter selbst gezahlt wird, handelt es sich um ein zusätzliches Entgelt für die Überlassung der Räume. Eine aktive Rechnungsabgrenzung kommt dennoch nicht in Betracht, weil das zusätzliche Entgelt nicht als Gegenleistung für die Nutzung während der Dauer des Vertrages gezahlt wird, sondern lediglich für den Zeitraum der vorzeitigen Nutzung bei Beginn des Mietverhältnisses. Es fehlt daher an einer Ausgabe für eine bestimmte Zeit nach dem Bilanzstichtag im Sinne des § 250 Abs. 1 Satz 1 HGB, § 5 Abs. 5 Satz 1 Nr. 1 EStG.

Umbuchung:

s. b. Aufwendungen   30 000 €   an   immaterielle Anlagewerte   28 750 €
                                an   Abschreibungen   1 250 €

Gewinnauswirkung
der Berichtigung: ./. 28 750 €

3. Teppichhandel / Kommissionsware

Der Verkauf der Teppiche erfolgt im Rahmen von Kommissionsgeschäften (§ 383 ff. HGB), denn die Einrichtungshäuser handeln zwar im eigenen Namen, jedoch auf Rechnung der OW-KG. Aus diesem Grund ist die Kommissionsware, die sich am Bilanzstichtag noch bei den Kommissionären befindet, der Kommittentin OW-KG als juristischer und zugleich wirtschaftlicher Eigentümerin nach § 39 Abs. 1 AO zuzurechnen.

Die Teppiche sind nach § 253 Abs. 3 HGB i.V.m. § 6 Abs. 1 Nr. 2 EStG mit den Herstellungskosten zu bewerten. Gründe für eine Bewertung mit einem niedrigeren Teilwert ergeben sich aus dem Sachverhalt nicht.

Zu den Herstellungskosten gehören steuerrechtlich betrachtet anders als nach § 255 Abs. 2 HGB zwingend auch die Material- und Fertigungsgemeinkosten (BFH v. 21. 10. 1995, BStBl 1996 II 176). Die Kosten der allgemeinen Verwaltung könnten zwar aktiviert werden, dies scheidet aber angesichts der Aufgabenstellung aus. Die Vertriebskosten, wozu neben den Versand-, Verpackungs- und Werbekosten auch die Provision für die Kommissionäre gehört, dürfen weder nach Handelsrecht noch in der Steuerbilanz aktiviert werden (§ 255 Abs. 2 letzter Satz HGB).

Ermittlung der Herstellungskosten:

Selbstkosten	75 % von 120 000 €	= 90 000 €
./. Verwaltungskosten	7 % von 120 000 €	= 8 400 €
./. Vertriebskosten	18 % von 120 000 €	= 21 600 €
Herstellungskosten		60 000 €
davon im Bestand auszuweisen $^9/_{10}$		54 000 €

Umbuchung:

Erzeugnisse 54 000 € an Bestandsveränderungen 54 000 €

Gewinnauswirkung: + 54 000 €

Soweit die Kommissionäre den Verkauf im eigenen Namen und für eigene Rechnung bereits ausgeführt haben, hat die Kommittentin Anspruch auf den Erlös aus den Verkäufen gekürzt um die Provision. Der Anspruch beträgt:

Ladenverkaufspreise	120 000 €	
+ Umsatzsteuer (19 %)	22 800 €	142 800 €
davon verkauft $^1/_{10}$		14 280 €
./. Provision Kommissionär 10 %		1 428 €
Forderungen		**12 852 €**

Umsatzsteuerrechtlich hat die OW-KG als Kommittentin insoweit nach § 3 Abs. 3 UStG Lieferungen an die Kommissionäre ausgeführt. Die Bemessungsgrundlage entspricht den erzielten Erlösen abzüglich Provision, mithin 10 800 €. Die USt beträgt daher 2 052 €.

Umbuchung:

Forderungen	12 852 €	an	Erlöse	12 000 €
Provisionsaufwand	1 200 €	an	Umsatzsteuer	2 052 €

Gewinnauswirkung: + 10 800 €

Punkteverteilung: Übungsklausur 3

I/1. Geschäftserweiterung

Erwerb der Wirtschaftsgüter	1
Anschaffungskosten Grundstück und Gebäude	1
Anschaffungskosten Warenbestand	1
Anschaffungskosten Firmenwert, § 255 Abs. 4 HGB, § 6 Abs. 1 Nr. 7 EStG	2
Passivierung der Einlage des stillen Gesellschafters	2
Schuldübernahme auch hinsichtlich ESt-Schuld	2
Darlehen, Damnum	2
Umbuchungen - Berichtigungen des Gewinns	2/13

I/2. Gewinnanteil des stillen Gesellschafters

Typisch stille Gesellschaft	2
Minderung des Jahresüberschusses – Umbuchung	1/3

I/3. Grundstücksveräußerung

Begünstigung nach § 6b EStG	2
Grundsatz der umgekehrten Maßgeblichkeit	1
Abzug nach § 6b Abs. 1 Satz 2 EStG vorrangig beim GruBo	1
Vorsteuerabzugsverbot	1
Maklerkosten = Veräußerungskosten	1
Veräußerungsgewinn	1
Entwicklung der Bilanzansätze	2
Umbuchungen - Berichtigungen des Gewinns	2/11

I/4. Arbeitsvertrag mit dem Kommanditisten Kramer

Sozialversicherungspflicht	1
Arbeitnehmeranteil ist nicht Sonderbetriebsausgabe	1
Nach BFH gehört der ArbG-Anteil zu den Vergütungen	1
Umbuchung in der Gesamthandsbilanz	1
Korrespondierende Bilanzierung in der Sonderbilanz	2/6
	33

II/1. Grundstück Kölner Straße 333

Erwerb des wirtschaftlichen Eigentums am 1.1.2008	2
Feuerschaden kann nicht durch AfaA berücksichtigt werden	1
Anschaffungskosten und Teilwert der geleisteten Anzahlungen	2
Versicherungsanspruch	1
Umbuchungen und Gewinnauswirkung	1/7

II/2. Lieferwagen

Übertragung der stillen Reserven nach R 6.6 EStR – Begründung	2
Entschädigung der Versicherung ist Ertrag – Umbuchung	1
Ermittlung des Restbuchwerts (AfA und AfaA) und Umbuchung	2
Berechnung des übertragbaren Teils der stillen Reserven	2
Anschaffung und Abschreibung des Lieferwagens II	2
Auflösung der Ansparabschreibung - Gewinnzuschlag	2/11

II/3. Beteiligung Elektra AG

Bewertungsgrundsätze – Finanzanlagevermögen	1
Beurteilung der Teilwertabschreibung	3/4

II/4. Software-GmbH

Begünstigung nach § 6b Abs. 10 EStG – Personenbezogen	2
Veräußerungsgewinn – Veräußerungskosten – Vorsteuerabzugsverbot	2
Berechnung der Rücklage	2
Umbuchung, Gewinnauswirkung	2
Halbeinkünfteverfahren	1
Gewinnverteilung	1/10

II/5. Warenbestand

Bewertungsgrundsätze – Anschaffungskosten	2
Korrekturbuchung und Gewinnauswirkung	1/3

II/6. Darlehen

Bewertungsgrundsätze – Verbindlichkeiten in ausländischer Währung	2
Bewertung in HB	1
Bewertung in StB	1
Umbuchung und Gewinnauswirkung	1/5

II/7. Rückstellungen für Jahresabschlusskosten

Ungewisse Verbindlichkeiten – öffentlich-rechtliche Verpflichtung	2
Rückstellungsgebot und Rückstellungsverbot (ESt etc; GmbH)	2
Sachleistungsverpflichtung und Bewertung	2
Korrekturbuchung und Gewinnauswirkung	1/7
	47

III/1. Existenzgründer-Rücklage

Passivierungsverbot wegen § 7g Abs. 7 Satz 2 Nr. 2 EStG in 2006	2
Bilanzberichtigung in 2007	2
Gewinnzuschlag nach BFH in 2007	1
Umbuchung und Gewinnauswirkung	2/7

III/2. Warenlager

Kein immaterielles Wirtschaftsgut	2
Zusätzliches Entgelt für vorzeitige Nutzung der Räume – kein akt. RAP	2
Umbuchung und Gewinnauswirkung	1/5

III/3. Kommission

Aktivierung der Kommissionsware zum Bilanzstichtag	2
Bewertung mit den Herstellungskosten	2
Forderungen im Hinblick auf bereits verkaufte Kommissionsware	2
Umbuchungen und Gewinnauswirkungen	2/8
	20
	100

ÜBUNGSKLAUSUR 4

Kranich GmbH, Brückstein GmbH & Co. KG und Rabe OHG

Kranich GmbH:
Körperschaftsteuerguthaben, Körperschaftsteuerrückstellung, Grundstückskauf gegen Leibrente, Ansparrücklage, verbindliche Auskunft, Repräsentationsaufwand

Brückstein GmbH & Co. KG:
Geschäftsführung durch Komplementär-GmbH, zu eigenen Wohnzwecken genutzte Gebäude, Beteiligung an Kapitalgesellschaft, Anteilsveräußerung, Einkünfte aus Vermietung und Verpachtung einer Kommanditistin

Rabe OHG:
Einbringung eines Einzelunternehmens in eine Personengesellschaft

Aufgabenabschnitt I

Sachverhalt

Ihr Mandant ist die Kranich GmbH mit Sitz in Mannheim. Gegenstand des Unternehmens ist die Entwicklung von Bürosoftware, Computerservice und die EDV-Schulung. Gesellschafter sind Günter Kranich (GK) und Peter Strom (PS). Das Wirtschaftsjahr entspricht dem Kalenderjahr. Für das **Geschäftsjahr 2007** hat die GmbH eine Handelsbilanz (HB) aufgestellt und beabsichtigt, diese dem zuständigen Finanzamt einzureichen. Der Bilanz soll eine Ergänzung beigefügt werden, aus der sich Erläuterungen ergeben, soweit der steuerliche Gewinn vom Jahresüberschuss abweicht (§ 60 Abs. 2 Satz 1 EStDV).

Aufgabe

Im handelsrechtlichen Jahresabschluss sind nachstehend geschilderte Geschäftsvorfälle erfasst, bei denen die Sachbehandlung der GmbH unklar ist. Die Geschäftsführer bitten Sie, die fraglichen Sachverhalte zu würdigen, die Berichtigungen des jeweiligen Bilanzpostens und deren Auswirkung auf den steuerlichen Gewinn bzw. das zu versteuernde Einkommen zu nennen sowie Ihre Rechtsansicht kurz unter Hinweis auf die handelsrechtlich und steuerrechtlich maßgebenden Vorschriften zu begründen.

Erfassen Sie die Änderungen zu jedem Sachverhalt in **Anlage 1** zum Zweck der Ermittlung der berichtigten KSt-Rückstellung. Auf die Gewerbesteuer und den SolZ ist aus Vereinfachungsgründen nicht einzugehen.

Das Ergebnis lt. HB ist nicht zu berichtigen, selbst wenn dieses im Einzelfall unzutreffend sein sollte. Auf die Unrichtigkeit ist jedoch im Rahmen der Würdigung des Vorgangs mit Begründung einzugehen.

a) Es ist auf der Grundlage der HB ein möglichst niedriger Gewinn nach Steuerrecht zu ermitteln. Nach HGB zulässige Ansätze in der HB sind beizubehalten, soweit diese auch steuerrechtlich zulässig sind.

b) Für die Abzinsung von Verbindlichkeiten ist das BMF-Schreiben v. 26.5.2005, BStBl 2005 I 699 (Anhang 9. V EStH) verbindlich. Es ist auch zulässig, die Abzinsung auf die Tabellen zu § 12 Abs. 3 BewG zu stützen.

c) Rechenergebnisse sind ggf. auf volle €-Beträge zu runden.

Geschäftsvorfälle

1. Ergebnisverwendung

In der Bilanz der GmbH wird entsprechend langjähriger Übung anstelle des Jahresüberschusses und des Gewinnvortrags nach § 268 Abs. 1 HGB i.V. m. § 29 Abs. 1 GmbHG der Bilanzgewinn ausgewiesen. Dieser beträgt für 2007 523 000 €. Der Gewinnvortrag aus 2006 belief sich auf 15 000 €. Lt. Gesellschaftsvertrag ist ein Betrag von 50 000 € in die satzungsmäßigen Rücklagen einzustellen.

Der Vorschlag der Geschäftsführung lautet: Von dem Bilanzgewinn 2007 ist ein Betrag von 520 000 € auszuschütten und der Restbetrag auf neue Rechnung vorzutragen. Für 2006 ist am 10.5.2007 eine Gewinnausschüttung i. H.v. 144 000 € beschlossen und an die Gesellschafter nach Einbehaltung der Kapitalertragsteuer und des SolZ überwiesen worden.

2. KSt-Guthaben

Aufgrund des KSt-Guthabens i.S.d. § 37 Abs. 1 – 4 KStG zum 31.12.2006 i.H.v. 113 000 € erwartet die GmbH erstmals zum 30.9.2008 eine Auszahlung in Höhe eines Zehntels dieses Guthabens (§ 37 Abs. 5 KStG). Der Barwert des Auszahlungsanspruchs betrug zum 31.12.2006 unstreitig 89 000 € und zum 31.12.2007 (aus Vereinfachungsgründen gerundet) 92 500 €. Diese Feststellungen sind bisher weder bei der Bilanzierung zum 31.12.2006 noch zum 31.12.2007 berücksichtigt worden.

3. KSt-Rückstellung

Zum 31.12.2007 ist eine KSt-Rückstellung i. H.v. 26 205 € ausgewiesen. Die KSt-Vorauszahlungen in 2007 betrugen 181 500 €. Die Zuführung zur Rückstellung wurde ebenso wie die Vorauszahlungen als Steueraufwand gebucht.

4. Grundstück Schlackenweg 33

Die GmbH hat das günstig gelegene unbebaute Grundstück Schlackenweg 33 erworben. Der Übergang von Besitz, Gefahr, Nutzungen und Lasten ist mit Wirkung vom 1.6.2007 erfolgt. Das Grundstück soll zunächst als Parkplatz für Kunden und Mitarbeiter genutzt werden. Auf absehbare Zeit wird auch eine Bebauung gestattet sein.

Nach dem Kaufvertrag hat sich die GmbH verpflichtet

1. zur Zahlung einer Leibrente an den Veräußerer von monatlich 500 €; der Barwert betrug zum Erwerbszeitpunkt 43 734 €, zum 31.12.2007 noch 41 196 €.

2. zur Übernahme der Grunderwerbsteuer. Ein Steuerbescheid liegt am 31.12.2007 noch nicht vor.

3. zur Übernahme einer Grundschuld i. H. v. 10 000 €, rückzahlbar in einer Summe am 31. 12. 2008.

4. zur Übernahme der mit dieser Grundschuld im Zusammenhang stehenden Zinslasten für das ganze Kalenderjahr 2007 i. H. v. 840 €, fällig am 31. 12. 2007.

5. zum Verzicht auf eine Forderung aus dem Verkauf von Software gegenüber dem Verkäufer i. H. v. 5 916 €.

6. zur Übernahme der Notariatskosten (3 000 € zzgl. 480 € USt) und der Grundbuchkosten (300 €).

Bisher wurden in 2007 die Zahlungen der Zinsen und der Rentenzahlungen als Aufwand erfasst. Die Notariats- und Grundbuchkosten sind als Grundstücksaufwendungen gewinnmindernd gebucht worden. Die Vorsteuer wurde zutreffend gebucht. Weitere Buchungen sind hinsichtlich dieses Sachverhaltes im Buchungsjahr 2007 nicht erfolgt.

5. Wareneinkauf

Am 1. 12. 2007 bestellte die GmbH 40 Laserdrucker. Die Geräte sind zur Veräußerung bestimmt. Als Kaufpreis wurde ein Betrag von insgesamt 40 000 € zzgl. 7 600 € Umsatzsteuer vereinbart. Bis zum Bilanzstichtag war die Hälfte der Drucker an die GmbH ausgeliefert. Sie sind im Warenendbestand mit 20 000 € enthalten. Zum 31. 12. 2007 war der Teilwert (= Marktpreis) nachhaltig auf 800 €/Stück gesunken. Preissteigerungen bis zum Zeitpunkt der Bilanzaufstellung konnten nicht ermittelt werden. Bilanzielle Maßnahmen sind insoweit bisher nicht erfolgt.

6. Büroausstattung

Anfang November 2007 hat die GmbH ein Kopiergerät (bND 8 Jahre) bestellt, das als Vorführgerät des Lieferanten günstig gekauft werden konnte. Das Gerät ist entgegen der Zusage des Lieferanten, der am 15. 12. 2007 ohne Rechnung eine Anzahlung von 6 000 € per Bankscheck verlangt und erhalten hatte, nicht am 20. 12. 2007, sondern erst am 3. 1. 2008 bei der GmbH per Zustelldienst eingegangen. Nach den Versandunterlagen war das Gerät erst am 30. 12. 2007 dem Zustelldienst in München im Auftrag und für Rechnung der Kranich GmbH übergeben worden. Vereinbarungen über den Gefahrenübergang liegen nicht vor.

Die der GmbH bereits am 18. 12. 2007 zugegangene Rechnung des Lieferanten lautete über den vereinbarten Preis von 30 000 € zzgl. 5 700 € USt. Die Zustellung vom Lieferer an die GmbH hat 450 € zzgl. 85 € USt gekostet und wurde am 5. 1. 2008 nach Rechnungserteilung an die GmbH vom gleichen Tage an den beauftragten Zustelldienst entrichtet.

Die GmbH erfasste die geleistete Anzahlung in 2007 mit der Buchung

Büroausstattung 6 000 € an Bank 6 000 €

und nahm zum 31. 12. 2007 eine AfA i. H. v. 1 500 € vor.

In 2008 ließ die Geschäftsführung der GmbH hinsichtlich dieses Vorgangs folgende Buchung vornehmen:

Aufwand (Eingangsfrachten)	450 €			
Vorsteuer	85 €	an	Kasse	535 €
Büroausstattung	27 915 €	an	Bank	27 915 €

Mit der Übersendung eines Verrechnungsschecks zur Bezahlung des Geräts am 10. 1. 2008 teilte die GmbH dem Lieferanten zur Erläuterung der Schecksumme das Folgende mit:

Rechnungsbetrag	35 700 €
./. Anzahlung	6 000 €
./. 3 % Skonto lt. Vereinbarung	1 071 €
./. 2 % Abzug wegen verspäteter Lieferung	714 €
Restbetrag (Scheck anbei)	27 915 €

In einem Telefonat am 15. 1. 2008 erklärte sich der Lieferant erst nach harter Verhandlung bereit, den von der GmbH wegen verspäteter Lieferung eigenmächtig vorgenommenen Zahlungsabzug zu akzeptieren und damit auf die Restforderung in Höhe von 714 € zu verzichten.

Die Beschaffung des Kopiergerätes hatte die GmbH bereits seit 2005 geplant und dementsprechend unter Benennung der Investition und der voraussichtlichen Anschaffungskosten i. H. v. geschätzt 40 000 € eine Ansparrücklage nach § 7g Abs. 3 EStG seit 2005 unverändert i. H. v. 16 000 € passiviert. Die Rücklage war weder dem Grunde noch der Höhe nach für 2005 und 2006 von der Finanzbehörde beanstandet worden, denn das Betriebsvermögen der GmbH betrug nicht mehr als 204 517 €.

7. Verbindliche Auskunft

Für die GmbH hat deren Steuerberater XY am 19. 12. 2007 einen Antrag auf Erteilung einer verbindlichen Auskunft nach § 89 Abs. 2 AO zur Frage der körperschaftsteuerlichen Behandlung einer Pensionsvereinbarung gestellt. Das zuständige Finanzamt hat zum Antrag mit Schreiben vom 28. 12. 2007 abweisend Stellung genommen und mit Bescheid vom gleichen Tage eine Bearbeitungsgebühr i. H. v. 3 240 € festgesetzt. Den Betrag hat die GmbH am 28. 1. 2008 überwiesen. Buchungen sind insoweit in 2007 nicht erfolgt.

8. Repräsentationsaufwand

Anlässlich der Eheschließung seiner Tochter Uschi hat Günter Kranich am 12. 5. 2007 in einem Hotel einen Empfang gegeben, zu dem er Freunde, Bekannte, aber auch viele Geschäftsfreunde eingeladen hatte. Die Kosten für den Empfang von 12 000 € zzgl. 2 280 € USt wurden der Kranich GmbH in Rechnung gestellt und auch von ihr bezahlt. Gebucht wurde:

Werbeaufwand	12 000 €			
Vorsteuer	2 280 €	an	Bank	14 280 €

Aufgabenabschnitt II

Aufgabe und Bearbeitungshinweise

a) Der Jahresabschluss der Brückstein GmbH & Co. KG zum 31.12.2007 wurde von der CONTAX-Steuerberatung GmbH erstellt. Der Jahresüberschuss 2007 beträgt 509 625 €. Die Bilanz zum 31.12.2006 liegt nach einer Betriebsprüfung der bestandskräftigen und nach AO nicht mehr änderbaren Gewinnfeststellung für 2006 zugrunde.

b) Ihre Aufgabe ist es, anhand des nachfolgend geschilderten Sachverhalts die steuerrechtlich gebotene Gewinnermittlung und -verteilung für 2007 darzustellen (**Anlage 2**). Soweit Sie dabei zu der Überzeugung gelangen sollten, dass Bilanzposten unzutreffend ausgewiesen sind, ist davon auszugehen, dass die Bilanz zum 31.12.2007 zeitnah korrigiert wird. Das gilt auch im Hinblick auf steuerrechtlich mögliche Begünstigungen, für die ein entsprechender Bilanzausweis erforderlich ist. Die entsprechenden Korrekturen gegenüber dem bisherigen Jahresüberschuss sind bei der Gewinnermittlung zu berücksichtigen.

c) Für den Fall, dass Sie eine Zuordnung von Wirtschaftsgütern zum Sonderbetriebsvermögen der Gesellschafter für richtig halten, erstellen Sie die notwendige Sonderbilanz zum 31.12.2007.

d) Die Entscheidungen zu den jeweiligen Sachverhalten sind kurz, aber erschöpfend zu begründen.

e) Gehen Sie aus Vereinfachungsgründen davon aus, dass die GewSt-Rückstellung zutreffend ermittelt wurde.

f) Soweit sich die Möglichkeit ergibt, aufgedeckte stille Reserven nach § 6b EStG zu begünstigen, ist eine Übertragung der stillen Reserven nicht in 2007 anzustreben, weil weitere Investitionen geplant sind.

Sachverhalt

Die Brückstein GmbH & Co. KG (KG) hat ihren Sitz in München-Eichenried. Gegenstand des Unternehmens ist der Handel mit Golfbekleidung und Golfausrüstung. Komplementärin und Geschäftsführerin der KG ist die Brückstein GmbH ohne vermögensmäßige Einlage.

Kommanditisten der KG sind

▶ Peter Brückstein mit einer Einlage von 150 000 €, Beteiligung 75 %,

▶ Viola Liebetreu mit einer Einlage von 50 000 €, Beteiligung 25 %.

1. Komplementär-GmbH

Alleingesellschafter und Geschäftsführer der Komplementär-GmbH ist Peter Brückstein. Gegenstand des Unternehmens der GmbH ist ausschließlich die Wahrnehmung der Vertretung und Geschäftsführung für die KG. Das Stammkapital der Komplementär-GmbH beträgt 25 000 € und ist voll eingezahlt. Die Gründungskosten hat die GmbH dem Gesellschaftsvertrag zufolge bei Gründung vor Jahren i. H. v. 2 000 € selbst getragen.

Die Brückstein GmbH zahlt an Peter Brückstein monatlich lt. Anstellungsvertrag ein Gehalt für die Geschäftsführung der GmbH in Höhe von 10 000 €. Der Betrag ist angemessen. Weitere Aufwendungen für die Geschäftsführung sind in 2007 i. H. v. 5 000 € zzgl. 950 € Umsatzsteuer angefallen. Die Jahresabschlusskosten der GmbH für 2007 werden sich voraussichtlich auf 2 000 € zzgl. 380 € Umsatzsteuer belaufen. In 2007 hat die GmbH IHK-Beiträge i. H. v. 200 € bezahlt.

Die KG gewährt der GmbH im Rahmen der Gewinnverteilung vorweg eine Haftungsprämie i. H. v. jährlich 4 000 €, die auf dem variablen Kapitalkonto der GmbH gutgeschrieben wird. Im Jahresabschluss der GmbH ist der entsprechende Betrag mit der Buchung „Beteiligung an Beteiligungserträge" erfasst worden.

Die KG erstattet der GmbH die nachgewiesenen Aufwendungen für die Geschäftsführung zu Lasten des Gewinns zunächst mit Abschlagzahlungen i. H. v. monatlich 9 000 € zzgl. 1 710 € Umsatzsteuer. Den verbleibenden Betrag (für 2007 i. H. v. 20 320 €) hat die KG der GmbH auf dem Konto „Verbindlichkeiten gegenüber der GmbH" gebucht. (In der Praxis vielfach als Verrechnungskonto bezeichnet; § 264c Abs. 1 HGB sollte aber beachtet werden.) Ordnungsmäßige Rechnungen entsprechend § 14 UStG liegen vor.

2. Grundstück „Am Alten Fliess"

Die KG hat mit Wirkung vom 1. 4. 2004 ein unbebautes Grundstück in einem Baugebiet mit gemischter Bebauung (Gewerbe/Wohnen) für 200 000 € erworben. Die Anschaffungsnebenkosten haben seinerzeit 10 000 € betragen.

Das Grundstück sollte nach den Planungen der Geschäftsführung der KG mit einem Büro- und Ladengebäude der KG bebaut werden und damit den 2002 aufgegebenen und veräußerten Standort Freisinger Straße 200 ersetzen.

Bei der Veräußerung des bebauten Grundstücks „Freisinger Straße" war ein Kaufpreis i. H. v. 500 000 € erzielt worden, wovon unstreitig 200 000 € auf den Grund und Boden sowie 300 000 € auf das Gebäude entfielen. Im Zeitpunkt der Veräußerung betrug der Buchwert 350 000 €, wovon unstreitig 270 000 € auf das Gebäude entfielen.

Der Gewinn wurde i. H. v. 150 000 € in eine Rücklage nach § 6b Abs. 3 EStG eingestellt und 2004 nach Anschaffung auf das Grundstück „Am Alten Fliess" übertragen. Das Finanzamt hat diese Sachbehandlung bisher nicht beanstandet.

Bereits im Jahre 2005 hat die KG wegen der sich abzeichnenden schwierigen Marktsituation im Bereich Golfmode und Golfausrüstung einerseits und wegen der stark angestiegenen Baupreise andererseits ihre Absicht, selbst ein Büro- und Ladengebäude zu errichten, aufgegeben.

Da der Bebauungsplan auch eine Bebauung mit einem Wohngebäude gestattet, vereinbarten die Gesellschafter einvernehmlich, dass das Grundstück „Am Alten Fliess" mit einem Gebäude bebaut wird, das ausschließlich eigenen Wohnzwecken des Kommanditisten Brückstein dienen soll. Die Baukosten hat nach dieser Vereinbarung ausschließlich Peter Brückstein zu tragen. Er hat sich darüber hinaus verpflichtet, das Gebäude so zu errichten, dass ggf. mit geringen baulichen Veränderungen mindestens eine Büronutzung ermöglicht wird. Darüber hinaus wurde ausdrücklich festgestellt, dass evt. bestehende zivilrechtliche Ansprüche des Kommanditisten gegenüber der KG nicht ausgeschlossen sind.

Das Wohnhaus mit Bauantrag vom 1.8.2006 wurde nach Baubeginn am 10.1.2007 am 16.11.2007 bezugsfertig hergestellt. Die Baukosten haben 600 000 € betragen und wurden nur von Peter Brückstein finanziert. Von den Baukosten entfallen nach Feststellung des Architekten 50 000 € auf den Mehraufwand im Hinblick auf eine evt. spätere Büronutzung.

Kontenentwicklung Grundstück „Am Alten Fliess"

Anschaffungskosten 2004	210 000 €
./. Abzug nach § 6b EStG	150 000 €
Buchwert 31.12.2004 - 31.12.2006	60 000 €

Der Verkehrswert (Teilwert) beträgt seit 2005 unverändert 250 000 €.

Kontenentwicklung Gebäude „Am Alten Fliess"

Herstellungskosten 2007	600 000 €
./. AfA (3 %)	18 000 €
Buchwert 31.12.2007	582 000 €

Dieser Kontenentwicklung liegen die folgenden Buchungen zugrunde:

a)	Gebäude	600 000 €	an	Einlagen Brückstein	600 000 €
b)	Abschreibungen	18 000 €	an	Gebäude	18 000 €

3. Beteiligung an der Golfpark GmbH im Stadtwald

Die KG ist an der Golfpark GmbH mit einer Stammeinlage von 150 000 € am Stammkapital i. H. v. 500 000 € beteiligt. Die Anschaffungskosten der Beteiligung haben 2000 einschließlich Nebenkosten des Erwerbs (umgerechnet) 200 000 € betragen. Nach anfänglichen Erfolgen verschlechterte sich die Ertragssituation der GmbH seit Anfang 2004 zunehmend. Bereits 2004 wurde ein Verlust erwirtschaftet. Diese Entwicklung setzte sich 2005 fort.

Weil man zum 31.12.2004 noch von einer vorübergehenden Schwäche ausgegangen war, war auf eine Abschreibung der GmbH-Beteiligung verzichtet worden. Zum 31.12.2005 wurde die Abschreibung wegen der anhaltenden Marktschwäche jedoch unumgänglich. Dementsprechend wurde die Beteiligung mit 150 000 € bewertet und entsprechend bilanziert. Die Bewertung ist der Höhe nach nicht zu beanstanden. Dieser Bilanzansatz wurde auch zum 31.12.2006 fortgeführt.

Im September 2006 ist nach einer Kapitalerhöhung ein weiterer Gesellschafter in die GmbH eingetreten und hat die neuen Stammanteile übernommen. Zur Sicherung der Liquidität der GmbH und zur Erschließung neuer Kundenkreise hat dieser Gesellschafter eine Einzahlung in die Kapitalrücklage vorgenommen und der GmbH potente Kunden zugeführt.

Die Ertragsaussichten der GmbH verbesserten sich unmittelbar. Für das Geschäftsjahr 2006 wurde daher wieder ein Jahresüberschuss erwirtschaftet. Das Ergebnis konnte für 2007 noch weiter gesteigert werden.

Für 2006 hat die GmbH im Juli 2007 eine Gewinnausschüttung beschlossen und am Tage nach dem Beschluss an die Anteilseigner ausgezahlt. Auf die KG entfällt eine Ausschüttung von 165 000 €. Die Bankgutschrift hat 138 625 € betragen. Die GmbH hat eine Bescheinigung über einbehaltene Kapitalertragsteuer i. H. v. 25 000 € und 1 375 € SolZ erteilt sowie eine Bescheinigung nach amtlich vorgeschriebenem Muster beigefügt, aus der sich ergibt, dass i. H. v. 40 000 € das steuerliche Einlagekonto der GmbH gemindert wurde.

Buchung der KG

Bank 138 625 € an Beteiligungserträge 138 625 €

4. Veräußerung von Anteilen an der Golfpark GmbH im Stadtwald

Mit notariellem Vertrag vom 16.11.2007 hat sich die KG mit Zustimmung der anderen Gesellschafter der GmbH von 60 % ihrer Anteile an der Golfpark GmbH getrennt. Mit dem Erwerber wurde ein Preis von 300 000 € vereinbart. In diesem Betrag ist der zeitanteilige Gewinn – soweit er auf die KG entfällt – für 2007 pauschal mit 60 000 € enthalten. Außerdem wurde festgelegt, dass der Erwerber die Notariatskosten zu tragen habe, dass er aber andererseits den Kaufpreis erst zum 31.1.2008 zu tilgen habe. Weitere Pflichten wurden vertraglich nicht geregelt.

Buchung der KG

Forderungen 300 000 € an SoPo/RL (§ 6b EStG) 240 000 €
 an Beteiligungserträge 60 000 €

5. Grundstück Bachstraße 10

Die Kommanditistin Viola Liebetreu (VL) war bis Ende 2006 Inhaberin einer Schneiderei in Freising. Ihren Betrieb hat sie seit dem 1.1.2002 auf dem mit Wirkung vom 1.1.2000 erworbenen Grundstück Bachstraße 10 geführt. Das Grundstück ist mit einer kleinen Halle in Leichtbauweise (Baujahr 1993) bebaut.

Vom 1.1.2000 bis zum 31.12.2001 hatte VL das Grundstück an einen anderen Unternehmer für Lagerzwecke vermietet. Mit der Überführung in die eigenbetriebliche Nutzung am 1.1.2002 hat VL aus nicht mehr feststellbaren Gründen weder den Grund und Boden noch das Gebäude nebst AfA in Buchführung/Bilanzen ihrer Einzelfirma erfasst. Die laufenden Grundstückskosten sind dagegen gewinnmindernd mit 3 600 € jährlich gebucht worden. Die Veranlagungen bis einschl. 2006 sind bestandskräftig und nach den Vorschriften der AO nicht mehr änderbar.

Während die AfA für 2000 und 2001 mit jeweils 4 % der Anschaffungskosten von 180 000 € bei den Einkünften aus Vermietung und Verpachtung als Werbungskosten erfasst wurden, ist die AfA der Jahre 2002 bis 2006 steuerlich irrtümlich nicht berücksichtigt worden.

Mit Wirkung vom 1.1.2007 hat VL die Halle an die Brückstein KG umsatzsteuerfrei für monatlich 2 000 € vermietet. Die KG hat die Miete pünktlich zum Monatsbeginn überwiesen und als Mietaufwand gebucht. Die Mieteinnahmen hat VL für 2007 bei den Einkünften aus VuV erklärt. Dort sind auch die Grundstückskosten für 2007 i. H. v. 3 876 € als Werbungskosten erfasst, die VL aus privaten Mitteln bezahlt hat.

Aus den Unterlagen ergeben sich die folgenden Wertfeststellungen:

	GruBo	Gebäude
Anschaffungskosten 2000	55 000 €	180 000 €
Teilwerte 1.1.2002	70 000 €	190 000 €
Teilwerte 1.1.2007	100 000 €	200 000 €

Angesichts der betriebsgewöhnlichen Nutzungsdauer der Halle bei Erwerb von 25 Jahren beträgt der AfA-Satz 4 %. Die Verhältnisse haben sich insoweit ab 2007 nicht geändert.

Aufgabenabschnitt III

Aufgabe und Bearbeitungshinweise

a) Erstellen Sie die Eröffnungsbilanz der Rabe OHG auf den **1.1.2007**. Das gilt auch für Ergänzungsbilanzen, soweit Sie diese für erforderlich halten. Verwenden Sie dafür die **Anlage 3**.

b) Führen sie (nur) die Ergänzungsbilanz(en) zum **31.12.2007** fort.

c) Begründen Sie Ihre Entscheidungen kurz.

Sachverhalt

Julia Rabe (JR) ist Inhaberin eines Getränkefachmarktes in Bonn. Die Firma ist seit 1990 im Handelsregister eingetragen. Mit Vertrag vom 16.11.2006 haben Julia Rabe und ihr langjähriger Freund und Mitarbeiter im Betrieb – Axel Adler – vereinbart, den Getränkefachmarkt mit Wirkung vom 1.1.2007 in der Rechtsform einer OHG unter der Firma Rabe OHG gemeinsam fortzusetzen. Die gesellschaftsrechtlich notwendigen Handlungen wurden zutreffend durchgeführt.

Gesellschafter der OHG sind Julia Rabe sowie Axel Adler. Sie sind am Ergebnis sowie an den stillen Reserven für den Fall einer Auseinandersetzung im Verhältnis 75:25 beteiligt. Dafür zahlt Axel Adler auf ein Privatkonto der Julia Rabe in einer Summe und einmalig 100 000 € ein.

Der Vereinbarung wurde die folgende – nicht zu beanstandende – Schlussbilanz der Einzelfirma zum 31. 12. 2006 zugrunde gelegt:

Aktiva	Bilanz 31. 12. 2006		Passiva
Grund und Boden	30 000	Eigenkapital	120 000
Gebäude	150 000	SoPo/RL § 6b EStG	30 000
Geschäftsausstattung	40 000	Sonstige Passiva	250 000
Sonstige Aktiva	180 000		
	400 000		400 000

Stille Reserven sind enthalten:

a)	Grund und Boden	120 000 €
b)	Gebäude	50 000 €
c)	Geschäftsausstattung	20 000 €
d)	Firmenwert	60 000 €

Im Zusammenhang mit der Gründung der OHG ist zu berücksichtigen:

1. AA hat seine Zahlung mit Wertstellung 31. 12. 2006 geleistet.

2. Die OHG setzt die übernommenen Wirtschaftsgüter und Schulden der Einzelfirma in ihrer Handelsbilanz (Gesamthandsbilanz) mit Verkehrswerten an.

3. Die OHG hat im Rahmen der Bilanzierung dafür Sorge zu tragen, dass eine Versteuerung stiller Reserven möglichst vermieden wird.

4. Die Herstellungskosten des Gebäudes haben seinerzeit (umgerechnet) 250 000 € betragen. Der Abschreibung wurde bisher (zutreffend) ein AfA-Satz 4 % zugrunde gelegt.
   In der Handelsbilanz (Gesamthandsbilanz) ist das Gebäude zum 31. 12. 2007 mit 3 % abgeschrieben worden.

5. Die Geschäftsausstattung ist im Juli 2003 angeschafft und ausgehend von Anschaffungskosten i. H. v. 137 197 € degressiv mit 30 % abgeschrieben worden. Am 1. 1. 2007 haben die Gegenstände noch eine betriebsgewöhnliche Restnutzungsdauer von 5 Jahren.
   In der Handelsbilanz (Gesamthandsbilanz) ist die Geschäftsausstattung zum 31. 12. 2007 mit 20 % linear abgeschrieben worden.

6. Die Rücklage nach § 6b EStG ist der Höhe nach zutreffend erstmals zum 31. 12. 2005 aus Anlass der Veräußerung einer Beteiligung an der X-GmbH passiviert worden. Die Beteiligung hatte zum Finanzanlagevermögen gehört und war 1996 erworben worden.
   Investitionen, die für eine Übertragung der stillen Reserven in Betracht kommen könnten, sind in 2007 nicht erfolgt.

7. Alle erforderlichen Anträge zur Erreichung eines steuerrechtlich möglicht günstigen Ergebnisses sind gestellt.

Es ist nicht zu prüfen, ob aus Anlass der Gründung der OHG Rücklagen nach § 6b EStG gebildet werden bzw. Übertragungen nach dieser Vorschrift in Betracht kommen könnten.

Anlage 1

Aufgabenabschnitt I - Kranich GmbH

1. Ermittlung des zu versteuernden Einkommens

Bilanzgewinn	€
	€
	€
Jahresüberschuss	€

Korrekturen nach § 60 Abs. 2 EStDV

Tz	€
Tz	€
Tz	€
Tz	€
Tz	€
Tz	€
Tz	€

Korrekturen außerhalb der Steuerbilanz

Tz	€
Tz	€
Tz	€
Tz	€
Tz	€
Tz	€
Tz	€
Zu versteuerndes Einkommen	€

2. Ermittlung der KSt-Rückstellung

Zu versteuerndes Einkommen	€
Körperschaftsteuer	€
KSt-Minderung	€
Festzusetzende Körperschaftsteuer	€
./. Vorauszahlungen	€
KSt-Rückstellung	€
./. KSt-Rückstellung bisher	€
Berichtigung	€

Anlage 2
Aufgabenabschnitt II – Brückstein KG

1. Sonderbilanz für ....

Sonder-GuV

2. Sonderbilanz für ....

Sonder-GuV

Anlage 2
Aufgabenabschnitt II – Brückstein KG

3. Gewinnermittlung und Gewinnverteilung 2007

		GmbH 0 %	Peter 75 %	Viola 25 %	Gesamt
JÜ* bisher	509 625				
Tz 2.1					
Tz 2.2					
Tz 2.3					
Tz 2.4					
Tz 2.5					
Gewinn berichtigt					
Vorweggewinn					
Rest					
Gewinnanteile					
Sonder-BE					
Sonder-BA					

* Jahresüberschuss

Anlage 3
Aufgabenabschnitt III – Rabe OHG

Eröffnungsbilanz der OHG zum 1.1.2007

Ergänzungsbilanz für Julia Rabe zum 1.1.2007

Ergänzungsbilanz für Axel Adler zum 1.1.2007

Anlage 3

Aufgabenabschnitt III – Rabe OHG

Ergänzungsbilanz für Julia Rabe zum 31.12.2007

Ergänzungsbilanz für Axel Adler zum 31.12.2007

LÖSUNG ÜBUNGSKLAUSUR 4

Aufgabenabschnitt I: Kranich GmbH

1. Ergebnisverwendung

Nach § 268 Abs. 1 HGB darf die Bilanz auch unter Berücksichtigung der teilweisen Ergebnisverwendung aufgestellt werden. In diesem Fall tritt an die Stelle der Posten „Jahresüberschuss" und „Gewinnvortrag" der Posten „Bilanzgewinn". Einstellungen in die satzungsmäßigen Gewinnrücklagen sind bei dieser Form der Bilanzaufstellung bereits zu berücksichtigen (§ 270 Abs. 2 HGB). Der Jahresüberschuss als Ausgangsgröße für das zu versteuernde Einkommen ist wie folgt zu ermitteln:

Bilanzgewinn	523 000 €
Gewinnvortrag	./. 15 000 €
Einstellung in Gewinnrücklagen	+ 50 000 €
Jahresüberschuss	**558 000 €**

2. KSt-Guthaben

Nach § 37 Abs. 2a Nr. 2 KStG haben offene Gewinnausschüttungen letztmals in 2006 eine KSt-Minderung ausgelöst. Mit Beginn des Jahres 2007 wird das KSt-Guthaben nicht mehr ausschüttungsabhängig gemindert (§ 37 Abs. 4 Satz 4 KStG, KStG i. d. F. des Gesetzes über steuerliche Begleitmaßnahmen zur Einführung der Europäischen Gesellschaft und zur Änderung weiterer steuerrechtlicher Vorschriften (SEStEG) v. 7. 12. 2006, BGBl I 2006, 2782). Stattdessen hat die GmbH nach § 37 Abs. 5 KStG einen Anspruch auf Auszahlung des KSt-Guthabens in 10 gleichen Jahresbeträgen in den Jahren 2008 – 2017. Daher wird das KSt-Guthaben auf den 31. 12. 2006 ermittelt (§ 37 Abs. 4 Satz 1 KStG).

Der Anspruch auf Auszahlung des KSt-Guthabens i. H. v. 113 000 € wird für den gesamten Auszahlungszeitraum festgesetzt und ist mit Ablauf des 31. 12. 2006 entstanden. Der Auszahlungsanspruch war deshalb in der Handelsbilanz (HB) und Steuerbilanz (StB) erstmals zum 31. 12. 2006 als Forderung nach Abzinsung mit dem Barwert zu aktivieren.

> **HINWEIS**
>
> Dabei soll die Abzinsung mit einem „fristadäquaten risikofreien Zinssatz", orientiert z. B. an der Verzinsung von Bundesanleihen, erfolgen (Bericht über die 205. Sitzung des HFA des IDW am 28./29. 11. 2006 und BMF v. 14. 1. 2008 – IV B7 – S 2861/07/0001). Das BMF legt einen Abzinsungsfaktor nicht fest. Der Sachverhalt gibt deshalb den Barwert orientiert an einem Zinssatz von 4 % vor. Die Beträge sind aus Vereinfachungsgründen (grob) gerundet.

Weil der Auszahlungsanspruch bisher nicht als Forderung aktiviert wurde und weil damit der Jahresüberschuss und in Folge der Bilanzgewinn zu niedrig ausgewiesen wurde, sind sowohl die HB als auch die StB zum 31. 12. 2006 und zum 31. 12. 2007 unzutreffend.

Grundsätzlich wäre eine Bilanzberichtigung zum 31.12.2006 erforderlich. Weil sich der Bilanzierungsfehler jedoch auf das steuerliche Ergebnis im Hinblick auf § 37 Abs. 7 KStG nicht ausgewirkt hat, erfolgt die Richtigstellung aus Vereinfachungsgründen zum 31.12.2007.

> **HINWEIS**
> Soweit die Berichtigung zum 31.12.2006 bereits durchgeführt wird, sind die sonstigen Forderungen zum 31.12.2007 (nur noch) um 3 500 € zu erhöhen. Dem entspricht eine Gewinnauswirkung von +3 500 €.

Die Bewertung des Auszahlungsanspruchs hat dabei mit dem Barwert zu diesem Zeitpunkt zu erfolgen. Außerhalb der Steuerbilanz ist diese Gewinnerhöhung wieder rückgängig zu machen (§ 37 Abs. 7 KStG).

Berichtigungen:

Sonstige Forderungen	+92 500 €
Gewinnauswirkung	+92 500 €
→ Steuererstattung für Vorjahre	
Außerhalb der Bilanz	./. 92 500 €

3. KSt-Rückstellung

Für die zu erwartende KSt-Nachzahlung ist eine Rückstellung zu passivieren (§ 249 Abs. 1 Satz 1 HGB i.V. m. § 5 Abs. 1 Satz 1 EStG). Die Bewertung erfolgt nach § 253 Abs. 1 Satz 2 HGB, § 5 Abs. 1 und 6, § 6 Abs. 1 Nr. 3 EStG.

Die Gewinnminderung innerhalb der Bilanz ist durch Hinzurechnung nach § 10 Nr. 2 KStG außerhalb der Bilanz rückgängig zu machen.

Berichtigungen:

Steuerrückstellungen	./. 7 705 €
Gewinnauswirkung	+7 705 €
→ Steueraufwand	
Außerhalb der Bilanz	./. 7 705 €

Berechnung siehe **Anlage 1**.

4. Grundstück Schlackenweg 33

Das Grundstück gehört zum Anlagevermögen der GmbH (§ 247 Abs. 2 HGB) und ist mit den Anschaffungskosten zu bewerten (§ 253 Abs. 1 HGB, § 5 Abs. 1 und 6 EStG, § 6 Abs. 1 Nr. 2 EStG). Zu den Anschaffungskosten des Grundstücks gehören sämtliche Aufwendungen, die von der GmbH geleistet werden, um das Grundstück zu erwerben (§ 255 Abs. 1 HGB). Dazu gehören im Einzelnen:

Rentenbarwert zum Erwerbszeitpunkt	43 734 €
Übernommene Grundschuld	10 000 €
Übernommene Zinsschuld (1.1. – 31.5.2007)	350 €

Forderungsverzicht	5 916 €
	60 000 €
+ 3,5 % Grunderwerbsteuer	2 100 €
+ Notariats- und Grundbuchkosten	3 300 €
	65 400 €

Berichtigungen:

Grund und Boden	+ 65 400 €
Rentenverbindlichkeiten	+ 40 196 €
Darlehensschulden	+ 10 000 €
sonst. Verbindlichkeiten (GrESt)	+ 2 100 €
Forderungen	./. 5 916 €
Gewinnauswirkung	+ 7 188 €
→ Grundstücksaufwendungen	./. 3 300 €
→ Zinsaufwendungen	./. 350 €
→ Rentenaufwand	+ 3 538 €

5. Wareneinkauf

Die bis zum Bilanzstichtag bereits gelieferten 20 Drucker gehören zum Umlaufvermögen (§ 247 Abs. 2 HGB, § 5 Abs. 1 EStG, R 6.1 Abs. 2 EStR 2005). Als Vermögensgegenstände/Wirtschaftsgüter des Umlaufvermögens sind sie grundsätzlich mit den Anschaffungskosten i. H. v. 20 000 € zu bewerten (§ 253 Abs. 1 HGB, § 5 Abs. 1 und 6 EStG, § 6 Abs. 1 Nr. 2 Satz 1 EStG, R 6.8 EStR 2005).

Handelsrechtlich erfolgt zwingend eine Abschreibung auf den niedrigeren Börsen- oder Marktpreis, § 253 Abs. 3 Satz 2 HGB (Niederstwertprinzip). Auch in der StB kann der niedrigere Teilwert angesetzt werden, weil er auf einer voraussichtlich dauernden Wertminderung beruht, § 6 Abs. 1 Nr. 2 Satz 2 EStG (Wahlrecht). Da der handelsrechtlich gebotene Wert steuerrechtlichen Bewertungsgrundsätzen nicht widerspricht, wird das Wahlrecht nach § 6 Abs. 1 Nr. 2 Satz 2 EStG durch das strenge Niederstwertprinzip in der StB verdrängt, § 5 Abs. 1 Satz 1 EStG (Maßgeblichkeitsgrundsatz). Der Warenbestand zum 31. 12. 2007 ist folglich mit 16 000 € zu bewerten. Der Wareneinsatz ist um 4 000 € zu mindern.

Hinsichtlich der 20 noch nicht gelieferten Drucker liegt ein schwebendes Geschäft vor. Aufgrund des Verfalls der Wiederbeschaffungspreise droht am Bilanzstichtag 31. 12. 2007 ein Verlust i. H. v. 4 000 €. In der HB hätte daher eine Rückstellung für drohende Verluste aus schwebenden Geschäften passiviert werden müssen, § 249 Abs. 1 Satz 1 HGB.

Die fehlende Passivierung in der HB beeinflusst die steuerrechtliche Gewinnermittlung nicht, weil eine Passivierung dieser Rückstellung in der StB nach § 5 Abs. 4a EStG unzulässig ist.

Berichtigungen:

Warenbestand	./. 4 000 €
Gewinnauswirkung	./. 4 000 €

6. Büroausstattung

Mit der Übergabe durch den Lieferanten in München an den Zustelldienst am 30.12.2007 im Auftrag und für Rechnung der GmbH ist das wirtschaftliche Eigentum an dem Kopiergerät auf die GmbH übergegangen, denn sie ist seit diesem Zeitpunkt im Besitz der Verfügungsmacht (§ 39 Abs. 2 Nr. 1 AO; H 5.3 „Zeitliche Erfassung von Waren" EStH 2007). Auf § 447 BGB kommt es dabei nicht mehr an, weil der Lieferant im Auftrag der GmbH dem Zustelldienst die Ware übergeben hat (BFH v. 3.8.1988, BStBl 1989 II 21, insbesondere cc) der Gründe).

Das Kopiergerät ist in der Bilanz der GmbH zum 31.12.2007 als Wirtschaftsgut des abnutzbaren Anlagevermögens mit den bis zum Bilanzstichtag verursachten Anschaffungskosten von 30 000 €, vermindert um die AfA nach § 7 Abs. 1 EStG zu bewerten (§ 253 Abs. 1 und 2 HGB, § 5 Abs. 1 und 6 EStG, § 6 Abs. 1 Nr. 1 Satz 1 EStG). Die Restzahlungsverpflichtung von 29 700 € ist als sonstige Verbindlichkeit zu passivieren. Die Vorsteuer ist bereits abziehbar, denn die Lieferung ist ausgeführt und die Rechnung liegt vor (§ 15 Abs. 1 Nr. 1 UStG). Die Vorsteuer gehört daher nicht zu den Anschaffungskosten (§ 9b Abs. 1 EStG).

Nach Maßgabe des Stichtagsprinzips können der Bewertung des Geräts zum 31.12.2007 noch nicht die endgültigen Anschaffungskosten zugrunde gelegt werden, weil die Frachtkosten und Zahlungsabzüge (Skonti, Sonderpreisnachlass) auf tatsächlichen Vorgängen nach dem Bilanzstichtag beruhen. Die zu aktivierungspflichtigen Bezugskosten führende Transportleistung war am 31.12.2007 noch nicht abgeschlossen. Die den Skontoabzug begründende Restzahlung wurde erst in 2008 geleistet. Ein für eine bilanzielle Berücksichtigung ausreichend konkretisierter Verzugsschadensersatzanspruch war am 31.12.2007 noch nicht gegeben. Diese Vorgänge bewirken daher erst eine nachträgliche Änderung der Anschaffungskosten in 2008 (BFH v. 3.12.1970, BStBl 1971 II 323).

Die Abschreibung kann nicht degressiv mit 30 % nach § 7 Abs. 2 EStG erfolgen, weil es an einer entsprechenden Bewertung in der HB fehlt (§ 5 Abs. 1 EStG, BFH v. 13.6.2006, BStBl 2007 II 94). Die AfA ist folglich nach § 7 Abs. 1 Satz 1 und 2 und 4 EStG zeitanteilig für einen vollen Monat zu berechnen, denn für den Beginn der AfA ist die Ingebrauchnahme des Wirtschaftsgutes nicht erforderlich (vgl. *Schmidt/Drenseck*, EStG, § 7 Rz 90 m.w.N.).

> **HINWEIS**
>
> Die Berechnung für volle Monate anstelle einer taggenauen Ermittlung wird geduldet: *Schmidt/Drenseck*, EStG, § 7 Rz 91.

Der wirtschaftliche Wertverzehr hat mit Übergang des wirtschaftlichen Eigentums am 30.12.2007 begonnen (§ 9a EStDV).

Abgesehen davon, dass es für eine Sonderabschreibung nach § 7g EStG einer gleich lautenden Bewertung in der HB bedarf (§ 5 Abs. 1 Satz 2 EStG), die hier fehlt, kann diese Abschreibung schon deshalb nicht in Anspruch genommen werden, weil Vorführgeräte nicht „neu" i. S. d. § 7g Abs. 1 EStG sind. (Änderung der Rechtslage für Investitionen ab 2008 durch § 7g EStG i. d. F. des UnStRefG 2008.) Die Rücklage nach § 7g Abs. 3 EStG (Ansparabschreibung) ist wegen Fristablaufs und fehlender begünstigter Investition gewinnerhöhend aufzulösen (§ 7g Abs. 4 Satz 2 EStG).

Außerhalb der Bilanz ist dem zu versteuernden Einkommen ein Gewinnzuschlag i. H. v. 1 920 € (16 000 € x 2 x 6 %) hinzurechnen (§ 7g Abs. 5 EStG).

Kontenentwicklung	bisher	berichtigt
Zugang Kopiergerät	6 000 €	30 000 €
AfA (12,5 % x $^1/_{12}$)	./. 1 500 €	./. 313 €
Wert 31. 12. 2007	4 500 €	29 687 €

Berichtigungen:

Büroausstattung		+ 25 187 €
Vorsteuer		+ 4 800 €
sonst. Verbindlichkeiten		+ 28 800 €
Rücklage (§ 7g EStG)		./. 16 000 €
Gewinnauswirkung		**+ 17 187 €**
→ AfA	./. 1 187 €	
→ s. b. Erträge	+ 16 000 €	
Außerhalb der Bilanz		**+ 1 920 €**

7. Verbindliche Auskunft

Der Gebührenbescheid des Finanzamts vom 28. 12. 2007 ist Grundlage für eine Zahlungsverpflichtung, die zum 31. 12. 2007 mangels Tilgung als **sonstige Verbindlichkeit in HB und StB** zu passivieren ist. Bei der Ermittlung des zu versteuernden Einkommens ist die Gewinnminderung als nichtabziehbarer Aufwand nach **§ 10 Nr. 2 letzter Halbsatz KStG** wieder hinzuzurechnen, weil die festzusetzende Gebühr sich angesichts der erbetenen Auskunft nach der körperschaftsteuerlichen Auswirkung (BMF v. 12. 3. 2007, BStBl 2007 I 227) richtet und folglich mit dieser Steuer derart in einem Sachzusammenhang steht, dass sie als **steuerliche Nebenleistung** zu beurteilen ist.

Berichtigungen:

Sonst. Verbindlichkeiten	+ 3 240 €
Gewinnauswirkung	**./. 3 240 €**
Außerhalb der Bilanz	**+ 3 240 €**

8. Repräsentationsaufwand

Die Übernahme der Bewirtungskosten durch die GmbH stellt eine verdeckte Gewinnausschüttung (vGA) i. H. v. 14 280 € dar, die das Einkommen nicht mindern darf (§ 8 Abs. 3 Satz 2 KStG, R 36 KStR). Auf den Umstand, dass auch Geschäftsfreunde geladen waren, kommt es angesichts des Anlasses der Feier nicht mehr an.

Außerdem ist die Umsatzsteuerschuld um 2 280 € zu erhöhen, weil die GmbH insoweit nicht zum Vorsteuerabzug berechtigt war. Die Leistung des Hotels wurde nicht für ihr Unternehmen ausgeführt (§ 15 Abs. 1 Nr. 1 Satz 1 UStG).

Bilanzberichtigung:

Umsatzsteuer	+ 2 280 €
Gewinnauswirkung	./. 2 280 €
Außerhalb der Bilanz	+ 14 280 €

Aufgabenabschnitt II: Brückstein KG

1. Komplementär-GmbH

Der Anteil an der Brückstein GmbH gehört zum notwendigen Sonderbetriebsvermögen II des Gesellschafters Peter Brückstein (PB), denn das Halten des GmbH-Anteils stärkt seine Beteiligung an der KG über die bloße Stellung als Kommanditist hinaus. Da die GmbH seinerzeit die Gründungskosten gesellschaftsvertraglich geregelt selbst getragen hat, unterlagen die Kosten dem Bilanzierungsverbot (§ 248 Abs. 1 HGB). Zugleich bedeutet dies, dass die fraglichen Aufwendungen nicht zu den Anschaffungskosten für den GmbH-Anteil gehören. Die Beteiligung an der Komplementär-GmbH ist daher mit 25 000 € in einer Sonderbilanz für PB zu bilanzieren (Anlage 2).

Der Kommanditist bezieht darüber hinaus Vergütungen für die geschäftsführende Tätigkeit im Dienst der KG. Die Zahlungen der GmbH gehören daher zu den gewerblichen Einkünften (§ 15 Abs. 1 Nr. 2 EStG) und sind in die Gewinnfeststellung der KG für 2007 i. H. v. 120 000 € einzubeziehen.

Die Komplementär-GmbH ist als Mitunternehmerin ebenfalls Feststellungsbeteiligte. Sie bezieht hinsichtlich der Haftungsprämie einen Gewinnanteil nach § 15 Abs. 1 Nr. 2, 1. Halbsatz EStG als Vorweggewinn im Rahmen der Gewinnverteilung der KG.

Im Hinblick auf die Vertretung und Geschäftsführung bezieht die GmbH dagegen Vergütungen i. S. d. § 15 Abs. 1 Nr. 2, 2. Halbsatz EStG i. H. v. 125 000 €. Entscheidend hierfür ist nicht, dass es sich lediglich um einen Aufwendungsersatz für die Geschäftsführung handelt (§§ 167 Abs. 1, 161 Abs. 2 HGB i. V. m. §§ 110, 120 HGB), sondern dass die KG für geleistete Dienste ein Entgelt in Höhe dieser Aufwendungen gewinnunabhängig zu Lasten ihres Jahresüberschusses zu entrichten hat.

Diese Leistungen unterliegen auch der Umsatzsteuer. Die GmbH ist folglich zum Abzug der ihr in Rechnung gestellten Vorsteuerbeträge berechtigt. Die KG ist ihrerseits berechtigt, die Vorsteuer aufgrund der Eingangsleistungen i. H. v. insgesamt 23 750 € abzuziehen. Gewinnauswirkungen ergeben sich insoweit nicht.

Die Aufwendungen, die im Zusammenhang mit der Geschäftsführung i. H. v. 125 000 € entstanden sind, sind Sonderbetriebsausgaben der GmbH und im Rahmen der Gewinnfeststellung zu berücksichtigen. Dazu gehören nicht die IHK-Beiträge und die Jahresabschlusskosten, denn diese sind nicht durch die Geschäftsführung für die KG veranlasst.

2. Grundstück Am Alten Fliess

Der Bilanzansatz für das Grundstück Am Alten Fliess zum 31. 12. 2006 ist unzutreffend. Bei der damaligen Veräußerung des Grundstücks Freisinger Straße war hinsichtlich des Grund und Bodens ein Veräußerungsgewinn i. H. v. 120 000 € und des Gebäudes i. H. v. 30 000 € realisiert worden. Der Betrag i. H. v. insgesamt 150 000 € ist ausschließlich von den Anschaffungskosten des Grund und Bodens Am Alten Fliess abgezogen worden. Dies war nach § 6b Abs. 1 Satz 2 Nr. 1 EStG unzulässig. Danach darf der Gewinn aus der Veräußerung von Gebäuden nicht von den Anschaffungskosten des Grund und Bodens abgezogen werden.

Der Fehler hat das steuerliche Ergebnis dadurch beeinflusst, dass der Abzug nach § 6b EStG als Abschreibung (§ 254 HGB, § 5 Abs. 1 Satz 2 EStG) gewinnmindernd erfolgt ist. Unbeachtlich ist, dass die Rücklage nach § 6b EStG zugleich aufgelöst wurde, denn diese Auflösung hätte spätestens zum 31. 12. 2006 hinsichtlich des nicht übertragbaren Teils ohnehin erfolgen müssen (§ 6b Abs. 3 Satz 5 EStG). Damit steht fest, dass der Totalgewinn des Unternehmens unzulässig verringert wurde.

Da die Gewinnfeststellungen der Jahre bis einschließlich 2006 nach den Vorschriften der AO nicht mehr geändert werden können, ist der Fehler in 2007 erfolgswirksam unter Wahrung des Bilanzenzusammenhangs (31. 12. 2006/1. 1. 2007) zu berichtigen (§ 4 Abs. 2 Satz 1 EStG; R 4.4 Abs. 1 Satz 3 EStR 2005).

Berichtigungen:

Grundstück Am Alten Fliess +30 000 €
Gewinnauswirkung +30 000 €

Das Grundstück gehört seit der Bebauung mit einem Gebäude, das eigenen Wohnzwecken eines Gesellschafters dient, steuerrechtlich zum Privatvermögen der KG (BFH, BStBl 1988 II 418 und BStBl 1998 II 652). Etwas anderes könnte nur dann gelten, wenn das fragliche Gebäude fremdüblich vermietet werden würde. Das aber ist hier nicht der Fall (H 4.2 (11) „Ausnahme..." EStH 2007).

Die Entnahme ist mit dem Teilwert i. H. v. 250 000 € zu bewerten (§ 6 Abs. 1 Nr. 4 EStG). Nach Abzug des Buchwerts von berichtigt (s. o.) 90 000 € beträgt der Entnahmegewinn 160 000 €, der allen Gesellschaftern nach Maßgabe ihrer Beteiligung zuzurechnen ist, denn das Grundstück gehört auch nach der Entnahme noch allen Gesellschaftern als Teil des Gesamthandsvermögens (§ 719 BGB).

Die bisherige Buchung einer Einlage des Gebäudes mit anschließender Abschreibung ist unzutreffend, weil sich das Gebäude im wirtschaftlichen Eigentum des Kommanditisten Brückstein befindet (H 4.7 „Eigenaufwand" EStH 2007). Er hat die Aufwendungen getragen und bei Beendigung des Nutzungsverhältnisses einen Aufwendungsersatzanspruch (§§ 951, 812 BGB) gegen die KG. Das gilt auch für die Aufwendungen hinsichtlich der evtl. künftigen Büronutzung.

Berichtigungen:

Grundstück Am Alten Fliess	./. 90 000 €
Gebäude	./. 582 000 €
Entnahmen Brückstein	+ 187 500 €
Entnahmen Liebetreu	+ 62 500 €
Einlagen Brückstein	./. 600 000 €
Gewinnauswirkung	+ 178 000 €
→ s. b. Erträge	+ 160 000 €
→ Abschreibungen	./. 18 000 €

Der Entnahmegewinn ist nicht teilweise steuerfrei nach § 15 Abs. 1 Satz 3 i.V.m. § 13 Abs. 5 EStG, weil das Grundstück nicht bereits 1986 zum Betriebsvermögen der KG gehört hat.

3. Beteiligung an der Golfpark GmbH im Stadtwald

a) Bewertung

Die Beteiligung gehört zum Finanzanlagevermögen (§ 271 Abs. 1 HGB) und ist grundsätzlich mit den Anschaffungskosten zu bewerten (§ 253 Abs. 1 HGB, § 5 Abs. 1 und 6, § 6 Abs. 1 Nr. 2 EStG). Bei voraussichtlich lediglich vorübergehender Wertminderung ist eine Abschreibung auf den niedrigeren beizulegenden Wert in der Handelsbilanz nicht geboten (§ 253 Abs. 2 HGB). In der Steuerbilanz ist in diesen Fällen eine Abschreibung unzulässig. Die Bewertung zum 31. 12. 2004 mit den Anschaffungskosten entspricht damit sowohl handelsrechtlichen als auch steuerrechtlichen Grundsätzen.

Im Falle einer voraussichtlich dauernden Wertminderung ist die Abschreibung handelsrechtlich geboten (§ 253 Abs. 2 HGB – Niederstwertprinzip). Unter Beachtung des Grundsatzes der Maßgeblichkeit ist diese Bewertung auch steuerrechtlich zwingend (§ 5 Abs. 1 und 6 EStG, § 6 Abs. 1 Nr. 2 Satz 2 EStG). Die Bewertung zum 31. 12. 2005 war deshalb ebenfalls nicht zu beanstanden.

Nach § 253 Abs. 5 HGB kann ein niedrigerer Wert grundsätzlich auch dann beibehalten werden, wenn die Gründe für die Abschreibung nicht mehr bestehen. Eine GmbH & Co. KG hat jedoch insoweit das Wertaufholungsgebot nach § 264a i.V.m. § 280 Abs. 1 HGB zu beachten, so dass die Bewertung zum 31. 12. 2006 bereits handelsrechtlich unzutreffend war.

Nach § 6 Abs. 1 Nr. 2 Satz 3 i.V.m. § 6 Abs. 1 Nr. 1 Satz 4 EStG ist die Wertaufholung auch in der Steuerbilanz zwingend, weil ein weiterhin niedrigerer Teilwert nicht mehr nachgewiesen werden konnte. Auch hier hätte die Wertaufholung bereits zum 31. 12. 2006 erfolgen müssen. Da die Gewinnfeststellung zum 31. 12. 2006 nach den

Vorschriften der AO nicht mehr geändert werden kann, ist der Bilanzansatz zum 31.12.2007 erfolgswirksam zu korrigieren (§ 4 Abs. 2 Satz 1 EStG, R 4.4 Abs. 1 Satz 3 EStR 2005).

Berichtigungen:

Beteiligungen	+ 50 000 €
Gewinnauswirkung	**+ 50 000 €**
Außerhalb der Bilanz (§ 3 Nr. 40a EStG)	./. 25 000 €

b) Ausschüttung

Die Gewinnausschüttung für 2006 ist in 2007 als Beteiligungsertrag zu erfassen, weil in diesem Jahr der Ausschüttungsbeschluss gefasst wurde (§ 20 Abs. 1 Nr. 1 i.V.m. Abs. 3 und § 15 Abs. 1 EStG). Die Ausschüttung für 2006 ist jedoch in dem Umfang nicht als Ertrag zu erfassen, in dem wegen der Ausschüttung das steuerliche Einlagekonto nach § 27 KStG als verwendet gilt (§ 20 Abs. 1 Nr. 1 Satz 3 EStG). Der Beteiligungsertrag ist daher mit 125 000 € anzusetzen. In Höhe der Kapitalertragsteuer (125 000 € x 20 % = 25 000 €) und des Solidaritätszuschlags (1 375 €) liegen Entnahmen aller Gesellschafter vor. Soweit lt. Bescheinigung der ausschüttenden GmbH das steuerliche Einlagekonto gemindert wurde, liegt eine Rückzahlung von Einlagen vor, die den Buchwert der Beteiligung mindert (H 6.2 „Ausschüttung aus dem steuerlichen Einlagekonto" EStH 2007; BFH v. 20.4.1999, BStBl 1999 II 647 zur vergleichbaren Verwendung des EK 04 in der Zeit des Anrechnungsverfahrens).

Berichtigungen:

Beteiligungen	./. 40 000 €
Entnahmen (alle)	+ 26 375 €
Gewinnauswirkung	./. 13 625 €
→ Beteiligungserträge	./. 40 000 €
→ Beteiligungserträge	+ 26 375 €
Außerhalb der Bilanz (§ 3 Nr. 40d EStG)	./. 62 500 €

4. Veräußerung von Anteilen an der Golfpark GmbH

Der Gewinn aufgrund einer Veräußerung von 60 % der GmbH-Anteile, die mehr als 6 Jahre ununterbrochen zum Anlagevermögen der KG gehört haben, ist nach § 6b Abs. 10 EStG begünstigt. In den Sonderposten mit Rücklageanteil (§ 247 Abs. 3, § 273 HGB) kann mit umgekehrter Maßgeblichkeit (§ 5 Abs. 1 Satz 2 EStG) der ganze Veräußerungsgewinn einschließlich des nach § 3 Nr. 40a i.V.m. § 3c Abs. 2 EStG steuerfreien Betrags eingestellt werden (§ 6b Abs. 10 Satz 5 EStG), weil der Gewinn je Mitunternehmer den Betrag von 500 000 € nicht übersteigt.

Zum begünstigten Veräußerungsgewinn gehört auch der mit dem Verkaufspreis vereinnahmte zeitanteilige Gewinn (§ 101 Nr. 2 BGB). Es handelt sich nicht um Beteiligungserträge i.S.d. § 20 Abs. 1 Nr. 1 i.V.m. § 20 Abs. 3 und § 15 Abs. 1 Nr. 2 EStG, weil die Vermögensmehrung weder auf einem den gesellschaftsrechtlichen Vorschriften entsprechenden Ausschüttungsbeschluss noch auf einer verdeckten Gewinnausschüttung (vGA) beruht.

Kontenentwicklung Beteiligungen:

Buchwert 31.12.2006	150 000 €
+ Wertaufholung/Bilanzberichtigung	50 000 €
./. Einlagenrückgewähr	40 000 €
Zwischensumme	160 000 €
./. Veräußerung (60 %)	96 000 €
Buchwert 31.12.2007	**64 000 €**

Berichtigungen:

Beteiligungen (60 % von 160 000 €)		./. 96 000 €
SoPo/RL (§ 6b x EStG) bisher	240 000 €	
Berichtigt (300 000 ./. 96 000)	204 000 €	./. 36 000 €
Gewinnauswirkung		./. 60 000 €
→ Beteiligungserträge		./. 60 000 €

5. Grundstück Bachstraße 10

Das Grundstück Bachstraße ist nebst Gebäude seit dem 1.1.2007 als notwendiges Sonderbetriebsvermögen in einer Sonderbilanz für die Kundin VL auszuweisen. Das Grundstück war bis zum 31.12.2006 Betriebsvermögen der Schneiderei Liebetreu. Die Überführung in das Sonderbetriebsvermögen ist daher mit dem Buchwert ohne Gewinnrealisation zu bewerten (§ 6 Abs. 5 Satz 2 EStG).

Für die Bewertung mit dem Buchwert ist es ohne Bedeutung, dass das Grundstück in der Einzelfirma irrtümlich nicht bilanziert war. Die Bilanzberichtigung findet erfolgsneutral statt, weil der Fehler der unterlassenen Einlagebuchung zum 1.1.2002 seinerzeit ebenfalls erfolgsneutral war.

Im Rahmen der Berichtigung ist das Grundstück grundsätzlich mit dem Wert in die Sonderbilanz aufzunehmen, mit dem es bei von Anfang an richtiger Bilanzierung anzusetzen gewesen wäre (§ 4 Abs. 2 Satz 1 EStG, H 4.4 EStH 2007). Der Grund und Boden ist folglich mit 55 000 € anzusetzen, denn die damalige Einlage war wegen der Zuführung zum Betrieb innerhalb von drei Jahren nach dem Erwerb höchstens mit den Anschaffungskosten zu bewerten (§ 6 Abs. 1 Nr. 5a EStG).

Auch das Gebäude war wegen des Dreijahreszeitraums auf den 1.1.2002 nach § 6 Abs. 1 Nr. 5a EStG mit den Anschaffungskosten jedoch abzüglich AfA für 2000 und 2001 zu bewerten (vgl. auch R 6.12 EStR 2005):

Anschaffungskosten	180 000 €
./. AfA 2000 – 2001 (4 %)	14 400 €
Einlagewert	165 600 €

Bei zutreffender Bilanzierung und Bewertung hätte das Gebäude sodann am 31.12.2006 nach Abzug der AfA für die Jahre 2002 – 2006 i. H. v. 33 120 € (165 600 € x 4 % = 6 624 € x 5 Jahre) mit 132 480 € zu Buch gestanden und hätte mit diesem Wert angesetzt werden müssen. Da das Gebäude jedoch bisher nicht bilanziert war, verbietet der BFH (Urteil v. 24.10.2001, BStBl 2002 II 75) die Nachholung der insoweit unterlassenen AfA im Wege einer Bilanzberichtigung (H 7.4 „Unterlassene…", … -Betriebsvermögen" EStH 2007). Die AfA der Jahre 2002 – 2006 ist daher verloren.

Nach allem ist das Gebäude mit 132 480 € in der Sonderbilanz zu erfassen. Die AfA ab 2007 beträgt nach § 7 Abs. 4 Satz 2 EStG weiterhin 4 % von 165 800 € = 6 624 €.

Die Mietzahlungen von monatlich 2 000 € (jährlich 24 000 €) stellen Sonderbetriebseinnahmen und zugleich Entnahmen im Sonderbereich dar (§ 15 Abs. 1 Nr. 2, 2. Halbsatz EStG). Die Grundstückskosten i. H. v. 3 876 € sind Sonderbetriebsausgaben und im Wege der Einlage zu erfassen.

Sonderbilanz siehe Anlage 2.

Aufgabenabschnitt III: Rabe OHG

1. Einbringung nach § 24 UmwStG mit Zuzahlung

Die Einbringung der Einzelfirma JR mit Wirkung vom 1.1.2007 kann nur **begrenzt auf 75 %** auf **Antrag** nach **§ 24 UmwStG** zum **Buchwert** erfolgen, weil die Gegenleistung nur insoweit in der Gewährung von Gesellschaftsrechten besteht und weil folglich nur in diesem Umfang eine **Einbringung für eigene Rechnung** erfolgt.

Soweit die Einbringung des Betriebs der JR **für Rechnung des AA** erfolgt, liegt eine **Veräußerung** eines Teils (25 %) des Einzelunternehmens vor. Die Aufstellung einer **negativen Ergänzungsbilanz** ist insoweit unzulässig. Der **Veräußerungsgewinn** i. H. v. 70 000 € (280 000 € x 25 %) ist **nicht** nach **§ 34 EStG** begünstigt, weil lediglich ein Anteil am Betrieb veräußert wurde (BFH, GrS v. 18.10.1999, BStBl 2000 II 123; H 16 (9) „Betriebseinbringung" EStH 2007 sowie BMF v. 25.3.1998, BStBl 1998 I 268 Tz 24.09 – 24.11 i. V. m. BMF v. 21.8.2001, BStBl 2001 I 543, vgl. Anhang 28 EStH 2007). Der Gewinn ist um einen **Gewinnzuschlag von 225 €** (7 500 € x 50 % x 6 % x 1 Jahr) zu erhöhen, weil ein Teil der Rücklage nach § 6b Abs. 10 EStG ohne Investition im Zuge der Veräußerung des Anteils des Betriebs aufgelöst worden ist **(§ 6b Abs. 10 Satz 9 EStG).**

Soweit die Einbringung für **eigene Rechnung** der JR erfolgt, kann die **Aufdeckung der stillen Reserven** nach § 24 UmwStG vermieden werden. Das geschieht mit Hilfe einer **negativen Ergänzungsbilanz** für JR, in der die auf die OHG übergehenden **stillen Reserven** i. H. v. **75 %** neutralisiert werden (BMF v. 25.3.1998, BStBl 1998 I 268, Tz 24.14, letzter Absatz (Anhang 28 EStH 2007)). Dies entspricht auch den Vereinbarungen der Beteiligten, denn danach ist die Übernahme der Vermögensgegenstände und Schulden zu Verkehrswerten in der Handelsbilanz (Gesamthandsbilanz) gewollt. Gleichzeitig soll keine Versteuerung der stillen Reserven erfolgen.

Mit der **Bewertung zum Buchwert** tritt die OHG partiell (75 %) in die **Rechtsstellung** der Einzelfirma ein (§ 24 Abs. 4 i. V. m. § 23 Abs. 1 und § 12 Abs. 3 Satz 1 UmwStG). Im Übrigen liegen Anschaffungskosten vor.

2. Bilanzen

Siehe Anlage 2

Anlage 1

Aufgabenabschnitt I: Kranich GmbH

1. Ermittlung des zu versteuernden Einkommens

Bilanzgewinn	523 000 €
Gewinnvortrag	./. 15 000 €
Einstellung in Gewinnrücklagen	+ 50 000 €
Jahresüberschuss	**558 000 €**
Korrekturen nach § 60 Abs. 2 EStDV	
Tz 2: KSt-Guthaben (§ 37 Abs. 5 KStG)	+ 87 596 €
Tz 4: Grundstück Schlackenweg 33	+ 7 188 €
Tz 5: Wareneinkauf	./. 4 000 €
Tz 6: Kopiergerät	+ 17 187 €
Tz 7: Verbindliche Auskunft	./. 3 240 €
Tz 8: Umsatzsteuer	./. 2 280 €
	660 451 €
Korrekturen außerhalb der Steuerbilanz	
Tz 2: KSt-Guthaben (§ 37 Abs. 7 KStG)	./. 87 596 €
Tz 3: § 10 Nr. 2 KStG (KSt-Rückstellung)	+ 26 205 €
Tz 3: § 10 Nr. 2 KStG (KSt-Vorauszahlungen)	+ 181 500 €
Tz 5: § 5 Abs. 4a EStG	0 €
Tz 6: § 7g Abs. 5 EStG	+ 1 920 €
Tz 7: § 10 Nr. 2 KStG	+ 3 240 €
Tz 8: § 8 Abs. 3 Satz 2 KStG (vGA)	+ 14 280 €
Zu versteuerndes Einkommen*	**800 000 €**

* Laut Aufgabenstellung ohne Rücksicht auf eine ggf. zu berichtigende GewSt-Rückstellung und den SolZ.

2. Berichtigung der KSt-Rückstellung

Zu versteuerndes Einkommen	800 000 €
Körperschaftsteuer 25 %, § 23 Abs. 1 KStG	200 000 €
Festzusetzende KSt	200 000 €
Vorauszahlungen	181 500 €
KSt-Rückstellung	18 500 €
KSt-Rückstellung bisher	26 205 €
Berichtigung der KSt-Rückstellung	**./. 7 705 €**

Anlage 2

Aufgabenabschnitt II: Brückstein KG

1. Sonderbilanz 31.12.2007 für Peter Brückstein

GmbH-Anteil	25 000	Kapital 1.1.	25 000
		Kapital 31.12.	25 000
	25 000		25 000

2. Sonderbilanz 31.12.2007 für Viola Liebetreu

GruBo		55 000	Kapital 1.1.	187 480
Gebäude	132 480		Einlagen	+ 3 876
./. AfA	6 624	125 856	Entnahmen	./. 24 000
			Gewinn	+ 13 500
			Kapital 31.12.	180 856
		180 856		180 856

Sonder-GuV für 2007

AfA Gebäude	6 624	Mieterträge KG	24 000
Grundstückskosten	3 876		
Gewinn	13 500		
	24 000		24 000

3. Gewinnermittlung und Gewinnverteilung

Jahresüberschuss	509 625	GmbH 0 %	Peter 75 %	Viola 25 %	Gesamt
Tz 2. Grundstück	+ 30 000				
Tz 2: Gebäude	+ 178 000				
Tz 3: Beteiligung	+ 50 000				
Tz 3: Erträge	./. 13 625				
Tz 4: § 6b x EStG	./. 60 000				
Tz 5:	0				
Berichtigt	694 000				
./. Vorweggewinn	4 000	4 000			4 000
Restgewinn	690 000	0	517 500	172 500	690 000
Gewinnanteile*		4 000	517 500	172 500	694 000

Sonder-BE	125 000	120 000		245 000
Sonder-BA	./. 125 000			./. 125 000
Sonderbilanzergebnis			+ 13 500	+ 13 500
§ 3 Nr. 40a EStG		./. 18 750	./. 6 250	./. 25 000
§ 3 Nr. 40d EStG		./. 46 875	./. 15 625	./. 62 500
Einkünfte	**4 000**	**571 875**	**164 125**	**740 000**

* **Hinweis:** Für den Fall der Aufstellung einer Bilanz wären diese Gewinnanteile dem Kapitalanteil der Komplementärin gutzuschreiben (§ 161 Abs. 2 i.V. m. § 120 Abs. 2 HGB) bzw. als Verbindlichkeiten gegenüber den Kommanditisten zu passivieren (§ 169 Abs. 1 Satz 2 HGB). Für den Fall, dass die Kommanditisten ihre Einlage noch nicht geleistet hätten, wäre der Gewinnanteil bis zur Höhe der Pflichteinlage dem Kapitalanteil gutzuschreiben (§ 167 Abs. 2 HGB). Darüber hinaus käme eine Gutschrift auf dem Kapitalkonto der Kommanditisten nur in Betracht, wenn dieser durch Vorjahresverluste unter die Pflichteinlage herabgemindert wäre (§ 169 Abs. 1 Satz 2 HGB) oder wenn das „Stehenlassen" von Gewinnanteilen gesellschaftsvertraglich geregelt wäre (§ 163 HGB).

Anlage 3

1. Eröffnungsbilanz (Gesamthandsbilanz) der OHG auf den 1.1.2007

Aktiva	1.1.2007		Passiva
Firmenwert	60 000	Kapital JR	300 000
Grund und Boden	150 000	Kapital AA	100 000
Gebäude	200 000		
Geschäftsausstattung	60 000	Sonstige Passiva	250 000
Sonstige Aktiva	180 000		
	650 000		650 000

2. Ergänzungsbilanz für Julia Rabe zum 1.1.2007

Aktiva	1.1.2007		Passiva
Minderkapital	210 000	Firmenwert	45 000
		Grund und Boden	90 000
		Gebäude	37 500
		Geschäftsausstattung	15 000
		SoPo/RL § 6b x EStG	22 500
	210 000		210 000

3. Ergänzungsbilanz für JR zum 31.12.2007

Aktiva			31.12.2005		Passiva
Minderkapital		210 000	Firmenwert	45 000	
Gewinn		3 000	./. AfA (1/15)	3 000	42 000
		207 000	Grund und Boden		90 000
			Gebäude	37 500	
			+ AfA*	3 000	40 500
			Geschäftsausstattung	15 000	
			./. AfA (1/5)	3 000	12 000
			SoPo/RL § 6b x EStG		22 500
		207 000			207 000

* AfA in Gesamthandsbilanz 200 000 € x 3 % x 75 % =	4 500 €
./. AfA nach § 12 Abs. 3 Satz 1 UmwStG 250 000 € x 4 % x 75 % =	7 500 €
Differenz in der Ergänzungsbilanz zu korrigieren (Mehr-AfA) =	3 000 €

4. Eine Ergänzungsbilanz für AA kommt nicht in Betracht.

Punkteverteilung: Übungsklausur 4

I/1. Ergebnisverwendung

§ 268 Abs. 1 i.V. m. § 270 Abs. 2 HGB	1
Ermittlung des Jahresüberschusses	2/3

I/2. KSt-Guthaben

Ermittlung des KSt-Guthabens zum 31.12.2006	1
Aktivierung des Auszahlungsanspruchs zum 31.12.2006 (§ 37 Abs. 5 KStG)	1
Aktivierung des abgezinsten Betrages gewinnerhöhend 31.12.2007	1
Korrektur außerhalb der Bilanz (§ 37 Abs. 7 KStG)	1/4

I/3. KSt-Rückstellung

Passivierung/Berechnung lt. Anlage 1	1
Hinzurechnung außerhalb der Bilanz	1/2

I/4. Grundstück

Anlagevermögen/Bewertungsgrundsätze	1
Ermittlung der Anschaffungskosten	2
Bewertung der Rentenverpflichtung zum 31.12.2006	1
Bilanzberichtigung und Gewinnauswirkungen	1/5

I/5. Wareneinkauf

Umlaufvermögen/Bewertungsgrundsätze	1
Anschaffungskosten und Abschreibung in HB und StB – Maßgeblichkeit	1
Rückstellung für schwebende Geschäfte in HB	1
Rückstellungsverbot in StB (§ 5 Abs. 4a EStG)	1
Bilanzberichtigung und Gewinnauswirkung	1/5

I/6. Büroausstattung

Zurechnung des wirtschaftlichen Eigentums. § 447 BGB unbeachtlich	1
Anschaffungskosten	4
AfA nicht degressiv wegen fehlender Bewertung in der HB	1
Keine Sonderabschreibung nach § 7g Abs. 1 EStG	1
Auflösung der Ansparrücklage	1

Gewinnzuschlag	1
Berichtigungen und Gewinnauswirkungen	1/10

I/7. Verbindliche Auskunft

Sonstige Verbindlichkeit in HB und StB	1
Hinzurechnung nach § 10 Nr. 2 KStG (Steuerliche Nebenleistung)	1/2

I/8. Repräsentationsaufwand

vGA, § 8 Abs. 3 Satz 2 KStG	1
Minderung des Vorsteuerabzugs	1
Hinzurechnung außerhalb der Bilanz	1/3

I/Anlage 1

Korrekturen innerhalb der Steuerbilanz (§ 60 Abs. 2 EStDV)	2
Korrekturen außerhalb der StB – Ermittlung des zvE	2/4
	38

II/1a Komplementär-GmbH

Sonderbetriebsvermögen II	2
Sonderbilanz (Anlage 3, Blatt 1)	1/3

II/1b Vergütungen / Vorweggewinn / Sonderbetriebseinnahmen und -ausgaben

Vergütung für geschäftsführende Tätigkeit des Kommanditisten	1
Vorweggewinnanteil wegen Haftung – keine Vergütung, keine USt	1
Vergütung für geschäftsführende Tätigkeit der Komplementärin i. H. v. 125 000 €	1
Umsatzsteuer der GmbH/Vorsteuer der KG	1
Vergütung an Kommanditisten als Sonderbetriebsausgabe der GmbH (Anlage 3)	1/5

II/2a Grundstück

Übertragung des V-Gewinns nach § 6b EStG war fehlerhaft	1
Bilanzberichtigung erfolgswirksam – Bilanzenzusammenhang	1
Berichtigungen und Gewinnauswirkung	1/3

II/2b Entnahme des Grundstücks

Durch Bebauung für private Zwecke steuerrechtlich Privatvermögen	1
Entnahme **aller** Gesellschafter	1
Korrektur Einlagen	1
Ermittlung und Zurechnung des Entnahmegewinns	2/5

II/3a Beteiligung an Golfpark GmbH

Finanzanlagevermögen und Bewertungsgrundsätze	2
Bilanzierung und Bewertung 2004 – 2006 (Begründung)	1
Bilanzberichtigung erfolgswirksam zum 31.12.2007 – Bilanzenzusammenhang	1
Berichtigungen und Gewinnauswirkungen	1
Außerhalb der Bilanz	1/6

II/3b Ausschüttung

Beteiligungsertrag in 2007	1
§ 20 Abs. 1 Nr. 1 Satz 3 EStG	1
Minderung der Anschaffungskosten – Einlagenrückgewähr	1
Berichtigungen und Gewinnauswirkungen	1
Außerhalb der Bilanz	1/5

II/4. Veräußerung von Anteilen an der Golfpark GmbH

Veräußerung nach § 6b Abs. 10 EStG begünstigt	1
Passivierung der Rücklage i. H. v. 204 000 €	1
Vergütung nach § 101 Nr. 2 BGB gehört zum V-Gewinn	1
Berichtigungen und Gewinnauswirkungen	1/4

II/5. Grundstück Bachstraße

Sonderbetriebsvermögen seit 1.1.2007	1
Überführung zum Buchwert (§ 6 Abs. 5 Satz 2 EStG)	1
Erfolgsneutrale Bilanzberichtigung	1
Bewertung des Grund und Bodens	1
Bewertung des Gebäudes und AfA ab 2007	1
Berichtigungen und Gewinnauswirkungen (Anlage 2, Blatt 1)	2/7

II/Anlage 3 Gewinnermittlung und - verteilung

Korrekturen des Gesamthandsgewinns (Folgefehler beachten)	2
Vorweggewinn	1
Sonderbetriebseinnahmen/Sonderbetriebsausgaben	1
Halbeinkünfteverfahren	1/5
	43

III/1. Einbringung

Einbringung zum Buchwert begrenzt auf 75 %, § 24 UmwStG	1
Einbringung auf fremde Rechnung (Zuzahlung) = kein § 24 UmwStG	1/2

III/2. Veräußerungsgewinn

Ermittlung des Gewinns	1
Keine Begünstigung nach § 34 EStG	1
Gewinnzuschlag/Halbeinkünfteverfahren (§ 6b Abs. 10 Satz 9 EStG)	2/4

III/3. Einbringung für eigene Rechnung

Bewertung in der Gesamthandsbilanz (Aktiva)	1
Erfordernis einer negativen Ergänzungsbilanz	1/2

III/4. HB/StB 31. 12. 2007 (Anlage 1)

Aktiva	2
Passiva/Darstellung der Kapitalkonten	2/4

III/5. Ergänzungsbilanz Julia 1. 1. 2007

Stille Reserven und Korrektur wegen § 6b X EStG (Passiva)	2
Minderkapital	1/3

III/6. Ergänzungsbilanz Julia 31. 12. 2007

Firmenwert	1
Grund und Boden sowie Gebäude, Geschäftsausstattung	2
Minderkapital 31. 12. 2007	1/4
	19
	100

ÜBUNGSKLAUSUR 5

NOKIN GmbH und Perlig KG

NOKIN GmbH:
6b-Rücklage, Anteilsbewertung, Kauf einer Beteiligung von einem Gesellschafter, Versicherungsleistungen, Forderungen, Bodenschatz, Einkünfte aus Vermietung und Verpachtung des Gesellschafter-Geschäftsführers, verdeckte Gewinnausschüttungen, Geldbußen, Mietverzicht, Bilanzberichtigung

Perlig KG:
Einbringung einer Personengesellschaft in eine GmbH & Co. KG

Allgemeine Hinweise zur Bearbeitung:

Die Klausur besteht aus zwei voneinander unabhängigen Aufgabenabschnitten, die in beliebiger Reihenfolge gelöst werden können.

Auf den SolZ ist aus Vereinfachungsgründen nicht einzugehen.

Aufgabenabschnitt I

Aufgabe

Die NOKIN GmbH mit Sitz und Geschäftsleitung in Wattenscheid betreibt ein Bauunternehmen, das Bauten aller Art ausführt, und einen Baustoffhandel sowie die Herstellung von Ziegelsteinen und Gipsplatten.

Das Wirtschaftsjahr stimmt mit dem Kalenderjahr überein.

Die NOKIN GmbH ist eine mittelgroße Kapitalgesellschaft i. S. d. § 267 HGB.

PN, der zu 40 % an der GmbH beteiligt ist, ist seit dem 1.1.1982 alleiniger Geschäftsführer der GmbH. Eine Befreiung von der Beschränkung nach § 181 BGB liegt vor. Mitgesellschafterin, beteiligt mit 60 %, ist Johanna Lustig.

Der Geschäftsführer der GmbH beauftragt Sie, das Folgende zu erledigen:

a) Zu den nachstehend geschilderten Sachverhalten ist unter Angabe der im Einzelfall maßgeblichen gesetzlichen Vorschriften aus der Sicht der NOKIN GmbH Stellung zu nehmen. Es sollen die nach **Steuerrecht** zu bilanzierenden Wirtschaftsgüter mit den nach Steuerrecht vertretbaren Werten angesetzt werden.

b) Lediglich im Zusammenhang mit Tz 5 ist auch auf die Sachbehandlung aus der Sicht des Gesellschafters Peter Nokin (PN) einzugehen.

c) Soweit Bilanzansätze aufgrund von Buchungen fehlerhaft zustande gekommen sein sollten, sind die Berichtigungen zahlenmäßig darzustellen. Die Auswirkungen der Berichtigungen auf den Gewinn sind anzugeben.

d) Geben Sie zahlenmäßig mit Rechtsgrundlage zu jedem Sachverhalt an, ob und in welchem Umfang das zu versteuernde Einkommen der GmbH außerhalb der Bilanz beeinflusst wird.

e) Eine Zusammenstellung aller Berichtigungen ist nicht erforderlich.

HINWEISE

a) Die Steuerveranlagungen der GmbH sind vom Finanzamt bis 2006 geprüft worden und nach den Vorschriften der AO nicht mehr änderbar.

b) Umsätze, die zum Vorsteuerausschluss führen, tätigt die GmbH nicht.

c) Soweit für die Ausübung eines steuerrechtlich geregelten Wahlrechts eine entsprechende Bilanzierung in der Handelsbilanz erforderlich ist (umgekehrte Maßgeblichkeit, § 5 Abs. 1 Satz 2 EStG), ist davon auszugehen, dass entsprechend verfahren wird. Dabei ist die Sachbehandlung zu wählen, die für das Jahr 2007 zu einem möglichst niedrigen Gewinn führt.

Sachverhalt

1. Lagergebäude

Die GmbH errichtete aufgrund einer im Januar 2007 beantragten Baugenehmigung auf ihrem Bauhof ein Lagergebäude. Um das Gebäude unter bestmöglicher Ausnutzung des Grundstücks errichten zu können, musste ein über das Gelände der GmbH führender Zufahrtsweg überbaut werden, an den auch ein Nachbargrundstück angebunden war. Der Nachbar stimmte dem Überbau zu, nachdem die GmbH sich verpflichtet hatte, eine Zufahrt zu dessen Grundstück an anderer Stelle auf ihre Kosten einzurichten und auszubauen.

Die Material- und Fertigungskosten für die Zufahrt in Höhe von 10 000 € fielen im eigenen Betrieb der GmbH durch Einsatz eigener Arbeitnehmer an und wurden in 2007 als Aufwand erfasst. Das am 1.3.2007 fertig gestellte Gebäude wurde mit den im Übrigen zutreffend ermittelten Herstellungskosten von 495 000 € nach Abzug einer in der Bilanz auf den 31.12.2006 ausgewiesenen Rücklage nach § 6b EStG i.H.v. 250 000 € schließlich mit 245 000 € aktiviert.

Im Anschluss daran wurde das Gebäude nach Berechnung der Buchhaltung auf der Basis einer betriebsgewöhnlichen Nutzungsdauer von 40 Jahren nach § 7 Abs. 5 EStG mit 34 650 € in 2007 abgeschrieben (495 000 € x 7 %).

Kontenentwicklung:

Herstellungskosten	245 000 €
./. AfA 2007	34 650 €
Buchwert 31.12.2007	210 350 €

Die Rücklage nach § 6b EStG stammt aus einer 2002 erfolgten Veräußerung eines unbebauten Grundstücks. Sie war mit 250 000 € erstmals zum 31.12.2002 zutreffend gebildet worden. Weitere Investitionen sind am 31.12.2007 weder begonnen worden noch geplant.

2. Beteiligung an der Stahlhandel GmbH, Köln

Die NOKIN GmbH ist seit 1989 mit 5 % an der Stahlhandel GmbH, Köln, beteiligt. Die Beteiligung ist seit dem 31.12.2000 anstelle der Anschaffungskosten i.H.v. 80 000 € mit dem niedrigeren Teilwert von 50 000 € in der Bilanz ausgewiesen. Die seinerzeitige

Teilwertabschreibung war nicht zu beanstanden. Bereits im Laufe des Jahres 2004 hatte sich die geschäftliche Situation der Stahlhandel GmbH wieder erheblich verbessert. Bei guten Ertragsaussichten hätten Ende des Jahres 2004 für eine entsprechende Beteiligung bereits 100 000 € aufgewendet werden müssen. Diese Entwicklung hat sich in den folgenden Jahren fortgesetzt. Bis zum 31.12.2007 hat sich die geschäftliche Situation der Stahlhandel GmbH nachhaltig so geändert, dass für eine weitere 5 %ige Beteiligung insgesamt 145 000 € hätten aufgewendet werden müssen.

Durch notariellen Vertrag vom 3.11.2007 hat die GmbH dem Gesellschafter Walter Gassel dessen Anteile an der Stahlhandel GmbH von 5 % für 130 000 € abgekauft. Außerdem wurde vereinbart, dass Gassel den erwarteten Gewinnanteil aus dieser Beteiligung für die Zeit vom 1.1. - 2.11.2007, der auf 12 000 € geschätzt wird, auf die GmbH überträgt und diese dafür eine weitere Zahlung von 9 000 € leistet. Gassel stützt seinen Anspruch auf § 101 Nr. 2 BGB. Die Erfüllung des Vertrages wurde beiderseits unmittelbar vollzogen. Die Nebenkosten dieses Vorgangs von 2 400 € zzgl. 456 € USt hat die GmbH getragen.

Der Kaufpreis i.H.v. 130 000 € wurde auf dem Konto „Beteiligungen" und daneben die Vergütung für den zeitanteiligen Gewinn i.H.v. 9 000 € als „Sonstige Forderung" aktiviert. Die Nebenkosten wurden als Aufwand (2 400 €) bzw. Vorsteuer (456 €) gebucht.

3. Maschinen und maschinelle Anlagen

Bei einem schweren Sturm am 4.12.2007 ist eine Baumaschine beschädigt worden. Nach Schätzungen eines Sachverständigen belief sich die Höhe des Schadens auf ca. 45 000 €. Der Buchwert dieser Maschine zum 31.12.2006 betrug 72 000 €, die jährliche lineare AfA 8 000 € (10 % der Anschaffungskosten).

Die Wiederherstellung der Maschine konnte nicht mehr - wie geplant - in 2007 erfolgen. Aus Gründen der Ersatzteilbeschaffung ist die Reparatur erst am 10.4.2008 durchgeführt worden. An Reparaturkosten sind insgesamt 39 000 € zzgl. 7 410 € gesondert ausgewiesener USt angefallen.

Die Versicherung hat die Verpflichtung zur Entschädigung anerkannt und am 28.12.2007 aufgrund des Gutachtens des Sachverständigen 45 000 € an die GmbH überwiesen.

Die ursprünglich zugrunde gelegte betriebsgewöhnliche Nutzungsdauer von 10 Jahren ist weder durch den Schaden noch durch die Reparatur beeinflusst worden. Angesichts der bevorstehenden Reparatur ist von einer Teilwertabschreibung auf den 31.12.2007 mangels voraussichtlich dauernder Wertminderung abzusehen.

Die Geschäftsführung der GmbH ließ in 2007 buchen:

Bank	45 000 €	an	Maschinen	45 000 €
AfA	8 000 €	an	Maschinen	8 000 €

4. Forderungen aus Bauleistungen

In den zum 31.12.2007 bilanzierten Forderungen aus Bauleistungen ist unter anderem eine Forderung in Höhe von 40 200 € enthalten, der folgender Sachverhalt zugrunde liegt:

Aufgrund eines in 2006 geschlossenen Werkvertrages errichtete die GmbH im Sommer 2007 auf einem dem Auftraggeber Krüger gehörenden Grundstück ein Mietwohnhaus. Die bis zum 31.8.2007 erbrachten Bauleistungen beliefen sich einschließlich Umsatzsteuer insgesamt auf 500 000 €. Der Auftraggeber leistete in den Monaten Januar bis Mai 2007 Vorauszahlungen i.H.v. insgesamt 238 000 €. Rechnungen mit gesondertem Steuerausweis erteilte die NOKIN GmbH insoweit nicht.

Zum 31.12.2007 wurde der Betrag von 238 000 € unter der Position „Anzahlungen für unfertige Arbeiten" passiviert. Weitere Buchungen erfolgten nicht.

Am 1.12.2007 war das Insolvenzverfahren wegen Zahlungsunfähigkeit des Krüger eingeleitet worden. Der Insolvenzverwalter Dr. Grund hatte daraufhin zulässigerweise sofort den Werkvertrag gekündigt. Die GmbH hat noch im Dezember 2007 die Baustelle, auf der sie bereits im August 2007 die Arbeiten eingestellt hatte, endgültig geräumt.

Die am 1.12.2007 bestehende Forderung aus den bis dahin erbrachten Bauleistungen i.H.v. 500 000 € ./. Anzahlungen 238 000 € = 262 000 € machte die GmbH als Insolvenzforderung geltend.

Noch in 2007 erreichte die GmbH die Mitteilung, dass die Masse ausreiche, um 15 % der Ansprüche zu befriedigen. Die von der GmbH zum 31.12.2007 aktivierte Forderung (15 % von 262 000 €) aus diesem Vorgang beruhte deshalb auf der angekündigten Quote und wurde wie folgt gebucht:

Forderungen aus Leistungen   39 300 €   an Erlöse   33 025 €
                                              an USt   6 275 €

Das Gebäude wurde bei der Inventur zum 31.12.2007 nicht berücksichtigt. Im Übrigen sind die teilfertigen Arbeiten zutreffend bewertet worden.

5. Quarzsandgrube

PN hat mit Wirkung vom 1.2.2007 von der Witwe Johanne Pech ein bisher landwirtschaftlich genutztes Grundstück für 2 000 000 € gekauft. Die Erwerbsnebenkosten betrugen 100 000 €. Die Beteiligten waren sich einig, dass der Kaufpreis mit 500 000 € auf den Grund und mit 1 500 000 € auf die unter der Erdoberfläche ruhenden Quarzsandschichten entfällt. Ausweislich eines Gutachtens wird das Quarzsandvorkommen auf 5 000 000 cbm geschätzt.

PN hat die für den Abbau des Quarzsandes erforderliche Abbaugenehmigung bei der zuständigen Behörde beantragt. Die Genehmigung ist Anfang Juni 2007 erteilt worden. Mit Vertrag vom 1.7.2007 hat PN der Nokin GmbH erlaubt, den Abbau des Quarzsandes vorzunehmen und auf eigene Rechnung zu verwerten. Je cbm abgebauten Quarzsandes hat die GmbH 1 € zzgl. 19 % Umsatzsteuer an PN zu zahlen. Die Zahlungen sind nach Ablauf des Geschäftsjahres nach Maßgabe des Abbaus fällig. Rechnungen

i. S. d. § 14 UStG liegen vor. Das vereinbarte Entgelt ist im Fremdvergleich unstreitig als angemessen zu beurteilen, weil die GmbH sich auch verpflichtete, die behördlich vorgeschriebene Rekultivierung nach Abschluss des Abbaus durchzuführen.

Man rechnet ernstlich damit, dass der Abbau mit Ablauf des Jahres 2017 beendet sein wird. Die Kosten der gesamten Verfüllung der Hohlräume und die anschließende Rekultivierung werden nach Wertverhältnissen am 31.12.2007 auf 1 000 000 € geschätzt. Diese Schätzung ist nicht zu beanstanden.

Die Nokin GmbH hat mit dem Abbau noch im Juli 2007 begonnen. Bis zum 31.12.2007 wurden insgesamt 300 000 cbm abgebaut. Zahlungen sind insoweit von der GmbH bis zum 31.12.2007 noch nicht geleistet worden.

6. Examen

Anlässlich ihres bestandenen Examens übernahm die Tochter des Gesellschafters PN, Cordula Nokin, aus dem Betriebsvermögen der GmbH einen gebrauchten, bereits auf 1 € abgeschriebenen BMW, für den aufgrund seines guten Zustands im Zeitpunkt der Schenkung (15.7.2007) auf dem Gebrauchtwagenmarkt noch ein Preis (= gemeiner Wert) von 14 280 € erzielt hätte werden können. Der Wiederbeschaffungspreis vergleichbarer Fahrzeuge bei einem BMW-Händler beträgt im Juli 2007 mit Rechnung 10 000 € zzgl. 1 900 € USt. Die GmbH buchte den Erinnerungswert über Aufwand aus. Den BMW hatte die GmbH 1996 als Neufahrzeug erworben.

7. Geldbuße

Auf einer Fahrt zu einem Kunden der GmbH war PN mit dem Pkw, der zum Betriebsvermögen der GmbH gehört, bei Übertretung einer Geschwindigkeitsbegrenzung geblitzt worden. Das Bußgeld von 420 €, die Gebühren 30 € sowie die Gebühren des von PN beauftragten Anwalts i. H. v. von 500 € zzgl. 95 € bezahlte die GmbH. Gebucht wurde:

s. b. Aufwendungen	950 €		
Vorsteuer	95 €	an Bank	1 045 €

8. Grundstück

Seit dem 1.7.2007 nutzt die GmbH ein unbebautes Grundstück, das PN gehört, als Abstellplatz für Fahrzeuge. PN hatte das Grundstück von seinem Großvater Anfang 2006 geerbt. Der Großvater hatte 1935 Anschaffungskosten i. H. v. 2 000 RM aufgewendet. Der Verkehrswert (Teilwert = gemeiner Wert) des Grundstücks betrug während des Jahres 2006 unstreitig 280 000 € und während des Jahres 2007 gleich bleibend 300 000 €.

Mit Vertrag vom 1.10.2007 vereinbarten PN und die NOKIN GmbH für die Grundstücksnutzung eine monatliche Pacht von 3 000 €, die jeweils zum Monatsbeginn zu entrichten ist. Ein Verzicht nach § 9 UStG wurde nicht erklärt.

Mit notariellem Vertrag vom 16.11.2007 übertrug PN das Eigentum am Grundstück mit Wirkung vom 1.12.2007 auf die GmbH. Die GmbH verpflichtete sich zur Zahlung von 280 000 €, zur Zahlung der Grunderwerbsteuer sowie zur Tilgung der Notariatskosten i. H. v. 3 500 € zzgl. 665 € USt sowie der sonstigen Erwerbsnebenkosten i. H. v.

500 €. Der Kaufpreis und die Nebenkosten wurden Anfang 2008 nach Eingang des Grunderwerbsteuerbescheids bzw. der Rechnungen von der GmbH bezahlt und gebucht.

Während die Miete für Oktober 2007 pünktlich gezahlt und als Mietaufwand gebucht worden war, stand die Zahlung der November-Miete noch aus. PN verzichtete am 1.12.2007 auf diese Zahlung.

9. Bauelemente

Am 7.12.2007 gingen bei der GmbH Bauelemente aus Südostasien für die Produktion im ersten Quartal 2008 ein, die am 15.10.2007 bestellt worden waren. Laut Preisliste Ende 2007 hätten die gelieferten Elemente nur 17 200 € kosten dürfen. Ende März 2008 liegt der GmbH eine neue Preisliste vor. Danach beträgt der Kaufpreis entsprechender Elemente 18 500 €.

Die GmbH überwies am 10.2.2008 die vom Lieferanten am 28.12.2007 in Rechnung gestellten 20 000 €, weil vereinbart worden war, dass nach den Lieferungsbedingungen der Marktpreis am Liefertag verbindlich sei. Die Buchung des Wareneingangs erfolgte erst bei Zahlung in 2008. Die Einfuhrumsatzsteuer i.H.v. 3 800 € wurde am 5.1.2008 bezahlt. Bei der Inventur zum 31.12.2007 wurde der Vorgang nicht erfasst, weil die Elemente noch verpackt im Lager standen.

Aufgabenabschnitt II

Aufgabe

Mit Wirkung vom 1.7.2007 hat die Perlig KG (P-KG) mit den Gesellschaftern Peter Perlig (60 %) und Hansi Hanselmann (40 %) ihren Holzhandel-Betrieb in die SCHWARZ GmbH & Co. KG, Köln, Stadtwaldstraße (S-KG), eingebracht.

Die Bilanz der P-KG auf den 30.6.2007 (**Anlage 1**) ist nicht zu beanstanden.

Vor der Einbringung waren an der S-KG die S-GmbH als Komplementärin ohne Einlage und Steffi Schwarz als Kommanditistin (100 %) beteiligt.

Die Bilanz der S-KG auf den 30.6.2007 (**Anlage 2**) ist nicht zu beanstanden.

1. Sie sind beauftragt, für die SCHWARZ GmbH & Co. KG, Köln, die Gesellschaftsbilanz sowie evtl. Ergänzungs- und Sonderbilanzen auf den 1.7.2007 zu erstellen (**Anlagen 4 – 6**) und zu diesem Zweck die Kapitalkonten auf den 1.7.2007 in der Gesellschaftsbilanz zu ermitteln (**Anlage 3**).
2. Erläutern Sie kurz Ihre Entscheidung und begründen Sie Ihre Lösung unter Angabe gesetzlicher Vorschriften.
3. Die Fortführung der Gesellschaftsbilanz, sowie der Ergänzungs- und Sonderbilanzen zum 31.12.2007 gehört **nicht** zur Aufgabe.

Dabei sind die folgenden Überlegungen zu berücksichtigen:

a) Laut Gesellschaftsvertrag sollen die Wirtschaftsgüter des eingebrachten Betriebs in der Gesellschaftsbilanz der übernehmenden S-KG mit den Buchwerten fortgeführt werden. Die Kapitalkonten sollen so ausgewiesen werden, dass die Änderung aufgrund der Übernahme das Beteiligungsverhältnis widerspiegelt. Ein evtl. Einbringungsgewinn soll nicht sofort versteuert werden.

b) Anlässlich der Einbringung entsteht keine Umsatzsteuer (Abschn. 5 Abs. 1 Satz 7 UStR). Bei der Lösung ist daher auf USt/VorSt nicht einzugehen.

Sachverhalt

Peter Perlig (60 %) als Komplementär und Hansi Hanselmann (40 %) als Kommanditist haben ihren Holzhandel bis zum 30. 6. 2007 in der Rechtsform der KG in Köln, Langestraße 1 geführt. Wirtschaftsjahr war das Kalenderjahr.

Mit Wirkung vom 1. 7. 2007 ist die Perlig KG in die SCHWARZ GmbH & Co. KG als weitere Kommanditistin eingetreten. Die Beteiligung am Vermögen und Ergebnis wurde mit 40 % vereinbart. Dementsprechend wurde das Kommanditkapital der P-KG auf 500 000 € festgesetzt. Weitere Bewegungen des Kapitalanteils sollen auf dem variablen Kapitalkonto II dargestellt werden, das ausweislich des Gesellschaftsvertrages zum Eigenkapital gehört.

Zur Erfüllung der Einlageverpflichtung wurde der Betrieb der P-KG in die S-KG eingebracht. Daneben hat die P-KG eine Zahlung i. H. v. 570 000 € zu leisten. Dieser Betrag soll i. H. v. 500 000 € zur Ablösung einer Darlehensschuld der S-KG verwendet werden.

Die P-KG hat die Einzahlung i. H. v. 570 000 € am 1. 7. 2007 durch Scheck bereitgestellt. Die Summe ist durch Bankdarlehen finanziert. Die Zinsen haben für die Zeit vom 1. 7. - 31. 12. 2007 insgesamt 14 250 € betragen. Dieser Betrag ist mit der Tilgung für 2007 i. H. v. 57 000 € am 10. 1. 2008 von einem Bankkonto der P-KG abgebucht worden.

Es besteht Einigkeit zwischen den vertragschließenden Parteien, dass das bebaute Betriebsgrundstück der P-KG in Köln, Langestraße 1, zusammen mit dem für die Errichtung des Gebäudes aufgenommenen Darlehen einschließlich einer am 30. 6. 2007 bestehenden Zinsverbindlichkeit i. H. v. 6 500 € nicht in die S-KG eingebracht wird.

Das Grundstück wird stattdessen für eine angemessene Pacht von monatlich 10 000 € der S-KG ohne Option nach § 9 UStG zur Nutzung überlassen. Die S-KG nutzt das Grundstück in gleicher Weise wie bisher die P-KG.

Die Rücklage für Ersatzbeschaffung ist erstmals zum 31. 12. 2006 i. H. v. 120 000 € zutreffend passiviert worden. Die Rücklage wurde aus Anlass der Enteignung eines unbebauten Grundstücks, das die P-KG bisher als Lagerplatz genutzt hatte, gebildet. Die Ersatzbeschaffung ist nach wie vor ernstlich geplant. Es ist jedoch sehr schwierig, geeignetes Gelände zu finden.

Anlage 1

Perlig KG

Handels-/Steuerbilanz der Perlig KG zum 30. 6. 2007

Aktiva	Buchwerte	Teilwerte
Firmenwert		300 000
Grund und Boden Langestraße 1	115 000	300 000
Gebäude Langestraße 1	285 000	600 000
Fahrzeuge	80 000	86 000
Büroeinrichtung	0	17 500
Warenbestand	500 000	600 000
Sonstige Aktiva	250 000	250 000
	1 230 000	2 153 500
Passiva		
Kapitalkonto Peter Perlig	180 000	806 100
Kapitalkonto Hansi Hanselmann	120 000	537 400
Rücklage für Ersatzbeschaffung	120 000	0
Darlehen (Gebäude Langestraße 1)	180 000	180 000
Sonst. Verbindlichkeiten (Zinsen)	6 500	6 500
Sonstige Passiva	623 500	623 500
	1 230 000	2 153 500

Anlage 2
SCHWARZ GmbH & Co. KG
Handels-/Steuerbilanz der S-KG zum 30. 6. 2007

Aktiva	Buchwerte	Teilwerte
Firmenwert		180 000
Grund und Boden Stadtwaldstraße	150 000	200 000
Gebäude Stadtwaldstraße	560 000	500 000
Fahrzeuge	188 000	188 000
Büroeinrichtung	50 000	50 000
Warenbestand	800 000	880 000
Sonstige Aktiva	450 000	450 000
	2 198 000	2 448 000
Passiva		
Kapitalkonto II S-GmbH	0	0
Kapitalkonto I Steffi Schwarz	750 000	750 000
Kapitalkonto II Steffi Schwarz	800 000	1 050 000
Bankdarlehen	500 000	500 000
Sonstige Passiva	148 000	148 000
	2 198 000	2 448 000

Anlage 3

SCHWARZ GmbH & Co. KG

Ermittlung der Kapitalkonten der Kommanditisten der SCHWARZ GmbH & Co. KG auf den 1. 7. 2007:

Kommanditist

Kapitalkonto I _____ € _____ € _____ €

Kapitalkonto II _____ € _____ € _____ €

Berechnungen:

Anlage 4
SCHWARZ GmbH & Co. KG
Handels-/Steuerbilanz der S-KG zum 1. 7. 2007

Aktiva	1. 7. 2007
Firmenwert	
Grund und Boden Langestraße 1	
Gebäude Langestraße 1	
Grund und Boden Stadtwaldstraße	
Gebäude Stadtwaldstraße	
Fahrzeuge	
Büroeinrichtung	
Warenbestand	
Sonstige Aktiva incl. Geldkonten	
Passiva	
Kapitalkonto S-GmbH	
Kapitalkonto I für	
Kapitalkonto II für	
Kapitalkonto I für	
Kapitalkonto II für	
Kapitalkonto I für	
Kapitalkonto II für	
Rücklage für Ersatzbeschaffung	
Darlehen (Gebäude Langestraße 1)	
Bankdarlehen	
Sonstige Verbindl. (Zinsen Langestraße)	
Sonstige Passiva	

Anlage 5

SCHWARZ GmbH & Co. KG

Sonderbilanz zum 1. 7. 2007 für............................

Sonderbilanz zum 1. 7. 2007 für............................

Anlage 6
SCHWARZ GmbH & Co. KG

Ergänzungsbilanz zum 1. 7. 2007 für............................

Ergänzungsbilanz zum 1. 7. 2007 für............................

Anlage 7

SCHWARZ GmbH & Co. KG

Ergänzungsbilanz zum 1. 7. 2007 für............................

Ergänzungsbilanz zum 1. 7. 2007 für............................

LÖSUNG ÜBUNGSKLAUSUR 5

Aufgabenabschnitt I: NOKIN GmbH

Allgemeines

Die NOKIN GmbH (im Folgenden GmbH) ist als Handelsgesellschaft seit der Eintragung im Handelsregister juristische Person und Formkaufmann (§ 13 GmbHG, § 1 Abs. 1 und § 6 Abs. 2 HGB). Seit Abschluss des notariellen Vertrages ist die GmbH als Körperschaft gemäß § 1 Abs. 1 und 2 KStG unbeschränkt steuerpflichtig. Die KSt beträgt 25 % des zu versteuernden Einkommens (§§ 7, 8, 23 KStG).

Für die Steuerbilanz (StB) gilt gemäß § 5 Abs. 1 EStG der Grundsatz der Maßgeblichkeit der handelsrechtlichen Grundsätze ordnungsmäßiger Buchführung (GoB) unter Berücksichtigung der einschränkenden Regelungen des § 5 Abs. 2 bis 5 EStG und des Bewertungsvorbehalts (§ 5 Abs. 6 EStG).

Einzelfeststellungen

1. Lagergebäude

Die Herstellungskosten (HK) des Gebäudes betragen	495 000 €
Aufwendungen für die Zufahrt	10 000 €
	505 000 €

Die Aufwendungen für die Zufahrt wurden durch die Gebäudeerrichtung verursacht und sind deshalb als HK zu aktivieren (§ 255 Abs. 2 HGB).

Die Rücklage nach § 6b EStG darf nicht abgezogen werden, weil mit der Herstellung eines Gebäudes nicht bis zum Ablauf des vierten auf die Bildung der Rücklage folgenden Wirtschaftsjahres (31.12.2006) begonnen wurde, auf das eine Übertragung in den folgenden zwei Jahren (2007 und 2008) hätte vorgenommen werden können (§ 6b Abs. 3 Satz 4 EStG). Die Rücklage hätte deshalb bereits mit Ablauf des Wirtschaftsjahres 2006 gewinnwirksam aufgelöst werden müssen (§ 6b Abs. 3 Satz 5 EStG).

Da die Bilanz zum 31.12.2006 nicht mehr berichtigungsfähig ist, weil die darauf beruhenden Steuerfestsetzungen nicht mehr geändert oder berichtigt werden können und weil eine Berichtigung der Anfangsbilanz zum 1.1.2007 schon wegen des Bilanzenzusammenhangs ausscheidet, ist die Rücklage zum Ablauf des Wirtschaftsjahres 2007 erfolgswirksam aufzulösen.

Dies gilt nach BFH (v. 28.4.2005, BStBl 2005 II 704 zu § 7g EStG in einem schillernden Fall im Rahmen der Gewinnermittlung nach § 4 Abs. 3 EStG) auch für Rücklagen, die unberechtigt gebildet oder – wie hier – unberechtigt fortgeführt worden sind. Dies hat zur Folge, dass außerhalb der Bilanz für 2007 ein Zuschlag zum Gewinn vorzunehmen ist (§ 6b Abs. 7 EStG).

HINWEIS

Vgl. auch *Schmidt/Glanegger*, EStG, § 6b, Rz 98, wonach ein Gewinnzuschlag auch für solche Jahre verwirkt sei, in denen der Stpfl. vorschriftswidrig die Rücklage bestehen lässt.

Dieser Lösung ist in StB-Klausuren jedenfalls zu folgen. Die Rechtsfrage ist jedoch nicht unumstritten, denn Rücklagen, die nicht oder nicht mehr gebildet werden dürfen, sind „schlicht" falsche Bilanzposten, die nach den Grundsätzen des § 4 Abs. 2 Satz 1 EStG im ersten offenen Jahr erfolgswirksam zu korrigieren sind. Die Verzinsung richtet sich nur nach § 233a AO. Ein Gewinnzuschlag nach § 6b Abs. 7 EStG kommt nicht in Betracht, denn eine Rücklage ist bei unberechtigter Bilanzierung zwar in der Bilanz „vorhanden", nicht jedoch i. S. d. § 6b Abs. 3 Satz 5 EStG „als Rücklage vorhanden" und hat i. S. d. Abs. 7 nicht „bestanden". Vgl. dazu *Falterbaum/Bolk/Reiß*, Buchführung und Bilanz, 20. Aufl. 2008, S. 1080 – 1082.

Der Gewinnzuschlag beträgt 75 000 € (250 000 € x 6 % x 5 Jahre).

HINWEIS

In der Praxis und manchen Lehrveranstaltungen wird dieser Gewinnzuschlag vereinfacht als „Verzinsung" bezeichnet. Dies ist sicher nicht korrekt, denn es erfolgt keine Verzinsung mit 6 %, sondern eine Gewinnerhöhung um 6 % der aufgelösten Rücklage.

Das Gebäude darf nicht nach § 7 Abs. 5 Nr. 3a EStG degressiv abgeschrieben werden, denn es dient nicht Wohnzwecken. Die maßgebliche Abschreibung ist stattdessen nach § 7 Abs. 4 Satz 1 Nr. 1 EStG mit 3 % der Herstellungskosten zeitanteilig vorzunehmen und beträgt 12 625 € (10/12), weil der Bauantrag nach dem 31. 12. 2000 gestellt wurde (§ 52 Abs. 21b EStG).

Kontenentwicklung Lagergebäude

Herstellungskosten	505 000 €
./. AfA (3 % x $^{10}/_{12}$)	12 625 €
Wert 31. 12. 2007	492 375 €

Bilanzberichtigungen:

Gebäude	+ 282 025 €
Gewinn	+ 282 025 €

2. Beteiligung an der Stahlhandel GmbH

Die Beteiligung an der Stahlhandel GmbH ist ein Wirtschaftsgut des nicht abnutzbaren Anlagevermögens (Finanzanlagevermögen) und umfasst sämtliche Mitgliedschaftsrechte des Gesellschafters gegenüber der Gesellschaft. Die Bewertung hat mit den Anschaffungskosten (AK) zu erfolgen, § 255 Abs. 1 HGB, § 253 Abs. 1 HGB, § 5 Abs. 1 und 6, § 6 Abs. 1 Nr. 2 EStG.

a) Altbestand

Gründe für die Bewertung der Beteiligung mit einem niedrigeren Teilwert liegen zum 31. 12. 2007 nicht mehr vor. Dies war auch schon zu den Bilanzstichtagen vom 31. 12. 2004 bis 31. 12. 2006 so. Nach § 253 Abs. 5 und § 280 Abs. 1 HGB, § 5 Abs. 1 und 6 EStG, § 6 Abs. 1 Nr. 2 Satz 3 und Nr. 1 Satz 4 EStG hätte bereits zum 31. 12. 2004 eine Wertaufholung (Zuschreibung) erfolgen müssen. Die Bilanzen bis einschließlich 31. 12. 2007 sind daher insoweit unzutreffend. Da eine Änderung nach den Vorschriften der AO für Jahre vor 2007 nicht mehr in Betracht kommt, ist die Wertaufholung erfolgswirksam in 2007 nachzuholen (§ 4 Abs. 2 Satz 1 EStG, R 4.4 Abs. 1 Satz 3 EStR 2005).

Außerhalb der Bilanz ist die Gewinnerhöhung bei der Ermittlung des zu versteuernden Einkommens **nicht** nach § 8b Abs. 2 Satz 3 KStG außer Ansatz zu lassen, weil die Wertaufholung auf einer steuerwirksamen Teilwertabschreibung im Jahre 2000 und damit vor dem Systemwechsel vom Anrechnungsverfahren zum Halbeinkünfteverfahren beruht (§ 8b Abs. 2 Satz 4 i.V. m. § 34 Abs. 7 Nr. 2 KStG).

b) Anteilserwerb in 2007

Der Veräußerer des Anteils an einer Kapitalgesellschaft hat nach § 101 Nr. 2 BGB Anspruch auf den für das laufende Geschäftsjahr auszuschüttenden Gewinn der Gesellschaft, soweit der Gewinn anteilig auf die Zeit entfällt, während er Inhaber der Gesellschaftsrechte war. Dieser Anspruch richtet sich gegen den Erwerber und erlischt mit der Erfüllung (§ 362 BGB). Der Erwerber erlangt mit dem Anteil das uneingeschränkte Mitgliedschaftsrecht, das die Anwartschaft auf den nach Ablauf des Geschäftsjahres zu verteilenden Gewinn einschließt. Zu den Anschaffungskosten (AK) gehört daher die Zahlung zur Abgeltung des Anspruchs nach § 101 Nr. 2 BGB. Die AK betragen folglich 139 000 € zzgl. 2 400 € Nebenkosten. Da die Wiederbeschaffungskosten zum 31. 12. 2007 über den AK liegen, kommt eine Teilwertabschreibung nicht in Betracht. Die Vorsteuer ist abziehbar (§ 15 Abs. 1 Nr. 1 UStG).

c) Kontenentwicklung Beteiligung Stahlhandel GmbH

Buchwert 31. 12. 2006	50 000 €
Wertaufholung (max. AK)	30 000 €
Zugang	141 400 €
Wert 31. 12. 2007	221 400 €

d) Bilanzberichtigungen

Beteiligung	+ 41 400 €
Sonst. Forderungen	./. 9 000 €
Gewinn	+ 32 400 €

e) Außerhalb der Bilanz: 0 €

3. Maschinen

Die Beseitigung des Sturmschadens stellt Erhaltungsaufwand dar, denn die Maschine wird nicht über ihre ursprünglich bestehende Substanz hinaus verbessert. Dieser Aufwand mindert erst den Gewinn des Jahres 2008. Eine Rückstellung für unterlassene Instandhaltung ist in der Steuerbilanz nicht zulässig, weil die Reparatur nach Ablauf von 3 Monaten nach dem Bilanzstichtag durchgeführt worden ist (§ 249 Abs. 1 S. 2 Nr. 1 HGB, § 5 Abs. 1 EStG).

Die Schadensregulierung der Versicherung ist als sonstiger betrieblicher Ertrag auszuweisen. Dieser Ertrag darf jedoch aus Billigkeitsgründen nach R 6.6 Abs. 7 EStR 2005 im Jahr des Schadens durch Passivierung eines Sonderpostens mit Rücklageanteil i. H. v. 45 000 € gewinnmindernd neutralisiert werden, weil die erforderliche Reparatur nach dem Bilanzstichtag erfolgt.

> **HINWEIS**
> Nicht durch Rechtsprechung geklärt ist, ob es überhaupt zulässig wäre, neben der Rücklage für Ersatzbeschaffung (hier Reparatur) eine Rückstellung für unterlassene Instandhaltung bilden zu dürfen. M. E. spricht nichts dagegen, allerdings müsste die Rücklage für Ersatzbeschaffung wohl begrenzt werden auf den Teil der Entschädigung, der die Rückstellung übersteigt.

Die AfA für die Baumaschine ist zutreffend gebucht worden.

Bilanzberichtigungen

Maschinen	+ 45 000 €
Sonderposten mit Rücklageanteil (RfE)	+ 45 000 €
Gewinn	+ 32 400 €

4. Forderungen aus Bauleistungen

Die Kündigung des Werkvertrages durch den Insolvenzverwalter (§ 103 InsO) hat zur Folge, dass der Vorgang in ein Abrechnungsverhältnis umgewandelt wird. Gegenstand dieses Abrechnungsverhältnisses ist das teilfertige Werk, das damit zum neuen Liefergegenstand wird und dem Leistungsempfänger verbleibt (§ 105 InsO). Die GmbH hat diesen Gegenstand im Zeitpunkt der Eröffnung des Insolvenzverfahrens auch geliefert (§ 3 Abs. 4 UStG, Abschn. 28 UStR).

Da folglich ein teilfertiges Werk endgültig geliefert worden ist, sind Anzahlungen i. H. v. 238 000 € zum 31.12.2007 nicht mehr zu passivieren. Vielmehr ist die Restforderung mit 39 300 € zu aktivieren (§ 253 Abs. 1 HGB, § 5 Abs. 1 und 6, § 6 Abs. 1 Nr. 2 EStG). Letzteres ist richtigerweise geschehen.

Gleichzeitig muss die GmbH jedoch die aus der am 1.12.2007 ausgeführten steuerbaren Werklieferung (§ 1 Abs. 1 Nr. 1, § 3 Abs. 1 und 4 UStG) resultierende USt passivieren. Die USt bestimmt sich nach der Höhe der bereits vereinnahmten bzw. der noch durchsetzbaren Gegenleistung von 277 300 € (= Anzahlungen 238 000 € zzgl. noch realisierbare Insolvenzforderung 39 300 €) und beträgt bei einem Steuersatz von 19 % (§ 10 Abs. 1, § 12 Abs. 1 UStG, Abschn. 178 Nr. 1 UStR) = 44 275 €. Die Erlöse betragen mithin 233 025 €. Da bisher lediglich eine USt-Schuld i. H. v. 6 275 € USt gebucht wurde, ist die Differenz gegenüber 44 275 € i. H. v. 38 000 € zu berichtigen.

Bilanzberichtigungen

Anzahlungen	./. 238 000 €
USt-Schuld	+ 38 000 €
Gewinn	+ 200 000 €

5. Quarzsandgrube

a) Anschaffung des Bodenschatzes

PN hat zwei Wirtschaftsgüter erworben, den Grund und Boden sowie das Ausbeuterecht hinsichtlich des Quarzsandvorkommens. Ein Bodenschatz ist ein vom Grund und Boden getrennt zu behandelndes Wirtschaftsgut, wenn er zur nachhaltigen Nutzung in den Verkehr gebracht wird, indem mit seiner Aufschließung nach Vorliegen aller zum Abbau erforderlichen Genehmigungen begonnen wird.

Abgesehen von den Fällen der Einlage in ein Betriebsvermögen entsteht der Bodenschatz als selbständiges materielles Wirtschaftsgut, wenn neben dem Kaufpreis für das Grundstück ein gesonderter Preis für die abbaubare Substanz zu entrichten ist.

HINWEIS

Siehe auch BMF v. 7. 10. 1998, BStBl 1998 I 1221. Die Entscheidung des Großen Senats des BFH v. 4. 12. 2006 GrS 1/05, BStBl 2007 II 508, betrifft den hier zu lösenden Sachverhalt nicht, weil es um einen Anschaffungsvorgang geht. Der BFH hatte dagegen zu entscheiden, ob ein im Privatvermögen eines Stpfl. entdeckter Bodenschatz mit dem Teilwert einzulegen und anschließend nach § 7 Abs. 6 EStG abzuschreiben sei. Der GrS lässt die Einlage mit dem Teilwert zu, verbietet allerdings den Wertungen des § 11d Abs. 2 EStDV entsprechend mangels entgeltlichen Erwerbs die Absetzung für Substanzverringerung (AfS). Demzufolge ist der Substanzabbau jedenfalls in der Steuerbilanz erfolgsneutral zu behandeln. Dies kann durch Bildung eines aktiven Ausgleichspostens geschehen, der bei Veräußerung der verbliebenen Substanz oder bei Betriebsveräußerung unmittelbar über Kapital aufzulösen ist.

Der Bodenschatz ist deshalb mit den Anschaffungskosten einschließlich anteiliger Nebenkosten i. H. v. 175 000 € zu bewerten und nach § 7 Abs. 6 EStG im Wege der Absetzung für Substanzverringerung (AfS) abzuschreiben, weil die Überlassung zur Ausbeutung zur Erzielung von Einnahmen erfolgt.

Zwar ist das Grundstück, das der GmbH zur Ausbeutung überlassen wird, eine wesentliche Betriebsgrundlage, so dass eine sachliche Verflechtung vorliegt. Von einer Betriebsaufspaltung ist dennoch nicht auszugehen, weil es an einer personellen Verflechtung fehlt, denn PN kann mangels Mehrheitsbeteiligung seinen Willen in der GmbH nicht durchsetzen (vgl. dazu ausführlich R 15.7 Abs. 8 EStR 2005). Die Einnahmen aus der Überlassung des Bodenschatzes zur Ausbeutung (§ 581 BGB) stellen deshalb nach Abzug der AfS Einkünfte aus Vermietung und Verpachtung dar (§ 21 Abs. 1 Nr. 1 EStG; BFH v. 21. 7. 1993, BStBl 1994 II 231; BFH v. 4. 12. 2006 GrS 1/05, BStBl 2007 II 508. H 21.7 „Abgrenzung Kauf-/Pachtvertrag" EStH 2007).

Mangels Betriebsaufspaltung kann nicht von einer Organschaft nach § 2 Abs. 2 Nr. 2 UStG ausgegangen werden, denn auch diese verlangt neben der organisatorischen und wirtschaftlichen Eingliederung eine finanzielle Beherrschung der GmbH. Folglich ist die Verpachtung steuerbar (§ 1 Abs. 1 Nr. 1 UStG), weil Nokin die Leistungen an die GmbH als Unternehmer im Rahmen seines Verpachtungsunternehmens gegen Entgelt ausführt. Sie sind auch steuerpflichtig, denn mit der gesonderten Inrechnungstellung der Umsatzsteuer hat PN wirksam zur Steuerpflicht der grundsätzlich nach § 4 Nr. 12a UStG (Abschn. 79 UStR) steuerfreien Umsätze optiert (§ 9 Abs. 1 und 2 UStG; Abschn. 148 Abs. 3 UStR).

b) Bodenschatz bei der GmbH

Da PN den Abbau nicht selbst vornimmt, sondern der GmbH gegen Entgelt überlässt, erwirbt diese eine selbständig verwertbare Abbauberechtigung, mithin lediglich ein Nutzungsrecht (H 4.2 (1) „Bodenschätze" EStH 2007). Das Nutzungsrecht darf mangels entgeltlichen Erwerbs nicht aktiviert werden, auch nicht als materielles Wirtschaftsgut „Bodenschatz". Anders als der Eigentümer PN darf die GmbH daher AfS nach § 7 Abs. 6 EStG nicht vornehmen.

> **HINWEIS**
> Da die Zuwendung einer bloßen Nutzung nicht einlagefähig ist (R 40 KStR), wäre es unzutreffend, ein immaterielles Wirtschaftsgut im Wege der verdeckten Einlage zu aktivieren und nach § 7 Abs. 6 EStG abzuschreiben.

Die Zahlungen für die Ausbeutung stellen keine Anschaffungskosten dar. Stattdessen handelt es sich um Pachtzinsen (§ 8 Nr. 7 GewStG in der für 2007 maßgeblichen Fassung und Abschn. 53 Abs. 3 GewStR sind zu beachten) für die Einräumung eines obligatorischen Nutzungsrechts, die dem Substanzabbau entsprechend den Jahren der Ausbeutung periodengerecht als Aufwand zuzuordnen sind.

> **HINWEIS**
> Im Falle einer Zahlung vor Abbau entsprechender Mengen ist daher ein akt. RAP geboten (BFH, BStBl 1995 II 312).

c) Zahlung der Pachtzinsen

Die Nokin GmbH hat die Verpflichtung zur Zahlung des Pachtzinses zu passivieren. Die Verbindlichkeiten sind unter Berücksichtigung der gesondert in Rechnung gestellten USt um 357 000 € zu erhöhen.

d) Rekultivierungsrückstellung

Die Verpflichtung, bei Beendigung des Sandabbaus die Verfüllung und Rekultivierung der Abbauflächen durchzuführen, stellt eine ungewisse Verbindlichkeit i. S. d. § 249 Abs. 1 Satz 1 HGB, § 5 Abs. 1 Satz 1 EStG dar. Die Rückstellung ist zu passivieren und nach § 253 Abs. 1 Satz 2 HGB zu bewerten. Für Zwecke der Steuerbilanz erfolgt die Bewertung nach Maßgabe des § 5 Abs. 6 mit den Einzel- und notwendigen Gemeinkosten unter Berücksichtigung der Abzinsung (§ 6 Abs. 1 Nr. 3a Buchst. b und e EStG).

§ 6 Abs. 1 Nr. 3a Buchst. d EStG greift nicht, weil die Verpflichtung von Jahr zu Jahr tatsächlich zunimmt (vgl. auch R 6.11 Abs. 2 Satz 3 – 4 EStR 2005). Daher ist die Rückstellung nicht in gleichen Raten zeitanteilig anzusammeln, sondern dem Substanzabbau entsprechend zu bewerten. Bei einer voraussichtlichen Restlaufzeit der Verpflichtung am 31. 12. 2007 von noch 10 Jahren ist die Rückstellung wie folgt zu berechnen:

1 000 000 € : 5 000 000 cbm x 300 000 cbm x 0,585* = 35 100 €

* Vervielfältiger entsprechend Tabelle 2 zu BMF v. 26. 5. 2005, BStBl 2005 I 699 (Anhang 9 V EStH 2007).

e) Bilanzberichtigungen

Verbindlichkeiten	+ 357 000 €
USt-Schuld	+ 57 000 €
Rückstellungen	+ 35 100 €
Gewinn	./. 335 100 €

6. Examen / Verdeckte Gewinnausschüttung (vGA)

Die unentgeltliche Zuwendung des Fahrzeugs an die Tochter des Gesellschafters stellt eine nach UStG steuerbare und steuerpflichtige Wertabgabe dar, die einer Lieferung gegen Entgelt gleichgestellt wird (§ 3 Abs. 1b Nr. 1 UStG). Die USt beträgt 19 % von 10 000 € = 1 900 €, weil als Bemessungsgrundlage der Wiederbeschaffungspreis ohne USt maßgebend ist (§ 10 Abs. 4 Nr. 1 UStG). Die Umsatzsteuerschuld ist gewinnmindernd als Steueraufwand zu erfassen.

Gleichzeit ist die Zuwendung als verdeckte Gewinnausschüttung (vGA) i. S. d. § 8 Abs. 3 Satz 2 KStG zu beurteilen, weil aufgrund der Unentgeltlichkeit im Ergebnis eine verhinderte Vermögensmehrung mit Auswirkung auf den Unterschiedsbetrag i. S. d. § 4 Abs. 1 Satz 1 EStG eingetreten ist, die durch das Gesellschaftsverhältnis veranlasst ist und nicht auf einem den gesellschaftsrechtlichen Vorschriften entsprechenden Beschluss beruht (R 36 Abs. 1 Satz 1 KStR). Das gilt auch dann, wenn die Zuwendung an eine dem Gesellschafter nahestehende Person erfolgt (R 36 Abs. 1 KStR, H 36 KStH „III. Veranlassung… – Zurechnung der vGA"; BMF v. 20. 5. 1999, BStBl 1999 I 514). Die vGA ist dem Gewinn der GmbH außerhalb der Steuerbilanz bei der Ermittlung des Einkommens hinzuzurechnen (H 37 KStH „Steuerbilanzgewinn"; BMF v. 28. 5. 2002, BStBl 2002 I 603 zu verschiedenen Sachverhaltsgestaltungen).

Bei der Zuwendung von Wirtschaftsgütern ist die vGA grundsätzlich mit dem gemeinen Wert anzusetzen (§ 9 BewG; H 37 KStH „Hingabe von Wirtschaftsgütern"). Dieser Betrag schließt die Umsatzsteuer ein, die deshalb auch nicht nach § 10 Nr. 2 KStG zusätzlich als nicht abziehbarer Aufwand bei der Ermittlung des Einkommens hinzugerechnet werden darf (R 37 KStR; § 10 Nr. 2 KStG läuft deshalb insoweit leer: BFH v. 25. 4. 2004 VIII R 4/01, BFH/NV 2005, 105, sowie v. 6. 12. 2005 VIII R 70/04, BFH/NV 2006, 722. Vgl. auch *Falterbaum/Bolk/Reiß*, Buchführung und Bilanz, Achim, 20. Aufl., S. 1424). Fraglich ist allerdings, ob die im gemeinen Wert rechnerisch enthaltene Umsatzsteuer (14 280 € : 1,19 x 19 % = 2 480 €) oder die tatsächlich geschuldete und als Steueraufwand zu buchende Umsatzsteuer (1 900 €) in die Bewertung der vGA einzubeziehen ist.

Die Rechtsfrage ist noch nicht endgültig vom BFH entschieden worden. (Die Finanzverwaltung drückt sich vor einer Entscheidung und hat in StB-Klausuren in der Vergangenheit beide Lösungen zugelassen.) Letztlich zutreffend kann jedoch nur eine Einbeziehung in Höhe der tatsächlich geschuldeten Umsatzsteuer sein, weil nur in diesem Fall die tatsächlich verhinderte Vermögensmehrung bei der Einkommensermittlung zutreffend erfasst wird. Dies erschließt sich auch durch Vergleich mit einer fremdüblichen Abwicklung im Rahmen einer Veräußerung, denn dabei wäre ein Gewinn in Höhe von

12 000 € erzielt worden. Im Ergebnis muss die Anwendung des § 8 Abs. 3 Satz 2 KStG dazu führen, dass das zu versteuernde Einkommen der GmbH um 12 000 € höher ist als ohne Hinzurechnung einer vGA.

> **HINWEIS**
>
> Vgl. zu allem, auch zur Abwägung verschiedener Lösungsansätze *Falterbaum/Bolk/Reiß*, Buchführung und Bilanz, Achim, 20. Aufl., S. 1423 ff. Unabhängig von diesen Überlegungen ist der Wert der bezogenen vGA beim Gesellschafter entsprechend § 8 Abs. 2 i.V. m. § 20 Abs. 1 Nr. 1 Satz 1 und 2 EStG mit dem gemeinen Wert in Höhe von 14 280 € anzusetzen.

Bilanzberichtigung

USt-Schuld	+ 1 900 €
Gewinn	./. 1 900 €
Hinzurechnung außerhalb der Bilanz:	**+ 13 900 €***

* Zu versteuerndes Einkommen nach Hinzurechnung: Gewinn ./. 1 900 € + vGA 13 900 € = 12 000 €.

7. Geldbuße

Die Übernahme der Kosten und der Geldbuße aufgrund des Fehlverhaltens des Gesellschafters im Straßenverkehr stellt ebenfalls eine vGA dar (§ 8 Abs. 3 Satz 2 EStG), die außerhalb des Steuerbilanzgewinns im Rahmen der Ermittlung des zu versteuernden Einkommens wieder hinzuzurechnen ist. Vergleiche zur Begründung im Grundsatz auch Tz 2.6.

§ 4 Abs. 5 Nr. 8 EStG ist in diesem Fall nicht anzuwenden, weil das Fehlverhalten des Gesellschafters nicht betrieblich veranlasst ist. Der Umstand, dass die Ordnungswidrigkeit auf einer betrieblich veranlassten Fahrt mit einem zum Betriebsvermögen der GmbH gehörenden Fahrzeug begangen wurde, rechtfertigt es jedenfalls nicht, der Handlung eine betriebliche Veranlassung zuzuweisen.

Der Vorsteuerabzug ist unzulässig, denn die Anwaltsleistung wurde nicht für das Unternehmen der GmbH ausgeführt (§ 15 Abs. 1 Nr. 1 UStG).

Bilanzberichtigung

USt-Schuld	+ 95 €
Gewinn	./. 95 €
Hinzurechnung außerhalb der Bilanz	**+ 1 045 €**

8. Grundstück

Die Befugnis zur Nutzung des Grundstücks in der Zeit vom 1. 7. – 30. 9. 2007 erfolgt unentgeltlich. Eine verdeckte Einlage (§ 8 Abs. 3 Satz 3 KStG) liegt insoweit nicht vor, denn der Nutzungsvorteil stellt kein einlagefähiges Wirtschaftsgut dar (§ 4 Abs. 1 Satz 7 EStG, R 40 Abs. 1 KStR; vgl. auch H 40 KStH „Nutzungsvorteile" und „Einlagefähiger Vermögensvorteil").

Die entgeltliche Nutzungsüberlassung vom 1.10. bis zum 30.11.2007 ist nicht zu beanstanden. Insbesondere ist die Buchung der Oktober-Miete zutreffend erfolgt. Der Verzicht auf die Zahlung der November-Miete ist allerdings als verdeckte Einlage zu würdigen (§ 8 Abs. 3 Satz 3 KStG, R 40 Abs. 1 KStR; vgl. auch H 40 KStH „Forderungsverzicht"). Die Korrektur hat außerhalb der Steuerbilanz im Rahmen der Ermittlung des zu versteuernden Einkommen zu erfolgen (R 40 Abs. 2 KStR), soweit nicht bereits ein Zugang zur Kapitalrücklage nach § 272 Abs. 2 Nr. 4 HGB passiviert wird.

Das mit Wirkung vom 1.12.2007 angeschaffte unbebaute Grundstück ist als Wirtschaftsgut des nicht abnutzbaren Anlagevermögens mit den Anschaffungskosten zu bewerten (§ 253 Abs. 1 HGB, § 5 Abs. 1 und 6, § 6 Abs. 1 Nr. 2 EStG, § 255 Abs. 1 HGB). Da der Erwerb zu einem Preis unterhalb des Verkehrswerts erfolgt ist, liegt hinsichtlich der Differenz zum Teilwert eine verdeckte Einlage vor (§ 8 Abs. 3 Satz 3 KStG, § 4 Abs. 1 Satz 7 EStG). Neben dem Kaufpreis ist diese Differenz nach Einlagegrundsätzen in die Bewertung einzubeziehen (§ 6 Abs. 1 Nr. 5 EStG, § 8 Abs. 1 und 2 KStG).

Darüber hinaus sind die Erwerbsnebenkosten zu aktivieren (§ 255 Abs. 1 Satz 2 HGB). Dazu gehört auch die Grunderwerbsteuer, die nach Maßgabe der tatsächlich bewirkten Gegenleistung entsteht. Der Wert der verdeckten Einlage ist nicht in die Bemessungsgrundlage für die Grunderwerbsteuer einzubeziehen, weil sie nicht den Charakter einer Gegenleistung hat (vgl. §§ 8, 9 GrEStG). Die Grunderwerbsteuer beträgt 9 800 € (280 000 € x 3,5 %).

Bewertung des Grundstücks:

Kaufpreis	280 000 €
Wert der verdeckten Einlage	20 000 €
Notar, Grundbuch	4 000 €
GrESt	9 800 €
Bilanzansatz	313 800 €

Bilanzberichtigungen

Kapitalrücklage	+ 23 000 €
Grundstück	+ 313 800 €
Sonst. Ford. (nnvVorSt*)	+ 665 €
Kaufpreisschuld	+ 280 000 €
sonst. Verbindlichkeiten**	+ 14 465 €
Gewinn (Pachtaufwand 11/2007)	./. 3 000 €

* Noch nicht verrechenbare Vorsteuer, weil die Rechnung am 31.12.2007 nicht vorlag. Lt. DATEV-SKR 04, Kto 1434 „Vorsteuer im Folgejahr abziehbar".

** Vertretbar auch Rückstellungen

HINWEISE

1. Anstelle der Zuführung zur Kapitalrücklage kann die Berichtigung auch gewinnerhöhend erfolgen. In diesem Fall muss eine Korrektur außerhalb der Bilanz bei der Ermittlung des zu versteuernden Einkommens erfolgen, weil verdeckte Einlagen das Einkommen nicht erhöhen

dürfen (§ 8 Abs. 3 Satz 3 KStG). Ob die Einlagen als Kapitalrücklage (§ 272 Abs. 2 Nr. 4 HGB) oder tatsächlich „verdeckt" gewinnwirksam erfasst werden, hängt davon ab, was die Geschäftsführung will und deshalb im Jahresabschluss ausweist.

2. Die verdeckten Einlagen erhöhen das steuerliche Einlagekonto (§ 27 KStG). Dabei handelt es sich nicht um ein Konto innerhalb der Buchführung, sondern um eine Rechnung außerhalb der Bilanz, die dem Ziel dient, nicht steuerbare Ausschüttungen nach § 20 Abs. 1 Nr. 1 Satz 3 EStG abgrenzen zu können.

9. Bauelemente

Die Bauelemente gehören zum Umlaufvermögen und sind gemäß § 253 Abs. 1 und 3 HGB i. V. m. § 5 Abs. 1 und 6 sowie § 6 Abs. 1 Nr. 2 EStG zu bewerten. Außerdem sind Verbindlichkeiten gegenüber dem Lieferanten zu passivieren.

In Höhe der Einfuhrumsatzsteuerschuld besteht eine Verbindlichkeit gegenüber dem Fiskus. Gleichzeitig entsteht jedoch ein Anspruch auf Abzug der Einfuhrumsatzsteuer als Vorsteuer gemäß § 15 Abs. 1 Nr. 2 UStG. Der Abzug kann bereits im Voranmeldungszeitraum 12/2007 erfolgen, § 16 Abs. 2 S. 4 UStG.

Da der Wert der Bauelemente am 31. 12. 2007 nur noch 17 200 € beträgt (Wiederbeschaffungskosten) und unter den Anschaffungskosten von 20 000 € liegt, **sind** die Stoffe nach § 253 Abs. 3 HGB in der Handelsbilanz mit dem niedrigeren Marktpreis zu bewerten (Niederstwertprinzip). Steuerrechtlich darf der niedrigere Teilwert jedoch nur angesetzt werden, soweit er auf einer voraussichtlich dauernden Wertminderung beruht (§ 6 Abs. 1 Nr. 2 Satz 2 EStG). Dies ist vorliegend offensichtlich nur i. H. v. 18 500 € gegeben, denn zu diesem Preis konnten entsprechende Stoffe bis zu ihrem Verbrauch nach dem Bilanzstichtag erworben werden (BMF v. 25. 2. 2000, BStBl 2000 I 372, Tz 23).

Dem handelsrechtlich zu beachtenden Niederstwertprinzip entsprechend sind für Zwecke der Handelsbilanz und der Ermittlung des zutreffenden Jahresüberschusses die folgenden **Berichtigungen** erforderlich:

Vorsteuer	+ 3 800 €
Einfuhrumsatzsteuer/Umsatzsteuer	+ 3 800 €
Rohstoffe	+ 17 200 €
Verbindlichkeiten	+ 20 000 €
Gewinn (Materialaufwand*)	./. 2 800 €

* Übliche Abschreibungen sind bei der jeweiligen Aufwandsart auszuweisen; vgl. ADS § 275 Tz 130.

Da die Teilwertabschreibung nach § 6 Abs. 1 Nr. 2 EStG nur 1 500 € beträgt, ist der Gewinn lt. **Steuerbilanz** um **1 300 €** zu erhöhen (§ 60 Abs. 2 EStDV). Eine Einheitsbilanz (HB=StB) ist in diesem Fall nicht mehr möglich.

Aufgabenabschnitt II: Perlig KG

1. Begründung

a) Die Einbringung des Betriebs der Perlig KG (P-KG) in die SCHWARZ GmbH & Co. KG (S-KG) kann auf Antrag nach § 24 UmwStG zum Buchwert erfolgen. Es handelt sich um den Eintritt eines weiteren Gesellschafters in eine Personengesellschaft. Steuerrechtlich betrachtet bringen die Altgesellschafter (hier Steffi Schwarz als alleinige Kommanditistin) ihre Mitunternehmeranteile in die um den eintretenden Gesellschafter (hier P-KG) erweiterte Personengesellschaft ein (BMF v. 25.3.1998, BStBl 1998 I 268, Tz 24.01c (UmwSt-Erlass)).

b) Es entsteht eine doppelstöckige Personengesellschaft, denn die P-KG (Obergesellschaft) wird Gesellschafterin und folglich Mitunternehmerin der S-KG (Untergesellschaft). Mitunternehmer der S-KG sind auch die Gesellschafter der P-KG, Peter Perlig und Hansi Hanselmann als sog. Obergesellschafter (§ 15 Abs. 1 Nr. 2 Satz 2 EStG).

c) Die Einbringung des Mitunternehmeranteils der Steffi Schwarz an der S-KG führt grundsätzlich zur Aufdeckung von 40 % der auf die P-KG übergehenden stillen Reserven. Während die Geschäftsführung der S-KG den Erwerb dieser stillen Reserven in einer Ergänzungsbilanz für die P-KG zu aktivieren hat, ist gleichzeitig eine negative Ergänzungsbilanz für Steffi Schwarz aufzustellen, um die Versteuerung entsprechend Aufgabenstellung zu vermeiden, denn in der Gesellschaftsbilanz sollen die Buchwerte fortgeführt werden.

d) Die Einbringung des Betriebs der P-KG stellt sich steuerrechtlich betrachtet ebenfalls als Einbringung von Mitunternehmeranteilen der Gesellschafter der P-KG in die S-KG dar. Dies führt zur Aufdeckung von 60 % der auf die (bisherigen) Gesellschafter der S-KG übergehenden stillen Reserven (hier Steffi Schwarz). Während die Geschäftsführung der S-KG diese stillen Reserven für Steffi Schwarz in einer positiven Ergänzungsbilanz zu aktivieren hat, ist eine negative Ergänzungsbilanz für die P-KG aufzustellen, um die Versteuerung entsprechend Aufgabenstellung zu vermeiden. Das Ergebnis dieser Ergänzungsbilanz ist der P-KG im Rahmen der Gewinnfeststellung für die S-KG zuzurechnen. Die Zurechnung bei den Obergesellschaftern erfolgt bei der Gewinnfeststellung für die P-KG.

e) Da beide Gesellschafterinnen der S-KG jeweils Anlass zur Aufstellung einer positiven und gleichzeitig einer negativen Ergänzungsbilanz geben, wird die notwendige Bilanzierung jeweils in einer Ergänzungsbilanz dargestellt.

> **HINWEIS**
>
> Die Aufstellung anlassbezogener getrennter Ergänzungsbilanzen darf keinen Punktabzug nach sich ziehen, denn es gibt keine Vorschriften, nach welchen Kriterien Ergänzungsbilanzen aufzustellen sind.

f) Die Zurückbehaltung des Grundstücks und deren Überlassung als Sonderbetriebsvermögen verhindert nicht die Buchwerteinbringung (BMF v. 25.3.1998, BStBl 1998 I 268, Tz 24.06 (UmwSt-Erlass)). Das Sonderbetriebsvermögen und damit die Ergebnisse der Sonderbilanz sind der P-KG zuzurechnen, denn sie ist Eigentümerin des

Grundstücks. Zur Aufstellung der Sonderbilanz ist die S-KG verpflichtet (vgl. BFH v. 25.1.2006, BStBl 2006 II 418). Dabei hat die Geschäftsführung der S-KG die Mitwirkungsrechte der Gesellschafterin insbesondere hinsichtlich der Ausübung von Bilanzierungs- und Bewertungswahlrechten zu beachten.

g) Das Darlehen zum Nennwert von 570 000 €, das zur Finanzierung der Bareinlage von der P-KG aufgenommen worden ist, gehört zum Sonderbetriebsvermögen II der P-KG bei der S-KG und ist ebenfalls in der Sonderbilanz (siehe f) zu passivieren.

2. Ermittlung der Kapitalkonten der Kommanditisten der S-KG zum 1.7.2007:

Kommanditist	Steffi Schwarz	Perlig KG
Kapitalkonto I	750 000 €	500 000 €
Kapitalkonto II	573 900 €	382 600 €

Berechnungen:

a) Buchwert des Gesellschaftsvermögens der P-KG 300 000 €
./. Buchwert des Grundstücks Langestraße 1 400 000 €
./. Schulden – Grundstück Langestraße 1 186 500 €   **86 500 €**

Oder nach folgender Berechnung:
Buchwert der Perlig KG 300 000 €
+ stille Reserven in Aktiva 923 500 €
+ stille Reserven in RfE 120 000 €   1 343 500 €
./. Grundstück, das Sonder-BV wird 900 000 €
./. Schulden 186 500 €   713 500 €
Teilwert des eingebrachten Betriebsvermögens 630 000 €
./. stille Reserven in Aktiva ohne Grundstück 423 500 €
./. stille Reserven in RfE 120 000 €
= Buchwert des eingebrachten Betriebsvermögens **86 500 €**

b) Buchwert des eingebrachten Betriebsvermögens 86 500 €
+ Bareinzahlung 570 000 €
= Erhöhung des Gesamthandsvermögens zu Buchwerten 656 500 €
+ Buchwert des Gesamthandsvermögen der S-KG bisher 1 550 000 €
= Buchwert des Gesamthandsvermögens nach Eintritt 2 206 500 €
x 60 % = Kapitalanteil Steffi Schwarz (zu Buchwerten) **1 323 900 €**
   davon Kapitalkonto I 750 000 €
   davon Kapitalkonto II 573 900 €
x 40 % = Kapitalanteil P-KG (zu Buchwerten) **882 600 €**
   davon Kapitalkonto I P-KG 500 000 €
   davon Kapitalkonto II P-KG 382 600 €

3. HB/StB der SCHWARZ GmbH & Co. KG zum 1.7.2007

Aktiva	1.7.2007
Firmenwert	0 €
Grund und Boden Langestraße 1	0 €
Gebäude Langestraße 1	0 €
Grund und Boden Stadtwaldstraße	150 000 €
Gebäude Stadtwaldstraße	560 000 €
Fahrzeuge	268 000 €
Büroeinrichtung	50 000 €
Warenbestand	1 300 000 €
Sonstige Aktiva inkl. Geldkonten	1 270 000 €
	3 598 000 €
Passiva	
Kapitalkonto S-GmbH	0 €
Kapitalkonto I für Steffi Schwarz	750 000 €
Kapitalkonto II für Steffi Schwarz	573 900 €
Kapitalkonto I für Perlig KG	500 000 €
Kapitalkonto II für Perlig KG	382 600 €
Rücklage für Ersatzbeschaffung	120 000 €
Bankdarlehen	500 000 €
Darlehen/Verbindlichkeiten Langestraße 1	0 €
Sonstige Passiva	771 500 €
	3 598 000 €

4. Sonderbilanz zum 1.7.2007 für Perlig KG

Grund und Boden	115 000 €	Darlehen	180 000 €
Gebäude	285 000 €	Sonst. Verbindl.	6 500 €
		Darlehen	570 000 €
Sonderkapital 1.7.	356 500 €		
	756 500 €		756 500 €

5. Ergänzungsbilanz zum 1. 7. 2007 für Perlig KG

Minderkapital*	226 100 €	Firmenwert P-KG	180 000 €
Firmenwert S-KG	72 000 €	Fahrzeuge	3 600 €
GruBo Stadtwald	20 000 €	Büroeinrichtung	10 500 €
Gebäude Stadtwald	./. 24 000 €	Warenbestand	60 000 €
Warenbestand	32 000 €	RfE	72 000 €
	326 100 €		326 100 €

* Kapital lt. Schlussbilanz der Perlig KG	300 000 €
./. Grundstück im Sonder-BV	400 000 €
+ Schulden im Sonder-BV	186 500 €
= Buchwert des eingebrachten Betriebsvermögens	86 500 €
./. Kapitalkonto I	500 000 €
./. Kapitalkonto II	382 600 €
./. Bareinzahlung	570 000 €
= Minderkapital	./. 226 100 €

6. Ergänzungsbilanz zum 1. 7. 2007 für Steffi Schwarz

Firmenwert P-KG	180 000 €	Mehrkapital*	226 100 €
Fahrzeuge	3 600 €	Firmenwert S-KG	72 000 €
Büroeinrichtung	10 500 €	GruBo Stadtwald	20 000 €
Warenbestand	60 000 €	Gebäude Stadtwald	./. 24 000 €
RfE	72 000 €	Warenbestand	32 000 €
	326 100 €		326 100 €

* Kapitalkonten I und II vor Einbringung	1 550 000 €
./. Kapitalkonto I nach Eintritt	750 000 €
./. Kapitalkonto II nach Eintritt	573 900 €
= Mehrkapital	226 100 €

Anmerkungen zur Lösung des Aufgabenabschnitts II (nicht Teil der Lösung)

a) Der **Aufgabenstellung** zufolge war eine Gesamthandsbilanz zu Buchwerten aufzustellen. Dies erfordert zur Vermeidung der Aufdeckung und Versteuerung stiller Reserven die **gleichzeitige Aufstellung positiver und negativer** Ergänzungsbilanzen für die Gesellschafter (§ 24 Abs. 2 Satz 1 UmwStG; BMF v. 25. 3. 1998, BStBl 1998 I 268, Tz 24.14 **erster** Absatz (UmwSt-Erlass)).

b) Grundsätzlich ist eine Einbringung zu Buchwerten auch in der Weise bilanziell darstellbar, dass dem Ausweis der Verkehrswerte in der Gesamthandsbilanz die Aufstellung negativer Ergänzungsbilanzen für die einbringenden Gesellschafter nachfolgt (BMF v. 25.3.1998, BStBl 1998 I 268, Tz 24.14 **letzter** Absatz (UmwSt-Erlass)). Bei einer entsprechenden Aufgabenstellung hätte sich die folgende bilanzielle Darstellung ergeben:

Aktiva	HB/StB der SCHWARZ GmbH & Co. KG zum 1.7.2007
Firmenwert P-KG	300 000 €
Firmenwert S-KG	180 000 €
Grund und Boden Stadtwaldstraße	200 000 €
Gebäude Stadtwaldstraße	500 000 €
Fahrzeuge	274 000 €
Büroeinrichtung	67 500 €
Warenbestand	1 480 000 €
sonstige Aktiva inkl. Geldkonten	1 270 000 €
	4 271 500 €
Passiva	
Kapitalkonto S-GmbH	0 €
Kapitalkonto I für Steffi Schwarz	750 000 €
Kapitalkonto II für Steffi Schwarz	1 050 000 €
Kapitalkonto I für Perlig KG	500 000 €
Kapitalkonto II für Perlig KG	700 000 €
Rücklage für Ersatzbeschaffung	0 €
Bankdarlehen	500 000 €
sonstige Passiva	771 500 €
	4 271 500 €

Sonderbilanz zum 1.7.2007 für Perlig KG

Grund und Boden	115 000 €	Darlehen	180 000 €
Gebäude	285 000 €	Sonst. Verbindl.	6 500 €
		Darlehen	570 000 €
Sonderkapital 1.7.	356 500 €		
	756 500 €		756 500 €

Ergänzungsbilanz zum 1.7.2007 für Perlig KG

Minderkapital*	543 500 €	Firmenwert P-KG	300 000 €
		Fahrzeuge	6 000 €
		Büroeinrichtung	17 500 €
		Warenbestand	100 000 €
		RfE	120 000 €
	543 500 €		543 500 €

* Kapital lt. Schlussbilanz der Perlig KG	300 000 €
./. Grundstück im Sonder-BV	400 000 €
+ Schulden im Sonder-BV	186 500 €
= Buchwert des eingebrachten Betriebsvermögens	86 500 €
./. Teilwert des eingebrachten Betriebsvermögens	630 000 €
= Minderkapital	543 500 €

Ergänzungsbilanz zum 1.7.2007 für Steffi Schwarz

Minderkapital*	250 000 €	Firmenwert S-KG	180 000 €
		GruBo Stadtwald	50 000 €
		Gebäude Stadtwald	./. 60 000 €
		Warenbestand	80 000 €
	250 000 €		250 000 €

* Kapitalkonten I und II vor Einbringung	1 550 000 €
./. Kapitalkonto I nach Eintritt	750 000 €
./. Kapitalkonto II nach Eintritt	1 050 000 €
= Minderkapital	250 000 €

Punkteverteilung: Übungsklausur 5

I/1. Lagergebäude

Herstellungskosten	1
Keine Übertragung nach § 6b EStG	1
Erfolgswirksame Bilanzberichtigung wegen § 6b Rücklage in 2007	1
Gewinnzuschlag in 2007 für 5 Jahre lt. BFH	1
Kontenentwicklung und AfA	1
Bilanzberichtigung und Gewinnauswirkung	1/6

I/2. Stahlhandel GmbH

Bewertungsgrundsätze	1
Wertaufholung für den Altbestand	2
Erfolgswirksame Bilanzberichtigung in 2007	1
Kein § 8b Abs. 2 wegen § 8b Abs. 2 Satz 4 KStG	1
Anschaffungskosten und § 101 Nr. 2 BGB	1
Bilanzberichtigung und Gewinnauswirkung	1/7

I/3. Maschinen

Sturmschaden = Erhaltungsaufwand in 2008	2
Keine Rückstellung in StB	1
RfE nach R 6.6 Abs. 7 EStR 2005	2
Bilanzberichtigung und Gewinnauswirkung	1/6

I/4. Forderungen

Lieferung bei Insolvenzeröffnung/teilfertiges Werk	1
Kein Ausweis von Anzahlungen	1
Forderungen	1
Ermittlung der USt	1
Bilanzberichtigung und Gewinnauswirkung	1/5

I/5. Sandgrube

Bodenschatz als materielles Wirtschaftsgut des Gesellschafters	1
AfS für Gesellschafter PN als Erwerber des Bodenschatzes	1
Nutzungs- und Abbaurecht der GmbH – Aktivierungsverbot	1
Keine verdeckte Einlage	1
Keine AfS für GmbH	1
Abbauabhängige Pacht als BA	1
Rekultivierungsrückstellung – Ansatz – Ansammlung – Abzinsung	3
Bilanzberichtigung und Gewinnauswirkung	1/10

I/6. Examen / vGA

vGA	1
USt	1
Bilanzberichtigung und Gewinnauswirkung	1
zvE	1/4

I/7. Geldbuße

vGA	1
Bilanzberichtigung und Gewinnauswirkung	1
zvE	1/3

I/8. Grundstück

Unentgeltliche Nutzung ist keine verdeckte Einlage	1
Verzicht auf Zahlung der Miete für 11/2007 = verdeckte Einlage	1
Bewertungsgrundsätze Grundstück	1
Erwerb von Gesellschafter unterhalb des Verkehrswerts = verdeckte Einlage	2
Bewertung	1
Berechnung der GrESt	1
Stellungnahme zur Kapitalrücklage oder Buchung über Ertrag	1
Bilanzberichtigung und Gewinnauswirkung	2
Steuerliches Einlagekonto	1/11

I/9. Bauelemente

Bewertungsgrundsätze im Umlaufvermögen (HB und StB)	2
EUSt/VorSt	1
Bewertung in HB – Niederstwertprinzip	1
Bewertung in StB – abweichend von HB	1
Bilanzberichtigung und Gewinnauswirkung	2
§ 60 Abs. 2 Satz 1 EStDV	1/8

II/1. Rechtliche Würdigung der Einbringung der P-KG in die S-KG

§ 24 UmwStG	2
Doppelstöckige PersG	1
Vermeidung der Aufdeckung stiller Reserven für S	1
Einbringung der P-KG = Einbringung von MU-Anteilen durch deren Gesellschafter	2
Vermeidung der Aufdeckung stiller Reserven für Gesellschafter der P-KG	1
Zusammenfassung in jeweils einer Ergänzungsbilanz nicht zwingend	1
Zurückbehaltung Grundstück unschädlich für § 24 UmwStG	1
Grundstück = Sonderbetriebsvermögen	1
Bewertung des Grundstücks mit dem Buchwert	1
AfA Gebäude	1
Darlehen 180 000 € = Sonderbetriebsvermögen I	1
Darlehen 570 000 € = Sonderbetriebsvermögen II	1/14

II/2. Ermittlung der Kapitalkonten

Kapitalkonten Steffi Schwarz	3
Kapitalkonten P-KG	3/6

II/3. HB/StB 31.12.2006

Aktiva	2
Passiva	4/6

II/4. Sonderbilanz P-KG

Aktiva	2
Passiva	2/4

II/5. Ergänzungsbilanz P-KG

Mehr-Anschaffungskosten (Aktiva)	2
Stille Reserven und Korrektur RfE (Passiva)	2
Minderkapital	1/5

II/6. Ergänzungsbilanz Steffi Schwarz

Mehr-Anschaffungskosten und Korrektur RfE (Aktiva)	2
Stille Reserven (Passiva)	2
Mehrkapital	1/5
	100

ÜBUNGSKLAUSUR 6

Ahlers GmbH

Entschädigungen, Grundstückserwerb im Wege des Tauschs, Wertaufholung, Darlehen, Modernisierungsaufwand, Schadenersatzleistungen, Veräußerung von Bezugsrechten, Dividenden, Rücklagen, nützliche Aufwendungen, Bewertung von Devisen, Beteiligungserträge, Maßgeblichkeit, verdeckte Gewinnausschüttungen, Forderungsausfall

Allgemeines

Die Ahlers GmbH, Bochum (im folgenden GmbH), produziert und vertreibt seit 1982 Maschinen und Industriemöbel. Ihr Stammkapital beträgt 3 Mio. €. Das Wirtschaftsjahr stimmt mit dem Kalenderjahr überein. Gesellschafter sind:

- Wolfgang Ahlers, Bochum, Beteiligung 50 %, zugleich Geschäftsführer,
- Brigitta Bergmeier, Palma de Mallorca, Beteiligung 20 %,
- Vin S.A., Reims, Beteiligung 30 %.

Die Buchhaltung der GmbH hat für das Wirtschaftsjahr 2007 einen vorläufigen Abschluss zum 31.12.2007 erstellt und dazu die im nachstehenden Abschnitt D dargestellten Erläuterungen gegeben, weil insoweit Unsicherheit über die richtige handels- und steuerrechtliche Beurteilung besteht.

Die GmbH möchte im Rahmen des geltenden Rechts einen möglichst niedrigen Gewinn ausweisen. Sie erstellt Handelsbilanz (HB) und Steuerbilanz (StB) als Einheitsbilanz, soweit dies zulässig ist. Bei Abweichungen beachtet sie § 60 Abs. 2 Satz 1 EStDV.

Die Bilanzen der Jahre **bis einschließlich 2006** wurden von der Finanzverwaltung geprüft und nicht beanstandet. Dementsprechend liegen auch bestandskräftige Veranlagungen vor, die nach den Vorschriften der AO nicht mehr geändert werden können.

Eine Gewinnausschüttung für 2007 ist nicht beabsichtigt.

Auf den Solidaritätszuschlag ist aus Vereinfachungsgründen nicht einzugehen.

Das Betriebsvermögen der GmbH zum 31.12.2006 überschreitet den Betrag von 204 517 € bei Weitem.

Aufgabe

1. Der dargestellte Sachverhalt ist bilanzsteuerrechtlich kurz aber erschöpfend zu würdigen. Soweit Abweichungen zwischen handelsrechtlichen Grundsätzen und steuerrechtlichen Erfordernissen festgestellt werden, sind diese zu erläutern.
2. Etwa erforderliche Umbuchungen, die sowohl die HB als auch die StB betreffen, sind am Ende einer jeden Textziffer darzustellen.
3. Steuerrechtliche Abweichungen sind als Erläuterungen außerhalb der Bilanz darzustellen (§ 60 Abs. 2 Satz 1 EStDV).

4. Geben Sie im Anschluss an die Umbuchungen jeweils die Gewinnauswirkungen an. Soweit Abweichungen im Hinblick auf das zu versteuernde Einkommen zu beachten sind, ist diese Abweichung zahlenmäßig zu nennen.

5. Im Anschluss an die Darstellung der Gewinnauswirkungen sind Hinweise auf Kürzungen bzw. Hinzurechnungen nach dem GewStG zu machen.

6. GewSt- und KSt-Rückstellungen sind nicht zu berechnen.

7. Ein berichtigter Jahresüberschuss ist nicht zu ermitteln.

8. Eine Bilanz ist nicht aufzustellen.

Sachverhalt

1. Entschädigung/Lagerhalle

Am 1.6.2007 erhielt die GmbH aufgrund eines am 5.5.2007 mit ihrer Versicherungsgesellschaft abgeschlossenen Vergleichs eine Entschädigung i.H.v. 200 000 € für die nach einem Brand in 1/2007 völlig zerstörte Lagerhalle. Der Wiederaufbau mit Antrag auf Baugenehmigung vom 20.5.2007 wurde weitgehend mit eigenen Arbeitskräften in den Abmessungen der zerstörten Halle durchgeführt und am 10.12.2007 bezugsfertig hergestellt.

Es betragen:

a)	Kosten des Materials für den Wiederaufbau	100 000 €
b)	Eingangsfrachten = 1 % der Materialkosten	
c)	Kosten der Einkaufsabteilung = 6 % der Materialkosten	
d)	Architektenhonorar (ohne Umsatzsteuer)	20 000 €
e)	Fremdleistungen (ohne Umsatzsteuer)	176 000 €
f)	Eigene Fertigungslöhne (Bruttolöhne)	50 000 €
g)	Weitere fertigungsbezogene Aufwendungen:	
	Soziale Abgaben = 10 % der Fertigungslöhne	
	AfA Maschine/Kfz (Einsatz beim Wiederaufbau) = 6 % der Fertigungslöhne	
	Zinsen für Fremdkapital = 6 % der Fertigungslöhne	
	Allgemeine Verwaltungskosten = 3 % der Fertigungslöhne	

Die Buchhaltung der GmbH hat den zum 31.12.2006 zutreffend ermittelten Buchwert der Halle und die Versicherungsleistung bisher wie folgt behandelt:

Buchung Ende Januar 2007:

Abschreibungen   85 000 €   an   Lagerhalle   85 000 €

Buchung am 1.6.2007:

Bank   200 000 €   an   SoPo/RL* (R 6.6 EStR 2005)   200 000 €

* SoPo/RL = Sonderposten mit Rücklageanteil entsprechend § 247 Abs. 3, § 273 HGB.

Alle anderen genannten Beträge wurden in 2007 auf verschiedenen Aufwandskonten gebucht. Vorsteuerbeträge wurden zutreffend gewürdigt.

2. Vorratsgelände

Die Ahlers GmbH ist Eigentümerin eines unbebauten Grundstücks in Wattenscheid, das sie 1992 für Anschaffungskosten i. H.v. 100 000 € erworben hatte. Die GmbH hatte die Liegenschaft seinerzeit als Vorratsgelände erworben, um dort eine neue Betriebsstätte zu eröffnen. Gegenwärtig ist eine gewerbliche Nutzung nach den baurechtlichen Festlegungen jedoch noch nicht zulässig. Das Grundstück ist bisher mit den Anschaffungskosten bilanziert worden.

Am 30. 6. 2007 hat die GmbH das Grundstück mit einem unmittelbar neben ihrer Betriebsstätte in Bochum liegenden Grundstück getauscht. Der Vertragspartner steht weder mit der GmbH noch mit ihren Gesellschaftern in rechtlicher oder privater Beziehung. Obwohl die Grundstücke nach Gutachten eines vereidigten Sachverständigen im Verkehrswert (gemeiner Wert) differieren (Grundstück der Ahlers GmbH 200 000 €; eingetauschtes Grundstück 150 000 €), hat sich Wolfgang Ahlers für die GmbH auf den Tausch eingelassen, um die beengten Verhältnisse des Betriebs erheblich zu verbessern.

Für die Geschäftsführung war der Vorgang bisher nicht Anlass für eine Buchung. Weiterhin ist deshalb unter der bisherigen Inventar- und Kontonummer ein Betrag von 100 000 € aktiviert. Die Anschaffungsnebenkosten, die jeder Vertragspartner für das von ihm erworbene Grundstück zu tragen hat, betragen für die GmbH 10 000 € und sind als Aufwand gebucht. Die Vorsteuer aus der Notarrechnung wurde zutreffend gewürdigt.

3. Mülldeponie

Die GmbH ist Eigentümerin des bebauten Grundstücks Industriestraße 15 in Bottrop, das sie am 20. 12. 1997 für Anschaffungskosten i. H.v. 200 000 € (davon 50 000 € für Grund und Boden und 150 000 € für das Gebäude; Bauantrag vor dem 1. 4. 1985) erworben hat. Da in unmittelbarer Nähe eine Mülldeponie errichtet werden sollte, hat die GmbH zum 31. 12. 2002 außerplanmäßige Abschreibungen vorgenommen bzw. den niedrigen Teilwert angesetzt. Die Teilwertabschreibungen (20 000 € auf Grund und Boden; 50 000 € auf Gebäude) sowie die in der Folgezeit von der GmbH vorgenommenen linearen Abschreibungen – ebenfalls i. H.v. 3 % pro Jahr nunmehr jedoch vom Buchwert des Gebäudes nach Teilwertabschreibung – wurden zwischenzeitlich im Rahmen einer Betriebsprüfung des Finanzamtes überprüft und bis einschließlich 2006 nicht beanstandet.

Im Jahre 2007 ist die ungünstige Bauleitplanung aufgegeben worden. Nach einem vorliegenden Gutachten hat das Grundstück einen Wert (Teilwert) von 300 000 €, wovon auf den Grund und Boden 100 000 € entfallen.

Die AfA für 2007 ist noch nicht gebucht. Der AfA-Satz von 3 % ist angesichts einer tatsächlich kürzeren Nutzungsdauer insgesamt nicht zu beanstanden.

4. Darlehen/Modernisierung

Am 1.4.2007 erhielt die GmbH durch Vermittlung eines Maklers von der H-Bank in München ein Darlehen von 100 000 € mit einer tilgungsfreien Laufzeit von 10 Jahren zu einem Zinssatz von 4,5 %. Die Bank behielt bei der Auszahlung 7 % ein (5 % Disagio und 2 % Bearbeitungsgebühr). Die Zinsen sind nach Ablauf des Zinsjahres jeweils am 1.4. zu zahlen. Die GmbH überwies die Vermittlungsprovision von 1,5 % der Darlehenssumme am 10.4.2007 auf das Bankkonto des Finanzmaklers und nahm folgende Buchungen vor:

Bank	93 000 €	an	Darlehen	93 000 €

sonst. betr. Aufwendungen	1 500 €	an	Bank	1 500 €

Die GmbH benötigte das Darlehen für die Finanzierung von Modernisierungs- und Instandsetzungsmaßnahmen an dem Gebäude Bochum, Herderstraße 10, das die GmbH seit Gründung für ihre Bürozwecke nutzt.

Das Grundstück liegt im städtebaulichen Entwicklungsgebiet. Die Stadt hatte die GmbH daher aufgefordert, die Modernisierung zur Erhaltung der bestimmungsgemäßen Nutzung des Gebäudes und seiner städtebaulichen Bedeutung durchzuführen. Mit dem Bescheid, der nach § 177 BauGB erlassen wurde und in dem auch das Erfordernis der Modernisierung bescheinigt wurde, ist der GmbH auch ein Zuschuss zu den Aufwendungen i. H. v. 30 000 € zugesagt worden. Der Betrag ist am 15.10.2007 bei der GmbH eingegangen und wurde unter den sonstigen betrieblichen Erträgen ausgewiesen.

Die Modernisierungs- und Instandsetzungsaufwendungen sind umfassend und stellen eine wesentliche Verbesserung des Gebäudes dar, so dass ab 2007 noch eine Nutzungsdauer von 40 Jahren angenommen werden kann.

Die Bauarbeiten konnten Ende Oktober 2007 beendet werden. Es entstanden Baukosten ausschließlich durch Fremdleistungen i. H. v. 190 000 € zzgl. Umsatzsteuer. Die Baukosten wurden im Oktober 2007 als Erhaltungsaufwand erfasst. Die Vorsteuer ist zutreffend als abziehbar gebucht worden.

In der Bilanz zum 31.12.2006 ist das Gebäude mit 310 000 € ausgewiesen. Der Berechnung der AfA ist bis 2006 zutreffend eine AfA-Bemessungsgrundlage von 500 000 € bei einem AfA-Satz von 2 % zugrunde gelegt worden. Die AfA für 2007 ist daher ebenfalls mit 2 % von 500 000 € gebucht worden.

5. Maschinelle Anlagen

Die GmbH hat mit Kaufvertrag vom 30.6.2007 eine maschinelle Anlage mit einer betriebsgewöhnlichen Nutzungsdauer von 20 Jahren erworben. Vereinbarungsgemäß hat der von der GmbH beauftragte Spediteur S die Anlage am 10.10.2007 mit einem Spezialfahrzeug zum Betrieb der GmbH transportiert. Während dieses Transports ist das

Fahrzeug in einen Unfall verwickelt worden. Dabei wurden das Fahrzeug und die transportierte maschinelle Anlage erheblich beschädigt. Die GmbH hat den Schaden an der maschinellen Anlage am 20.10.2007 der Versicherung des Unfallgegners angezeigt und um Schadenersatz i.H.v. 10 000 € ersucht. Die Versicherung des Unfallgegners hat sich einer Ersatzverpflichtung zunächst widersetzt und erst im Rahmen eines außergerichtlichen Vergleichs einer Schadenersatzleistung in Höhe von 8 000 € zugestimmt. Der Vergleich ist im März 2008 vor Bilanzaufstellung für 2007 geschlossen worden.

Nachdem der Schaden von Mitarbeitern der GmbH im eigenen Betrieb fachgerecht beseitigt worden war, wurde die maschinelle Anlage schließlich in 10/2007 auf einem eigens dafür hergestellten Sockel montiert. Außerdem wurden die erforderlichen Energieanschlüsse hergestellt.

Es ergeben sich die folgenden Daten zum Sachverhalt:

1.	Kaufpreis der maschinellen Anlage (ohne USt)	250 000 €
2.	Beförderungskosten lt. Rechnung des S (ohne USt)	12 000 €
3.	Kosten der Schadensbeseitigung im Betrieb	7 000 €
4.	Kosten der Aufstellung und Montage	
	- Lohn- und Materialeinzelkosten	3 000 €
	- Fertigungsgemeinkosten	5 000 €

Die Anlage wurde mit 250 000 € aktiviert und für 2007 degressiv mit 50 000 € abgeschrieben. Die übrigen Aufwendungen wurden im Jahr 2007 gewinnmindernd gebucht. Die Erstattung der Versicherung ist in 2008 mit der Buchung

Bank   8 000 €
sonst. betr. Aufwendungen   2 000 €   an   sonst. Forderungen   10 000 €

erfasst worden, nachdem der Versicherungsanspruch mit 10 000 € zum 31.12.2007 gewinnerhöhend eingebucht worden war.

6. WESTSTAR AG

a) Kapitalerhöhung

Die WESTSTAR AG, München, an der die GmbH seit 1995 eine Beteiligung von 5 % hält, erhöhte am 1.9.2007 ihr Kapital ordnungsgemäß nach §§ 207 ff. AktG von 4 Mio. € auf 5 Mio. €. Vier Altaktien mit einem Nennwert von je 50 € berechtigten zum Bezug einer jungen Aktie gegen Zahlung von 180 €. Der Kurswert jeder Aktie betrug vor Kapitalerhöhung 400 €. Die GmbH veräußerte ihre Bezugsrechte am 4.9.2007 für 176 000 € und buchte:

Bank   176 000 €   an   Beteiligungserträge   176 000 €

In der Bilanz zum 31.12.2006 sind die WESTSTAR-Aktien mit 900 000 € als Finanzanlagevermögen ausgewiesen.

b) Dividende

Am 15.7.2007 erhielt die GmbH von der WESTSTAR AG eine Dividendengutschrift für 2006 in Höhe von 110 400 €. Der Ausschüttungsbeschluss war am 14.7.2007 gefasst worden. Erforderliche Bescheinigungen mit zutreffender Einbehaltung der Kapitalertragsteuer (KapErSt) liegen vor.

Buchung:

Bank 110 400 € an Beteiligungserträge 110 400 €

7. NORDSTAR AG

In der vorläufigen Saldenbilanz der GmbH zum 31.12.2007 ist ein Sonderposten mit Rücklageanteil nach § 6b EStG (SoPo/RL) i.H.v. 650 000 € ausgewiesen, der anlässlich der Veräußerung einer Beteiligung an der NORDSTAR AG, Köln, im Juli 2007 gebildet wurde. Der Veräußerungspreis hat 800 000 € betragen. Auf die GmbH entfielen Veräußerungskosten i.H.v. 15 000 € zzgl. 2 850 € in Rechnung gestellte USt. Während die USt als abziehbare Vorsteuer gebucht wurde, sind die Veräußerungskosten als sonstiger betrieblicher Aufwand erfasst worden.

Die Beteiligung war im Jahre 1990 angeschafft und bis zum Verkauf zutreffend mit den Anschaffungskosten i.H.v. 150 000 € bilanziert worden.

Der Geschäftsführer hat vorgeschlagen, die Rücklage von den Anschaffungskosten der Beteiligung an der Möbel AG (CH) abzuziehen (vgl. Tz 8). Man sei auch sicher, dass man die Zustimmung dafür vom Finanzamt bekommen könne, weil die GmbH im Einvernehmen mit dem Vorsteher des Finanzamtes, der Mitglied der Blau-Partei ist, umfangreiche Zahlungen geleistet habe, und zwar 30 000 € an den Schatzmeister der Blau-Partei zur satzungsgemäßen Verwendung, 20 000 € an den als Berufsverband anerkannten Wirtschaftsrat dieser Partei, weil diese Vereinigung sich für die Erhaltung und Fortentwicklung der Betriebe einsetze, sowie 5 000 € an den Vorsteher zur freien Verwendung im Parteiinteresse.

Die Zahlungen wurden noch in 12/2007 geleistet und sind auf dem Konto „Nützliche Aufwendungen" gewinnmindernd gebucht worden. Vereinbarungsgemäß wurden lediglich Empfangsquittungen ausgestellt. Eine Veröffentlichung der Zuwendungen soll nicht erfolgen.

8. Tessiner Möbel AG (CH)

Zum Betriebsvermögen der GmbH gehört u.a. eine Beteiligung an der Tessiner Möbel AG (Bellinzona, CH). Die GmbH hat die Beteiligung am 10.9.2007 für 600 000 Schweizer Franken (CHF) erworben. Die für den Erwerb erforderlichen Schweizer Franken hatte der Geschäftsführer für Rechnung der GmbH Anfang Januar 2007 zum Kurs von 1,4955 CHF für 1 € gekauft. Am Erwerbstag der Anteile betrug der Kurs 1,5555 CHF für 1 €, am 31.12.2007 betrug der Kurs 1,5137 CHF für 1 €.

Die Bank hat für den Transfer der Devisen aus Anlass der Bezahlung der Beteiligung am Tage nach dem Erwerb 5 797 € Gebühren berechnet.

Die Buchhaltung hat den Vorgang zusammengefasst wie folgt gebucht:

Beteiligung Möbel AG (CH)	401 203 €			
Kosten des Geldverkehrs	5 797 €	an	Bank	407 000 €

HINWEIS

Centbeträge sind auf volle € abzurunden.

9. Preußen GmbH

Seit Jahren ist die Ahlers GmbH an der Preußen GmbH mit Sitz in Bochum mit 20 % beteiligt. Dies entspricht einem Anteil am Stammkapital von 30 000 €. Die Beteiligung ist mit den damaligen Anschaffungskosten in Höhe von 150 000 € zum 31.12.2006 unter den Finanzanlagen ausgewiesen.

Am 10.8.2007 hat die Gesellschafterversammlung der Preußen GmbH für 2006 eine Gewinnausschüttung i.H.v. 440 000 € beschlossen. Aufgrund der Ausschüttung, wovon auf die Ahlers GmbH 20 % entfallen, wurde das steuerliche Einlagekonto der Preußen GmbH um 160 000 € gemindert.

Die Ahlers GmbH hat bei Geldeingang am 20.8.2007 den Betrag der Gutschrift als Beteiligungsertrag i.H.v. 76 800 € gebucht. Ordnungsgemäße Bescheinigungen mit zutreffender Einbehaltung der Kapitalertragsteuer (KapErSt) liegen vor (zum SolZ siehe „Allgemeines"). In der Bescheinigung ist die Verringerung des steuerlichen Einlagekontos vermerkt.

10. Ruhrpark KG

Geschäftszweck der Ruhrpark KG seit ihrer Gründung am 1.1.2005 ist die Werbung für Gewerbebetriebe in Bochum. Die Ahlers GmbH ist an der Ruhrpark KG seit dem 1.4.2007 als Kommanditistin mit einer Kommanditeinlage lt. Handelsregister i.H.v. 100 000 € beteiligt. Den voll eingezahlten Kommanditanteil hat die GmbH am 1.4.2007 für 250 000 € von einem ausscheidenden Gesellschafter der KG erworben und wie folgt gebucht:

Beteiligungen	250 000 €	an	Bank	250 000 €

Der Mehrpreis entfiel unstreitig auf den Firmenwert der Ruhrpark KG. Zum 31.12.2007 hätten vergleichbare Anteile nicht unter 250 000 € erworben werden können.

Für 2007 hat die KG einen Jahresüberschuss ausgewiesen, der lt. gesonderter und einheitlicher Feststellung mit 20 000 € der Ahlers GmbH zugerechnet wurde. Der Feststellung ist außerdem zu entnehmen, dass der Ahlers GmbH aufgrund Fortschreibung einer Ergänzungsbilanz ein Verlust von 7 500 € zuzurechnen ist. Buchungen sind insoweit für das Jahr 2007 nicht erfolgt.

Die Ruhrpark KG hat ihre Geschäftsräume von der Ahlers GmbH angemietet. Es handelt sich um das bebaute Grundstück Bochum, Krayer Straße 34. Der Mietvertrag besteht bereits seit dem 1.1.2005, also vor dem Eintritt der GmbH als Kommanditistin in die

KG. Die KG entrichtet die Miete pünktlich vorschüssig in Höhe von monatlich 12 000 €. Zur Steuerpflicht wurde nicht optiert (§ 9 UStG).

Bei Geldeingang wurden Mieterträge gebucht. Die Grundstückskosten (ohne AfA) haben 2007 insgesamt 36 000 € betragen und sind monatlich etwa gleichmäßig angefallen. Die GmbH hat diese Aufwendungen gewinnmindernd gebucht. Die AfA ist ausgehend von folgenden Zahlen ermittelt worden:

Anschaffungskosten des Grund und Bodens 4/2003	80 000 €
Anschaffungskosten des Gebäudes 4/2003	520 000 €
Baujahr des Gebäudes 1960; bND 80 Jahre, AfA-Satz 2 %	
Jahres-AfA	10 400 €
Buchwert des Gebäudes 31. 12. 2006	481 000 €

Die AfA für 2007 ist noch nicht gebucht.

11. SÜDSTAR GmbH

a) Lieferungen an FRANKEN AG

Die GmbH lieferte im Dezember 2007 an die FRANKEN AG, Vaduz (Liechtenstein), 10 Maschinen zu einem Preis von 30 000 € je Stück. Die Anteile an der FRANKEN AG werden von der SÜDSTAR GmbH, Köln, gehalten, deren alleinige Anteilseignerin die Ahlers GmbH ist. Fremden Abnehmern hätte die Ahlers GmbH für die gleichen Maschinen einen Stückpreis von 24 400 € (ggf. zzgl. USt) berechnet. In 2007 wurde gebucht:

Forderungen 300 000 € an Umsatzerlöse 300 000 €

Die Zahlung ist im Januar 2008 vereinnahmt worden.

HINWEIS
Das steuerliche Einlagekonto der SÜDSTAR GmbH lautet auf 0 €.

b) Dividende

Am 15. 4. 2008 wurde die Dividende von der SÜDSTAR GmbH an die Ahlers GmbH überwiesen. Die Bankgutschrift beträgt 84 000 € und ist von der GmbH in 2008 als Beteiligungsertrag gebucht worden. Der Ausschüttungsbeschluss erfolgte am 10. 4. 2008 und betraf das Jahr 2007. Die SÜDSTAR GmbH ist wie in den Vorjahren dem Prinzip der Vollausschüttung gefolgt. Das entspricht der Empfehlung der Ahlers GmbH als Alleingesellschafterin, die nach Kenntnisnahme des vorläufigen Jahresabschlusses für 2007 Anfang April 2008 eine Vollausschüttung empfohlen und ihre Buchhaltung angewiesen hat, eine entsprechende Bilanzaufstellung ggf. auch abweichend von der Steuerbilanz vorzubereiten.

12. Forderungen

Im Forderungsbestand lt. Saldenliste i. H. v. 986 515 € ist eine Forderung i. H. v. 10 000 € gegenüber dem Einzelunternehmer Klaus Lustig, Aachen, enthalten. Die GmbH hatte an Lustig am 15.11.2006 Industriemöbel für 10 000 € (USt 16 %) und einen Posten Rohholz für 5 000 € (USt 7 %) geliefert.

Auf den Rechnungsbetrag von 16 950 € (15 000 € zuzüglich 1 950 € USt) hat Lustig am 1.4.2007 lediglich einen Betrag von 6 950 € gezahlt. Mahnungen hinsichtlich des Restbetrages erwiesen sich als nicht erfolgreich.

Im Januar 2008 stellte sich heraus, dass die restliche Forderung als verloren angesehen werden musste, weil Lustig am 23.12.2007 nach Versilberung seines Vermögens mit unbekanntem Ziel ausgewandert ist.

Der Forderungsausfall ist im Übrigen mit 3 % des Forderungsbestandes anzunehmen, der nur aus Umsätzen zum Steuersatz von 19 % und einem steuerfreien Exportumsatz i.H.v. 300 000 € resultiert. Für den Exportumsatz wurde eine Forderungsausfallversicherung abgeschlossen. Der Prozentsatz für das Ausfallrisiko entspricht den betrieblichen Erfahrungen der Vergangenheit und ist nicht zu beanstanden. Aus Vereinfachungsgründen wurden in den Prozentsatz Zinsverluste und Mahnkosten nicht einbezogen, weil diese Beträge geringfügig sind und sich deshalb rechnerisch nicht auf den Prozentsatz auswirken.

Buchungen sind hinsichtlich dieses Sachverhalts in 2007 bisher nicht erfolgt.

LÖSUNG ÜBUNGSKLAUSUR 6

Ahlers GmbH

1. Entschädigung

Aufgrund der vollständigen Zerstörung der Lagerhalle nach dem Brandschaden ist handelsrechtlich betrachtet eine außerplanmäßige Abschreibung und zugleich steuerrechtlich eine außergewöhnliche Absetzung für technische Abnutzung (AfaA) gemäß § 7 Abs. 4 letzter Satz i.V. m. § 7 Abs. 1 letzter Satz EStG geboten. Eine Gewinnminderung tritt allerdings im Ergebnis insoweit nicht ein, als eine Entschädigung erfolgt.

Soweit die Entschädigung den Buchwert im Zeitpunkt des Schadens übersteigt, können die aufgedeckten stillen Reserven im Wege einer steuerrechtlichen Abschreibung unter Beachtung der umgekehrten Maßgeblichkeit auf die neu errichtete Lagerhalle übertragen werden (§ 254, § 279 Abs. 2 HGB, § 5 Abs. 1 Satz 2 EStG und R 6.6 EStR 2005). Der Brand stellt ein auf höherer Gewalt beruhendes Ereignis dar. Bei der wiederaufgebauten Lagerhalle handelt es sich um ein Ersatzwirtschaftsgut, das die Funktion der zerstörten Halle übernimmt (vgl. R 6.6 Abs. 1 EStR 2005).

Die neue Halle ist als Wirtschaftsgut des abnutzbaren Anlagevermögens gemäß § 253 Abs. 1 und 2, § 254 und § 279 Abs. 2 HGB, § 5 Abs. 1 und 6 EStG, § 6 Abs. 1 Nr. 1 i.V. m. § 7 EStG mit ihren Herstellungskosten vermindert um den Abzug der nach R 6.6 EStR 2005 begünstigten stillen Reserven und abzüglich AfA anzusetzen.

Die nach R 6.6 EStR 2005 abgezogenen stillen Reserven mindern die AfA-Bemessungsgrundlage (R 7.3 Abs. 4 EStR 2005). Die AfA ist für 2007 gemäß § 7 Abs. 4 Satz 1 Nr. 1 EStG mit 3 % zu berechnen, weil der Bauantrag nach dem 31. 12. 2000 gestellt worden ist (§ 52 Abs. 21b EStG).

Zu den Herstellungskosten des neuen Gebäudes gehören alle Aufwendungen, die durch den Verbrauch von Gütern und die Inanspruchnahme von Diensten für die Herstellung des Wirtschaftsgutes entstanden sind, § 255 Abs. 2 HGB; § 6 Abs. 1 Nr. 1 EStG, R 6.3 Abs. 1 EStR 2005. Dabei sind in der Steuerbilanz grundsätzlich neben den Einzelkosten auch die notwendigen Gemeinkosten anzusetzen (R 6.3 Abs. 2 EStR 2005; H 6.3 „Bewertungswahlrecht" EStH 2007).

Bei der Bewertung nach Handelsrecht besteht dagegen für die Einbeziehung der Gemeinkosten lediglich ein Wahlrecht (§ 255 Abs. 2 HGB). Da jedoch die Erstellung einer Einheitsbilanz (HB/StB) verlangt ist, sind die Gemeinkosten auch in der Handelsbilanz zu aktivieren. Kosten für die allgemeine Verwaltung brauchen dagegen nicht aktiviert zu werden, R 6.3 Abs. 4 EStR 2005. Finanzierungskosten gehören grundsätzlich nicht zu den Herstellungskosten (§ 255 Abs. 3 HGB).

Kontenentwicklung:

Materialkosten	100 000 €
Frachtkosten (1 % der Materialkosten)	1 000 €
Architektenhonorar	20 000 €
Fremdleistungen	176 000 €
Lohnkosten (einschl. sozialer Abgaben)	55 000 €
AfA Fahrzeuge (6 % der Löhne i. H. v. 50 000 €)	3 000 €
Herstellungskosten	355 000 €
./. Abzug nach R 6.6 EStR 2005	115 000 €
AfA-Bemessungsgrundlage	240 000 €
./. AfA gemäß § 7 Abs. 4 Nr. 1 EStG, 3 % x $^{1}/_{12}$	600 €
Bilanzansatz zum 31. 12. 2007	**239 400 €**

Umbuchung

Lagerhalle	355 000 €	an	akt. Eigenleistungen	159 000 €
		an	s. b. Aufwendungen	196 000 €
AfA außerplanmäßig	115 000 €			
AfA planmäßig	600 €	an	Lagerhalle	115 600 €
SoPo/Rücklageanteil	200 000 €	an	s. b. Erträge	200 000 €

Gewinnauswirkung der Berichtigungen: + 439 400 €

Hinsichtlich der Fremdkapitalzinsen ist § 8 Nr. 1 GewStG zu beachten.

2. Vorratsgelände

a) Anschaffung

Der Erwerb des Nachbargrundstücks im Wege des Tauschs (§ 480 BGB) stellt eine Anschaffung dar. Die Anschaffungskosten (§ 255 Abs. 1 HGB) bemessen sich grundsätzlich nach dem gemeinen Wert des hingegebenen Grundstücks (§ 6 Abs. 6 Satz 1 EStG) zzgl. Erwerbsnebenkosten. Danach ist das neue Grundstück mit 210 000 € zu bewerten (§ 253 Abs. 1, § 255 Abs. 1 HGB, § 5 Abs. 1 und 6, § 6 Abs. 1 Nr. 2 EStG).

b) Abzug nach § 6b EStG

Die Hingabe des Grundstücks im Tausch stellt eine Veräußerung dar, deren Gewinnrealisation § 6b EStG verhindert, denn das veräußerte Grundstück hat mehr als 6 Jahre zum inländischen Anlagevermögen der GmbH gehört und auch die übrigen Voraussetzungen nach § 6b Abs. 4 EStG sind erfüllt.

Der bei der Veräußerung entstandene Gewinn von 100 000 € kann nach § 6b Abs. 1 Satz 1 EStG im vollen Umfang von den Anschaffungskosten des erworbenen Nachbargrundstücks abgezogen werden (§ 6b Abs. 1 Satz 2 Nr. 1 EStG).

Da es sich beim Abzug nach § 6b EStG um ein steuerrechtliches Wahlrecht bei der Gewinnermittlung handelt, ist dieses in Übereinstimmung mit der Handelsbilanz auszuüben (umgekehrte Maßgeblichkeit, § 5 Abs. 1 Satz 2 EStG, § 254 und § 279 Abs. 2 HGB, vgl. auch R 6b.2 Abs. 1 Satz 1 EStR 2005).

Das erworbene Grundstück ist folglich mit den Anschaffungskosten von 210 000 € gemindert um den Abzug nach § 6b EStG i. H. v. 100 000 €, also mit 110 000 € in der Handels- und Steuerbilanz anzusetzen.

c) Teilwert/Fehlmaßnahme

Eine Bewertung des neuen Grundstücks mit einem niedrigeren Teilwert scheidet in jedem Falle aus. Einerseits liegt keine Fehlmaßnahme vor, denn die GmbH hat den Wert des Nachbargrundstücks bei Erwerb gekannt und die Anschaffung aus betrieblich vorteilhaften Gründen gleichwohl vorgenommen. Es entsteht daher kein Aufwand, der bei kenntnisreicher und vernünftiger Beurteilung der Sachumstände hätte vermieden werden können und den ein gedachter Erwerber nicht bezahlen würde (R 6.7 EStR 2005).

Abgesehen davon könnte eine Teilwertabschreibung auch nur in Betracht kommen, wenn der Teilwert die Anschaffungskosten nach Abzug gemäß § 6b EStG unterschreiten würde.

Umbuchung (beachte § 246 Abs. 2 und § 254 HGB, § 6b Abs. 4 Nr. 5 EStG)

Grundstück „neu"	210 000 €	an	s. b. Aufwendungen	10 000 €
		an	Grundstück „alt"	100 000 €
		an	s. b. Erträge	100 000 €
Abschreibungen	100 000 €	an	Grundstück „neu"	100 000 €

Gewinnauswirkung der Berichtigung: + 10 000 €

3. Mülldeponie

Während der Grund und Boden mit den Anschaffungskosten zu bewerten ist, gehört das Gebäude zum abnutzbaren Anlagevermögen und ist daher mit den Anschaffungskosten abzüglich AfA zu bewerten (§ 253 Abs. 1 HGB, § 5 Abs. 1 und 6, § 6 Abs. 1 Nr. 1 und 2 EStG). Eine Beibehaltung der niedrigeren Werte aufgrund früherer außerplanmäßiger Abschreibung i. S. d. § 253 Abs. 2 Satz 3 HGB kommt nicht in Betracht, weil die Gründe dafür weggefallen sind. Die GmbH muss den Betrag dieser Abschreibung im Umfang der Werterhöhung zuschreiben (Wertaufholungsgebot, § 253 Abs. 5 i. V. m. § 280 Abs. 1 HGB).

Die Wertaufholung könnte nach § 280 Abs. 2 HGB nur dann unterbleiben, wenn nach Steuerrecht ein Wahlrecht bestehen würde. Ein niedrigerer Wert kann in der StB nur beibehalten werden, wenn nachgewiesen wird, dass dieser weiterhin auf einer dauernden Wertminderung beruht. Ein solcher Nachweis kann nicht geführt werden. Nach § 6 Abs. 1 Nr. 2 Satz 3 und § 6 Abs. 1 Nr. 1 Satz 4 EStG ist die Wertaufholung deshalb auch steuerrechtlich geboten (§ 280 Abs. 2 HGB läuft deshalb seit 1999 leer). Die Wertaufholung ist daher sowohl in der HB als auch in der StB zwingend.

Der Betrag der Zuschreibung ist unter Berücksichtigung der AfA zu berechnen, die zwischenzeitlich vorzunehmen gewesen wäre, denn Bewertungsobergrenze sind die fortgeführten Anschaffungskosten (§ 280 Abs. 1 HGB).

Die bisherige Berechnung der AfA vom Buchwert als Bemessungsgrundlage war falsch. Da die Jahre bis einschließlich 2006 nach AO nicht mehr änderbar sind, erfolgt keine Bilanzberichtigung. Die fehlerhafte AfA wird in der Weise berichtigt, dass der Berechnung ab 2007 die richtige AfA-BMG mit Wirkung für die Zukunft zugrunde gelegt wird (H 7.4 „Unterlassene [...] AfA" EStH 2007).

Die AfA für 2007 ist daher unter Berücksichtigung der um die Teilwertabschreibung geminderten AfA-BMG mit 3 % von 100 000 € (150 000 € ./. 50 000 €) zu berechnen (§ 11c Abs. 2 Satz 2 EStDV). Die Erhöhung der Bemessungsgrundlage aufgrund der Wertaufholung zum 31. 12. 2007 ist bei der Berechnung der AfA für 2007 noch nicht zu berücksichtigen (§ 11c Abs. 2 Satz 3 EStDV).

Berechnung:	Schattenrechnung	Kontenentwicklung
Anschaffungskosten	150 000 €	150 000 €
./. AfA 12/1997	375 €	375 €
./. AfA 1998-2002	18 000 €	18 000 €
./. Teilwertabschreibung 2002	0 €	50 000 €
./. AfA 2003-2006	18 000 €	9 796 €
31. 12. 2006	**113 625 €**	**71 829 €**
./. AfA 2007	4 500 €	3 000 €
+ Wertaufholung	0 €	40 296 €
31. 12. 2007	**109 125 €**	**109 125 €**

Umbuchung

Grund und Boden	20 000 €	an	s. b. Erträge	20 000 €
Abschreibungen (AfA)	3 000 €	an	Gebäude	3 000 €
Gebäude	40 296 €	an	s. b. Erträge	40 296 €

Gewinnauswirkung der Berichtigungen: + 57 296 €

4. Darlehen

a) Disagio

Darlehensschulden sind mit ihren Anschaffungskosten anzusetzen. Diese entsprechen bei einer Schuldaufnahme gemäß § 253 Abs. 1 HGB i.V.m. § 5 Abs. 1 und 6 i.V.m. § 6 Abs. 1 Nr. 3 EStG dem Rückzahlungsbetrag.

Ein einbehaltenes Disagio sowie Zahlungen für Bearbeitungsgebühren des Kreditgebers sind in der StB gemäß § 5 Abs. 5 Nr. 1 EStG aktiv abzugrenzen, denn das handelsrechtliche Aktivierungswahlrecht (§ 250 Abs. 3 HGB) ist dem Maßgeblichkeitsgrundsatz folgend in der Steuerbilanz ein Aktivierungsgebot (vgl. auch H 6.10 „Damnum" EStH 2007). Da – soweit zulässig – eine Einheitsbilanz (Handelsbilanz = Steuerbilanz) aufzustellen ist, ist folglich in der Handelsbilanz eine entsprechende Ausübung des Wahlrechts geboten.

Der Rechnungsabgrenzungsposten ist zeitanteilig aufzulösen, weil es sich nicht um ein Tilgungsdarlehen, sondern um ein Fälligkeitsdarlehen handelt. Die Auflösung für 2007 beträgt 525 € (7 000 € : 10 x $^9/_{12}$).

Zahlungen an Dritte für die Vermittlung des Kredits gehören weder zu den Anschaffungskosten des Kredits, noch sind sie aktiv abzugrenzen. Es handelt sich vielmehr um sofortigen Aufwand für die erbrachte Leistung (H 6.10 „Vermittlungsprovision" EStH 2007).

Die Zinsverbindlichkeit zum 31. 12. 2007 ist nach Maßgabe der bis dahin entstandenen Zinsen i. H. v. 3 375 € (100 000 € x 4,5 % x $^9/_{12}$) zu erfassen.

Umbuchung

Akt. RAP	6 475 €			
Zinsaufwendungen	525 €	an	Verbindlichkeiten	7 000 €
Zinsaufwendungen	3 375 €	an	Verbindlichkeiten	3 375 €

Gewinnauswirkung der Berichtigungen: ./. 3 900 €

Bei der Ermittlung des Gewerbeertrages ist der Zinsaufwand (laufende Zinsen und Auflösung des Damnums) als Entgelt für Dauerschulden zur Hälfte hinzuzurechnen (3 900 € x 50 %), vgl. § 8 Nr. 1 GewStG, Abschn. 45, 46 Abs. 1 GewStR. Beachte Gesetzesänderung ab **2008**.

b) Modernisierung

Die Aufwendungen für die Modernisierung und Instandsetzung des Gebäudes stellen nachträgliche Herstellungskosten dar (§ 255 Abs. 2 Satz 1 HGB), denn die Maßnahme ist umfassend, bedeutet eine wesentliche Verbesserung des Gebäudes und führt zu einer beachtlichen Verlängerung der Nutzungsdauer (R 21.1 Abs. 2 EStR 2005; BMF v. 18. 7. 2003, BStBl 2003 I 386).

Grundsätzlich müssten die nachträglichen Herstellungskosten aktiviert und zusammen mit dem Gebäude einer einheitlichen Abschreibung zugeführt werden. Die Modernisierungs- und Instandsetzungsmaßnahme erfolgt jedoch im städtebaulichen Sanierungs- und Entwicklungsbereich. Sie ist nach § 177 BauGB angeordnet worden und der GmbH liegt eine entsprechende Bescheinigung vor. Damit sind die Voraussetzungen für eine erhöhte Absetzung nach § 7h EStG erfüllt. Folglich können die Herstellungskosten im Jahr der Herstellung und in den folgenden 7 Jahren mit jeweils 9 % und in weiteren 4 Jahren mit 7 % erhöht abgeschrieben werden. Dabei sind die begünstigten Herstellungskosten um gewährte Zuschüsse zu mindern (§ 7h Abs. 1 Satz 4 EStG).

Kontenentwicklung

Zugang	190 000 €
./. Zuschuss	30 000 €
Bemessungsgrundlage nach § 7h EStG	160 000 €
./. erhöhte Absetzung für 2007 (9 %)	14 400 €
Bilanzansatz zum 31.12.2007	145 600 €

Umbuchung

Gebäude	190 000 €	an	s. b. Aufwendungen	190 000 €
Abschreibungen	30 000 €	an	Gebäude	30 000 €
Abschreibungen	14 400 €	an	Gebäude	14 400 €

Gewinnauswirkung der Berichtigungen: + 145 600 €

5. Maschinelle Anlagen

Die Maschine gehört mit der Verschaffung der Verfügungsmacht seit dem 10.10.2007 zum notwendigen Betriebsvermögen und ist als Wirtschaftsgut des abnutzbaren Anlagevermögens nach § 253 Abs. 1 HGB, § 5 Abs. 1 und 6, § 6 Abs. 1 Nr. 1 EStG mit den Anschaffungskosten abzüglich AfA gem. § 7 Abs. 2 EStG seit diesem Zeitpunkt zu bewerten (§ 7 Abs. 1 Satz 4 EStG). Der degressive AfA-Satz beträgt bei einer betriebsgewöhnlichen Nutzungsdauer von 20 Jahren für eine Investition im Jahr 2007 das Dreifache der linearen AfA und damit 15 % AfA (§ 7 Abs. 2 Satz 3 EStG). Eine Sonderabschreibung nach § 7g Abs. 1 EStG ist unzulässig, weil die von § 7g Abs. 2 EStG geforderten Voraussetzungen nicht erfüllt sind.

Zu den Anschaffungskosten gehören nach § 255 Abs. 1 HGB alle Aufwendungen, um das Wirtschaftsgut zu erwerben und es in einen betriebsbereiten Zustand zu versetzen, soweit diese Aufwendungen dem Wirtschaftsgut einzeln zuzurechnen sind (vgl. auch H 6.2 „Gemeinkosten" EStH 2007). Daher gehören neben dem Kaufpreis auch die Beförderungskosten und die Kosten der Aufstellung und Montage der Anlage zu den Anschaffungskosten, soweit es sich um Einzelkosten handelt.

Nicht zu den Anschaffungskosten gehört dagegen die nach § 15 UStG abziehbare Vorsteuer (§ 9b Abs. 1 EStG). Zu den Anschaffungskosten gehören auch nicht die Kosten der Schadensbeseitigung. Insoweit liegen bereits Instandhaltungsaufwendungen vor, denn das Wirtschaftsgut befand sich bei Übergabe an den von der GmbH beauftragten Spediteur bereits im Eigentum der GmbH und war im Erwerbszeitpunkt bereits in einem betriebsbereiten Zustand.

Die Anschaffungskosten betragen daher

a)	Kaufpreis ohne Vorsteuer	250 000 €
b)	Beförderungskosten	12 000 €
c)	Aufstellung und Montage	3 000 €
	Anschaffungskosten	265 000 €

Der Versicherungsanspruch ist zum 31.12.2007 noch nicht zu aktivieren, weil nicht realisierte Gewinne nicht ausgewiesen werden dürfen (§ 252 Abs. 1 Nr. 4 HGB i.V. m. § 5 Abs. 1 EStG). Der Anspruch ist am Bilanzstichtag noch bestritten und daher noch nicht durchsetzbar (Realisationsprinzip).

Maschinelle Anlage	bisher	berichtigt	
Zugang 10/2007	250 000	265 000	GuV + 15 000
./. 15 % x $^3/_{12}$	50 000	9 938	GuV + 40 062
Buchwert 31.12.2007	200 000	255 062	(+ 55 062)

Umbuchung

Maschinelle Anlagen	55 062 €	an	s. b. Aufwendungen	15 000 €
		an	Abschreibungen	40 062 €
s. b. Erträge	10 000 €	an	sonst. Forderungen	10 000 €

Gewinnauswirkung der Berichtigungen: + 45 062 €

6. WESTSTAR

a) Kapitalerhöhung

Nach einer Kapitalerhöhung verbunden mit dem Angebot an die Aktionäre, gegen Zahlung neue Aktien erwerben zu können, verteilen sich die vorhandenen Rücklagen und stillen Reserven des Gesellschaftsvermögens auf das neue, erhöhte Grundkapital. Dies hat zur Folge, dass der tatsächliche Wert des einzelnen Anteils bei gleichem Nominalwert sinkt (Verwässerung). Die Anschaffungskosten für den Erwerb neuer Anteilsrechte entsprechen deshalb nicht nur der Zahlung für die Ausübung der Bezugsrechte, sondern ergeben sich auch durch Abspaltung von den für die alten Anteile vor Kapitalerhöhung aufgewendeten Anschaffungskosten. Der Erwerb der neuen Anteile gehört deshalb im Umfang der Abspaltung nicht zu den steuerpflichtigen Einnahmen (BFH v. 19.12.2000, BStBl 2001 II 345; BMF v. 25.10.2004, BStBl 2004 I 1034 (Anhang 26 II EStH 2007)).

Werden Bezugsrechte nicht zum Erwerb neuer Anteile eingesetzt, sondern veräußert, stellt sich dies als Teilveräußerung der auf die Altbeteiligung entfallenden Rücklagen und stillen Reserven dar. Dementsprechend muss ein Abgang zu Buchwerten bei den Altanteilen erfasst werden. Der Wert dieses Abgangs ergibt sich entsprechend der Abspaltung aus dem Verhältnis des Buchwertes der Beteiligung zum Kurswert der Beteiligung x Preis für die veräußerten Bezugsrechte und beträgt 99 000 € (900 000 € : 1 600 000 €* x 176 000 €). Zum gleichen Ergebnis gelangt man mit der folgenden Rechnung je Bezugsrecht: 225 € : 400 € x 44 = 24,75 € x 4 000 Bezugsrechte = 99 000 €.

> **HINWEIS**
>
> * Grundkapital 4 000 000 € : 50 € Nennwert je Aktie = 80 000 Aktien, davon Anteil der Ahlers GmbH 5 % = 4 000 Aktien x Kurswert 400 € = 1 600 000 €.

Umbuchung

Beteiligungserträge 99 000 € an Beteiligungen 99 000 €

Gewinnauswirkung der Berichtigung: ./. 99 000 €

Der Gewinn aus der Veräußerung der Bezugsrechte beträgt daher im Ergebnis 77 000 €. Der Gewinn ist nicht nach § 6b Abs. 10 EStG begünstigt, denn diese Vorschrift ist auf Kapitalgesellschaften nicht anwendbar. Der Gewinn aus der Veräußerung der Bezugsrechte bleibt bei einer Kapitalgesellschaft **nicht** nach § 8b Abs. 2 KStG bei der Ermittlung des Einkommens außer Ansatz (BMF v. 28. 4. 2003, BStBl 2003 I 292, bestätigt durch BFH v. 23. 1. 2008, BFH/NV 2008, 1058).

> **HINWEIS**
>
> Beachte den Unterschied zu § 3 Nr. 40j EStG, wenn Bezugsrechte zum Privatvermögen gehören (§ 17 EStG); BFH v. 27. 10. 2005, BStBl 2006 II 171.

b) Dividende

Gemäß § 8 Abs. 1 KStG i. V. m. § 20 Abs. 1 Nr. 1 und Abs. 3 EStG ist die Dividende als Beteiligungsertrag zu erfassen. Die einbehaltene Kapitalertragsteuer (KapErSt) beträgt 20 % der Dividende = 27 600 € (§ 43 Abs. 1 Nr. 1 EStG, § 43a Abs. 1 Nr. 1 EStG) und wird auf die Körperschaftsteuerschuld der GmbH angerechnet (§ 31 KStG i. V. m. § 36 Abs. 2 Nr. 2 EStG).

Umbuchung

KSt-Aufwand (KapErSt) 27 600 € an Beteiligungserträge 27 600 €

Gewinnauswirkung der Berichtigungen: 0 €

Die auf die Körperschaftsteuer anzurechnende Kapitalertragsteuer darf nach § 10 Nr. 2 KStG das Einkommen nicht mindern. Es erfolgt daher eine Hinzurechnung außerhalb der Bilanz.

Zu versteuerndes Einkommen: + 27 600 €

Die Beteiligungserträge bleiben nach § 8b Abs. 1 KStG außer Ansatz. Diese Steuerfreistellung erfolgt außerhalb der Bilanz. Gleichzeitig ist das Einkommen nach § 8b Abs. 5 KStG um 5 % der Beteiligungserträge zu erhöhen.

Zu versteuerndes Einkommen:

- ./. 138 000 €
- + 6 900 €

Die Beteiligungserträge sind unter Berücksichtigung des pauschalen Betriebsausgabenabzugsverbots bei der Ermittlung des Gewerbeertrags (§ 7 GewStG) nach § 8 Nr. 5 GewStG i. H. v. 131 100 € wieder hinzuzurechnen, weil § 9 Nr. 2a GewStG nicht greift, denn die Beteiligung erreicht nicht 10 % (ab 2008 beträgt die Streubesitzgrenze 15 %).

7. Beteiligung NORDSTAR AG

a) Rücklage nach § 6b EStG

Aus Anlass der Veräußerung von Anteilen an einer Kapitalgesellschaft kann die GmbH keine Rücklage nach § 6b Abs. 10 EStG passivieren, weil nach dieser Vorschrift nur Personenunternehmen begünstigt sind. Stattdessen bleibt der Veräußerungsgewinn nach § 8b Abs. 2 Satz 1 KStG außer Ansatz. Gleichzeitig ist das Einkommen nach § 8b Abs. 3 Satz 1 KStG um 5 % des Veräußerungsgewinns zu erhöhen. Der Veräußerungsgewinn beträgt nach Abzug der Veräußerungskosten 632 150 € (§ 8b Abs. 2 Satz 2 KStG). Die Vorsteuer ist nicht abziehbar und gehört deshalb zu den Veräußerungskosten.

HINWEIS

Vergleiche BMF v. 4. 10. 2006, BStBl 2006 I 614 und v. 26. 1. 2007, BStBl 2007 I 211. Der Rechtsgrund für das Vorsteuerabzugsverbot kann hier dahinstehen. Entweder ist der Abzug ausgeschlossen nach § 15 Abs. 1 Nr. 1 UStG, weil die Anteile nicht zum Unternehmensvermögen der GmbH gehört haben oder es greift das Abzugsverbot nach § 15 Abs. 2 Nr. 1 i. V. m. § 4 Nr. 8f UStG, weil die Veräußerung eine steuerfreie sonstige Leistung darstellt, soweit die Beteiligung Unternehmensvermögen gewesen sein sollte.

Umbuchung

SoPo/RL (§ 6b EStG)   650 000 €   an   s. b. Erträge*   650 000 €

s. b. Aufwendungen   2 850 €   an   Vorsteuer   2 850 €

Gewinnauswirkung der Berichtigung: + 647 150 €

Zu versteuerndes Einkommen:

▶ ./. 632 150 €

▶ + 31 607 €

HINWEIS

* Es handelt sich um Erträge aus Anlagenabgängen, die unter den sonstigen betrieblichen Erträgen in der GuV auszuweisen sind. Ein Ausweis unter den a. o. Erträgen ist evtl. vertretbar. § 281 Abs. 2 HGB greift hier nicht, weil es sich nicht um die Auflösung einer Rücklage, sondern um deren Berichtigung handelt.

Der Gewinn ist nicht um einen Zuschlag (nicht ganz zutreffend wird der Gewinnzuschlag in der Praxis „Verzinsung" genannt) nach § 6b Abs. 7 bzw. § 6b Abs. 10 Satz 9 EStG zu erhöhen, weil die Rücklage nicht nach § 6b EStG aufgelöst worden ist, sondern erst gar nicht als Rücklage im Sinne dieser Vorschriften „bestanden" hat. Der fehlerhaft gebildete Bilanzposten ist deshalb lediglich Gegenstand einer Bilanzberichtigung im Jahr der unberechtigten Bildung der Rücklage (§ 4 Abs. 2 Satz 1 EStG).

> **HINWEIS**
> Beachte abgrenzend BFH v. 28. 4. 2005, BStBl 2005 II 704, in den Fällen, in denen das Jahr, in dem eine Rücklage unberechtigt gebildet wurde, nach den Vorschriften der AO nicht mehr änderbar ist. Vgl. zur Kritik an der Rechtsprechung des BFH *Falterbaum/Bolk/Reiß*, Buchführung und Bilanz, 20. Aufl. 2008, S. 1080 – 1082.

b) Nützliche Aufwendungen

Die Zahlung von 20 000 € an den Berufsverband ist auch dann Betriebsausgabe, wenn die begünstigte Vereinigung einer bestimmten Partei nahe steht (BFH v. 7. 6. 1988, BStBl 1989 II 97). Dagegen ist die Parteispende nicht abziehbar (§ 4 Abs. 6 EStG). Die Zahlung an den Vorsteher des Finanzamtes stellt eine Bestechung dar (§ 334 StGB) und gehört folglich zu den nicht abziehbaren Betriebsausgaben (§ 4 Abs. 5 Nr. 10 EStG; vgl. auch R 4.14 EStR 2005 und H 4.14 „Zuwendungen" EStH 2007 sowie BMF v. 10. 10. 2002, BStBl 2002 I 1031). Während die gewinnmindernden Buchungen nicht zu beanstanden sind, muss der Gewinn der GmbH außerhalb der Bilanz im Rahmen der Ermittlung des zu versteuernden Einkommens korrigiert werden.

Zu versteuerndes Einkommen: + 35 000 €

8. Beteiligung Möbel AG (CH)

Die Beteiligung gehört zum nicht abnutzbaren Anlagevermögen und ist unter den Finanzanlagen auszuweisen, § 266 Abs. 2 A. III. 3. HGB. Die Bewertung erfolgt nach § 253 Abs. 1 HGB i. V. m. § 5 Abs. 1 und 6 sowie § 6 Abs. 1 Nr. 2 EStG grundsätzlich mit den Anschaffungskosten. Da die Beteiligung gegen Hingabe der Schweizer Franken, mithin im Rahmen eines tauschähnlichen Vorgangs erworben wird, stellt der gemeine Wert des hingegebenen Wirtschaftsguts, nämlich der Devisen im Zeitpunkt des Erwerbs, die Anschaffungskosten dar (§ 6 Abs. 6 Satz 1 EStG; H 6.2 „Ausländische Währung" EStH 2007).

Für die Bewertung der Devisen ist das Kursverhältnis am 10. 9. 2007 maßgebend. Ein Ansatz oberhalb der Anschaffungskosten ist unzulässig, weil dies zum Ausweis eines nicht realisierten Gewinnes führen würde (§ 252 Abs. 1 Nr. 4 HGB). Die Beteiligung ist mit 385 728 € zu bewerten (600 000 CHF : 1,5555).

Die Bankgebühren gehören nicht zu den Anschaffungskosten der Beteiligung, denn sie sind nicht bezahlt worden, um die Beteiligung zu erlangen (§ 255 Abs. 1 HGB). Die Behandlung als Kosten des Geldverkehrs ist zutreffend.

Der Abgang der Schweizer Franken aus dem Devisenbestand erfolgt in 9/2007 bei seinerzeitigen Anschaffungskosten i. H. v. 401 203 € umgerechnet für 385 728 €, so dass sich ein Verlust i. H. v. 15 475 € ergeben hat.

Umbuchung

s. b. Aufwendungen   15 475 €   an   Beteiligungen   15 475 €

Gewinnauswirkung der Berichtigung: ./. 15 475 €

9. Preußen GmbH

Die Ausschüttung ist nach § 8 Abs. 1 KStG i. V. m. § 20 Abs. 1 Nr. 1 und Abs. 3 EStG als Beteiligungsertrag i. H. v. 56 000 € (20 % von 280 000 €) zu erfassen. Die einbehaltene Kapitalertragsteuer i. H. v. 11 200 € (§ 43 Abs. 1 Nr. 1, § 43a Abs. 1 Nr. 1 EStG) wird auf die KSt-Schuld der GmbH angerechnet (§ 31 KStG i. V. m. § 36 Abs. 2 Nr. 2 EStG).

Nicht zu den Beteiligungserträgen gehört der Teil der Ausschüttung, für den Beträge aus dem steuerlichen Einlagekonto im Sinne des § 27 KStG als verwendet gelten (§ 20 Abs. 1 Nr. 1 Satz 3 EStG). Insoweit handelt es sich um eine Kapitalrückzahlung, bei der Kapitalertragsteuer nicht einzubehalten ist (§ 43 Abs. 1 EStG). Handelsrechtlich und mit Maßgeblichkeit auch bilanzsteuerrechtlich ist die Zahlung erfolgsneutral vom Buchwert der Beteiligung abzusetzen (BFH v. 20. 4. 1999, BStBl 1999 II 647; H 6.2 EStH 2007 und H 20.2 (2) „Einlagenrückgewähr" EStH 2007). Soweit die Kapitalrückzahlung den Buchwert der Beteiligung allerdings überschreitet, sind Betriebseinnahmen (Beteiligungsertrag) zu erfassen.

HINWEIS

Zu negativen Anschaffungskosten kann es anders als im Privatvermögen (§ 17 EStG) nicht kommen.

Umbuchung

KSt-Aufwand (KapErSt)	11 200 €	an	Beteiligungserträge	11 200 €
Beteiligungserträge	32 000 €	an	Beteiligungen	32 000 €

Gewinnauswirkung der Berichtigungen: ./. 32 000 €

Die auf die Körperschaftsteuer anzurechnende Kapitalertragsteuer darf nach § 10 Nr. 2 KStG das Einkommen nicht mindern. Es erfolgt daher eine Hinzurechnung im Rahmen der Einkommensermittlung.

Zu versteuerndes Einkommen: + 11 200 €

Außerhalb der Bilanz ist der Beteiligungsertrag nach § 8b Abs. 1 KStG bei der Ermittlung des Einkommens abzuziehen. Gleichzeitig ist das Einkommen jedoch nach § 8b Abs. 5 KStG um 5 % der Beteiligungserträge zu erhöhen.

Zu versteuerndes Einkommen:

▶ ./. 56 000 €

▶ + 2 800 €

Eine Hinzurechnung zum Gewerbeertrag nach § 8 Nr. 5 GewStG unterbleibt, weil die Voraussetzungen des § 9 Nr. 2a GewStG vorliegen. Dabei stellt das pauschale Abzugsverbot des § 8b Abs. 5 KStG keinen Gewinn i. S. d. § 9 Nr. 2a GewStG dar, so dass insoweit eine Kürzung nicht in Betracht kommt.

10. Ruhrpark KG

a) Handelsbilanz

Die Beteiligung an der KG ist handelsrechtlich ein Vermögensgegenstand, der dem Vollständigkeitsgebot (§ 246 Abs. 1 HGB) folgend unter den Finanzanlagen auszuweisen ist. Die Bewertung erfolgt nach § 253 Abs. 1 und 2 HGB mit den Anschaffungskosten, ggf. dem niedrigeren beizulegenden Wert. Die Bilanzierung nach der Spiegelbildmethode kommt in der Handelsbilanz nach herrschender Auffassung nicht in Betracht (vgl. auch IDW RS HFA 7; IDW RS HFA 18). Da die Wertentwicklung eine Abschreibung zum 31. 12. 2007 nicht erlaubt, ist der Bilanzausweis mit 250 000 € zutreffend.

Der Anspruch auf den Gewinnanteil entsteht bereits mit Ablauf des Geschäftsjahres, in dem der Gewinn erzielt worden ist (§§ 167, 120, 168 und insbesondere § 169 Abs. 1 Satz 2 HGB). Der Anspruch auf Auszahlung ist zum 31. 12. 2007 als sonstige Forderung zu aktivieren, denn dem Sachverhalt lassen sich keine Hinweise auf eine Beschränkung des Auszahlungsanspruchs aufgrund gesellschaftsvertraglicher Vereinbarungen entnehmen (§ 163 HGB).

Umbuchung

Sonstige Forderungen   20 000 €   an   Beteiligungserträge   20 000 €

Gewinnauswirkung der Berichtigungen: + 20 000 €

Wirtschaftsgüter, die zwar der GmbH zuzurechnen sind, die aber steuerrechtlich Sonderbetriebsvermögen der KG darstellen, sind gleichwohl in der Handelsbilanz der GmbH zu bilanzieren. Die Erträge und Aufwendungen aus diesen Wirtschaftsgütern beeinflussen daher den handelsrechtlich festzustellenden Jahresüberschuss der GmbH nach allgemeinen Grundsätzen. Dementsprechend ist das Grundstück Krayer Straße zutreffend in der Handelsbilanz ausgewiesen. Für 2007 ist noch die AfA zu buchen.

Umbuchung

Abschreibungen   10 400 €   an   Gebäude Krayer Straße 34   10 400 €

Gewinnauswirkung der Berichtigung: ./. 10 400 €

Obgleich die Mieterträge seit dem 1. 4. 2007 als Vergütungen für die Überlassung eines Wirtschaftsguts zu den Sonderbetriebseinnahmen der GmbH bei der Ruhrpark KG gehören und dort gesondert und einheitlich festzustellen sind, sind sie ebenso wie die Aufwendungen in der Buchführung der GmbH für Zwecke der Handelsbilanz als Mieteinnahmen und Grundstücksaufwendungen zu erfassen. Die Buchungen sind insoweit nicht zu beanstanden.

Der Verlust, der sich aus der Ergänzungsbilanz ergibt, hat für die handelsrechtliche Beurteilung der Beteiligungserträge keine Bedeutung.

b) Steuerbilanz

Das Steuerrecht folgt der handelsrechtlichen Beurteilung nicht. Nach BFH (v. 30. 4. 2003, BStBl 2004 II 804 m. w. N. zur langjährigen Rechtsprechung) stellt der Anteil an einer Personengesellschaft in der Steuerbilanz des Anteilseigners kein eigenständiges Wirtschaftsgut dar. Ein Bilanzausweis hat daher keine selbständige Bedeutung, weil der steuerrechtlich maßgebliche Gewinn- oder Verlustanteil nicht durch die Erfassung des Bilanzpostens „Beteiligung" in der Anteilseigner-Bilanz bestimmt wird, sondern allein durch die gesonderte und einheitliche Feststellung des Gewinnanteils nach §§ 179, 180 AO.

Ausgehend von dieser Vorgabe besteht keine Bindung (Maßgeblichkeit) im Hinblick auf den Ausweis und die Bewertung in der Handelsbilanz. Die Beteiligung ist zwar in der Steuerbilanz auszuweisen, jedoch nicht zu bewerten.

Für die Frage, wie die Bilanzierung der Beteiligung an einer Personengesellschaft in der Steuerbilanz technisch darzustellen ist, bestehen keine Vorschriften. Insbesondere gibt § 60 Abs. 2 Satz 2 EStDV keine Hinweise zu einer von der Handelsbilanz abweichenden Bilanzierung. Überwiegend wird die Auffassung vertreten, dass die Beteiligung in der Steuerbilanz nach der (sog.) Spiegelbildmethode auszuweisen ist. Danach entspricht der Posten Beteiligung in der Steuerbilanz der GmbH der Höhe nach spiegelbildlich dem Kapitalkonto der GmbH in der Steuerbilanz der Personengesellschaft. Dies entspricht auch der BFH-Rechtsprechung, wonach der „Anteil des Gesellschafters am Betriebsvermögen der Personengesellschaft" in der Steuerbilanz zwar *auszuweisen*, jedoch nicht zu bewerten ist.

HINWEIS

Grundlegend siehe BFH v. 6.11.1986, BStBl 1986 II 333; BFH v. 10.12.1991, BStBl 1992 II 385/390 sowie BFH v. 30.4.2003, BStBl 2004 II 804. Auch die FinVerw folgt diesen Grundsätzen, vgl. z. B. Tz 3.10 des UmwSt-Erlasses sowie BMF v. 29.2.2008, BStBl 2008 I 495.

In den Fällen, in denen – wie hier – keine abweichende Steuerbilanz aufzustellen ist, sondern nach § 60 Abs. 2 Satz 1 EStDV steuerrechtlich notwendige Abweichungen lediglich erläutert werden, genügen folgende Angaben:

1. Das vermietete Grundstück Krayer Straße 34 gehört zum notwendigen Sonderbetriebsvermögen I der Ahlers GmbH als Mitunternehmerin der Ruhrpark KG. Das Grundstück ist aus diesem Grund für Zwecke der Gewinnermittlung in den Betriebsvermögensvergleich bei der KG einzubeziehen (BFH v. 14.11.1985, BStBl 1986 II 58 zu 1b der Gründe). In der Steuerbilanz der GmbH dürfen daher seit dem 1.4.2007 weder Grundstück noch Gebäude ausgewiesen werden.
Das Grundstück ist stattdessen im Rahmen der Gewinnermittlung der KG in einer Sonderbilanz auszuweisen. Die Überführung des Grundstücks aus dem steuerlichen Betriebsvermögen der GmbH in das Sonderbetriebsvermögen der KG ist weder eine Veräußerung noch eine Entnahme und hat deshalb zum Buchwert zu erfolgen (§ 6 Abs. 5 Satz 2 EStG).
2. Die mit dem Grundstück seit dem 1.4.2007 verbundenen Mieteinnahmen und Grundstückskosten einschließlich AfA sind Sonderbetriebseinnahmen bzw. Sonderbetriebsausgaben, die bei der Gewinnermittlung der KG zu berücksichtigen und der GmbH als Gewinnanteil nach § 180 AO zuzurechnen sind.
3. Da der Feststellungsbescheid für die Zurechnung der Einkünfte bindend ist, sind außerbilanzielle Korrekturen erforderlich, soweit das gebuchte Ergebnis vom fest-

gestellten Gewinnanteil abweicht. Im Zusammenhang mit der Beteiligung an der KG sind nach Umbuchungen bisher gewinnwirksam erfasst:

a)	Beteiligungserträge	20 000 €
b)	Mieterträge (4 – 12/2007)	108 000 €
c)	AfA Gebäude (4 – 12/2007)	./. 7 800 €
d)	Grundstücksaufwendungen (4 – 12/2007)	./. 27 000 €
Gewinnwirksam gebucht:		**93 200 €**

Dem Feststellungsbescheid zufolge werden der GmbH zugerechnet:

a)	Anteil am Gesamthandsergebnis	20 000 €
b)	Verlust lt. Ergänzungsbilanz	./. 7 500 €
c)	Gewinn lt. Sonderbilanz	73 200 €
Mitunternehmerschaftlicher Gewinnanteil		**85 700 €**

Der Gewinn der GmbH ist außerhalb der Bilanz bei der Ermittlung des zu versteuernden Einkommens um 7 500 € zu vermindern.

4. Gewerbesteuerrechtlich ist § 9 Nr. 2 GewStG (ggf. § 8 Nr. 8 GewStG) auch hinsichtlich der Ergebnisse lt. Sonder- und Ergänzungsbilanz zu beachten. § 9 Nr. 1 GewStG wird ab 2008 bei der KG zu berücksichtigen sein.

5. Die Sonderbilanz ist von der Ruhrpark KG für die GmbH aufzustellen (BFH v. 25. 1. 2006, BStBl 2006 II 418).

Sonderbilanz der Ahlers GmbH 31. 12. 2007

Grund und Boden		80 000	Kapital 1. 4.		558 400
Gebäude 1. 4.	478 400		Entnahmen		./. 108 000
./. AfA	7 800	470 600	Einlagen		+ 27 000
			Gewinn		+ 73 200
			Kapital 31. 12.		550 600
		550 600			550 600

Sonder-GuV 2007

Abschreibungen	7 800	Mieterträge	108 000
Grundstückskosten	27 000		
Gewinn	73 200		
	108 000		108 000

11. SÜDSTAR GmbH

a) Lieferungen an FRANKEN AG

Die überhöhte Zahlung der FRANKEN AG für die Lieferung der Maschinen in Höhe von 56 000 € (30 000 € ./. 24 400 € x 10) beruht auf den gesellschaftsrechtlichen Beziehungen der GmbH zur SÜDSTAR GmbH. Sie ist aus der Sicht der FRANKEN AG nicht als Entgelt für die Lieferung zu beurteilen, sondern als Vermögensminderung, die eine verdeckte Gewinnausschüttung (vGA) bei deren Muttergesellschaft SÜDSTAR GmbH im Wege des abgekürzten Zahlungsweges darstellt (§ 8 Abs. 3 Satz 2 KStG).

Aus Sicht der Ahlers GmbH handelt es sich nicht um Umsatzerlöse, sondern um den Bezug verdeckt ausgeschütteter Beteiligungserträge von ihrer Tochtergesellschaft, der SÜDSTAR GmbH, i. H. v. 56 000 € (§ 20 Abs. 1 Nr. 1 Satz 1 und 2 EStG, § 8 Abs. 1 und 2 KStG). Die Kapitalertragsteuer kann bei einer vGA an einen unbeschränkt steuerpflichtigen Anteilseigner aus Vereinfachungsgründen unberücksichtigt bleiben.

Umbuchung

Umsatzerlöse   56 000 €   an   Beteiligungserträge   56 000 €

Gewinnauswirkung der Berichtigung: 0 €

Außerhalb der Bilanz ist der Beteiligungsertrag nach § 8b Abs. 1 KStG bei der Ermittlung des zu versteuernden Einkommens zu kürzen. Gleichzeitig ist das zu versteuernde Einkommen nach § 8b Abs. 5 KStG um 5 % der Beteiligungserträge zu erhöhen.

Zu versteuerndes Einkommen:

- ./. 56 000 €
- + 2 800 €

Eine Hinzurechnung zum Gewerbeertrag nach § 8 Nr. 5 GewStG unterbleibt, weil die Voraussetzungen des § 9 Nr. 2a GewStG vorliegen. Das pauschale Abzugsverbot des § 8b Abs. 5 KStG ist kein Gewinn i. S. d. § 9 Nr. 2a GewStG, so dass insoweit eine Kürzung nicht in Betracht kommt.

b) Dividende

Die Forderung auf den Anteil am Gewinn einer Kapitalgesellschaft entsteht grundsätzlich erst mit dem Gewinnverteilungsbeschluss bei der Kapitalgesellschaft, vgl. § 29 Abs. 1 und 2 GmbHG i. V. m. §§ 42a, 46 Nr. 1 GmbHG.

Nach der Rechtsprechung des EuGH („Tomberger") und ihm folgend des BGH besteht die Verpflichtung, den Gewinnanspruch schon zum Schluss des gleichen Geschäftsjahres in der Handelsbilanz phasengleich zu aktivieren, wenn bereits ein Gewinnverwendungsbeschluss vorliegt, der Gesellschafter seinen Willen in der Kapitalgesellschaft durchsetzen kann und der Jahresabschluss der beherrschten Gesellschaft bei Bilanzaufstellung bereits vorliegt. Liegt zu diesem Zeitpunkt lediglich ein Gewinnverwendungsvorschlag vor, handelt es sich handelsrechtlich betrachtet lediglich um ein Aktivierungswahlrecht (BGH v. 12. 1. 1998, WpG 1998, 427; IdW, WpG 1998, 428 und IdW, WpG 1999, 851). Dem Sachverhalt zufolge soll eine Bilanzaufstellung unter Berücksichtigung dieses Verwendungsvorschlags erfolgen. Die Aktivierung hat daher in Höhe der erwarteten Dividende inklusive Kapitalertragsteuer zu erfolgen.

Umbuchung

Sonst. Forderungen   105 000 €   an   Beteiligungserträge   105 000 €

Gewinnauswirkung der Berichtigungen: + 105 000 €

Für Zwecke der Steuerbilanz hat der Große Senat des BFH (GrS v. 7.8.2000, BStBl 2000 II 632, und im Anschluss daran BFH v. 31.10.2000, BStBl 2001 II 185) eine entsprechende phasengleiche Bilanzierung grundsätzlich abgelehnt. Es fehle an einem aktivierbaren Wirtschaftsgut am Bilanzstichtag, wenn an diesem Tage keine Verpflichtung etwa infolge eines Ausschüttungsgebots nach Gesellschaftsvertrag oder nach Beschluss vorliege. Auf die Frage der Beherrschung und auf den Zeitpunkt der Bilanzaufstellung kommt es nicht (mehr) an. Die früheren Entscheidungen des BFH zu diesen Rechtsfragen sind deshalb überholt (nach BMF v. 1.11.2000, BStBl 2000 I 1510).

Außerhalb der Bilanz ist daher der Gewinn für 2007 um 105 000 € zu mindern (§ 60 Abs. 2 Satz 1 EStDV). Dies gilt auch für den Gewerbeertrag.

Die einbehaltene Kapitalertragsteuer ist erst bei Auszahlung der Dividende zu würdigen.

12. Forderungen

a) Einzelwertberichtigung

Die Forderung gegen den Unternehmer Lustig war bereits zum Bilanzstichtag uneinbringlich. Die Abschreibung ist nach dem handelsrechtlichen Niederstwertprinzip gemäß § 253 Abs. 3 HGB zwingend vorzunehmen. Nach § 5 Abs. 1 und 6 i.V.m. § 6 Abs. 1 Nr. 2 Satz 2 EStG gilt dies auch für die Steuerbilanz, denn der niedrigere Teilwert von 0 € beruht offensichtlich auf einer voraussichtlich dauernden Wertminderung.

Es ist unerheblich, dass die GmbH erst nach dem Bilanzstichtag von der Uneinbringlichkeit Kenntnis erhielt. Wertaufhellende Tatsachen, die bis zur Aufstellung der Bilanz bekannt werden, sind handelsrechtlich ebenso wie steuerrechtlich zu berücksichtigen (§ 252 Abs. 1 Nr. 4 HGB, § 5 Abs. 1 Satz 1 EStG).

Zugleich ist gemäß § 17 Abs. 2 Nr. 1 UStG die USt-Schuld zu korrigieren (vgl. auch Abschn. 223 Abs. 5 Satz 1 – 4 UStR). Da der Restforderung Lieferungen zu unterschiedlichen Steuersätzen zugrunde lagen, muss eine Aufteilung erfolgen.

> **HINWEIS**
> Ein Belegaustausch entsprechend § 17 Abs. 4 UStG ist nicht zu verlangen, denn es ist dem Unternehmer nicht zuzumuten, dem zahlungsunfähigen Schuldner mitzuteilen, dass man von der Uneinbringlichkeit ausgeht (Abschn. 223 Abs. 5 Satz 9 UStR).

Dabei ist zu berücksichtigen, dass Lustig keine Tilgungsbestimmung getroffen hat. Demzufolge ist davon auszugehen, dass mit der Zahlung von 6 950 € die Verpflichtung aufgrund beider Lieferungen verhältnismäßig getilgt wurde (§ 366 Abs. 2 BGB).

Die Forderungen aus der Lieferung des Holzes zum Steuersatz von 7 % (5 350 €) und der Lieferung der Industriemöbel in 2006 zum Steuersatz von 16 % (11 600 €) betragen 31,56 % bzw. 68,44 % der Gesamtforderung. Es ergibt sich folgende Berichtigung der Umsatzsteuer:

6 950 € x 68,44 % =	4 756,58 € : 1,16 x 16 % =	656 €
6 950 € x 31,56 % =	2 193,42 € : 1,07 x 7 % =	144 €
Summen	6 950,00 €	800 €
./. USt bisher (1 600 € + 350 €)		1 950 €
Berichtigung nach § 17 Abs. 2 Satz 1 UStG		./. 1 150 €

Umbuchung

s. b. Aufwendungen*	8 850 €			
Umsatzsteuer	1 150 €	an	Forderungen	10 000 €

* Ausweis in der GuV nicht unter den Abschreibungen, vgl. ADS § 275 Tz 130.

Gewinnauswirkung der Berichtigung: ./. 8 850 €

b) Pauschalwertberichtigung

Nach § 253 Abs. 3 HGB i.V. m. § 252 Abs. 1 Nr. 4 HGB ist auch eine Abschreibung wegen des allgemeinen Ausfallrisikos (Delkredere) geboten. Bemessungsgrundlage ist der Nettoforderungsbestand abzüglich Einzelwertberichtigung und abzüglich anderweitig gesicherter Forderungen (Forderungsausfallversicherung). Dies gilt entsprechend für die Teilwertabschreibung in der Steuerbilanz (§ 5 Abs. 1 und 6 EStG i.V. m. § 6 Abs. 1 Nr. 2 Satz 2 EStG), denn das Ausfallrisiko entspricht den betrieblichen Erfahrungen der Vergangenheit und kann deshalb als voraussichtlich dauernde Wertminderung angesehen werden.

Forderungsbestand bisher	986 515 €
./. Einzelwertberichtigung	10 000 €
./. gesicherte Forderungen	300 000 €
	676 515 €
./. 19 % USt	108 015 €
Bemessungsgrundlage	568 500 €
davon 3 % = Ausfallrisiko	17 055 €

Die pauschale Wertberichtigung darf – jedenfalls bei KapG – nur aktivisch durch Minderung des Forderungsansatzes im Wege der Abschreibung erfolgen.

Umbuchung

s. b. Aufwendungen*	17 055 €	an	Forderungen	17 055 €

* ADS § 275 Tz 130

Gewinnauswirkung der Berichtigungen: ./. 17 055 €

Punkteverteilung: Übungsklausur 6

1. Entschädigung

Zerstörung und AfaA	1
Begünstigung nach R 6.6 EStR 2005	1
HK Neubau	2
Abzug nach R 6.6 EStR 2005	1
Rücklage für Ersatzbeschaffung (R. 6.6 EStR 2005) Auflösung	1
Umbuchungen und Gewinnauswirkungen	2/8

2. Vorratsgelände

Anschaffungskosten/Tausch	1
Veräußerung und § 6b EStG	1
Abzug von den Anschaffungskosten	1
Umgekehrte Maßgeblichkeit	1
Keine Teilwertabschreibung/Fehlmaßnahme	1
Umbuchungen und Gewinnauswirkungen	1/6

3. Mülldeponie

Wertaufholungsgebot nach HR	1
Wertaufholungsgebot nach StR	1
AfA 2007	1
Betrag der Wertaufholung 2007	1
Umbuchungen und Gewinnauswirkungen	2/6

4. Darlehen

Disagio nach HR	1
Disagio nach StR – aRAP	1
Auflösung des aRAP	1
Zahlungen an Dritte = BA	1
Umbuchungen und Gewinnauswirkungen	1
Nachträgliche Herstellungskosten beim Gebäude dem Grunde nach	1
§ 7h EStG	2
Zuschuss mindert BMG	1
Berechnung der AfA	1
Umbuchungen und Gewinnauswirkungen	2/12

5. Maschinelle Anlagen

Abnutzbares bewegliches Anlagevermögen	1
Anschaffungskosten – Einzelkosten	2
Schadensbeseitigung ist Instandhaltungsaufwand	1
Versicherungsanspruch – Realisationsprinzip	1
Umbuchungen und Gewinnauswirkungen	1/6

6.a) Weststar – Kapitalerhöhung

Anschaffungskosten der neuen Anteile	4
Kein Ertrag bei Zuweisung der Bezugsrechte	1
Veräußerung der Bezugsrechte	1
§ 6b Abs. 10 EStG unzulässig	1
Umbuchungen und Gewinnauswirkungen	1
Außerhalb der Bilanz (§ 8b Abs. 2 i.V. m. § 8b Abs. 3 KStG)	2/10

6.b) Weststar – Dividende

KapErSt: StAufwand/Beteiligungserträge/§ 10 Nr. 2 KStG	1
Umbuchungen und Gewinnauswirkungen	1
Außerhalb der Bilanz (§ 8b Abs. 1 i.V. m. § 8b Abs. 5 KStG)	1/3

7.a) Nordstar – § 6b EStG

§ 6b Abs. 10 EStG unzulässig	1
Veräußerungsgewinn i. S. d. § 8b Abs. 2 Satz 2 KStG	1
Kein Vorsteuerabzug	1
Umbuchungen und Gewinnauswirkungen	2
Außerhalb der Bilanz (§ 8b Abs. 2 i.V. m. § 8b Abs. 3 KStG)	1
Kein Gewinnzuschlag	1/7

7.b) Nützliche Aufwendungen

Zahlung an Berufsverband = BA	1
Zahlung an Partei = § 4 Abs. 6 EStG	1
Zahlung an Vorsteher = § 4 Abs. 5 Nr. 10 EStG	1/3

8. Beteiligung Möbel AG

Nicht abnutzbares Anlagevermögen/Finanzanlagen	1
Tauschähnlicher Vorgang (§ 6 Abs. 6 Satz 1 EStG)	1
Anschaffungskosten/Zeitpunkt und Umrechnung	1
Umbuchungen und Gewinnauswirkungen	1/4

9. Preußen GmbH

Ausschüttung als Beteiligungsertrag	1
KapErSt/§ 10 Nr. 2 KStG	1
Verwendung des steuerlichen Einlagekontos (§ 27 KStG)	1
Umbuchungen und Gewinnauswirkung	1
Außerhalb der Bilanz (§ 8b Abs. 1 i.V. m. § 8b Abs. 5 KStG)	1/5

10.a) Ruhrpark KG – Handelsbilanz

Anschaffungskosten	1
Keine Spiegelbildmethode	1
Umbuchungen und Gewinnauswirkung	1
Grundstück Krayer Straße ist in HB auszuweisen	1
AfA und Umbuchungen	1/5

10.b) Ruhrpark KG – Steuerbilanz

Keine Bindung an HB, weil KG-Anteil kein Wirtschaftsgut	1
Spiegelbildmethode in der StB – Kapitalkonten inkl. Erg.- und Sonderbilanz	1
Grundstück im Sonderbetriebsvermögen/Sonderbilanz	1
Überführung zum Buchwert (§ 6 Abs. 5 Satz 2 EStG)	1
Sonderbetriebseinnahmen/Miete	1
Sonderbetriebsausgaben/AfA/Grundstückskosten ($^9/_{12}$)	1
Ermittlung des mitunternehmerschaftlichen Gewinnanteils	2
Zurechnung außerhalb der Bilanz der GmbH (§ 60 Abs. 2 Satz 1 EStDV)	1/9

11.a) Südstar – Lieferung an Franken AG

vGA von Südstar an GmbH	1
Beteiligungserträge statt Umsatzerlöse	1
Außerhalb der Bilanz (§ 8b Abs. 1 i.V. m. § 8b Abs. 5 KStG)	1/3

11.b) Südstar – Dividende

Phasengleiche Bilanzierung in HB	1
Verbot der phasengleichen Bilanzierung in StB	1
Außerhalb der Bilanz (§ 60 Abs. 2 Satz 1 EStDV)	1/3

12.a) Forderungen – Einzelwertberichtigung

Bewertungsgrundsätze nach HB und StB	1
Wertaufhellungstheorie	1
Korrektur der Umsatzsteuer bei verschiedenen Steuersätzen	2
Umbuchungen und Gewinnauswirkungen	1/5

12.b) Forderungen – Pauschalwertberichtigung

Bewertungsgrundsätze nach HB und StB	1
Bemessungsgrundlage	2
Keine Korrektur der Umsatzsteuer	1
Umbuchungen und Gewinnauswirkungen	1/5
	100

ÜBUNGSKLAUSUR 7

Jäger GmbH, Karl & Co. OHG und Einzelhandel Verena Schwarze

Jäger GmbH:
Steuerrückstellungen, zu eigenen Wohnzwecken genutztes Grundstück und verdeckte Gewinnausschüttung, Finanzierungskosten, Grundstücksbewertung, Ferienhausüberlassung, Beteilungsveräußerung, Einlagenrückgewähr, Aufwendungen für Verwaltungsrat

Karl & Co. OHG:
Ausscheiden eines lästigen Gesellschafters

Einzelhandel Verena Schwarze:
Anschaffung und Veräußerung von Grundstücken, Rücklage für Ersatzbeschaffung, Mobilfunkverträge

Allgemeine Hinweise zur Bearbeitung

Die Klausur besteht aus **drei** Aufgabenabschnitten, die in beliebiger Reihenfolge gelöst werden können.

Auf den Solidaritätszuschlag ist nur einzugehen, wenn sich dies aus Sachverhalt oder Aufgabenstellung jeweils ergibt.

Aufgabenabschnitt I

Aufgabe

Sie sind beauftragt, den Jahresabschluss der Jäger GmbH mit Sitz in Neuss zum 31.12.2007 vorzubereiten. Zu diesem Zweck sind die nachfolgenden Sachverhalte zu würdigen. Dabei ist das Folgende zu beachten:

a) Ihre Entscheidungen sind kurz zu begründen. Dabei ist stets anzugeben, auf welchen Vorschriften des HGBs bzw. des Steuerrechts Ihre Würdigung beruht. Weicht die steuerrechtliche Würdigung von der für Zwecke der Handelsbilanz ab, so ist dies zu begründen.

b) Nennen Sie die erforderlichen **Umbuchungen**. Die Berichtigungen des **Jahresüberschusses** sowie – soweit abweichend – des **zu versteuernden Einkommens** sind zu jeder Sachverhaltslösung getrennt anzugeben.

c) Eine Zusammenstellung aller Ergebnisse ist nicht zu fertigen.

Bearbeitungshinweise

a) Die Veranlagungen bis einschließlich 2006 sind bestandskräftig und nach den Vorschriften der AO nicht mehr änderbar.

b) Centbeträge sind zu runden.

c) Die Bilanzaufstellung (HB und StB) soll zu einem möglichst niedrigen Jahresüberschuss und zu einem möglichst niedrigen steuerlichen Gewinn führen, soweit sich aus den Sachverhalten nichts anderes ergibt.

d) Soweit Abzinsungen erforderlich sind, sind aus Vereinfachungsgründen in HB und StB die Tabellen 1 und 2 zu § 12 Abs. 3 BewG zugrunde zu legen.

e) Auf den Solidaritätszuschlag ist aus Vereinfachungsgründen nicht einzugehen.

Gesellschaftsverhältnisse

Die Klaus Jäger GmbH (im Folgenden GmbH) betreibt in Neuss ein Baugeschäft. Beteiligt an der GmbH sind Klaus Jäger mit 80 % und Uschi Schwarz mit 20 %. Das voll eingezahlte Stammkapital beträgt 200 000 €.

Zum alleinigen Geschäftsführer ist Klaus Jäger bestellt. Er ist von den Beschränkungen des § 181 BGB befreit.

Die GmbH ermittelt ihren Gewinn nach § 4 Abs. 1, § 5 EStG und versteuert ihre Umsätze nach vereinbarten Entgelten. Auf Steuerbefreiungen hat sie nicht verzichtet. Sie ist persönlich zum Vorsteuerabzug berechtigt. Das Betriebsvermögen laut Steuerbilanz zum 31. 12. 2006 betrug nach Betriebsprüfung (vgl. Tz 2.1.) 191 836 €.

Sachverhalt

1. Ergebnisse der Betriebsprüfung für die Jahre 2004 – 2006

Für die Wirtschaftsjahre 2004 – 2006 hat im Oktober 2007 eine Betriebsprüfung stattgefunden, nach der sich für den Prüfungszeitraum folgende unbestrittene Berichtigungen (Beträge in €) ergeben, die bisher in der Buchführung der GmbH für 2007 noch nicht berücksichtigt wurden:

	2004	2005	2006
Grund und Boden, Clodwigstraße 2	0	+ 45 000	+ 45 000
Forderungen aus Leistungen	0	0	+ 23 200
Materialbestand	+ 10 000	+ 40 000	+ 37 000
Sonstige Verbindlichkeiten	0	+ 45 000	+ 45 000
Umsatzsteuerschuld	+ 400	+ 800	+ 4 400
KSt-Rückstellung 2004	+ 2 625	+ 2 625	+ 2 625
KSt-Rückstellung 2005		+ 6 775	+ 6 775
KSt-Rückstellung 2006			+ 4 075
GewSt-Rückstellung 2004	+ 2 000	+ 2 000	+ 2 000
GewSt-Rückstellung 2005		+ 5 400	+ 5 400
GewSt-Rückstellung 2006			+ 3 200
StB-Gewinn lt. Prüfung	+ 4 975	+ 17 425	+ 9 325
Verdeckte Gewinnausschüttungen	+ 2 900	+ 2 900	+ 2 900

Erläuterungen

a) Die GmbH hat das Grundstück Clodwigstraße 2 mit Kaufvertrag in 2004 erworben, um es künftig zu nutzen. Besitz, Gefahr, Nutzungen und Lasten sind mit Wirkung vom 1.12.2005 auf die GmbH übergegangen. Da der Kaufpreis nach Vertrag erst Anfang 2007 zu zahlen war, wurde der Zugang mit Anschaffungskosten i.H.v. 45 000 € bei Zahlung in 2007 wie folgt gebucht:

   Grundstück   45 000 €   an   Geldkonto   45 000 €

b) Die Forderung i.H.v. 23 200 € ist am 31.12.2006 noch nicht beglichen. Sie wurde am 30.3.2007 durch Insolvenz des Schuldners uneinbringlich. Die Insolvenz beruht auf einem unversicherten Verlust des Warenlagers des Schuldners im Februar 2007. Eine Insolvenzquote ist nicht zu erwarten.

c) Die USt- und die KSt-Nachzahlungen für den Prüfungszeitraum wurden erst am 10.3.2008, dem Fälligkeitstag, entrichtet.

d) Der Materialbestand ist – soweit er vorstehend Gegenstand der Berichtigung war – im 1. Halbjahr des Jahres 2007 verbraucht worden.

e) Die verdeckten Gewinnausschüttungen beruhen auf der privaten Nutzung eines Fahrzeugs des Betriebsvermögens der GmbH durch den Gesellschafter Klaus Jäger, weil entsprechende Vereinbarungen im Anstellungsvertrag nicht enthalten sind. Ab 2007 wurde dieser Mangel behoben.

f) Am 19.12.2007 erhielt die GmbH von der Stadt Neuss berichtigte Gewerbesteuerbescheide für 2004 – 2006, mit denen die Nachzahlungen für diese Jahre i.H.v. insgesamt 10 780 € angefordert wurden. Bei Zahlung in 2008 wurden diese Beträge als Steueraufwand gebucht.

2. Parkplatz Clodwigstraße 2

Anfang Januar 2007 wurde – für die GmbH überraschend – ein geänderter Bebauungsplan für das Gebiet erstellt, in dem sich des Grundstück Clodwigstraße 2 (Tz 4.1.) befindet. Dort dürfen jetzt ausschließlich nur noch Ein- und Zweifamilienhäuser gebaut werden. Eine gewerbliche Nutzung ist nicht mehr zulässig.

Im Hinblick darauf, dass die GmbH ihren Betrieb auf Dauer in ein neu erschlossenes und verkehrsgünstig gelegenes Gewerbegebiet verlegen will, hat die Gesellschafterversammlung spontan beschlossen, auf einen Widerspruch zu verzichten und auf dem fraglichen Grundstück ein Einfamilienhaus für Klaus Jäger errichten zu lassen. Der entsprechende Bauantrag wurde am 13.5.2007 gestellt. Bereits am 1.12.2007 konnte Klaus Jäger mit seiner Familie in das Gebäude einziehen. Mietzahlungen wurden weder vereinbart, noch geleistet.

Als Miete wäre bei Überlassung an einen Dritten erzielbar gewesen:
- ab Januar 2007 monatlich: 200 €
- ab Dezember 2007 monatlich: 1 500 €

Der Teilwert des Grundstücks beträgt unstreitig

- zum 1.1.2007: 42 000 €
- zum 13.5.2007: 44 000 €
- zum 1.12.2007: 49 000 €
- zum 31.12.2007: 50 000 €

Aufgrund des Werkvertrags mit dem Bauunternehmen hatte die GmbH als Festpreis für das Haus inklusive aller Gewerke 490 000 € inklusive 19 % gesondert in Rechnung gestellter Umsatzsteuer zu entrichten. Der Festpreis wurde vom betrieblichen Bankkonto der GmbH gezahlt und wie folgt gebucht:

Gebäude Clodwigstraße 490 000 € an Geldkonto 490 000 €

Die AfA für 2007 i.H.v. 817 € (2 % x 1/12) sowie die übrigen Grundstückskosten für 2007 i.H.v. 2 650 € sind in 2007 gewinnmindernd gebucht worden. Finanzierungskosten, die als Zinsaufwand gebucht und gewerbesteuerrechtlich zutreffend behandelt wurden, stehen mit der Errichtung des Hauses i.H.v. 7 800 € im Zusammenhang.

3. Grundstück Kölner Straße 302

Die GmbH hat im November 2007 das unbebaute Grundstück Neuss, Kölner Straße 302, von ihrer Gesellschafterin Schwarz zum Kaufpreis von 300 000 € erworben. Besitz, Gefahr, Nutzungen und Lasten sind mit Wirkung vom 1.12.2007 auf die GmbH übergegangen. Die GmbH hat dem Vertrag zufolge sämtliche Erwerbsnebenkosten zu tragen. Die insoweit anfallenden Notariats- und Grundbuchkosten sind zutreffend gebucht worden. Ein GrESt-Bescheid lag am 31.12.2007 noch nicht vor, weil der Steuerberater der GmbH mit dem Finanzamt über die Bemessungsgrundlage einen Rechtstreit führt. Für den Fall, dass ein Bedarfswert benötigt wird, ist davon auszugehen, dass dieser nach §§ 138 ff. BewG 200 000 € betragen würde.

Der gemeine Wert des Grundstücks betrug zum Zeitpunkt des Kaufs unstreitig 250 000 €. Das Grundstück ist im vorläufigen Jahresabschluss 2007 bisher mit 300 000 € zzgl. 5 000 € für Nebenkosten (ohne GrESt) und damit insgesamt mit 305 000 € aktiviert worden.

4. Ferienhaus

Der GmbH gehört ein Ferienhaus im Schwarzwald, das sie bedeutenden Lieferanten und Kunden sowie ihren leitenden Mitarbeitern und den Gesellschaftern zur gelegentlichen privaten Nutzung unentgeltlich überlässt. Zur Ausstattung gehört auch die Berechtigung, auf dem nahe gelegenen Golfplatz gebührenfrei (greenfee-frei) spielen zu dürfen. Nach den Aufzeichnungen der Hausverwaltung sind in 2007 Kunden und Lieferanten an 120 Tagen, Mitarbeiter der GmbH an 80 Tagen und die Gesellschafter der GmbH an 50 Tagen Besucher des Ferienhauses gewesen. Die Leerstandszeiten dienten unstreitig der Reinigung, Instandhaltung und Vorbereitung des Aufenthalts der jeweiligen Personen.

Die Aufwendungen im Jahr 2007 haben betragen:

AfA Ferienhaus	12 000 €
AfA Einrichtung	8 000 €
Löhne für Hausmeister und Haushaltshilfe	20 000 €
Finanzierungskosten	5 000 €
Sonstige Grundstückskosten	4 000 €
Gebühren für Benutzung des Golfplatzes	6 000 €

Die fraglichen Beträge sind als Aufwand gesondert und getrennt von den übrigen Aufwendungen gebucht worden. Aus Vereinfachungsgründen ist zu unterstellen, dass die genannten AfA-Beträge zugleich der Verteilung der Aufwendungen i. S. d. § 10 Abs. 4 Nr. 2 Satz 3 i. V. m. § 15a UStG entsprechen.

Sämtliche Aufwendungen sind zu 70 % mit Vorsteuer gesondert in Rechnung gestellt worden. Die Vorsteuerbeträge wurden zutreffend gebucht. Weitere Buchungen sind im Zusammenhang mit dem Ferienhaus nicht erfolgt.

Bei einer Überlassung an gesellschaftsfremde Personen würde die GmbH pro Tag marktgerecht 250 € berechnen. Dieser Betrag schließt die Umsatzsteuer bereits ein.

5. Baustoff AG

Am 1.12.2007 hat die GmbH eine günstige Gelegenheit genutzt, ihre 20 %ige Beteiligung an der Baustoff AG, Aachen, für 200 000 € an einen ausländischen Investor zu verkaufen. Die Aktien hatte die GmbH vor 12 Jahren für Anschaffungskosten i. H. v. 120 000 € erworben. Die Buchhaltung der GmbH hat die Kosten des Verkaufs der Beteiligung in Höhe von 5 000 € zzgl. 950 € Umsatzsteuer, die die GmbH laut Vertrag zu tragen hatte, in 2007 i. H. v. 5 950 € als Aufwand gebucht, weil man von einem Vorsteuerabzugsverbot ausging.

Zum 31.12.2006 war die Beteiligung aufgrund einer außerplanmäßigen Abschreibung in Handels- und Steuerbilanz, die bereits zum 31.12.2003 erfolgt ist und bis zum 31.12.2006 nicht zu beanstanden war, mit 90 000 € bilanziert. Aufgrund der Veräußerung wurden 110 000 € als Ertrag für 2007 ausgewiesen.

6. Baumarkt GmbH

Die GmbH ist seit 2002 mit 5 % am Stammkapital der Baumarkt GmbH (Krefeld) beteiligt. Am 16.11.2006 hat die GmbH ihre Stammeinlage an der Baumarkt GmbH durch Erwerb weiterer Geschäftsanteile auf 25 % des Stammkapitals erhöht. Die Anschaffungskosten i. H. v. 100 000 € wurden zutreffend bilanziert.

Der Erwerb der Anteile war Vorbedingung für die Erlangung eines Darlehens in Höhe von 400 000 €, das die Baumarkt GmbH am 30.12.2006 an die GmbH ausgezahlt hat. Das Darlehen ist 5 Jahre tilgungsfrei und wird ab 1.1.2007 verzinst. Der Zinssatz beträgt 5 %, obwohl im Jahr 2007 bei tilgungsfreien Darlehen ein Zinssatz von 8,5 % üblich gewesen wäre. Die auf das Jahr 2007 entfallenden Zinszahlungen sind mit 20 000 € in 2007 als Zinsaufwand gebucht worden.

Am 1.7.2007 hat die GmbH die Dividende der Baumarkt GmbH für 2006 vereinnahmt. Der Gutschrift war eine Bescheinigung nach § 27 Abs. 3 KStG wie folgt beigefügt:

Dividende für 05		120 000 €
davon Einlagenrückgewähr	30 000 €	
abzüglich Kapitalertragsteuer		18 000 €
abzüglich Solidaritätszuschlag		990 €
Gutschrift		101 010 €

Bisher wurden insoweit in 2007 lediglich 120 000 € als Beteiligungsertrag und 18 990 € als Steueraufwand gebucht.

7. Verwaltungsrat

Die GmbH hat laut Satzung einen Verwaltungsrat, der als Kontrollorgan die Geschäftsführung überwacht. Dem Verwaltungsrat gehören der Bankdirektor Karl Blau und der selbständig tätige WP und StB Dr. Horst Schwarz an. Im Jahre 2007 sind Sitzungs- und Tagegelder gezahlt worden:

- an Blau, Vorsitzender des Rats, i. H. v. 60 000 € zzgl. 11 400 € USt und
- an Schwarz i. H. v. 45 000 € zzgl. 8 550 € USt.

Die Buchhaltung der GmbH hat die Zahlungen mit insgesamt 105 000 € als Aufwand und i. H. v. 19 950 € als Vorsteuer gebucht. Darüber hinaus hat die GmbH Herrn Blau Aufwendungen für Reisen zu den einzelnen Betriebsstätten der GmbH im Rahmen der Wahrnehmung der Aufgaben als Vorsitzender des Verwaltungsrats i. H. v. insgesamt 18 000 € erstattet. In diesem Betrag sind zutreffend gesondert in Rechnung gestellte Umsatzsteuerbeträge i. H. v. 2 000 € enthalten. Auch diese Beträge wurden als Aufwand bzw. Vorsteuer gebucht.

Aufgabenabschnitt II

Aufgabe und Bearbeitungshinweise

a) Würdigen Sie unter Angabe der gesetzlichen Vorschriften die **steuerrechtlichen** Folgen, die sich aufgrund des Ausscheidens von Walter ergeben.

b) Ermitteln Sie den Veräußerungsgewinn für Walter. Auf § 16 Abs. 4 und § 34 EStG ist nicht einzugehen.

c) Geben Sie die dazu erforderlichen Buchungen auf den 1. 7. 2007 an.

d) Entwickeln Sie die Bilanzansätze für Grund und Boden, Gebäude, Betriebsvorrichtung, Software, Firmenwert und die Rücklage nach § 6b EStG in der Steuerbilanz zum 31. 12. 2007 in Staffelform.

e) Gehen Sie davon aus, dass die Beteiligten eine möglichst niedrige Steuerbelastung anstreben. Investitionen hat die OHG in der zweiten Jahreshälfte 2007 nicht getätigt. Auch die Herstellung eines Gebäudes ist nicht geplant.

Sachverhalt

An der Karl & Co. OHG, Autohandel in Bonn, waren seit Gründung die Gesellschafter Karl und Otto zu je 40 % und Walter zu 20 % am Gesellschaftsvermögen sowie am Ergebnis beteiligt. Walter hatte sich in letzter Zeit geschäftsschädigend verhalten, in dem er geschäftsführende Aufgaben vernachlässigt und gegen das Wettbewerbsverbot verstoßen hatte. Karl und Otto hatten deshalb beabsichtigt, Walter aus der OHG gerichtlich ausschließen zu lassen. Im Rahmen der mündlichen Verhandlung kam es zu dem folgenden Vergleich:

Walter scheidet mit Ablauf des 30. 6. 2007 aus der OHG gegen Zahlung einer Abfindung von 600 000 € aus. Die Abfindung ist am 15. 8. 2007 fällig. Walter nimmt am Ergebnis des Jahres 2007 bis zum 30. 6. 2007 teil. Zu diesem Zweck ist eine Zwischenbilanz auf den 30. 6. 2007 aufzustellen. Walter unterwirft sich einem Wettbewerbsverbot von drei Jahren. Karl und Otto gehen insoweit davon aus, dass Walter dieses Verbot mutmaßlich verletzen wird. Angesichts der geschäftlichen Unfähigkeit Walters nehmen Karl und Otto dieses jedoch hin.

Karl und Otto setzen die Gesellschaft ohne Aufnahme eines neuen Gesellschafters fort. Die Zwischenbilanz auf den 30. 6. 2007, die weder handels- noch steuerrechtlich zu beanstanden ist, zeigt das folgende Bild:

A	Zwischenbilanz 30. 6. 2007		P
Grund und Boden	300 000	Kapital Karl	360 000
Gebäude	300 000	Kapital Otto	360 000
Betriebsvorrichtung	90 000	Kapital Walter	90 000
Sonstige Aktiva	580 000	Rücklage (§ 6b EStG)	120 000
Rechnungsabgrenzung	10 000	Sonstige Passiva	350 000
	1 280 000		1 280 000

Das Gebäude wurde am 1. 7. 1992 bezugsfertig hergestellt. Die Herstellungskosten haben umgerechnet 750 000 € betragen. AfA-Satz 4 %

Die Anschaffung der Betriebsvorrichtung ist im Juli 2006 erfolgt. Die AfA wurde bisher degressiv mit 30 % berechnet. Die betriebsgewöhnliche Nutzungsdauer (bND) beträgt 10 Jahre.

Die Rücklage nach § 6b EStG ist anlässlich der Veräußerung eines unbebauten Grundstücks erstmals zutreffend zum 31. 12. 2003 passiviert worden.

Aus einem Wertgutachten, das nicht zu beanstanden ist, ergeben sich die folgenden Teilwerte zum 1. 7. 2007:

Grund und Boden	400 000 €
Gebäude	500 000 €
Betriebsvorrichtung	110 000 €
Software	60 000 €
Geschäftswert	240 000 €

Bei der Software handelt es sich um ein von einem qualifizierten Mitarbeiter im Rahmen seiner betrieblichen Aufgaben geschaffenes Programm zur Optimierung der Lagerzeiten im Ersatzteillager, das seit Juli 2006 im Einsatz ist. Die Aufwendungen i. H. v. 15 000 €, die aus Anlass der Schaffung der Software entstanden sind, wurden nicht aktiviert. Die Restnutzungsdauer kann am 1. 7. 2007 noch auf 4 Jahre geschätzt werden.

Aufgabenabschnitt III

Aufgabe

Der nachstehende Sachverhalt ist bilanzsteuerrechtlich zu würdigen. Begründen Sie kurz Ihre Entscheidungen unter Angabe der gesetzlichen Vorschriften.

Soweit sich durch die Feststellungen Bilanzansätze auf den 31. 12. 2006 und 31. 12. 2007, Entnahmen, Einlagen und Gewinne für diese Jahre ändern, sind diese Korrekturen zahlenmäßig darzustellen. Die Konten „Grundstück Händelgasse" und „Gebäude Händelgasse" sind in Staffelform für 2006 und 2007 zu entwickeln.

Bearbeitungshinweise

a) Die Steuerbescheide der Veranlagungszeiträume 2006 und 2007 stehen unter dem Vorbehalt der Nachprüfung gemäß § 164 AO.

b) Soweit sich Ansatz- und Bewertungswahlrechte ergeben, sind diese so auszuüben, dass für das Jahr der Entscheidung ein möglichst niedriger Gewinn ausgewiesen wird, es sei denn, aus dem Sachverhalt ergibt sich etwas anderes. Soweit zum Ausweis des niedrigsten Gewinns eine Bilanzänderung erforderlich ist, sind die Voraussetzungen nach § 4 Abs. 2 Satz 2 EStG als gegeben zu unterstellen.

c) Soweit Rücklagen übertragen werden können, soll dies nur innerhalb derselben Textziffer geschehen. Abweichend von b) soll dabei der möglichen Übertragung der Vorrang vor der Passivierung eines Sonderpostens mit Rücklageanteil eingeräumt werden.

d) Die Umsätze werden nach vereinbarten Entgelten versteuert. Auf mögliche USt-Befreiungen wurde nicht verzichtet.

e) In den Wirtschaftsjahren 2006 und 2007 sind keine weiteren Investitionen getätigt worden; dies ist auch für die Zukunft nicht geplant.

Sachverhalt

Verena Schwarze (VS) betreibt in Mannheim einen Groß- und Einzelhandel mit Spirituosen in der Rechtsform eines Einzelunternehmens. Das Wirtschaftsjahr entspricht dem Kalenderjahr. VS erstellt eine Einheitsbilanz (HB/StB). Anlässlich einer Betriebsprüfung für die Jahre 2006 und 2007 wurde nachstehender Sachverhalt festgestellt.

1. Grundstücke Mozartstraße und Händelgasse

Mit Wirkung vom 1.2.2001 hatte VS das unbebaute Grundstück Mozartstraße in Mannheim erworben. Die damaligen Anschaffungskosten haben (umgerechnet) 250 000 € betragen und wurden zutreffend in den Bilanzen bis einschließlich zum 31.12.2006 ausgewiesen.

Am 4.3.2007 schloss VS einen Kaufvertrag mit dem Grundstückseigentümer Günter Probst (GP). Danach hatte VS das unbebaute Grundstück Mozartstraße auf GP zu einem Preis von 1 500 000 € zu übertragen. Die mit der Veräußerung im Zusammenhang stehenden Notariatskosten gingen nach der vertraglichen Vereinbarung zu Lasten von VS; die Grunderwerbsteuer und die Grundbuchgebühren hatte GP im vollen Umfang zu tragen. Entsprechend der Vereinbarung im Kaufvertrag sind Besitz, Gefahr, Nutzungen und Lasten mit Wirkung vom 1.7.2007 auf GP übergegangen.

Nach Eingang der Rechnungen des Notars im Juli 2007 i.H.v. 3 000 € zzgl. 570 € USt ließ VS buchen:

s. b. Aufwendungen	3 000 €			
Vorsteuer	570 €	an	sonstige Verbindlichkeiten	3 570 €

Im Zusammenhang mit dem Verkauf des Grundstücks Mozartstraße nahm VS im Juli 2007 außerdem folgende Buchungen vor:

Bank	1 500 000 €	an	Grund und Boden	250 000 €
		an	s. b. Erträge	1 250 000 €

VS hatte bereits am 3.1.2006 mit Übergang von Besitz, Gefahr, Nutzungen und Lasten das Grundstück Händelgasse 10 in Mannheim erworben, das mit baufälligen und nicht mehr nutzbaren Werkhallen bebaut war. Die Anschaffungskosten dieses Grundstücks betrugen insgesamt 350 000 €.

Wegen des außergewöhnlich schlechten Zustandes der Baulichkeiten wurde im Kaufvertrag vereinbart, dass von dem Gesamtkaufpreis $6/7$ auf den Grund und Boden und $1/7$ auf die Gebäude entfallen sollen.

VS buchte anlässlich des Erwerbs im Januar 2006:

Grund und Boden	300 000 €			
Gebäude (Halle)	50 000 €	an	Bank	350 000 €

Am 2.2.2006 ließ VS die Hallen abreißen, um auf dem Gelände ein neues Betriebsgebäude zu errichten. Die Abbruchkosten wurden von dem Abbruchunternehmen mit 10 000 € zzgl. 1 600 € USt in Rechnung gestellt und bei Bezahlung im März 2006 wie folgt gebucht:

s. b. Aufwendungen	10 000 €			
Vorsteuer	1 600 €	an	Bank	11 600 €

Mit der Errichtung des neuen Betriebsgebäudes wurde im Februar 2006 begonnen. Dementsprechend ließ VS im Februar 2006 buchen:

Abschreibungen   50 000 €   an   Gebäude (Halle)   50 000 €

Da VS ihren Betrieb bisher in gemieteten Räumen geführt hatte und die Mietverträge zum 31. 10. 2006 ausliefen, veranlasste sie den mit der Gebäudeherstellung beauftragten Generalunternehmer, das Gebäude spätestens Mitte Oktober 2006 fertig zu stellen. VS war bereit, die wegen der Beschleunigung anfallenden Mehrkosten (Überstunden- und Nachtzuschläge) i. H.v. 300 000 € zu tragen. Das Betriebsgebäude wurde aufgrund Bauantrags vom 10. 3. 2006 noch im Oktober 2006 bezugsfertig hergestellt und am 27. 10. 2006 bezogen.

Die Herstellungskosten betrugen einschließlich der Mehrkosten für die zügige Fertigstellung 1 500 000 € und wurden in dieser Höhe auf dem Konto Gebäude (neu) aktiviert. VS hat das Gebäude nach § 7 Abs. 4 Satz 1 Nr. 1 EStG mit 4 % von 1 500 000 € linear abgeschrieben und jeweils für 2006 und 2007 buchen lassen:

Abschreibungen   60 000 €   an   Gebäude   60 000 €

Darüber hinaus hat VS ihre Buchhaltung angewiesen, zum 31. 12. 2006 eine Teilwertabschreibung i. H.v. 300 000 € vorzunehmen. Sie begründet diese Maßnahme damit, dass ein potenzieller Erwerber des Gebäudes am 31. 12. 2006 lediglich bereit gewesen wäre, einen Kaufpreis i. H.v. maximal 1 140 000 € zu bezahlen. Dies sei der Substanzwert der Baulichkeit und ein Erwerber würde die angefallenen Kosten der beschleunigten Gebäudeerrichtung nicht vergüten.

Unter Berücksichtigung des vorstehend geschilderten Sachverhalts hat sich der Buchwert des Gebäudes zum 31. 12. 2006 auf 1 140 000 € und zum 31. 12. 2007 auf 1 080 000 € entwickelt.

2. Grundstück Heidelberger Straße 100

VS hat am 1. 9. 2006 an die Bahn AG das unbebaute Grundstück Heidelberger Str. 100 (2 500 qm/Anschaffungskosten/Buchwert 200 000 €) veräußert, das diese zum Ausbau ihrer Schnellfahrtrassen dringend benötigte. Das fragliche Grundstück hatte VS am 10. 12. 2004 günstig erworben.

Bei Erwerb war zunächst beabsichtigt, auf dem Gelände einen Getränkemarkt zu errichten. Eine Veräußerung war deshalb nicht geplant. Schließlich hatte sich VS zum Verkauf doch entschließen müssen, weil die Bahn AG gestützt auf das BBauG mit der Einleitung eines Enteignungsverfahrens gedroht und zur Vermeidung eines langwierigen Verfahrens ein günstiges Preisangebot über 500 000 € vorgelegt hatte.

Zum 31. 12. 2006 ist deshalb eine Rücklage für Ersatzbeschaffung (RfE) i. H.v. 300 000 € passiviert worden. Im August 2007 hat VS ein geeignetes unbebautes Ersatzgrundstück in Mannheim, Viernheimer Straße 300, mit einer Größe von 2 500 qm erworben. Besitz, Gefahr, Nutzungen und Lasten sind mit Wirkung vom 1. 9. 2007 auf VS übergegangen.

Der Buchhalter hat von den zutreffend gebuchten Anschaffungskosten i. H. v. 262 750 € (Kaufpreis 250 000 € zzgl. Erwerbsnebenkosten 12 750 €) einen Teilbetrag der RfE in gleicher Höhe abgezogen und den Restbetrag weiterhin als Rücklage passiviert.

3. Mobilfunkvertrag

Am 1.10.2006 hat VS einen neuen Mobilfunkvertrag mit einer Laufzeit von 2 Jahren abgeschlossen. Aufgrund des Vertragsabschlusses wurde ihr ein neues Handy in Edelstahl von LG (bND 3 Jahre) zum Preis von 1 € übergeben. Ohne Vertragsabschluss hätte VS für das Handy 660 € zzgl. USt zahlen müssen.

VS hat die Zahlung des Betrages von 1 € zusammen mit der ersten Rechnung über den monatlichen Grundpreis und Gesprächskosten als Aufwand buchen lassen. Die Nutzung des Telefons geschieht weitaus überwiegend aus betrieblichen Gründen.

HINWEIS
Auf Fragen der Umsatzsteuer bzw. Vorsteuer ist nicht einzugehen. Bei evtl. Berechnungen ist der Betrag von 1 € zu vernachlässigen.

LÖSUNG ÜBUNGSKLAUSUR 7

Jäger GmbH, Karl & Co. OHG und Einzelhandel Verena Schwarze

Aufgabenabschnitt I: Jäger GmbH

1. Ergebnisse der Betriebsprüfung für die Jahre 2004 – 2006

Zur Herstellung des Bilanzzusammenhangs (§ 252 Abs. 1 Nr. 1 HGB, § 4 Abs. 1 Satz 1 EStG) ist das Eigenkapital der GmbH zum 1. 1. 2007 entsprechend der Prüferbilanz zum 31. 12. 2006 zu korrigieren. Zu diesem Zweck muss eine Kapitalangleichung bzw. Kapitalanpassung erfolgen. Die Erhöhung des Eigenkapitals entspricht dem Mehrgewinn laut Prüfung:

Mehrgewinn 2004	4 975 €
Mehrgewinn 2005	17 425 €
Mehrgewinn 2006	9 325 €
Kapital 31. 12. 2006	+ 31 725 €

Grundsätzlich sind Kapitalangleichungen erfolgsneutral. Im Jahresabschluss einer GmbH ist die Kapitalangleichung jedoch erfolgswirksam zu erfassen, weil das Eigenkapital nach § 266 Abs. 3 A. HGB i.V. m. § 272 HGB einer strengen Gliederung unterliegt. Es ist daher nicht zulässig, durch Kapitalangleichungen Bestandteile des Eigenkapitals zu verändern, die bereits im Jahresabschluss des vorangegangenen Jahres enthalten waren und der Bilanzfeststellung unterlegen haben. Insbesondere darf die Kapitalangleichung deshalb auch nicht gegen Gewinnvortrag gebucht werden.

> **HINWEIS**
> Bemerkenswert war deshalb die Aufgabenstellung zur StB-Klausur 2007 im Fach Bilanz. Die Kandidaten waren aufgefordert, die Kapitalangleichung über das Gewinnvortragskonto vorzunehmen und eine entsprechende buchmäßige Darstellung zu entwickeln. Erst in einer weiteren Aufgabenstellung wurde die u. E. allein zutreffende erfolgswirksame Sachbehandlung mit anschließender Korrektur bei der Ermittlung des zu versteuernden Einkommens abgefragt.

Die Kapitalangleichung erfolgt vielmehr als Umbuchung über sonstige betriebliche Erträge und erhöht folglich im Ergebnis den Jahresüberschuss 2007 um 31 725 €. Nur dies ist auch zutreffend, denn auf diese Weise erhöht sich die Anspruchsgrundlage der Gesellschafter (vgl. § 29 Abs. 1 GmbHG) und zugleich wird in den Ergebnisverwendungsbeschluss für das Vorjahr, aus dem der Gewinnvortrag abzuleiten ist, nicht unberechtigt eingegriffen.

Die Kapitalangleichung **(Umbuchung)** lautet:

Grund und Boden 45 000 € an sonst. Verbindlichkeiten 45 000 €

Forderungen	23 200 €	an	Umsatzsteuer	4 400 €
Materialanfangsbestand	37 000 €	an	KSt-Rückstellung	13 475 €
		an	GewSt-Rückstellung	10 600 €
		an	sonst. betr. Erträge	31 725 €

Jahresüberschuss: + 31 725 €

Steuerrechtlich betrachtet ist diese Gewinnauswirkung jedoch nach Betriebsprüfung bereits im zu versteuernden Einkommen für die Jahre 2004 – 2006 enthalten und versteuert worden. Um eine doppelte steuerliche Erfassung zu vermeiden, muss die Gewinnauswirkung der Kapitalangleichung bei der Ermittlung des zu versteuernden Einkommens 2007 außerhalb der Bilanz wieder abgezogen werden.

Zu versteuerndes Einkommen: ./. 31 725 €

Darüber hinaus sind zum **31. 12. 2007** folgende Maßnahmen geboten:

a) Da das Grundstück Clodwigstraße im Laufe des Jahres 2007 mit der Buchung „Grundstück 45 000 € an Geldkonto 45 000 €" aktiviert wurde, ist zusätzlich folgende **Umbuchung** erforderlich:

| Sonst. Verbindlichkeiten | 45 000 € | an | Grundstück | 45 000 € |

Jahresüberschuss: 0 €

b) Die Forderung zum Nennwert von 23 200 € ist zum 31. 12. 2007 auf ihren niedrigeren beizulegenden Wert abzuschreiben (§ 253 Abs. 3 und § 252 Abs. 1 Nr. 4 HGB, § 5 Abs. 1 und 6 EStG, § 6 Abs. 1 Nr. 2 EStG). Gleichzeitig ist die USt-Schuld nach § 17 Abs. 1 Satz 1 und Abs. 2 Nr. 1 UStG zu berichtigen.

Umbuchung:

| Abschreibungen | 20 000 € | | | |
| USt-Schuld | 3 200 € | an | Forderungen | 23 200 € |

Jahresüberschuss: ./. 20 000 €

c) Die USt- und KSt-Nachzahlungen sind auch noch zum 31. 12. 2007 zu passivieren, weil eine Zahlung erst in 2008 erfolgt ist. Einer weiteren Buchung bedarf es daher insoweit nicht.

d) Durch Änderung des Materialanfangsbestandes um 37 000 € erhöht sich der Materialeinsatz 2007 um den gleichen Betrag.

Umbuchung:

| Materialeinsatz | 37 000 € | an | Materialbestand | 37 000 € |

Jahresüberschuss: ./. 37 000 €

e) Hinsichtlich der verdeckten Gewinnausschüttungen (vGA) ist im Jahr 2007 nichts mehr zu veranlassen.

f) Anstelle der Gewerbesteuerrückstellung für 2004 – 2006 ist eine Gewerbesteuerschuld zu passivieren, weil die berichtigten Bescheide vor dem Bilanzstichtag bekannt gegeben worden sind.

Umbuchung:

GewSt-Rückstellung	10 600		
Steueraufwand	180 €	an Verbindlichkeiten	10 780 €

Jahresüberschuss: ./. 180 €

2. Lagerplatz Clodwigstraße 2

Das Grundstück ist trotz Nutzung durch den Gesellschafter für Wohnzwecke weiterhin zu bilanzieren, denn es gehört zum notwendigen Betriebsvermögen der GmbH (§ 246 Abs. 1 HGB, § 5 Abs. 1 Satz 1 EStG). Anders als bei einer Personengesellschaft führt die unentgeltliche Überlassung an einen Gesellschafter nicht zu einem Bilanzierungsverbot. Die Aufwendungen sind daher zutreffend gebucht worden.

Seit dem 1.12.2007 liegt allerdings wegen der unentgeltlichen Überlassung des Hauses zu Wohnzwecken eine verdeckte Gewinnausschüttung (vGA) vor. Es handelt sich um eine verhinderte Vermögensmehrung, die durch das Gesellschaftsverhältnis veranlasst ist und nicht auf einem den gesellschaftsrechtlichen Vorschriften entsprechenden Beschluss beruht. Die vGA ist mit der erzielbaren Vergütung, mithin mit dem erzielbaren Mietpreis von 1 500 € anzusetzen (H 37 „Nutzungsüberlassung" KStH 2007). Die vGA wird dagegen nicht durch die Aufwendungen, schon gar nicht durch die Baukosten beeinflusst.

Der Vorgang ist nach § 1 Abs. 1 Nr. 1 i.V.m. § 3 Abs. 9a Nr. 1 UStG nicht steuerbar, weil das Gebäude mangels Inanspruchnahme eines Vorsteuerabzugs offensichtlich nicht dem Unternehmen der GmbH zugeordnet wurde. Da Umsatzsteuer nicht entsteht und die Aufwendungen zutreffend erfasst wurden, erfolgt keine Umbuchung.

Nach § 8 Abs. 3 Satz 2 KStG ist die vGA bei der Ermittlung des zu versteuernden Einkommens außerhalb der Bilanz hinzuzurechnen (vgl. grundlegend BFH v. 29.6.1994, BStBl 2002 II 366; BMF v. 28.5.2002, BStBl 2002 I 603).

Zu versteuerndes Einkommen: + 1 500 € (§ 8 Abs. 3 Satz 2 KStG)

3. Grundstück Kölner Straße 302

Die Anschaffung des Grundstücks zu einem über dem Verkehrswert liegenden Preis stellt eine Vermögensminderung i.H.v. 50 000 € dar, die durch das Gesellschaftsverhältnis veranlasst ist und nicht auf einem den gesellschaftsrechtlichen Vorschriften entsprechenden Beschluss beruht. Es liegt daher eine verdeckte Gewinnausschüttung i.S.d. § 8 Abs. 3 Satz 2 KStG vor (R 36 Abs. 1 KStR), denn die Auswirkung auf den Unterschiedsbetrag i.S.d. § 4 Abs. 1 Satz 1 EStG ergibt sich durch die Korrektur der überhöht angesetzten Anschaffungskosten. Das gilt auch für die Handelsbilanz, denn die Ermittlung der Anschaffungskosten nach Handelsrecht einerseits und Steuerrecht andererseits folgt keinen abweichenden Grundsätzen (§ 255 Abs. 1 HGB, § 5 Abs. 1 EStG; *Schmidt/Glanegger*, EStG, § 6 Rz 81 und 140 „Gewinnausschüttung" und „Überpreise").

Die Grunderwerbsteuer beträgt 10 500 € (300 000 € x 3,5 %), weil als Bemessungsgrundlage die Gegenleistung maßgebend ist (§ 8 Abs. 1 GrEStG). Auf den Umstand, dass die Gegenleistung teilweise als vGA zu beurteilen ist, kommt es nicht an. Angesichts des Streits mit dem Finanzamt und der insoweit noch fehlenden Steuerfestsetzung durch den GrESt-Bescheid ist die Zahlungsverpflichtung als Rückstellung zu passivieren. § 5 Abs. 4b EStG steht dem nicht entgegen, weil es sich nicht um Anschaffungskosten in **künftigen** Jahren handelt.

Umbuchung:

Abschreibungen	50 000 €	an	Grundstück	39 500 €
		an	GrESt-Rückstellung	10 500 €

Jahresüberschuss: ./. 50 000 €

Zu versteuerndes Einkommen: + 50 000 € (§ 8 Abs. 3 Satz 2 KStG)

4. Ferienhaus

a) Das Ferienhaus befindet sich außerhalb des Orts des Betriebs der GmbH und ist deshalb als Gästehaus i. S. d. § 4 Abs. 5 Nr. 3 EStG zu beurteilen. Soweit das Gästehaus der Beherbergung und Unterhaltung von Kunden und Lieferanten dient, stellen die Aufwendungen inkl. AfA auf Gebäude und Einrichtung sowie Unterhaltung (u. a. auch Golfplatz) nicht abziehbare Betriebsausgaben i. S. d. § 4 Abs. 5 Nr. 3 EStG (R 4.10 Abs. 11 EStR 2005) dar.

Die nicht abziehbaren Betriebsausgaben betragen **26 400 €** (55 000 € : 250 x 120 Tage). Die mit diesen Aufwendungen im Zusammenhang stehenden **Vorsteuerbeträge** sind nach § 15 Abs. 1a UStG vom Abzug ausgeschlossen. Die **USt-Schuld** ist um 3 511 € (26 400 € x 19 % x 70 %) zu erhöhen. Dieser Betrag mindert den **Jahresüberschuss** und ist nach § 10 Nr. 2 KStG bei der Ermittlung des zu versteuernden Einkommens wieder hinzuzurechnen.

HINWEIS

Die Hinzurechnung erfolgt ausdrücklich nach § 10 Nr. 2 KStG. Unzutreffend wäre es, die nicht abziehbaren Vorsteuerbeträge den nicht abziehbaren Betriebsausgaben i. S. d. § 4 Abs. 5 Nr. 3 EStG hinzuzurechnen.

Umbuchung:

Steueraufwand	3 511 €	an	USt-Schuld	3 511 €

Jahresüberschuss: ./. 3 511 €

Zu versteuerndes Einkommen: + 26 400 € (§ 4 Abs. 5 Nr. 3 EStG)

+ 3 511 € (§ 10 Nr. 2 KStG)

b) Die Überlassung des Gästehauses an Arbeitnehmer der GmbH stellt jeweils Sachbezug dar. Die Aufwendungen sind insoweit zutreffend gewinnmindernd gebucht worden (H 4.10 (10) – (11) „Ferienhaus..." EStH 2007). Eine Umbuchung auf Lohnaufwand beeinflusst nicht den Jahresüberschuss der Höhe nach.

Umsatzsteuerrechtlich handelt es sich um unentgeltliche Wertabgaben, die steuerbar und steuerpflichtig sind (§ 1 Abs. 1 Nr. 1, § 3 Abs. 9a Nr. 1; § 3f; § 4 Nr. 12 Satz 2 UStG). Bemessungsgrundlage sind die Aufwendungen mit Vorsteuerabzug: 55 000 € : 250 Tage x 80 Tage x 70 % = 12 320 € (§ 10 Abs. 4 Nr. 2 UStG). Die Umsatzsteuer beträgt 2 340 € und ist gewinnmindernd zu passivieren. Eine Hinzurechnung nach § 10 Nr. 2 KStG kommt nicht in Betracht, weil diese Steuerbelastung nicht mit § 4 Abs. 5 EStG im Zusammenhang steht, sondern zu den Lohnkosten gehört.

Umbuchung:

| Lohnaufwand | 2 340 € | an USt-Schuld | 2 340 € |

Jahresüberschuss: ./. 2 340 €

c) Soweit das Gästehaus Gesellschaftern zur Nutzung zur Verfügung steht, liegt eine verdeckte Gewinnausschüttung (vGA) vor (§ 8 Abs. 3 Satz 2 KStG, R 36 Abs. 1 KStR), weil die Unentgeltlichkeit zu einer verhinderten Vermögensmehrung geführt hat, die durch das Gesellschaftsverhältnis und damit außerbetrieblich veranlasst ist*. Die vGA ist mit der erzielbaren Vergütung zu bewerten. Diese beträgt pro Tag 250 €, so dass die vGA insgesamt mit 12 500 € anzusetzen ist.

HINWEIS

* Soweit ein Kandidat sich hinsichtlich dieses Lösungsteils auf die Entscheidung des BFH v. 7. 2. 2008 I R 27/05, BFH/NV 2008, 1230, berufen sollte, wonach der Vorgang ebenfalls nach § 4 Abs. 5 Nr. 3 EStG zu beurteilen sei, ist dies nicht zu beanstanden. Nach BFH besteht zwischen § 4 Abs. 5 EStG und § 8 Abs. 3 Satz 2 KStG kein Rangverhältnis. Beide Vorschriften sind danach nebeneinander anwendbar, soweit ihre Rechtsfolgen nicht voneinander abweichen. U.E. ist dem BFH nicht zu folgen, weil die Überlassung im Gesellschaftsverhältnis begründet ist. Darauf soll es nach BFH jedoch nicht ankommen, weil der Tatbestand in § 4 Abs. 5 EStG geregelt sei. Das Urteil ist noch nicht im BStBl veröffentlicht, so dass davon keine allgemein bindende Wirkung ausgehen kann.

Die Überlassung an die Gesellschafter unterliegt nach § 3 Abs. 9a Nr. 1 UStG der Umsatzsteuer. Der Ort der Leistung bestimmt sich nach § 3f UStG. Bemessungsgrundlage der unentgeltlichen Wertabgabe sind nach § 10 Abs. 4 Nr. 2 UStG die Aufwendungen, für die ein Vorsteuerabzug zulässig war: 55 000 € : 250 Tage x 50 Tage x 19 % x 70 % = 1 463 €. Die Umsatzsteuer ist gewinnmindernd zu passivieren. Eine Hinzurechnung nach § 10 Nr. 2 KStG erfolgt nicht (R 37 KStR).

Umbuchung:

| Steueraufwand | 1 463 € | an USt-Schuld | 1 463 € |

Jahresüberschuss: ./. 1 463 €

Zu versteuerndes Einkommen: + 11 968 € (§ 8 Abs. 3 Satz 2 KStG)

Die vGA ist mit 11 968 € zu bewerten, weil die Vermögensminderung bzw. verhinderte Vermögensmehrung im Hinblick auf den Jahresüberschuss der GmbH gemessen am Fremdvergleich nur in dieser Höhe eingetreten ist. Da die erzielbare Vergütung einen Umsatzsteuerbetrag rechnerisch einschließt, der nach UStG tatsächlich nicht geschuldet wird, kann es nur zutreffend sein, die Umsatzsteuer in tatsächlich geschuldeter Höhe in die Bewertung der vGA auf der Ebene der GmbH einzubeziehen. Deshalb beträgt der Wert der vGA im Ergebnis 11 968 € (12 500 € ./. rechnerische USt 1 995 € zzgl. tatsächlich geschuldete USt 1 463 €; vgl. dazu *Falterbaum/Bolk/Reiß*, Buchführung und Bilanz, Achim, 20. Auflage 2007, S. 1423 ff.).

Es wird unter Hinweis auf den Wortlaut von H 37 KStH „Hingabe von Wirtschaftsgütern" und H 37 KStH „Nutzungsüberlassungen" auch vertreten, die vGA mit 12 500 € zu bewerten, weil danach der gemeine Wert bzw. die erzielbare Vergütung anzusetzen sei. In diesem Fall wird allerdings in die Bewertung der vGA rechnerisch ein USt-Betrag einbezogen (12 500 € : 1,19 x 19 % = 1 995 €), der tatsächlich nicht geschuldet wird. Da die geschuldete Umsatzsteuer lediglich 1 463 € beträgt, wird das zu versteuernde Einkommen letztlich um „nicht geschuldete" USt in Höhe von 532 € erhöht. In dieser Höhe wird körperschaftsteuerrechtlich betrachtet – folgt man dieser Auffassung – ein „Luftposten" versteuert.

Rechtsprechung des BFH und Verwaltungsanweisungen liegen zu dieser Frage (noch) nicht vor. Beachtlich ist allerdings, dass in bisherigen StB-Prüfungen beide Lösungen alternativ zugelassen worden sind.

Unstreitig ist dagegen die vGA bei den Gesellschaftern i. H. v. 12 500 € als Bezug nach § 20 Abs. 1 Nr. 1 Satz 1 und 2 EStG zu erfassen (§ 8 Abs. 2 Satz 1 EStG).

5. Baustoff AG

Die Veräußerung der Beteiligung an der Baustoff AG ist nicht nach § 6b Abs. 10 EStG begünstigt, weil danach nur Personenunternehmen begünstigt sind. Der Veräußerungsgewinn ist zwar innerhalb der Bilanz gewinnerhöhend auszuweisen, bleibt jedoch bei der Ermittlung des zu versteuernden Einkommens nach § 8b Abs. 2 Satz 1 KStG außer Ansatz. Gleichzeitig ist das Einkommen nach § 8b Abs. 3 Satz 1 KStG um 5 % des Veräußerungsgewinns zu erhöhen.

Der Veräußerungsgewinn ist nach § 8b Abs. 2 Satz 2 KStG zu bestimmen. Danach sind vom Veräußerungspreis die Veräußerungskosten i. H. v. 5 950 € und der Buchwert abzuziehen, der sich auf den Zeitpunkt der Veräußerung nach § 6 Abs. 1 Nr. 2 EStG ergibt. Deshalb ist zur Ermittlung des Buchwerts zunächst eine Wertaufholung entsprechend § 6 Abs. 1 Nr. 2 Satz 3 i. V. m. § 6 Abs. 1 Nr. 1 Satz 4 EStG vorzunehmen. Die Vorsteuer ist zutreffend als nicht abziehbar beurteilt worden (BMF v. 26. 1. 2007, BStBl 2007 I 211. Vgl. auch EuGH v. 13. 3. 2008 C-437/06 – Securenta, DB 2008, 739).

Berechnung

Veräußerungspreis			200 000 €
./.	Veräußerungskosten		5 000 €
./.	Buchwert der Beteiligung bei Verkauf		
	Anschaffungskosten	120 000 €	
	Teilwertabschreibung 2003	./. 30 000 €	
	Wertaufholung 2007	+ 30 000 €	120 000 €
Veräußerungsgewinn			**75 000 €**

Auch die Wertaufholung ist innerhalb der Bilanz gewinnerhöhend auszuweisen. Sie bleibt jedoch nach § 8b Abs. 2 Satz 3 KStG außerhalb der Bilanz bei der Ermittlung des zu versteuernden Einkommens ebenfalls außer Ansatz. Gleichzeitig erfolgt eine Hinzurechnung nach § 8b Abs. 3 Satz 1 KStG i. H. v. 5 % des Betrags der Wertaufholung.

§ 8b Abs. 2 Satz 4 KStG greift nicht, weil die Teilwertabschreibung im Hinblick auf § 8b Abs. 3 Satz 3 KStG im Jahr 2003 nicht steuerwirksam war.

Umbuchungen sind nicht vorzunehmen, weil die bisherigen Buchungen mit Wirkung für den Ausweis in Bilanz und GuV letztlich zutreffend sind.

Jahresüberschuss: 0 €

Zu versteuerndes Einkommen: ./. 75 000 € (§ 8b Abs. 2 Satz 1 KStG)

./. 30 000 € (§ 8b Abs. 2 Satz 3 KStG)

+ 5 250 € (§ 8b Abs. 3 Satz 1 KStG)

6. Baumarkt GmbH

a) Darlehensgewährung

Die Gewährung eines niedrig verzinslichen Darlehens stellt in Höhe des Zinsvorteils von 14 000 € (400 000 € x 3,5 %) eine durch das Gesellschaftsverhältnis veranlasste verhinderte Vermögensmehrung und damit eine verdeckte Gewinnausschüttung (vGA) der Baumarkt GmbH an die Jäger GmbH dar (§ 8 Abs. 3 Satz 2 KStG, R 36 Abs. 1 KStR). Die Jäger GmbH hat den Bezug der vGA nach § 20 Abs. 1 Nr. 1 Satz 1 und 2 und Abs. 3 EStG i.V.m. § 8 Abs. 2 KStG als Beteiligungsertrag zu erfassen. In gleicher Höhe sind Zinsaufwendungen gewinnmindernd zu berücksichtigen.

Der Bezug der vGA bleibt nach § 8b Abs. 1 KStG bei der Ermittlung des zu versteuernden Einkommens außer Ansatz. Gleichzeitig ist das Einkommen nach § 8b Abs. 5 Satz 1 KStG um 5 % der Bezüge zu erhöhen.

Umbuchung:

Zinsaufwendungen 14 000 € an Beteiligungserträge 14 000 €

Jahresüberschuss: 0 €

Zu versteuerndes Einkommen: ./. 14 000 € (§ 8b Abs. 1 Satz 1 KStG)

+ 700 € (§ 8b Abs. 5 Satz 1 KStG)

b) Ausschüttung

Zu den Bezügen i. S. d. § 20 Abs. 1 Nr. 1 Satz 1 EStG gehören nicht solche Ausschüttungen, für die Beträge aus dem steuerlichen Einlagekonto als verwendet gelten (§ 20 Abs. 1 Nr. 1 Satz 3 EStG). Stattdessen mindern diese Beträge die Anschaffungskosten der Beteiligung (H 20.2 „Einlagenrückgewähr" EStH 2007; H 6.2 „Ausschüttung aus dem steuerlichen Einlagekonto" EStH 2007).

Die Beteiligungserträge betragen folglich 90 000 € und bleiben in dieser Höhe bei der Ermittlung des zu versteuernden Einkommens außer Ansatz (§ 8b Abs. 1 KStG). Gleichzeitig ist das Einkommen nach § 8b Abs. 5 Satz 1 KStG um **5 %** der Bezüge zu erhöhen. Der gebuchte Steueraufwand ist nach § 10 Nr. 2 KStG hinzuzurechnen.

Umbuchung:

Beteiligungserträge	30 000 €	an Beteiligungen	30 000 €

Jahresüberschuss: ./. 30 000 €

Zu versteuerndes Einkommen: ./. 90 000 € (§ 8b Abs. 1 Satz 1 KStG)

+ 4 500 € (§ 8b Abs. 5 Satz 1 KStG)

+ 18 990 € (§ 10 Nr. 2 KStG)

Obwohl die Beteiligungs-GmbH zu Jahresbeginn 2007 die 10 %-Grenze überschritten hat, ist keine Kürzung nach § 9 Nr. 2a GewStG (Schachtelprivileg) vorzunehmen, weil der Bezug im Hinblick auf § 8b Abs. 1 KStG nicht mehr im Gewinn aus Gewerbebetrieb i. S. d. § 7 Satz 1 GewStG enthalten ist. Eine Kürzung im Hinblick auf die Hinzurechnung nach § 8b Abs. 5 KStG ist unzulässig (§ 9 Nr. 2a Satz 4 GewStG). Gewerbesteuerrechtlich ist hinsichtlich des Zinsaufwands außerdem § 8 Nr. 1 GewStG zu beachten, denn es handelt sich um Entgelte für Dauerschulden. Das gilt auch für den Zinsvorteil, der gleichzeitig als vGA zu würdigen ist. Beachte die Änderungen des § 9 Nr. 2a und § 8 Nr. 1 GewStG ab **2008**.

7. Verwaltungsrat

Die Aufwendungen für einen Verwaltungsrat sind innerhalb der Bilanz gewinnmindernd zu erfassen und deshalb zutreffend gewürdigt worden. Die Aufwendungen sind jedoch nach § 10 Nr. 4 KStG zur Hälfte bei der Ermittlung des zu versteuernden Einkommens wieder hinzuzurechnen, weil der Verwaltungsrat als Kontrollorgan die Geschäftsführung der GmbH überwacht.

Von diesem Abzugsverbot sind solche Aufwendungen nicht betroffen, die den Mitgliedern des Gremiums, hier Herrn Blau, zusätzlich als Ersatz für Aufwendungen aus der Wahrnehmung der Tätigkeit gesondert erstattet werden (R 50 Abs. 1 Satz 3 KStR).

Zu versteuerndes Einkommen: + 52 500 € (§ 10 Nr. 4 KStG)

Aufgabenabschnitt II: Karl & Co. OHG

1. Bilanzsteuerrechtliche Würdigung

a) Das gesellschaftsschädigende Verhalten ist ursächlich für das Ausscheiden des Gesellschafters Walter (W) aus der Gesellschaft. Um weiteren Schaden von der Gesellschaft abzuwenden, war die Fortsetzung der Gesellschaft mit Walter für die Gesellschafter Karl (K) und Otto (O) nicht mehr zumutbar. W verlässt daher die Gesellschaft als sog. lästiger Gesellschafter mit der Folge, dass die Zahlung der Abfindung auch insoweit betrieblich veranlasst ist, als diese den Wert des Mitunternehmeranteils überschreitet. Der Mehrbetrag ist als Betriebsausgabe der verbleibenden Gesellschafter im Wirtschaftsjahr des Ausscheidens abziehbar.

b) Der Wert des Mitunternehmeranteils bestimmt sich nach der Summe der anteiligen Teilwerte, die auf die bilanzierten und nicht bilanzierten Wirtschaftsgüter der OHG entfallen und daher W als Mitunternehmer im Zeitpunkt des Ausscheidens nach Maßgabe seiner Beteiligung zuzurechnen waren.

c) Während das Ausscheiden für W eine Veräußerung seines Mitunternehmeranteils i. S. d. § 16 Abs. 1 Nr. 2 EStG darstellt, ist die Anwachsung (§ 738 BGB, § 105 Abs. 3 HGB) für die verbleibenden Gesellschafter in ihrer gesamthänderischen Verbundenheit bilanzsteuerrechtlich betrachtet als **Anschaffung** der **Anteile** an den Wirtschaftsgütern, die bis zum Ausscheiden W zuzurechnen waren, zu beurteilen. Das gilt sowohl für die bilanzierten materiellen Wirtschaftsgüter als auch für die nicht bilanzierten immateriellen Wirtschaftsgüter, zu denen im vorliegenden Fall die Software und der Firmenwert gehören.

Hinsichtlich des Wettbewerbsverbots liegt dagegen kein Erwerb eines selbständigen immateriellen Wirtschaftsguts vor, weil der Vereinbarung offensichtlich keine eigenständige – vom Firmenwert getrennte – wirtschaftliche Bedeutung beigemessen werden kann. Dies folgt auch aus der Tatsache, dass die Beteiligten neben der Abfindung für das Ausscheiden kein gesondertes Entgelt vereinbart haben (H 16 (9) „Wettbewerbsverbot" EStH 2007).

d) Als Folge der Anschaffung sind die Anteile an den Wirtschaftsgütern mit ihren Anschaffungskosten zu aktivieren, die den anteiligen Teilwerten entsprechen (§ 6 Abs. 1 Nr. 7 EStG ist entsprechend anzuwenden). Da die anteiligen Buchwerte bereits bilanziell erfasst sind, führt der Anschaffungsvorgang zu einer Aufstockung der Bilanzwerte in Höhe der anteiligen stillen Reserven und bei den abnutzbaren Wirtschaftsgütern des Anlagevermögens zu einer Änderung der AfA-Bemessungsgrundlage.

2. Ermittlung des Veräußerungsgewinns

Der Veräußerungsgewinn beträgt 515 760 €.

a) Die Rücklage nach § 6b EStG ist in dem Umfang gewinnerhöhend aufzulösen, in dem sie W als Mitunternehmer zuzurechnen ist. Dieser Gewinn gehört zu dem nach §§ 16, 34 EStG begünstigt zu versteuernden Veräußerungsgewinn, der 510 000 € beträgt (Abfindung 600 000 € ./. Kapitalkonto 90 000 €). Dabei gehört auch der Teil der Abfindung zum begünstigten Veräußerungsgewinn, der auf das Ausscheiden wegen Lästigkeit entfällt.

b) Der Veräußerungsgewinn ist um den Gewinnzuschlag nach § 6b Abs. 7 EStG zu erhöhen. Die Rücklage ist erstmals zum 31.12.2003 passiviert worden und hat folglich 4 Jahre bestanden. Eine unterjährige Auflösung der Rücklage ist unbeachtlich, weil die Einkommensteuer mit Ablauf des Jahres 2007 entsteht. Der Gewinnzuschlag beträgt 5 760 € (24 000 € x 4 x 6 %).

3. Buchung des Geschäftsvorfalls

a) Die Buchung setzt die Ermittlung der anteiligen stillen Reserven voraus, die als Anschaffungskosten zu aktivieren sind (Aufstockung):

LÖSUNG ÜBUNGSKLAUSUR 7

	Buchwert	Teilwert	Differenz	Anteil W
Grundstück	300 000 €	400 000 €	100 000 €	20 000 €
Gebäude	300 000 €	500 000 €	200 000 €	40 000 €
Betriebsvorrichtung	90 000 €	110 000 €	20 000 €	4 000 €
Software (immat. WG)	0 €	60 000 €	60 000 €	12 000 €
Firmenwert	0 €	240 000 €	240 000 €	48 000 €
Rücklage (§ 6b EStG)	120 000 €		120 000 €	24 000 €
Aufgedeckte stille Reserven				**148 000 €**

b) Der Teil der Abfindung, der sich als Mehrzahlung für das Ausscheiden wegen Lästigkeit darstellt, ist nicht zu aktivieren, sondern stellt sofort abziehbare Betriebsausgaben der verbleibenden Gesellschafter dar.

Abfindung	600 000 €
./. Kapitalkonto W	90 000 €
./. aufgedeckte stille Reserven (s. o.)	148 000 €
betrieblich veranlasster Aufwand aufgrund des Ausscheidens	362 000 €

c) Das Ausscheiden ist ein Geschäftsvorfall, der die Gesamtheit der verbleibenden Gesellschafter entsprechend ihrer gesellschaftsrechtlichen Beteiligung betrifft. Er ist deshalb in der Buchführung und Bilanz der OHG zu erfassen. Dies gilt für die Handelsbilanz ebenso wie für die Steuerbilanz. Der Aufstellung von Ergänzungsbilanzen bedarf es insoweit nicht.

d) Die Buchung des Geschäftsvorfalls lautet:

Kapital W	90 000 €		
Grundstück	20 000 €		
Gebäude	40 000 €		
Betriebsvorrichtung	4 000 €		
Software	12 000 €		
Firmenwert	48 000 €		
Rücklage (§ 6b EStG)	24 000 €		
s. b. Aufwendungen	362 000 €	an Abfindungsverbindlichkeiten	600 000 €

4. Ermittlung der Bilanzansätze zum 31. 12. 2007

a) Die erstmals zum 31. 12. 2003 passivierte Rücklage beträgt nach Auflösung des auf W entfallenden Teils noch 96 000 €. Da die gewinnerhöhende Auflösung wegen Fristablaufs zum 31. 12. 2007 droht, ist zum Zweck der Ermittlung eines möglichst niedrigen Gewinns ein Abzug von den Anschaffungskosten vorzunehmen, die die verbleibenden Gesellschafter hinsichtlich des anteiligen Erwerbs der Wirtschaftsgüter hatten.

Dabei ist zunächst ein Abzug beim Grund und Boden in Höhe von 80 000 € vorzunehmen (§ 6b Abs. 1 Satz 2 Nr. 1 EStG). Dies entspricht den Anschaffungskosten, die K und O hinsichtlich des von W erworbenen Grundstücksanteils hatten (400 000 € x 20 %). Der verbleibende Betrag der Rücklage wird von den Anschaffungskosten für den erworbenen Anteil am Gebäude bis zum Betrag von 16 000 € abgezogen (§ 6b Abs. 1 Satz 2 Nr. 3 EStG).

b) Die AfA für das Gebäude ist unter Beachtung der Tatsache zu bestimmen, dass für 80 % des Gebäudes, das auch schon vor dem Ausscheiden den nunmehr verbliebenen Gesellschaftern zuzurechnen war, die bisherige AfA-Bemessungsgrundlage bei einem AfA-Satz von 4 % fortgesetzt wird: AfA 2007 = 750 000 € x 80 % = 600 000 € x 4 % x $^6/_{12}$ = 12 000 €.

20 % des Gebäudes sind Gegenstand einer Anschaffung aus Anlass des Ausscheidens des W geworden. Die AfA-Bemessungsgrundlage ist deshalb insoweit neu zu bestimmen. Dabei ist der Abzug nach § 6b EStG zu berücksichtigen (§ 6b Abs. 6 EStG). Der AfA-Satz beträgt 3 % (§ 7 Abs. 4 Satz 1 Nr. 1 EStG). Die Berechnung der AfA lautet danach:

AfA 2007 =	500 000 € x 20 % =	100 000 €
	./. Abzug (§ 6b EStG)	16 000 €
		84 000 € x 3 % x $^6/_{12}$ = 1 260 €.

c) Die Bilanzansätze sind bei dieser Ausgangslage wie folgt zu entwickeln:

Grund und Boden bisher		300 000 €
+ Aufstockung (anteilige stille Reserven)		20 000 €
./. Abzug nach § 6b EStG		80 000 €
Buchwert 31. 12. 2007		240 000 €
Gebäude bisher		300 000 €
+ Aufstockung (anteilige stille Reserven)		40 000 €
./. Abzug nach § 6b EStG		16 000 €
./. AfA		
a) 4 % =	12 000 €	
b) 3 % =	1 260 €	13 260 €
Buchwert 31. 12. 2007		310 740 €
Betriebsvorrichtung bisher		90 000 €
+ Aufstockung		4 000 €
./. AfA 30 % degressiv x $^6/_{12}$		14 100 €
Buchwert 31. 12. 2007		79 900 €

Software bisher (§ 248 Abs. 2 HGB)	0 €
+ Aufstockung	12 000 €
./. AfA (§ 7 Abs. 1 EStG) x $^6/_{12}$	1 500 €
Buchwert 31. 12. 2007	10 500 €
Firmenwert bisher (§ 248 Abs. 2 HGB)	0 €
+ Aufstockung	48 000 €
./. AfA (§ 7 Abs. 1 Satz 3 EStG) x $^6/_{12}$	1 600 €
Buchwert 31. 12. 2007	46 400 €
Sonderposten mit Rücklageanteil bisher	120 000 €
./. Auflösung Anteil des W	24 000 €
./. Übertragung auf GruBo	80 000 €
./. Übertragung auf Gebäude	16 000 €
Buchwert 31. 12. 2007	0 €

Aufgabenabschnitt III: Verena Schwarze

1. Grundstücke Mozartstraße und Händelgasse

Die Übertragung des Eigentums am Grundstück Mozartstraße stellt eine Veräußerung von Wirtschaftsgütern des Anlagevermögens dar. Die von VS vorgenommenen Buchungen im Zusammenhang mit dieser Veräußerung sind zutreffend.

Die Veräußerung ist steuerfrei (§ 4 Nr. 9a UStG). Die von VS übernommenen Nebenkosten stehen daher im Zusammenhang mit dieser umsatzsteuerfreien Veräußerung. Aus diesem Grunde ist die Vorsteuer vom Abzug ausgeschlossen (§ 15 Abs. 2 Nr. 1 UStG) und gehört zu den Veräußerungskosten.

Berichtigung:

USt 2007: + 570 €

Gewinn 2007: ./. 570 €

Die Veräußerung des Grundstücks ist nach § 6b EStG begünstigt. Insbesondere ist die Vorbesitzzeit nach § 6b Abs. 4 Nr. 2 EStG erfüllt. Aus diesem Grunde können die anlässlich der Veräußerung realisierten stillen Reserven begünstigt übertragen werden. Der Veräußerungsgewinn beträgt nach § 6b Abs. 2 EStG:

Vereinbarter Kaufpreis	1 500 000 €
Veräußerungskosten	./. 3 570 €
Buchwert Grubo	./. 250 000 €
Begünstigter Veräußerungsgewinn	1 246 430 €

Die stillen Reserven i. H. v. 1 246 430 € können auf den im Vorjahr (2006) angeschafften Grund und Boden Händelgasse 10 und auf das in 2006 errichtete Gebäude übertragen werden (§ 6b Abs. 1 Satz 1 EStG). Der Übertragung erfolgt allerdings nicht durch Rückwärtsberichtigung, sondern nach § 6b Abs. 5 EStG in 2007 durch Abzug vom Buchwert zum 31. 12. 2006.

Voraussetzung hierfür ist, dass in der Handelsbilanz entsprechend verfahren wird (§ 5 Abs. 1 Satz 2 EStG, § 254 HGB). Dabei ist zur optimalen Ausnutzung der Steuervergünstigung zunächst ein Abzug beim Grund und Boden vorzunehmen (§ 6b Abs. 1 Satz 2 Nr. 1 EStG). Der verbleibende Betrag ist vom Buchwert des Gebäudes abzuziehen (§ 6b Abs. 1 Satz 2 Nr. 3 EStG).

VS hat das bebaute Grundstück Händelgasse bereits in Abbruchabsicht erworben. Da die auf dem Grundstück befindlichen Baulichkeiten technisch und wirtschaftlich verbraucht waren, sind die gesamten Anschaffungskosten ausschließlich für den Erwerb des Grund und Bodens aufgewendet worden (H 6.4 „Abbruchkosten" Nr. 3b EStH 2007). Die Abbruchkosten hingegen gehören zu den Herstellungskosten des neuen Betriebsgebäudes, weil im Anschluss an den Abriss ein Gebäude errichtet wurde (H 6.4 „Abbruchkosten" Nr. 3b und 3a EStH 2007).

Berichtigungen für 2006:

GruBo	+ 50 000 €
Gebäude	+ 10 000 € (evtl. Anlagen im Bau mit späterer Umbuchung!)
Gewinn	+ 60 000 €

Die Herstellungskosten betragen insgesamt 1 510 000 €. Die zeitanteilige AfA für 2006 beträgt 11 325 € (1 510 000 € x 3 % x $^{3}/_{12}$).

Berichtigungen für 2006:

Gebäude	+ 48 675 €
Gewinn	+ 48 675 €

Die Schnellbaukosten i. H. v. 300 000 € gehören zu den Herstellungskosten des Gebäudes (§ 255 Abs. 2 HGB). Sie können als Begründung für eine Teilwertabschreibung nicht ausreichen. Insbesondere liegt auch keine Fehlmaßnahme vor. Ein gedachter Erwerber hätte in vergleichbarer Lage entsprechend gehandelt (§ 6 Abs. 1 Nr. 1 Satz 3 EStG, R 6.7 EStR 2005 und H 6.7 „Fehlmaßnahme" EStH 2007).

Berichtigungen für 2006:

Gebäude	+ 300 000 €
Gewinn	+ 300 000 €

Der in 2007 durch Veräußerung realisierte Gewinn wird in diesem Jahr von den Buchwerten des Grund und Bodens und des Gebäudes zum 31. 12. 2006 bzw. 1. 1. 2007 abgezogen (§ 6b Abs. 5 EStG). Dabei ist nicht bis zum Zeitpunkt der Veräußerung zunächst AfA bezogen auf die für 2006 maßgebende Bemessungsgrundlage zu berücksichtigen.

Der Abzug beträgt beim Grund und Boden	350 000 €
Der Abzug beträgt beim Gebäude	896 430 €
	1 246 430 €

Der Abzug steht dem Veräußerungsgewinn gegenüber und erfolgt gewinnmindernd als Abschreibung (§ 254 HGB, § 5 Abs. 1 Satz 2, § 6b Abs. 1 EStG). Die AfA-Bemessungsgrundlage ist neu zu bestimmen (§ 6b Abs. 6 EStG):

AfA-Bemessungsgrundlage bisher	1 510 000 €
Abzug der stillen Reserven	./. 896 430 €
AfA-Bemessungsgrundlage ab 2007	613 570 €
Die AfA des Jahres 2007 beträgt	18 407 €*

HINWEIS

* Diese Sachbehandlung folgt aus der Aufgabenstellung. Bei anderen Vorgaben wäre es auch denkbar, auf einen Abzug beim Gebäude zu verzichten und stattdessen eine Rücklage zu passivieren, weil diese Passivierung der Minderung der AfA entgegen wirken würde. Im Rahmen einer Gesamtbeurteilung des Aufgabenabschnitts III wäre es bei anderer Aufgabenstellung auch möglich gewesen, vor einer Übertragung der stillen Reserven auf Gebäude in Tz 3.1. eine Übertragung durch Abzug von den Anschaffungskosten des Grundstücks in Tz 3.2. vorzunehmen.

Berichtigung:

Gebäude	+ 41 593 €
Gewinn	+ 41 593 €

Kontenentwicklungen

Grund und Boden	HB/StB	berichtigt	Gewinnauswirkungen
Anschaffung 1/2006	300 000	350 000	GuV + 50 000
Stand 31. 12. 2006	300 000	350 000	
Abzug nach § 6b EStG	0	350 000	GuV ./. 350 000
Stand 31. 12. 2007	300 000	0	

Gebäude	HB/StB	berichtigt	Gewinnauswirkungen
Herstellung 10/2006	1 500 000	1 500 000	
Abbruchkosten	0	+ 10 000	GuV + 10 000
AfA 2006	./. 60 000	./. 11 325	GuV + 48 675
TW-Abschreibung	./. 300 000	0	GuV + 300 000
Stand 31. 12. 2006	1 140 000	1 498 675	
Abzug nach § 6b EStG	0	./. 896 430	GuV ./. 896 430
AfA 2007	./. 60 000	./. 18 407	GuV + 41 593
Stand 31. 12. 2007	1 080 000	583 838	

2. Heidelberger Straße 100

Die Passivierung der Rücklage für Ersatzbeschaffung (RfE) zum 31.12.2006 ist nicht zu beanstanden. Die Übertragung der RfE durch Abzug von den Anschaffungskosten des Ersatzgrundstücks muss jedoch berücksichtigen, dass der bei der Veräußerung wegen drohender Enteignung erzielte Preis i. H. v. 500 000 € die Anschaffungskosten des Ersatzwirtschaftsguts übersteigt. In diesem Fall ist lediglich eine Teilübertragung zulässig (H 6.6 (3) „Mehrentschädigung" EStH 2007). Der nicht übertragbare Teil der RfE muss gewinnerhöhend aufgelöst werden, denn eine anderweitige Übertragung ist nicht zulässig.

Berechnung:

$$\frac{\text{Anschaffungskosten } 262\,750\,€ \times \text{RfE } 300\,000\,€}{\text{erzielter Preis } 500\,000\,€} = \text{übertragbar } 157\,650\,€$$

Berichtigungen:

Anschaffungskosten Ersatzgrundstück	262 750 €
./. übertragbarer Teil der RfE	157 650 €
zu aktivieren	105 100 €
bisher aktiviert	0 €
Berichtigung	**+ 105 100 €**
nach R 6.6 EStR 2005 zum 31.12.2007 zu passivieren	0 €
bisher passiviert	37 250 €
Berichtigung	**./. 37 250 €**
Gewinnauswirkung 2007:	**+ 142 350 €**

> **HINWEIS**
>
> Eine Rücklage nach § 6b EStG war im vorliegenden Falle nicht zulässig, weil weder die Frist von 6 Jahren (§ 6b Abs. 4 Nr. 2 EStG) noch die von 2 Jahren (§ 6b Abs. 8 Nr. 2 EStG) zum Zeitpunkt der Veräußerung erfüllt war.

3. Mobilfunkvertrag

Bei den Vereinbarungen zwischen einem Mobilfunkbetreiber und dem Kunden handelt es sich um ein einheitliches Vertragsverhältnis, das sich aus dem Kauf eines Mobilfunktelefons und dem Dienstleistungsvertrag zusammensetzt. Dieses Vertragsverhältnis begründet ein zeitraumbezogenes Dauerschuldverhältnis, wobei der Lieferung des Mobiltelefons als Gegenleistung die Verpflichtung des Kunden gegenübersteht, für die Dauer von zwei Jahren die Dienstleistungen des Providers mit dem dadurch bedingten Anfall von Grund- und Telefonkosten in Anspruch zu nehmen. Die verbilligte Überlassung des Mobilfunktelefons stellt sich damit als Sacheinnahme dar, die Ertrag für eine bestimmte Zeit nach dem Abschlussstichtag ist (§ 250 Abs. 2 HGB, § 5 Abs. 5 Satz 1 Nr. 2 EStG). VS hat diese Einnahme entsprechend der Laufzeit des Vertrages von 2 Jahren passiv abzugrenzen, weil es sich bei dem Mobilfunktelefon offensichtlich nicht um ein geringwertiges Wirtschaftsgut i. S. d. § 6 Abs. 2 EStG handelt (BMF v. 20.6.2005, BStBl 2005 I 801). Beachte die Absenkung der Obergrenze nach § 6 Abs. 2 EStG ab **2008**.

Das Mobilfunktelefon gehört zum beweglichen abnutzbaren Anlagevermögen und ist mit den Anschaffungskosten i. H. v. 660 € zu aktivieren. Die Abschreibung erfolgt bei einer bND von 3 Jahren mit $33^1/_3$ % linear und in 2006 zeitanteilig (§ 7 Abs. 1 Satz 1 und 4 EStG).

Berichtigungen:

a) **Betriebs-/Geschäftsausstattung**

Zugang 10/2006	660 €
./. AfA 2006 ($33^1/_3$ % x $^3/_{12}$)	55 €
Bilanzansatz 31.12.2006	605 €
./. AfA 2007	220 €
Bilanzansatz 31.12.2007	385 €

b) **Passive Rechnungsabgrenzung**

Zugang 10/2006	660 €
./. Auflösung 2006 ($^3/_{24}$)	83 €
Bilanzansatz 31.12.2006	577 €
./. Auflösung 2007 ($^{12}/_{24}$)	330 €
Bilanzansatz 31.12.2007	247 €
Gewinnauswirkung 2006:	**+ 28 €**
Gewinnauswirkung 2007:	**+ 110 €**

Punkteverteilung: Übungsklausur 7

I/1. Kapitalangleichung

Kapitalangleichung in HB	4
Korrektur des zvE	1
Grundstück	1
Forderung	1
USt- und KSt-Nachzahlungen	1
Materialbestand	1
GewSt-Rückstellung	1/10

I/2. Grundstücksveräußerung

vGA	1
Bewertung der vGA	2
zvE	1/4

I/3. Grundstück Kölner Straße

Anschaffungskosten	1
vGA	1
GrESt	1
Umbuchung	1
Außerhalb der Bilanz/zvE	1/5

I/4. Ferienhaus

§ 4 Abs. 5 Nr. 3 EStG	1
Vorsteuerabzug	1
Sachbezug der ArbN	1
USt	1
vGA	1
USt	1
zvE	1
Umbuchungen	1/8

I/5. Baustoff-AG

Veräußerung nicht nach § 6b Abs. 10 EStG begünstigt	1
Ermittlung des Veräußerungsgewinns	2
§ 8b Abs. 2 und § 8b Abs. 3 KStG	2
Wertaufholung	1
§ 8b Abs. 2 Satz 3 und § 8b Abs. 3 KStG	2
zvE	1/9

I/6. Darlehen

vGA	2
§ 8b Abs. 1 und § 8b Abs. 5 KStG	2
Ausschüttung aus dem steuerlichen Einlagekonto	2
Dividende und KapErStAbzug	2
Umbuchung	1
zvE	1/10

I/8. Verwaltungsrat

Vergütungen für Tätigkeit als Kontrollorgan	1
§ 10 Nr. 4 KStG	1
R 50 KStR	1/3

II/1. Bilanzsteuerrechtliche Würdigung

Lästiger Gesellschafter/Betriebsausgabe	2
Anschaffung von Anteilen an Wirtschaftsgütern	1
Beurteilung des Wettbewerbsverbots	1
Aufstockung der Bilanzwerte	2/6

II/2. Veräußerung

Ermittlung des Veräußerungsgewinns	2
Berücksichtigung des Gewinnzuschlags nach § 6b Abs. 7 EStG	1/3

II/3. Buchung des Geschäftsvorfalls

Ermittlung der Betriebsausgabe	2
Buchung	3/5

II/4. Bilanzierung zum 31.12.2007

Übertragung der verbliebenen § 6b-Rücklage	2
Bewertung des Grund und Bodens	1
Bewertung des Gebäudes	2
AfA-Gebäude	2
Andere WG und Rücklage	4/11

III/1. Grundstück Mozart

Veräußerungskosten/Vorsteuer	1
Begünstigter Gewinn nach § 6b EStG	2/3

III/1. Grundstück Händel

Anschaffungskosten GruBo in 2006	1
Herstellungskosten Gebäude 2006 inkl. Abbruchkosten und Schnellbau)	3
Keine Teilwertabschreibung	1
AfA 2006	1
Übertragung der stillen Reserven in 2007 (§ 6b Abs. 1 und 5 EStG)	2
AfA 2007	1
Kontenentwicklung/Staffel	2/11

III/2. Grundstück Heidelberger Straße

Übertragung der RfE / H 6.6 „Mehrentschädigung" EStH 2007	4
Berichtigungen	2/4

III/3. Mobilfunkvertrag

Anschaffungskosten des Handys	2
AfA	1
Pass. RAP	2
Auflösung	1
Berichtigungen	2/8
	100

ÜBUNGSKLAUSUR 8

Zander KG, Golf & Eagle GmbH, X-GmbH

Zander KG:
Geschäftsführergehalt, Gesellschafter-Darlehen, Einkünfte aus Vermietung und Verpachtung einer Komplementärin

Golf & Eagle GmbH:
Bebaute Grundstücke im Betriebsvermögen, gemischt genutzte Grundstücke, Absetzungen für außergewöhnliche technische oder wirtschaftliche Abnutzung, Fahrzeuge, Aktien, Abtretung von Rechten, Vermittlerprovision, Fertigerzeugnisse und Herstellungskosten, Verkaufspreisherabsetzung, Forderungen, Gewährung eines Baukostenzuschusses, Rückstellungen, Darlehen in fremder Währung

X-GmbH:
Darlehen in der Handels- und in der Steuerbilanz, latente Steuerbelastung

Vorbemerkungen

Die Klausur besteht aus **drei** Aufgabenabschnitten, die in beliebiger Reihenfolge gelöst werden können. Auf den Solidaritätszuschlag ist nur einzugehen, wenn sich dies aus Sachverhalt oder Aufgabenstellung jeweils ergibt.

Aufgabenabschnitt I: Zander KG

Aufgabe und Bearbeitungshinweise

Sie erhalten den Auftrag, zur Vorbereitung des Jahresabschlusses der Zander KG für 2007 die folgenden Sachverhalte rechtlich zu würdigen. Daneben sind

a) Berichtigungen zahlenmäßig zu entwickeln und kurz zu begründen.

b) Berichtigungen im Gesamthandsbereich durch Buchungssätze darzustellen.

c) Gewinnauswirkungen anzugeben.

d) bei der Buchung von Entnahmen, Einlagen oder bei Änderungen des Kapitalkontos jeweils anzugeben, welcher Gesellschafter betroffen ist.

e) GewSt-Auswirkungen aus Vereinfachungsgründen nicht zu beurteilen.

f) Sonderbilanzen aufzustellen, soweit Wirtschaftsgüter bzw. Schulden des Sonderbetriebsvermögens auszuweisen sind **(Anlage I)**.

Das Folgende ist bei der Bearbeitung zu beachten:

1. Die Zander KG wünscht, dass den von der KG bzw. ihren Gesellschaftern getroffenen Entscheidungen zu folgen ist, soweit Bilanzierungs- und Bewertungswahlrechte

auch mit steuerlicher Wirkung zulässig sind und bereits ausgeübt wurden. Im Übrigen gilt der Grundsatz, einen möglichst niedrigen steuerlichen Gewinn zu ermitteln.

2. Die Gewinnfeststellungsbescheide sind nach einer Betriebsprüfung für die Jahre bis einschließlich 2006 bestandskräftig und nach AO nicht mehr änderbar.
3. Die §§ 19 und 20 UStG sind nicht anzuwenden.
4. Wirtschaftsjahr = Kalenderjahr

Sachverhalt

1. Vertragsverhältnisse

Die Zander KG (Z-KG) betreibt in Bonn das Einrichtungshaus „Wohnen und Design". Am Gesellschaftsvermögen waren während des ganzen Jahres 2007 Verena Zander (VZ) als Komplementärin mit 40 % sowie als Kommanditisten Birgit Blau (BB) und Silke Weiß (SW) mit jeweils 15 % und die Bornheim GmbH & Co. KG mit 30 % beteiligt.

Neben VZ wurde auch der Gesellschafter-Geschäftsführer der Bornheim GmbH & Co. KG, der Textilingenieur Klaus Bornheim (KB), zum Geschäftsführer der Z-KG bestellt. Während VZ ein angemessenes Geschäftsführergehalt von monatlich 20 000 € zzgl. 3 800 € USt bezieht, erhält KB seinem Anstellungsvertrag zufolge von der Z-KG ein Gehalt von monatlich 15 000 €. Der Höhe nach ist auch dieses Gehalt angemessen, denn KB ist neben seiner geschäftsführenden Tätigkeit auch in der Kundenberatung für die Z-KG tätig. Auf die Kundenberatung entfällt etwa $1/3$ der Arbeitszeit. Für die gesamte Tätigkeit des KB gilt eine feste Arbeitszeit, eine Urlaubsregelung sowie eine Lohnfortzahlung im Krankheitsfall, vergleichbar der Regelung für andere Arbeitnehmer der Z-KG auch.

Die Gehaltszahlungen sind bei Fälligkeit am 15. eines Kalendermonats ausgezahlt und jeweils als Aufwand (35 000 €) bzw. Vorsteuer (3 800 €) gebucht worden. Diese Sachbehandlung entspricht für VZ auch den gesellschaftsvertraglichen Vereinbarungen. Danach ist das Gehalt auch dann zu zahlen und als Aufwand zu buchen, wenn die Z-KG Verluste machen sollte.

Die Z-KG hat nur hinsichtlich der Tätigkeit der VZ Gutschriften mit USt-Ausweis erteilt. Beide Geschäftsführer haben bisher keine USt-Voranmeldungen für 2007 beim Finanzamt abgegeben und Zahlungen insoweit auch nicht geleistet.

2. Grundstück Rosenstraße 5

Ende 2006 ergab sich für die Z-KG überraschend die Gelegenheit, das 3-geschossige Grundstück Rosenstraße 5 zu kaufen. Weil die Kreditlage der Z-KG kurzfristig den Erwerb nicht hätte ermöglichen können, hat VZ das Grundstück als Alleineigentümerin mit Übergang von Besitz, Gefahr, Nutzungen und Lasten am 1.3.2007 für 1,6 Mio. € zzgl. Übernahme der Erwerbsnebenkosten gekauft.

Veräußerer war die Caro KG, an der VZ als Kommanditistin seit 20 Jahren mit 25 % beteiligt ist. Die Caro KG hatte das Gebäude aufgrund Bauantrags vom 16.11.2004 auf dem in 2003 erworbenen Grund und Boden errichten lassen. Der Verkehrswert wurde auf den Erwerbszeitpunkt für den Grund und Boden mit 400 000 € und für das Gebäude mit 1 200 000 € zutreffend ermittelt.

Die Notariatskosten haben 7 500 € zzgl. 1 425 € in Rechnung gestellter USt betragen und wurden in 2007 ebenso wie die Grundbuchkosten i. H.v. 1 300 € von VZ aus Privatmitteln bezahlt. Der Grunderwerbsteuerbescheid wurde VZ im Juli 2007 bekannt gegeben. Die festgesetzte Steuerschuld hat VZ erst nach Einspruch und Rücknahme desselben Anfang Februar 2008 gezahlt.

> **HINWEIS**
>
> Auf etwaige steuerliche Nebenleistungen – Aussetzungszinsen etc. – ist nicht einzugehen.

Den Kaufpreis für das Grundstück hat VZ aus Festgeldern und im Übrigen i. H.v. 800 000 € durch ein bei der Caro KG aufgenommenes Gesellschafter-Darlehen finanziert. Das Darlehen wurde am 1.3.2007 an VZ ausgezahlt und ist erstmals zum 28.2.2008 mit 5 % zu tilgen. Der Zinssatz ist (unstreitig) angemessen und beträgt 8,25 % für 10 Jahre fest. Die Zinsen sind nachschüssig zusammen mit der jeweiligen Tilgung fällig. Zur Sicherung wurde eine Grundschuld eingetragen. Die Aufwendungen hierfür betrugen insgesamt 1 500 € und wurden von VZ 2007 aus privaten Mitteln bezahlt.

Im März 2007 hat VZ das Gebäude im EG, im I. OG und im II. OG renovieren lassen (Decken- und Wandanstrich, Tapetenwechsel). Die Aufwendungen haben insgesamt 45 000 € zzgl. USt i. H.v. 8 550 € betragen.

Nach diesen Arbeiten, die am 30.3.2007 abgeschlossen worden sind, hat VZ wie beabsichtigt ab dem 1.4.2007

a) EG und I. OG (zusammen 600 qm) an die Z-KG als Büro vermietet,

b) das II. OG (150 qm) für eine Monatsmiete von 500 € dem bei der Z-KG angestellten Betriebsleiter zu Wohnzwecken überlassen, damit dieser in Betriebsnähe ständig auf Abruf zur Verfügung steht.

Die Z-KG hat die Miete laut Mietvertrag i. H.v. 16 000 € zzgl. 3 040 € USt monatlich vorschüssig auf das private Girokonto der Komplementärin überwiesen und zutreffend als Mietaufwand bzw. Vorsteuer gebucht. Auch die Mietzahlungen des Betriebsleiters sind pünktlich vorschüssig auf diesem Konto eingegangen.

Außer den geschilderten Renovierungskosten sind im Jahr 2007 verschiedene Kosten (Haftpflicht, Grundsteuer etc.) für die Zeit vom 1.3. – 31.12.2007 i. H.v. 6 000 € angefallen und von VZ aus privaten Mitteln in 2007 bezahlt worden. Rechnungen mit gesondertem USt-Ausweis liegen insoweit nicht vor.

Aufgabenabschnitt II: Golf & Eagle GmbH

Auftrag

Sie sind beauftragt, beim Jahresabschluss der Golf & Eagle GmbH (GmbH) mit Sitz in Köln für **2007** mitzuwirken. Zu diesem Zweck sind die nachfolgend dargestellten Sachverhalte handels- und steuerrechtlich zu beurteilen.

1. Begründen Sie Ihre Entscheidungen und nennen Sie dabei die einschlägigen gesetzlichen Vorschriften des HGB, EStG, KStG und UStG sowie die EStR 2005. Auf gewerbesteuerrechtliche Fragen ist vereinfachend nicht einzugehen.
2. Entwickeln Sie ggf. zu berichtigende Bilanzansätze.
3. Nennen Sie jeweils die Korrekturbuchungen für **2007**. Geben Sie dazu jeweils die Auswirkungen auf den Jahresüberschuss laut Handelsbilanz (HB) und – soweit abweichend – auf den Gewinn laut Steuerbilanz (StB) an.
4. Soweit für Zwecke der Ermittlung des zu versteuernden Einkommens außerhalb der StB Korrekturen erforderlich sind, sind diese einzeln anzugeben.
5. Die Veranlagungen bis einschließlich 2006 sind nach AO nicht mehr änderbar.

HINWEISE

1. Die Golf & Eagle GmbH ist eine mittelgroße Kapitalgesellschaft. Die Voraussetzungen des § 7g Abs. 2 EStG in der Fassung für 2007 liegen nicht vor.
2. Soweit Bilanzierungs- bzw. Bewertungswahlrechte bestehen und sich aus dem Sachverhalt nichts anderes ergibt, ist die geringst mögliche steuerliche Belastung im Wirtschaftsjahr (Geschäftsjahr) 2007 anzustreben. Evtl. zulässige sog. steuerfreie Rücklagen sind daher nicht in 2007 zu übertragen, weil in den Folgejahren erhebliche Investitionen beabsichtigt sind.
3. Auf § 274 HGB ist nicht einzugehen.

Sachverhalt

Geschäftszweck der GmbH ist die Produktion und der Handel von bzw. mit Golfsportartikeln. Sitz der Gesellschaft ist Köln. Das Geschäftsjahr der GmbH ist mit dem Kalenderjahr identisch. Für 2007 wurde im Wege der doppelten Buchführung ein vorläufiger Jahresüberschuss von 1 535 600 € ermittelt.

1. Lagerhalle

Die GmbH hatte mit Wirkung zum 1. 10. 1995 ein Grundstück mit aufstehender Lagerhalle (Baujahr 1977; bND 75 Jahre) erworben. Die Anschaffungskosten betrugen für den Grund und Boden 250 000 € und für das Gebäude 450 000 €. Seit Erwerb ist die Lagerhalle mit jährlich 5 % von 450 000 € abgeschrieben worden. Der Buchwert zum 31. 12. 2006 beträgt daher 202 500 €.

Nachdem die GmbH verstärkt dazu übergegangen ist, ihre Lagerkapazitäten abzubauen und das „Just-in-time-Angebot" eines Spediteurs anzunehmen, wurde das Grundstück nicht mehr benötigt. Im September 2007 gelang es der Geschäftsführung, das Grundstück für 900 000 € (Anteil GruBo 400 000 €) zu veräußern. Besitz, Gefahr, Nutzungen und Lasten sind mit Wirkung zum 1. 10. 2007 auf den Erwerber übergegangen.

Der Erwerber hat sich verpflichtet, die Gebühren des Grundbuchamtes i. H. v. 500 €, die Notariatskosten i. H. v. 8 000 € zzgl. 1 280 € Umsatzsteuer und die Grunderwerbsteuer zu tragen. Der von der GmbH beauftragte Makler hat der GmbH 8 000 € zzgl. 1 520 € Umsatzsteuer gesondert in Rechnung gestellt.

Der Buchhalter hat folgende Buchungen veranlasst:

Bank	900 000 €	an	GruBo	250 000 €
		an	Lagerhalle	202 500 €
		an	s. b. Erträge	447 500 €
Grundstücksaufwand	8 000 €			
Vorsteuer	1 520 €	an	Bank	9 520 €

2. Gemischt genutztes Grundstück

Die GmbH hatte am 4. 1. 2005 ein gemischt genutztes bebautes Grundstück in Köln für Anschaffungskosten von 2 000 000 € (GruBo-Anteil 40 %) erworben. Die Nutzungsdauer des Gebäudes beträgt seit Erwerb unstreitig 20 Jahre. Die Buchungen bis zum 31. 12. 2006 sind nicht zu beanstanden.

Auf diesem Grundstück befindet sich ein Vorderhaus mit Büroräumen sowie ein zweigeschossiger Anbau mit Wohnungen. Zur besseren betrieblichen Nutzung des Vorderhauses wurde dieses vom Januar bis Mai 2007 zunächst teilweise abgerissen und sodann aufgestockt. Die Kosten der Baumaßnahme haben 900 000 € betragen. Darin sind die Abbruchkosten mit 60 000 € enthalten. Der Betrag von 900 000 € ist bei Zahlung in 2007 als Aufwand gebucht worden.

Bei der Ermittlung des vorläufigen Jahresüberschusses zum 31. 12. 2007 hat die Buchhaltung der GmbH darüber hinaus 100 000 € als Absetzung für außergewöhnliche technische oder wirtschaftliche Abnutzung (AfaA) gebucht. Dieser Betrag entspricht unstreitig dem Wert der abgebrochenen Gebäudesubstanz. Außerdem wurden 20 000 € aufgrund Rechnung des Architekten als Honorar für die Abbruchüberwachung gewinnmindernd erfasst.

Die Restnutzungsdauer des umgebauten Gebäudes verlängert sich ab 2007 auf 25 Jahre. Die AfA für 2007 ist im vorläufigen Jahresüberschuss noch nicht berücksichtigt. Vorsteuerbeträge wurden zutreffend gebucht.

3. Fahrzeuge

Die GmbH hat am 1. 3. 2007 einen Lkw für Anschaffungskosten von 195 000 € erworben. Die geschätzte Kilometerleistung für diesen Lkw beträgt 400 000 km. In 2007 wurden mit diesem Lkw bereits 116 000 km zurückgelegt. Die betriebsgewöhnliche Nutzungsdauer des Lkw beträgt 8 Jahre.

Der Buchhalter hat den Anschaffungsvorgang zutreffend erfasst. Er ist sich hinsichtlich der Wahl einer möglichst günstigen Abschreibung nicht sicher und hat deshalb noch keine AfA gebucht. Gründe für eine Teilwertabschreibung liegen nicht vor.

4. Aktien

Die GmbH hat in der Bilanz zum 31.12.2006 Aktien der Golfsport & Marketing AG (AG), Hamburg, im Nennwert von 400 000 € mit deren Anschaffungskosten in Höhe von 1 800 000 € aktiviert. Die GmbH ist Geschäftspartnerin der AG.

Zur Förderung ihres Absatzes will die GmbH künftig einen größeren Einfluss auf die unternehmerischen Entscheidungen der AG ausüben. Aus diesem Grunde erwarb sie im Oktober 2007 weitere Aktien der AG im Nennwert von 600 000 € zu einem Anschaffungspreis inkl. Nebenkosten i.H.v. 900 000 €. Nach dem Erwerb dieser weiteren Aktien hält die GmbH eine Beteiligung von mehr als 75 % des Grundkapitals der AG.

Der Aktienkauf wurde in 2007 auf dem Konto Beteiligungen im Finanzanlagevermögen erfasst. Der Börsenpreis (Kurswert zzgl. Kosten) der Aktien der AG beträgt zum 31.12.2007 bezogen auf den Nennwert 250 %. Es ist davon auszugehen, wie auch ein Blick auf die Börsennotierung am Tage der Bilanzaufstellung verdeutlicht, dass der Kurswert weiterhin steigen wird. Erkennbare Risiken, die eine niedrigere Bewertung erlauben würden, liegen nicht vor.

Bei der Ermittlung des vorläufigen Jahresüberschusses sind weitere Buchungen insoweit unterblieben.

5. Waren

Bei der Vorbereitung des Jahresabschlusses für 2007 wurde in der Bilanz zum 31.12.2007 ein von einem Lieferanten der GmbH noch nicht ausgelieferter Warenposten angesetzt und mit 30 000 € bewertet. Der Lieferant hatte mit einem seiner ostasiatischen Vorlieferanten im Oktober 2007 einen Kaufvertrag über diesen Warenposten in Höhe von 30 000 € abgeschlossen. Weil die Wiederbeschaffungskosten dieses Warenpostens im November 2007 auf 40 000 € angestiegen sind und mit einem weiteren Preisanstieg gerechnet werden musste, ließ sich die GmbH von ihrem Lieferanten das Recht aus dem Kaufvertrag mit dem Vorlieferanten gegen Zahlung von 10 000 € zzgl. 1 900 € Umsatzsteuer abtreten. Die Zahlung dieses Betrages erfolgte durch die GmbH im Dezember 2007. Eine Rechnung mit gesondertem Steuerausweis liegt insoweit vor.

Darüber hinaus zahlte die GmbH ebenfalls noch im Dezember 2007 an einen Geschäftsfreund, der sie auf diese günstige Einkaufsmöglichkeit hinwies, eine Vermittlungsprovision ohne Rechnung i.H.v. 1 000 €. Die Beträge wurden bei Zahlung in 2007 als Betriebsausgabe i.H.v. 11 000 € und als Vorsteuer i.H.v. 1 900 € gebucht. Nach den Unterlagen der GmbH betrugen die Wiederbeschaffungskosten eines vergleichbaren Warenpostens zum 31.12.2007 50 000 €.

6. Fertigerzeugnisse

Die GmbH erstellt und vertreibt den Artikel A, für den pro Einheit folgende Kosten der Herstellung und des Vertriebs anfallen:

Rohstoffe	1 000 €
Hilfsstoffe	500 €
Fertigungslöhne	2 000 €

Hilfslöhne	300 €
Abschreibungen	6 000 €
Kosten der Materialverwaltung	500 €
Kosten der allgemeinen Verwaltung	1 500 €
Versandkosten	800 €

Von den allgemeinen Verwaltungskosten sind bis zum 31.12.2007 schon 500 € entstanden und gewinnmindernd erfasst worden.

Bereits im November 2007 zeichnete sich ab, dass der Artikel A, für den bisher ein durchschnittlicher Gewinn von 15 % des Verkaufspreises ohne Umsatzsteuer erzielt werden konnte, im Markt nur noch schwer unterzubringen ist. Der nachweislich erzielbare Verkaufspreis dieser Fertigerzeugnisse am Bilanzstichtag 31.12.2007 musste daher herabgesetzt werden und beträgt nur noch jeweils 10 500 € zzgl. USt. Bei der Inventur zum 31.12.2007 wurde festgestellt, dass aus dieser Fertigung noch 10 Einheiten auf Lager lagen. Die fraglichen Artikel sollen in HB und StB mit dem niedrigst zulässigen Wertansatz ausgewiesen werden.

7. Forderungen aus Lieferungen und Leistungen

Die GmbH hat gegenüber den Kunden X und Y unstreitige Forderungen aus Lieferungen und Leistungen i.H.v. insgesamt 34 800 € (USt-Satz 16 %) weder in der Bilanz zum 31.12.2006 noch zum 31.12.2007 ausgewiesen.

a) Die Forderung gegenüber dem Kunden X i.H.v. 12 000 € zzgl. 1 920 € = 13 920 € ist irrtümlich seit ihrer Entstehung in 2003 nicht aktiviert worden. Mahnungen sind deshalb nicht erfolgt. Nach Aufdeckung des Irrtums hat X auf Anfrage im Rahmen der Vorbereitung der Bilanzaufstellung für 2007 im Februar 2008 erklärt, dass er auch in Ansehung der guten Geschäftsverbindungen die Zahlung im März 2008 veranlassen wolle. An der Bonität des Kunden X hat nie Zweifel bestanden.

b) Die Forderung gegenüber Y i.H.v. 18 000 € zzgl. 2 880 € = 20 880 € ist zum 31.12.2005 wegen Zahlungsunfähigkeit des Kunden abgeschrieben worden. Die Umsatzsteuer wurde berichtigt. Eine Nachprüfung des Falles ergab im November 2007, dass Y seine Zahlungsfähigkeit bereits im Laufe des Jahres 2007 zurückerlangt hatte. Bei einem Gespräch Anfang Dezember 2007 wurde vereinbart, dass Y den ausstehenden Betrag bis zum 31.1.2008 in voller Höhe zu zahlen habe. Das ist auch geschehen.

Buchungen sind hinsichtlich dieses Sachverhaltes in 2007 bisher nicht erfolgt.

8. Baukostenzuschuss

Die GmbH leistet am 1.10.2007 an einen Hotelier in München einen verlorenen Baukostenzuschuss i.H.v. 70 000 € zzgl. Umsatzsteuer. Dafür erhält sie von diesem Hotelier die vertraglich abgesicherte Zusage, dass ihre Firmenangehörigen bei Messe- und Kundenbesuchen in München innerhalb der nächsten 10 Jahre stets in dem Hotel wohnen können, wann immer sie anfragen. Der Buchhalter hat folgende Buchung veranlasst:

Reisekosten	70 000 €			
Vorsteuer	13 300 €	an	Bank	83 300 €

9. Auszubildende

Die GmbH hat seit 1997 jährlich jeweils 20 Auszubildende eingestellt. Sie übernimmt aber jedes Jahr lediglich zwei Auszubildende in ein festes Beschäftigungsverhältnis. Die Geschäftsführung teilt den Auszubildenden bereits bei der Einstellung mit, dass sie nicht davon ausgehen können, nach Abschluss ihrer Ausbildung in ein festes Arbeitsverhältnis übernommen zu werden.

Der GmbH entstehen durch die Ausbildung erhebliche Aufwendungen. Nach Auffassung der GmbH übersteigt der Wert ihrer künftigen Verpflichtungen aufgrund der abgeschlossenen Berufsausbildungsverträge den Wert der künftigen Leistungen der Auszubildenden. Aus diesem Grunde wurde in der vorläufigen Schlussbilanz zum 31. 12. 2007 eine Rückstellung in Höhe von 50 000 € passiviert. Der Betrag ist jedenfalls der Höhe nach nicht zu beanstanden.

10. Bankdarlehen

Die GmbH hat von einer kanadischen Bank ein Darlehen in kanadischer Währung über 200 000 kanadische Dollar (CAD) zur Finanzierung einer am 15. 1. 2006 in Kanada für 200 000 CAD erworbenen Produktionsanlage (bND 15 Jahre) erhalten. Das Darlehen ist in CAD zurückzuzahlen.

Bei Abschluss des Darlehensvertrages im Januar 2006 lag der Kurs (Briefkurs) bei 1 CAD = 1,40 €. Während der Wechselkurs am Bilanzstichtag 31. 12. 2006 auf 1,35 € gesunken war, erholte sich dieser zum 31. 12. 2007 auf 1,45 €. Bei Bilanzaufstellung für 2007 im Februar 2008 liegt der Wechselkurs bei 1,48 €.

Bei Aufnahme des Darlehens wurden 280 000 € passiviert. Tilgungen sind in 2006 und 2007 nicht erfolgt. Die Zinszahlungen wurden zutreffend erfasst. Weitere Buchungen sind bisher hinsichtlich des Darlehens nicht erfolgt.

Die Produktionsanlage ist mit 280 000 € aktiviert und degressiv abgeschrieben worden. Dabei hat sich folgende Kontenentwicklung ergeben:

Zugang 15. 1. 2006	280 000 €
./. AfA 2006 (30 %)	84 000 €
./. Teilwertabschreibung wegen Kursverfalls	10 000 €
Buchwert 31. 12. 2006	186 000 €
./. AfA 2007 (30 %)	55 800 €
+ Zuschreibung wegen Kurserholung	20 000 €
Buchwert 31. 12. 2007	150 200 €

Aufgabenabschnitt III: X-GmbH

Der folgende Sachverhalt wurde **fast** wörtlich einer Original-Prüfungsklausur entnommen und lediglich auf Rechtslage 2007 und Euro angepasst.

Sachverhalt

Die X-GmbH nahm am 2.1.2007 bei der A-Bank ein Darlehen über 100 000 € auf (Auszahlungskurs 90 %, jährliche Tilgung 10 %, Zinssatz 7 %, Bankzahlung). **Die Geschäftsführung der X-GmbH ließ die folgenden Buchungen vornehmen:**

a)	Bank	90 000 €			
	Zinsaufwendungen	10 000 €	an	Darlehen	100 000 €
b)	Darlehen	10 000 €	an	Bank	10 000 €
c)	Zinsaufwendungen	7 000 €	an	Bank	7 000 €

Aufgabe

1. Nehmen Sie dazu Stellung, ob diese Buchungen handelsrechtlich zulässig sind. Geben Sie die Vorschriften an, auf die Sie Ihre Lösung stützen.

2. Wie ist für Zwecke der Steuerbilanz zu buchen **ausgehend von den zuvor handelsrechtlich zulässigen Buchungen?**
   - Bilden Sie alle ggf. erforderlichen Buchungssätze.
   - Begründen Sie Ihre Entscheidung.

3. Ergeben sich ggf. weitere Folgerungen für die Handelsbilanz?

Zu Aufgabenabschnitt I – Anlage I

Sonderbilanz 31.12.2007 für _____

Sonder-GuV für 2007

LÖSUNG ÜBUNGSKLAUSUR 8

Zander KG, Golf & Eagle GmbH, X-GmbH

Aufgabenabschnitt I: Zander KG

1. Vertragsverhältnisse

a) Mitunternehmer

Die Gesellschafterinnen der Z-KG sind Mitunternehmer i. S. d. § 15 Abs. 1 Nr. 2 EStG im Wege unmittelbarer Beteiligung. Auch die Bornheim GmbH & Co. KG ist Mitunternehmerin der Z-KG und nimmt deshalb an der gesonderten und einheitlichen Feststellung des Gewinns der Z-KG als Feststellungsbeteiligte nach allgemeinen Grundsätzen teil.

Mitunternehmer der Z-KG ist darüber hinaus auch Klaus Bornheim (KB). Als Mitunternehmer der Bornheim GmbH & Co. KG, die als Obergesellschaft ihrerseits Mitunternehmerin der Z-KG (Untergesellschaft) ist, ist KB aufgrund mittelbarer Beteiligung Mitunternehmer dieser Untergesellschaft (Doppelstöckige Personengesellschaft, § 15 Abs. 1 Nr. 2 Satz 2 EStG).

b) Gewinnanteile und Vergütungen

Die Einkünfte der Gesellschafterinnen setzen sich zusammen aus den Anteilen am Gewinn der Z-KG (§ 15 Abs. 1 Nr. 2 1. Halbsatz EStG) und den Vergütungen gem. § 15 Abs. 1 Nr. 2 2. Halbsatz EStG.

Die Vergütung für die Tätigkeit der Komplementärin VZ ist zutreffend als Aufwand der KG gebucht worden, denn Vergütungen für eine Tätigkeit im Dienst der Gesellschaft i. S. d. § 15 Abs. 1 Nr. 2 2. Halbsatz EStG sind gewinnmindernd in der Gesamthandsbilanz der KG zu erfassen.

> **HINWEIS**
>
> Oftmals werden diese Entgelte als Vorwegvergütung oder Vorabvergütung bezeichnet, was zur Verwechselung mit dem gesellschaftsvertraglich vereinbarten Vorweggewinn führen kann und insbesondere im Hinblick auf § 15a EStG sowie auch der Steuerbarkeit nach UStG oftmals zu falschen Entscheidungen führt.

In Folge sind sie nach den Grundsätzen der korrespondierenden Bilanzierung bei der Gewinnermittlung als Sonderbetriebseinnahmen wieder hinzuzurechnen, wenn entweder eine auf Gewinnminderung gerichtete Vereinbarung nach Art eines Dienstvertrages vorliegt oder wenn aufgrund einer Regelung im Gesellschaftsvertrag Aufwand zu erfassen ist und dies auch dann zu geschehen hat, wenn ein Verlust erwirtschaftet wird (BFH v. 13. 10. 1998, BStBl II 1999, 284).

Die selbständige geschäftsführende Tätigkeit der Komplementärin unterliegt der Umsatzsteuer (§ 1 Abs. 1 Nr. 1 UStG). Der Vorsteuerabzug der KG ist deshalb nicht zu beanstanden (§ 15 Abs. 1 Nr. 1 UStG). Die USt-Schuld der VZ für 2007 ist in der Sonderbilanz zum 31. 12. 2007 zu passivieren. Im Allgemeinen ist es nicht erforderlich, Tätigkeitsvergütungen in der Sonderbilanz nebst Sonder-GuV auszuweisen. Stattdessen genügt es, die Beträge im Rahmen der Gewinnermittlung und -verteilung zu berücksichtigen und damit in die gesonderte und einheitliche Gewinnfeststellung einzubeziehen. Wenn aber – wie hier – mit dem Bezug der Vergütung zu passivierende Schulden des Sonderbetriebsvermögens verbunden sind, ist der Bilanzausweis zwingend. Die Auszahlung der Vergütungen ist dabei als Entnahme zu erfassen.

Zur Aufstellung der Sonderbilanz ist die KG verpflichtet (BFH v. 25.1.2006, BStBl 2006 II 418).

Sonderbilanz siehe Anlage I.

Nach § 15 Abs. 1 Nr. 2 Satz 2 EStG steht der mittelbar beteiligte Gesellschafter dem unmittelbar beteiligten Gesellschafter gleich. Dementsprechend ist das Gehalt, das Klaus Bornheim von der Z-KG bezieht, zwar zutreffend als Aufwand erfasst worden, jedoch ebenfalls als Vergütung dem gesondert und einheitlich festzustellenden Gewinn der Z-KG wieder hinzuzurechnen (§ 15 Abs. 1 Nr. 2 2. Halbsatz EStG). Hierfür ist unmaßgeblich, ob die Tätigkeit geschäftsführend oder lediglich beratend ist.

Die Tätigkeit Bornheims ist nicht als steuerbare Leistung nach § 1 Abs. 1 Nr. 1 UStG zu beurteilen, weil keine selbständige Tätigkeit i. S. d. § 2 Abs. 1 UStG vorliegt (BMF v. 31.5.2007, BStBl I 2007, 503, Tz 3). Der Aufstellung einer Sonderbilanz bedarf es nicht, weil mit der Zahlung der Vergütung keine Bilanzposten verbunden sind.

2. Grundstück Rosenstraße 5

a) Sonderbetriebsvermögen

Das Grundstück gehört seit dem 1.3.2007 zum notwendigen Sonderbetriebsvermögen der Z-KG, weil es eigenbetrieblichen Zwecken der KG dient (§ 5 Abs. 1 EStG, R 4.2 Abs. 2, 7 und 12 EStR 2005).

Dazu gehört auch die Wohnung, die aus betrieblichen Gründen einem Arbeitnehmer zu Wohnzwecken überlassen worden ist (R 4.2 Abs. 4 Satz 2 EStR 2005, H 4.2 (7) „Vermietung an ArbN" EStH 2007).

Das Gebäude ist nach § 5 Abs. 1 und 6 i. V. m. § 4 Abs. 1 EStG in einer Sonderbilanz zu aktivieren und nach § 6 Abs. 1 Nr. 1 und § 7 Abs. 4 Satz 1 EStG mit den Anschaffungskosten abzgl. AfA zu bewerten. Da das Gebäude im vollen Umfang zum Sonderbetriebsvermögen gehört, ist auch der Grund und Boden als Wirtschaftsgut des nicht abnutzbaren Anlagevermögens mit den Anschaffungskosten zu aktivieren (§ 5 Abs. 1 und 6, § 6 Abs. 1 Nr. 2 EStG, R 4.2 Abs. 7 Satz 1 und 2 EStR 2005).

b) Anschaffungskosten

Die Anschaffungskosten sind nach folgenden Grundsätzen zu ermitteln:

1. Der Gesamtkaufpreis für den Grund/Boden und das Gebäude ist nach dem Verhältnis der Teilwerte aufzuteilen. Die Verkehrswerte bilden dabei eine zutreffende Schätzungsgrundlage.
2. Die Vorsteuer laut Rechnung des Notars in Höhe von 1 425 € ist wegen der steuerfreien Vermietung an den Betriebsleiter zum Teil vom Abzug ausgeschlossen (§ 15

Abs. 2 Nr. 1, Abs. 4 UStG). Der nicht abziehbare Teil der Vorsteuer (1 425 € x $^{150}/_{750}$ = 285 €) gehört nach § 9b Abs. 1 EStG (Umkehrschluss) zu den Anschaffungskosten des Wirtschaftsguts, auf das er entfällt. Im Verhältnis der Verkehrswerte ist die nicht abziehbare Vorsteuer als Teil der Anschaffungskosten des Grund und Bodens mit 71 € (1 425 € x 400 000/1 600 000 x 150/750 qm) und mit 214 € beim Gebäude zu aktivieren.

3. Die Grundbuchgebühren i. H. v. 1 300 € gehören zu den Anschaffungskosten, denn sie sind durch den Anschaffungsvorgang veranlasst. Die Zahlung ist als Einlage zu beurteilen.

4. Die Grunderwerbsteuer beträgt 3,5 % der Gegenleistung i. H. v. 1 600 000 €. Die Steuer wird jedoch nicht erhoben in Höhe des Anteils von 25 %, zu dem VZ am Gesamthandsvermögen der Caro KG (Veräußerer) beteiligt ist (§ 6 Abs. 2 GrEStG). Die Grunderwerbsteuer beträgt daher 42 000 €.

Die Grunderwerbsteuer ist bereits in 2007 den Anschaffungskosten hinzuzurechnen, denn sie ist durch den Anschaffungsvorgang veranlasst. Bis zum Zeitpunkt der Zahlung ist eine sonstige Verbindlichkeit zu passivieren. Anstelle der Verbindlichkeit ist eine Rückstellung ebenfalls vertretbar.

HINWEIS
Die Passivierung als Rückstellung ist nicht zu beanstanden. § 5 Abs. 4b EStG steht dem nicht entgegen, weil es sich nicht um Aufwendungen für eine Anschaffung in **künftigen** Wirtschaftsjahren handelt.

5. Aufwendungen für die Schönheitsreparaturen gehören nicht zu den Anschaffungskosten. Es handelt sich der Sache nach um Erhaltungsaufwendungen und damit um Sonderbetriebsausgaben, die auch nicht als anschaffungsnahe Herstellungskosten zu beurteilen sind, weil die in § 6 Abs. 1 Nr. 1a EStG genannte Grenze von 15 % der Gebäude-Anschaffungskosten bei weitem nicht erreicht wird. Der Vorsteuerbetrag von 8 550 € ist hinsichtlich des II. OG i. h. v. 1 710 € ($^{150}/_{750}$) nicht abziehbar und gehört insoweit zu den Sonderbetriebsausgaben.

6. Die Grundstückskosten i. H. v. 6 000 € sind Sonderbetriebsausgaben.

7. Kontenentwicklung

		GruBo	Betrieb (600)	Wohnung (150)
a)	Kaufpreis	400 000 €	960 000 €	240 000 €
b)	Notariatskosten	1 875 €	4 500 €	1 125 €
c)	Grundbuchkosten	325 €	780 €	195 €
d)	GrESt	10 500 €	25 200 €	6 300 €
e)	Nicht abziehbare VorSt	71 €		214 €
Anschaffungskosten		**412 771 €**	**990 480 €**	**247 834 €**

./. AfA (§ 7 Abs. 4 Nr. 1 EStG) 990 480 x 3 % (x $^{10}/_{12}$)		24 762 €	
./. AfA (§ 7 Abs. 4 Nr. 2 EStG) 247 834 x 2 % (x $^{10}/_{12}$)			4 131 €
Bilanzansätze 31. 12. 2007	412 771 €	965 718 €	243 703 €

c) Sonderbetriebseinnahmen

Die Mietzahlungen sind nach § 15 Abs. 1 Nr. 2 2. Halbsatz EStG Sonderbetriebseinnahmen. Das gilt sowohl für die Zahlungen der Z-KG als auch für die Miete des Betriebsleiters. Die USt-Schuld aufgrund der Option für die Vermietung an die Z-KG ist in der Sonderbilanz zu passivieren.

d) Finanzierung

Die Darlehensschuld zur Finanzierung des Kaufpreises gehört zum notwendigen Sonderbetriebsvermögen und ist in der Sonderbilanz zu passivieren (§ 5 Abs. 1 EStG, R 4.2 Abs. 15 EStR 2005). Unmaßgeblich ist, dass Gläubigerin die Caro KG ist, an der VZ ebenfalls beteiligt ist. Aus dem Sachverhalt ergeben sich keine Anhaltspunkte dafür, dass die Darlehensvereinbarung einem Fremdvergleich nicht standhalten würde.

Die Zinsen sind bei der Caro KG Betriebseinnahmen nach allgemeinen Grundsätzen und stellen bei VZ insoweit Sonderbetriebsausgaben dar, als sie auf das Wirtschaftsjahr 2007 entfallen. Dementsprechend ist zum 31. 12. 2007 eine Zinsverbindlichkeit von 55 000 € (800 000 € x 8,25 % x $^{10}/_{12}$) in der Sonderbilanz zu passivieren.

Die Kosten der Eintragung der Grundschuld in das Grundbuch i. H. v. 1 500 € sind Sonderbetriebsausgaben und wegen Zahlung aus privaten Mitteln zugleich Einlagen.

Sonderbilanz siehe Anlage I.

Aufgabenabschnitt II: Golf & Eagle GmbH

1. Lagerhalle

Das Lagergrundstück gehört seit dem 1. 10. 1995 zum notwendigen Betriebsvermögen der GmbH. Der Anschaffungsvorgang wurde zutreffend erfasst. Der Grund und Boden ist nach § 253 Abs. 2 HGB, § 5 Abs. 1 EStG i. V. m. § 6 Abs. 1 Nr. 2 EStG mit den Anschaffungskosten von 250 000 € zu bewerten. Das Gebäude ist nach § 253 Abs. 2 HGB, § 5 Abs. 1 EStG i. V. m. § 6 Abs. 1 Nr. 1 EStG mit den Anschaffungskosten von 450 000 € abzüglich AfA nach § 7 Abs. 4 Satz 1 Nr. 2a EStG bei einem AfA-Satz von 2 % zu bewerten.

Die überhöht in Anspruch genommene AfA von jährlich 5 % wird für die nach der AO nicht mehr änderbaren Jahre bis einschließlich 2006 nicht mehr korrigiert. Es findet insbesondere keine erfolgswirksame Bilanzberichtigung nach Art einer Reaktivierung in der Bilanz des Jahres 2007 statt.

Vielmehr ist die AfA von 2007 an mit 2 % der Anschaffungskosten vorzunehmen, so dass sich ein kürzerer Abschreibungszeitraum als 50 Jahre ergibt (vgl. H 7.4 „Unterlassene …. AfA" EStH 2007). Bis zum Ausscheiden des Gebäudes durch Veräußerung Ende September 2007 ist die AfA zeitanteilig zu berechnen (R 7.4 Abs. 8 EStR 2005).

Kontenentwicklung:

Gebäude	bisher	berichtigt	Auswirkungen
Buchwert 31.12.2006	202 500 €	202 500 €	
./. AfA 2007 ($^9/_{12}$)		6 750 €	GuV ./. 6 750 €
Buchwert 31.10.2007	202 500 €	195 750 €	

Korrekturbuchung:

Abschreibungen	6 750 €	an	Gebäude	6 750 €

Gewinn lt. HB/StB: ./. 6 750 €

Die Veräußerung des Grundstücks ist nach § 6b EStG begünstigt, weil sämtliche Voraussetzungen i. S. d. § 6b Abs. 1 und Abs. 4 EStG vorliegen, insbesondere ist das Grundstück nach mehr als sechsjähriger Zugehörigkeit zum Anlagevermögen durch Veräußerung aus dem Betriebsvermögen ausgeschieden.

Der Veräußerungsgewinn beträgt 444 730 € (§ 6b Abs. 2 EStG) und ist wie folgt zu ermitteln:

Verkaufspreis	900 000 €
./. Buchwert Grund und Boden	250 000 €
./. Buchwert Gebäude	195 750 €
./. Veräußerungskosten	9 520 €
Veräußerungsgewinn	**444 730 €**

Die Vorsteuer aus den Maklerkosten ist nach § 15 Abs. 2 Nr. 1 UStG vom Abzug ausgeschlossen, denn die Veräußerung des Grundstücks ist steuerfrei nach § 4 Nr. 9a UStG. Anhaltspunkte für eine wirksame Option ergeben sich aus dem Sachverhalt nicht. Die nichtabziehbare Vorsteuer gehört zu den Veräußerungskosten i. S. d. § 6b Abs. 2 EStG.

Da laut Aufgabenstellung keine Übertragung der aufgedeckten stillen Reserven vorgenommen werden soll, erfolgt eine Einstellung in den Sonderposten mit Rücklageanteil nach § 247 Abs. 3 HGB i.V.m. § 273 HGB und § 5 Abs. 1 Satz 2 i.V.m. § 6b Abs. 3 Satz 1 EStG. Die Einstellung ist nach § 281 Abs. 2 HGB unter den sonstigen betrieblichen Aufwendungen zu erfassen.

Gleichzeitig ist eine Korrektur der sonstigen betrieblichen Erträge in Höhe von 6 750 € erforderlich, denn in diesem Umfang weicht der Buchwert der Lagerhalle nach Berichtigung (s. o.) vom bisher erfassten Abgang ab.

Korrekturbuchungen:

Gebäude	6 750 €	an	s. b. Erträge	6 750 €
s. b. Aufwendungen	9 520 €	an	Grundstücksaufwand	8 000 €
		an	Vorsteuer	1 520 €

s. b. Aufwendungen	444 730 €	an	SoPo/RL (§ 6b)	444 730 €

Gewinn lt. HB/StB: ./. 439 500 €

2. Gemischtgenutztes Grundstück

Das Gebäude ist in der Absicht erworben worden, es teilweise abzubrechen und anschließend umzubauen. Der anteilige Restbuchwert i. H. v. 100 000 €, die Abbruchkosten sowie das Honorar des Architekten für die Überwachung des Abbruchs sind daher Teil der nachträglichen Herstellungskosten für die Aufstockung, denn die zum Abbruch eines Gebäudes entwickelten Grundsätze sind auch im Falle eines Teilabbruchs anzuwenden (H 6.4 Satz 1 Nr. 3, Satz 3 und 4 sowie Satz 5 Buchst. a „Abbruchkosten" EStH 2007). Die Buchung einer AfaA entsprechend § 7 Abs. 1 Satz 7 EStG kommt folglich nicht in Betracht. Dementsprechend ist auch § 11c Abs. 2 EStDV nicht anzuwenden.

Da der Betrag von 100 000 € bereits im Buchwert des Gebäudes enthalten ist, sind lediglich noch die Baukosten inkl. Abbruchkosten und die Architektenkosten gewinnerhöhend zu aktivieren.

Bei Gebäuden, die nach § 7 Abs. 4 Satz 2 EStG abgeschrieben werden, ist die AfA nach R 7.3 Abs. 5 EStR 2005 zu bestimmen (vgl. auch H 7.3 „Nachträgliche …" EStH 2007 sowie R 7.4 Abs. 9 EStR 2005 und H 7.4 „Nachträgliche …" EStH 2007). Danach ist der Restbuchwert um die nachträglichen Herstellungskosten zu erhöhen und unter Anwendung des für das Gebäude geltenden AfA-Satzes abzuschreiben. Dabei sind die Aufwendungen so zu behandeln, als wären sie zu Beginn des Jahres 2007 angefallen:

Anschaffungskosten des Gebäudes	1 200 000 €
./. AfA 2005 und 2006 jeweils 5 %	120 000 €
Buchwert 31. 12. 2006	1 080 000 €
+ nachträgliche Herstellungskosten	920 000 €
AfA-Bemessungsgrundlage	2 000 000 €
./. AfA für 2007 (bRND 25 Jahre = 4 %)	80 000 €
Buchwert 31. 12. 2007	1 920 000 €

Korrekturbuchungen:

Gebäude	1 020 000 €	an	AfaA	100 000 €
		an	s. b. Aufwendungen	920 000 €
Abschreibungen	80 000 €	an	Gebäude	80 000 €

Gewinn lt. HB/StB: + 940 000 €

3. Fahrzeuge

Der LKW gehört zum beweglichen abnutzbaren Anlagevermögen und ist nach § 253 Abs. 1 und 2 HGB i.V. m. § 5 Abs. 1 und 6, § 6 Abs. 1 Nr. 1 EStG mit den Anschaffungskosten abzüglich AfA zu bewerten.

Die höchstmögliche Abschreibung ergibt sich mit Hilfe der Leistungs-AfA, die nach § 7 Abs. 1 Satz 6 EStG mit umgekehrter Maßgeblichkeit zulässig ist (§ 5 Abs. 1 Satz 2 EStG). Die GmbH muss den auf das einzelne Jahr entfallenden Umfang der Leistung nachweisen (R 7.4 Abs. 5 Satz 2 – 4 EStR 2005). Davon kann hier ausgegangen werden:

$$\frac{\text{Anschaffungskosten} \quad 195\,000\,\text{€}}{\text{Gesamtkilometer} \quad 400\,000\,\text{€}} \times 116\,000\text{ km} = 56\,550\,\text{€}$$

Diese Abschreibung liegt über dem möglichen AfA-Betrag nach § 7 Abs. 2 EStG, der unter Berücksichtigung zeitanteiliger Abschreibung für 2007 nur 32 500 € betragen würde. Es ist nicht zu beanstanden, wenn die Grundsätze der Leistungs-AfA auch in der Handelsbilanz als planmäßige Abschreibung i. S. d. § 253 Abs. 2 HGB beurteilt wird.

Korrekturbuchung:

Abschreibungen   56 550 €   an   Fahrzeuge   56 550 €

Gewinn lt. HB/StB: ./. 56 550 €

4. Aktien

Die Beteiligung an der Golfsport & Marketing AG gehört zu den Finanzanlagen und ist nach § 253 Abs. 2 HGB i.V. m. § 5 Abs. 1 und 6, § 6 Abs. 1 Nr. 2 EStG grundsätzlich mit den Anschaffungskosten zu bewerten. Gegenstand der Bewertung sind im vorliegenden Fall nicht die einzelnen Aktien, sondern das gesamte Aktienpaket, denn es handelt sich um eine Beteiligung an der AG, auf die die GmbH einen beherrschenden Einfluss tatsächlich ausüben will (§ 271 Abs. 1 HGB).

Die Anschaffungskosten dieser Beteiligung betragen mithin 2 700 000 € (1 800 000 € + 900 000 €). Dies entspricht bei einem Nennwert von 1 000 000 € einem Börsenpreis von 270 %.

Da der Börsenpreis der Aktien zum 31. 12. 2007 jedoch lediglich 250 % beträgt, kann in der Handelsbilanz eine außerplanmäßige Abschreibung vorgenommen werden (§ 253 Abs. 2 HGB, § 279 Abs. 1 Satz 2 HGB). Auf die Dauer der voraussichtlichen Wertminderung kommt es dabei nicht an. Der Ansatz in der Handelsbilanz beträgt daher 2 500 000 €.

Korrekturbuchung:

Abschreibungen   200 000 €   an   Beteiligungen   200 000 €

Jahresüberschuss lt. HB: ./. 200 000 €

In der Steuerbilanz ist die Teilwertabschreibung dagegen unzulässig, denn hierfür wäre nach § 6 Abs. 1 Nr. 2 Satz 2 EStG eine voraussichtlich dauernde Wertminderung erforderlich. Diese liegt nach Sachverhalt erkennbar nicht vor. Wegen zwingend abweichender Bewertung ist daher der handelsrechtlich zulässige Ansatz nicht für die Steuerbilanz maßgeblich (§ 5 Abs. 1 und 6 EStG, Bewertungsvorbehalt). Der Ansatz in der Steuerbilanz beträgt folglich 2 700 000 €.

Die Abweichung der Steuerbilanz von der Handelsbilanz kann nach § 60 Abs. 2 Satz 2 EStDV durch Aufstellung einer selbständigen Steuerbilanz verdeutlicht werden. Es genügen aber auch Erläuterungen zur Abweichung gegenüber der Handelsbilanz (§ 60 Abs. 2 Satz 1 EStDV).

Gewinn lt. StB (gegenüber HB): + 200 000 €

5. Waren

Im vorliegenden Fall handelt es sich zwischen der GmbH und ihrem Lieferanten um ein beiderseitig zum 31. 12. 2007 auch nicht teilweise erfülltes Geschäft, mithin um ein schwebendes Geschäft, das nicht bilanziert werden darf. Ein Ausweis des Warenpostens in der Bilanz der GmbH kommt daher nicht in Betracht (§ 246 Abs. 1 HGB, § 5 Abs. 1 Satz 1 EStG).

Da die Wiederbeschaffungskosten für den fraglichen Warenposten am 31. 12. 2007 (50 000 €) über dem vereinbarten Kaufpreis von 30 000 € zuzüglich Abstandszahlung von 10 000 € und Vermittlungsprovision von 1 000 € liegen, droht aus dem schwebenden Geschäft kein Verlust.

Die Passivierung einer Rückstellung für drohende Verluste aus schwebenden Geschäften ist daher unzulässig (§ 249 Abs. 1 Satz 1 HGB). Für Zwecke der Steuerbilanz ist eine entsprechende Prüfung entbehrlich, weil diese Rückstellungen ohnehin nicht gebildet werden dürfen (§ 5 Abs. 4a EStG).

Allerdings muss die GmbH die Zahlungen von 10 000 € an den Lieferanten und von 1 000 € an den Geschäftsfreund als geleistete Anzahlungen aktivieren. Es handelt sich um künftige Anschaffungskosten für den noch auszuliefernden Warenposten (§ 255 Abs. 1 HGB). Der Vorsteuerabzug erfolgte zu Recht.

Korrekturbuchungen:

Geleistete Anzahlungen	11 000 €	an	s. b. Aufwendungen	11 000 €
Bestandsveränderungen	30 000 €	an	Warenbestand	30 000 €

Gewinn lt. HB/StB: ./. 19 000 €

BEACHTE

Im Hinblick auf die Zahlung ohne Rechnung an den Geschäftsfreund droht eine Anfrage der Finanzbehörde nach § 160 AO. Solange diese allerdings nicht erfolgt ist, besteht keine Verpflichtung, bereits von sich aus Konsequenzen zu ziehen.

6. Fertigerzeugnisse

Die Fertigerzeugnisse sind als Vermögensgegenstände des Umlaufvermögens nach § 253 Abs. 1 und Abs. 3 HGB mit den Herstellungskosten oder dem niedrigeren beizulegenden Zeitwert zu bewerten. Steuerrechtlich beruht die Bewertung auf § 5 Abs. 1 und 6, § 6 Abs. 1 Nr. 2 EStG.

Die Bewertung dieser Fertigerzeugnisse in der Handelsbilanz erfolgt mit den Herstellungskosten gemäß § 255 Abs. 2 HGB. Da ein möglichst niedriger Ansatz erfolgen soll, ist zu berücksichtigen, dass § 255 Abs. 2 HGB lediglich die Einbeziehung der Einzelkosten zwingend verlangt:

Rohstoffe	1 000 €
+ Hilfsstoffe	500 €
+ Fertigungslöhne	2 000 €
Herstellungskosten nach Handelsrecht	**= 3 500 €**

Der nachweislich erzielbare Verkaufspreis i. H.v. 10 500 € zzgl. USt liegt sowohl über den Herstellungskosten als auch über den Selbstkosten, die auch die Versandkosten umfassen. Aus diesem Grunde sind in der Handelsbilanz zum 31. 12. 2007 die Fertigerzeugnisse mit den aktivierungspflichtigen Herstellungskosten i. H.v. 35 000 € (10 x 3 500 €) auszuweisen.

Korrekturbuchung:

Fertigerzeugnisse 35 000 € an Bestandsveränderungen 35 000 €

Jahresüberschuss: + 35 000 €

Auch steuerrechtlich sind die Fertigerzeugnisse mit den Herstellungskosten zu bewerten (§ 6 Abs. 1 Nr. 2 EStG, R 6.3 EStR 2005). Anders als im Handelsrecht dürfen die notwendigen Fertigungs- und Materialgemeinkosten jedoch nicht unberücksichtigt bleiben (vgl. H 6.3 „Bewertungswahlrecht" EStH 2007). Wegen des Bewertungsvorbehalts (§ 5 Abs. 6 EStG) ist die in der HB vorgenommene Bewertung für die StB nicht maßgeblich. Stattdessen ist die folgende Rechnung geboten.

Rohstoffe	1 000 €
+ Hilfsstoffe	500 €
+ Materialgemeinkosten	500 €
+ Fertigungslöhne	2 000 €
+ Hilfslöhne	300 €
+ Abschreibungen	6 000 €
Herstellungskosten nach Steuerrecht	**10 300 €**

Nach § 6 Abs. 1 Nr. 2 Satz 2 EStG ist eine Teilwertabschreibung nur im Falle einer voraussichtlich dauernden Wertminderung zulässig. Dabei ist zu beachten, dass die Wirtschaftsgüter des Umlaufvermögens zum Verkauf bestimmt sind, so dass für die Beurteilung einer dauernden Wertminderung auch nur deren kurze Verbleibenszeit im Unternehmen von Bedeutung sein kann.

Soweit daher bis zur Bilanzaufstellung keine werterhöhenden Umstände bekannt werden, ist davon auszugehen, dass die Wertminderung i. S. d. § 6 Abs. 2 Satz 2 EStG von Dauer ist (BMF v. 29. 2. 2000, BStBl 2000 I 372). Diese Voraussetzungen liegen hier vor, denn der erzielbare Verkaufspreis erhellt im Rahmen einer absatzmarktorientierten Bewertung (retrograde Bewertung, vgl. auch H 6.7 und 6.8 „retrograde Wertermittlung bzw. Bewertungsmethode" EStH 2007) bereits bezogen auf den Bilanzstichtag eine dauernde Wertminderung. Die Berechnung des Teilwerts könnte dabei mit der Formel lt. R 6.8 Abs. 2 EStR 2005 erfolgen.

Dies setzt jedoch voraus, dass dem Sachverhalt der Rohgewinnaufschlagsatz entnommen werden könnte. Das ist vorliegend nicht der Fall, so dass der Teilwert für diese Artikel nach R 6.8 Abs. 2 Satz 3 EStR 2005 (sog. Subtraktionsmethode entsprechend H 6.8 EStH 2007) mit folgender Rechnung zu ermitteln ist:

erzielbarer Verkaufspreis	10 500 €
./. durchschnittlicher Unternehmergewinn → 10 500 € x 15 %	1 575 €
./. Verwaltungskosten nach Stichtag	1 000 €
./. Vertriebskosten nach Stichtag	800 €
Teilwert	**7 125 €**

Die Teilwertabschreibung für diese Artikel beträgt daher jeweils 3 175 € (Herstellungskosten 10 300 € ./. 7 125 €). Für Zwecke der Steuerbilanz erfolgt die Bewertung folglich mit 71 250 €. Dieser Betrag liegt oberhalb des nach Handelsrecht zulässigen Ansatzes. Daher kann der Grundsatz der umgekehrten Maßgeblichkeit die Teilwertabschreibung nicht verhindern (§ 5 Abs. 1 Satz 2 EStG). Die Abweichung der Steuerbilanz von der HB ist nach § 60 Abs. 2 EStDV darzustellen (siehe auch Tz 5.).

Gewinn lt. StB (gegenüber HB): + 36 250 €

7. Forderungen

a) Die Forderung gegenüber dem Kunden X hätte zum 31.12.2003 erstmals aktiviert werden müssen. Die Bilanzen bis einschließlich 2006 sind falsch. Die Berichtigung hat unter Wahrung des Bilanzenzusammenhangs erfolgswirksam in der Schlussbilanz zum 31.12.2007 zu erfolgen (§ 4 Abs. 2 Satz 1 EStG, R 4.4 Abs. 1 Satz 3 EStR 2005).

Gegenstand der Berichtigung ist nur der Bilanzposten Forderungen. Eine Berichtigung des Bilanzpostens Umsatzsteuer kommt nicht in Betracht, weil die fragliche USt-Schuld zwar im Jahr 2003 entstanden ist (§ 13 Abs. 1 Nr. 1a UStG), aber nicht mehr festgesetzt werden kann, da die USt-Veranlagung dieses Jahres nach den Vorschriften der AO einer Änderung nicht mehr zugänglich ist. Dies gilt sowohl für die HB als auch für die StB.

Die Forderung ist nicht abzuschreiben, denn der Schuldner hat die Erfüllung angekündigt. Aus diesem Grund muss auch nicht geprüft werden, ob eine Abschreibung wegen Verjährung in Betracht kommen könnte. Der Kunde X wird erkennbar nicht von seinem Recht der Einrede der Verjährung (§ 214 BGB) Gebrauch machen.

Korrekturbuchung:

Forderungen	13 920 €	an	s. b. Erträge	13 920 €
Gewinn lt. HB/StB:	**+ 13 920 €**			

b) Die Forderung gegenüber dem Kunden Y ist zutreffend auf den niedrigeren beizulegenden Wert (§ 253 Abs. 3 HGB) bzw. den niedrigeren Teilwert (§ 6 Abs. 1 Nr. 2 EStG) von 0 € abgeschrieben worden. Die Bilanzen bis zum 31.12.2006 sind daher nicht zu beanstanden. Insbesondere bestand kein Grund für eine Wertaufholung (§ 253 Abs. 5 sowie § 280 Abs. 1 HGB i.V. m. § 5 Abs. 1 und 6, § 6 Abs. 1 Nr. 2 EStG).

Zum 31.12.2007 ist allerdings die Aktivierung der Forderung im Wege der Wertaufholung geboten. Zwar sieht § 253 Abs. 5 HGB lediglich ein Beibehaltungswahlrecht vor, jedoch haben Kapitalgesellschaften § 280 Abs. 1 HGB zu beachten. Danach ist für den Fall, dass die Gründe für eine frühere Wertminderung wegfallen, eine Wertaufholung geboten. Das Wahlrecht nach § 280 Abs. 2 HGB greift nicht, weil auch steuerrechtlich eine Wertaufholung zwingend ist (§ 6 Abs. 1 Nr. 2 Satz 3 EStG).

Obwohl die Berichtigung der Umsatzsteuer noch nicht geboten ist, weil dies nach § 17 Abs. 2 Nr. 1 Satz 2 UStG erst im Zeitpunkt der Vereinnahmung zu geschehen hat, muss die Verpflichtung bilanzsteuerrechtlich bereits zum 31.12.2007 passiviert werden, denn das Betriebsvermögen ist durch diese Schuld belastet. Dies folgt bereits aus § 252 Abs. 1 Nr. 4 HGB und ist auch steuerrechtlich zu beachten (§ 5 Abs. 1 EStG).

Korrekturbuchungen:

Forderungen	20 880 €	an	s. b. Erträge	18 000 €
		an	Umsatzsteuer*	2 880 €
Gewinn lt. HB/StB:	**+ 18 000 €**			

HINWEIS

* Vertretbar wäre hier auch eine Rückstellung, weil die USt-Schuld noch nicht entstanden ist, aber mit der nach dem Stichtag (wieder) entstehenden USt-Schuld ernstlich gerechnet werden muss (§ 249 Abs. 1 HGB).

8. Baukostenzuschuss

Mit der Zahlung des verlorenen Zuschusses an den Hotelier hat die GmbH einen immateriellen Vermögensgegenstand des unbeweglichen abnutzbaren Anlagevermögens (§ 246 Abs. 1 HGB, § 248 Abs. 2 HGB) bzw. ein immaterielles Wirtschaftsgut (§ 5 Abs. 2 EStG) erworben, der in HB und StB zu aktivieren ist.

Der Zahlung steht ein konkreter betrieblicher Vorteil in Form eines Nutzungsrechts gegenüber, deren Erlangung die GmbH sich hat etwas kosten lassen (R 5.5 Abs. 2 Satz 4 EStR 2005). Die Bezeichnung als Zuschuss ist für die rechtliche Beurteilung unbeachtlich.

Die Bewertung erfolgt nach § 253 Abs. 2 HGB i.V. m. § 5 Abs. 1 und 6; § 6 Abs. 1 Nr. 1 EStG mit den Anschaffungskosten i. H. v. 70 000 € vermindert um die zeitanteilige lineare AfA nach § 7 Abs. 1 EStG.

Kontenentwicklung:

Zugang 9/2007	70 000 €
./. AfA ($^3/_{12}$)	1 750 €
Buchwert 31.12.2007	68 250 €

Korrekturbuchungen:

Immaterielle WG	70 000 €	an	Reisekosten	70 000 €
Abschreibungen	1 750 €	an	Immaterielle WG	1 750 €

Gewinn lt. HB/StB: + 68 250 €

9. Auszubildende

Eine Rückstellung für den Aufwand aufgrund von Berufsausbildungsverhältnissen darf das ausbildende Unternehmen auch dann nicht bilden, wenn es aus sozialen, arbeitsmarktpolitischen oder wirtschaftlichen Gründen mit wesentlich mehr Personen Berufsausbildungsverträge abschließt, als es zur Sicherung eines ausreichenden Bestandes im eigenen Unternehmen ausgebildeter Fachkräfte voraussichtlich benötigen wird (Überbestand). Das gilt auch dann, wenn das Unternehmen gegenüber den Auszubildenden damit Leistungen erbringt, die geeignet sind, das Ansehen des Unternehmens zu sichern oder zu erhöhen. Diese Sicht ist sowohl handelsrechtlich wie auch steuerrechtlich maßgebend.

Korrekturbuchung:

Rückstellungen	50 000 €	an	s. b. Aufwendungen	50 000 €

Gewinn lt. HB/StB: + 50 000 €

10. Bankdarlehen

a) Produktionsanlage

Die Produktionsanlage ist nach § 253 Abs. 2 HGB i.V.m. § 5 Abs. 1 und 6, § 6 Abs. 1 Nr. 1 EStG mit den Anschaffungskosten abzüglich AfA nach § 7 Abs. 2 EStG zu bewerten. Da der Kaufpreis in ausländischer Währung zu entrichten war, hat die Berechnung der Anschaffungskosten mit Hilfe des Wechselkurses zum Zeitpunkt der Verschaffung der Verfügungsmacht zu erfolgen (§ 255 Abs. 1 HGB, § 5 Abs. 1 EStG; H 6.2 EStH 2007 „Ausländische Währung").

Spätere Änderungen des Wechselkurses beeinflussen den Buchwert des Wirtschaftsguts grundsätzlich nicht mehr, auch nicht unter dem Gesichtspunkt der Teilwertabschreibung, wenn der Gegenstand auch in anderer Währung erworben werden könnte.

Die AfA ist nach § 7 Abs. 2 EStG degressiv zu berechnen. Da die Anschaffung nach dem 31.12.2005 erfolgt ist, beträgt der AfA-Satz das Dreifache der linearen AfA, höchstens 30 % (§ 7 Abs. 2 Satz 3 EStG). Bei einer 15-jährigen Nutzungsdauer beträgt der degressive AfA-Satz daher 20 % (100 :15 x 3).

Da die Veranlagung für 2006 nach den Vorschriften der AO nicht mehr geändert werden kann, ist der Buchwert unter Wahrung des Bilanzenzusammenhangs mit dem Wert fortzuführen, der sich – ohne die fehlerhafte AfA 2006 zu korrigieren – ergibt (entsprechende Anwendung des H 7.4 EStH 2007 „Unterlassene oder überhöhte AfA" – AfA-Allgemein"). Daher ist der zu niedrige Restbuchwert auf die Restnutzungsdauer (RND) nach Maßgabe der degressiven AfA-Methode zu verteilen. Bei einer RND von 14 Jahren ab 2007 beträgt der AfA-Satz 21,43 % (100 : 14 x 3).

Die unzulässigerweise in 2006 vorgenommene Teilwertabschreibung ist erfolgswirksam in 2007 zu korrigieren (§ 4 Abs. 2 Satz 1 EStG, R 4.4 Abs. 1 Satz 3 EStR 2005). Gründe für eine Zuschreibung liegen nicht vor.

Kontenentwicklung	bisher	berichtigt	Auswirkungen
Buchwert 31. 12. 2006	186 000 €	186 000 €	
Erfolgswirksame Berichtigung	—	+ 10 000 €	
./. AfA 2007 (196 000 € x 21,43 %)	55 800 €	42 002 €	+ 13 798 €
+ Zuschreibung	20 000 €	0 €	./. 20 000 €
Buchwert 31. 12. 2007	150 200 €	153 998 €	

Korrekturbuchungen:

Maschinen	3 798 €	an	Abschreibungen	13 798 €
s. b. Erträge	20 000 €	an	s. b. Erträge	10 000 €

Gewinn lt. HB/StB: + 3 798 €

b) Darlehen

Schulden in ausländischer Währung sind mit dem Rückzahlungsbetrag zu passivieren (§ 253 Abs. 1 HGB). Das gilt auch für die StB (§ 5 Abs. 1 und 6, § 6 Abs. 1 Nr. 3 EStG). Der Rückzahlungsbetrag wird mit dem Wechselkurs im Zeitpunkt der Aufnahme der Schuld angesetzt. Soweit der Stichtagskurs den Umrechnungskurs zum Zeitpunkt der Aufnahme der Schuld unterschreitet, ist dies ohne Bedeutung, denn nicht realisierte Gewinne dürfen nicht ausgewiesen werden (§ 252 Abs. 1 Nr. 4 HGB). Die Sachbehandlung zum 31. 12. 2006 ist daher zutreffend.

Steigt der Kurs der ausländischen Währung, muss in der Handelsbilanz aufgrund des Höchstwertprinzips der höhere beizulegende Wert der Schuld angesetzt werden (§ 252 Abs. 1 Nr. 4 HGB).

Korrekturbuchung:

s. b. Aufwendungen	10 000 €	an	Darlehensschuld	10 000 €

Jahresüberschuss: ./. 10 000 €

In der Steuerbilanz kommt die Bewertung mit dem gestiegenen Wechselkurs dagegen nur in Betracht, wenn es sich um eine voraussichtlich dauernde Werterhöhung handelt

(§ 5 Abs. 6, § 6 Abs. 1 Nr. 3 i. V. m. § 6 Abs. 1 Nr. 2 Satz 2 EStG). Wechselkursschwankungen, die – wie vorliegend – am Devisenmarkt üblich sind, stellen jedenfalls nach Auffassung des BMF (v. 12. 8. 2002, BStBl 2002 I 793) keine nachhaltige Werterhöhung dar. Der Anstieg des Wechselkurses bis zur Bilanzaufstellung wäre danach nur dann einer Bewertung in der Steuerbilanz zugrunde zu legen, wenn es sich um eine Verbindlichkeit des laufenden Geschäftsverkehrs handeln würde. Das ist jedoch bei der Finanzierung von Anlagevermögen nicht der Fall (BMF a. a. O.).

Die Abweichung der StB von der HB kann nach § 60 Abs. 2 EStDV durch Aufstellung einer selbständigen StB verdeutlicht werden. Es genügen aber auch Erläuterungen zur Abweichung gegenüber der HB.

Gewinn lt. StB (gegenüber HB): + 10 000 €

Aufgabenabschnitt III: X-GmbH

1. Handelsbilanz

Der Kaufmann darf den Unterschiedsbetrag zwischen dem Rückzahlungsbetrag einer Verbindlichkeit und dem niedrigeren Ausgabebetrag als Rechnungsabgrenzungsposten aktivieren oder wahlweise im Jahr der Auszahlung des Darlehens als Finanzierungskosten gewinnmindernd erfassen (§ 250 Abs. 3 HGB). Für Kapitalgesellschaften sind insoweit keine abweichenden Rechnungslegungsvorschriften zu beachten (vgl. §§ 264 ff. HGB). Die Buchungen entsprechen insgesamt handelsrechtlichen Grundsätzen ordnungsmäßiger Buchführung und sind daher nicht zu beanstanden.

2. Steuerbilanz

Ein Aktivierungswahlrecht nach Handelsrecht führt in der Steuerbilanz zu einem Aktivierungsgebot (vgl. grundlegend GrS in BFHE 95, 31/6, BStBl 1969 II 291). Bilanzsteuerrechtlich betrachtet läuft das Wahlrecht des § 250 Abs. 3 HGB daher leer.

Nach § 5 Abs. 5 Satz 1 Nr. 1 EStG sind Ausgaben vor dem Abschlussstichtag als Rechnungsabgrenzungsposten zu aktivieren, soweit sie Aufwand für eine bestimmte Zeit nach diesem Tag darstellen. Das Damnum ist daher im Wege der aktiven Rechnungsabgrenzung auf die Laufzeit des Darlehens von 10 Jahren zu verteilen (H 6.10 EStH 2007 „Damnum").

Durch Rechtsprechung des BFH ist bisher nicht geklärt worden, ob die Auflösung des Rechnungsabgrenzungspostens bei Tilgungsdarlehen linear oder richtiger in fallenden Jahresbeträgen erfolgen muss, um dem Gebot der periodengerechten Gewinnermittlung gerecht zu werden.

a) Bei linearer Auflösung des Rechnungsabgrenzungspostens mit jährlich $1/10$ ist für steuerrechtliche Zwecke die folgende Umbuchung geboten:
   Umbuchung:

   akt. RAP   9 000 €   an   Zinsaufwendungen   9 000 €

b) Zutreffend dürfte jedoch wohl die Auffassung sein, dass die Auflösung im Hinblick auf die periodengerechten Gewinnermittlung degressiv zu erfolgen habe und damit

in den Anfangsjahren zu einer größeren Gewinnminderung führt. In diesem Fall wird der Auflösungsbetrag mit Hilfe der Zinsstaffelrechnung ermittelt. Dabei beträgt die Summe der Zahlenreihe 55 [10 : 2 x (10+1)]. Der Zinsanteil, der danach auf die erste Rate entfällt, beträgt folglich 1 818 € [10 000 € : 55 x (9 + 1)].
Umbuchung:

akt. RAP	8 182 €	an	Zinsaufwendungen	8 182 €

HINWEIS

Beide Lösungen waren bisher in StB-Prüfungen zulässig.

3. Latente Steuerbelastung

Aufgrund des Aktivierungsgebots in der Steuerbilanz im Gegensatz zu der Aufwandsbuchung in der Handelsbilanz ist der dem Geschäftsjahr zuzurechnende Steueraufwand zu hoch. Dieser zu hohe Steueraufwand gleicht sich in späteren Geschäftsjahren aufgrund der gewinnmindernden Auflösung in der StB wieder aus.

Nach § 274 Abs. 2 HGB kann die GmbH in der HB den zu hohen Steueraufwand im Wege einer Bilanzierungshilfe für latente Steuerbelastung aktiv abgrenzen. Für den Fall der Aktivierung ist die SolZ-, KSt- und GewSt-Belastung zu berücksichtigen. Bei einem Gewerbesteuerhebesatz von z. B. 400 % beträgt die latente Steuerbelastung und damit die Bilanzierungshilfe zum 31. 12. 2007 im Falle degressiver Auflösung des Rechnungsabgrenzungspostens:

GewSt:	8 182 € x 5 % x 400 % x $^5/_6$	1 364 €
+ KSt:	8 182 € ./. 1 364 € = 6 818 € x 25 %	1 704 €
+ SolZ:	1 704 € x 5,5 %	94 €
Bilanzierungshilfe zum 31. 12. 2007		**3 162 €**

Der Ausweis einer Bilanzierungshilfe in der StB ist unzulässig, denn Bilanzierungshilfen stellen kein Betriebsvermögen dar (§ 5 Abs. 1 EStG).

Aufgabenabschnitt I – Anlage I

Sonderbilanz 31. 12. 2007 für Verena Zander (VZ)

GruBo		412 771	Kapital 1. 1.	0	
Gebäude	1 238 314		Einlagen	871 275	
AfA	./. 28 893	1 209 421	Entnahmen	./. 461 460	
			Gewinn	250 397	
			Kapital 31. 12.	660 212	660 212
			Darlehen		800 000
			Sonst. Verbindl.		97 000
			Umsatzsteuer	45 600	
			Umsatzsteuer	27 360	
			Vorsteuer	./. 7 980	64 980
		1 622 192			1 622 192

Sonder-GuV 2007

AfA Gebäude	28 893	Mieterträge KG	144 000
Zinsaufwand	55 000	Mieterträge ArbN	4 500
Erhaltungsaufwand	45 000	Tätigkeitsvergütung	240 000
Kreditaufnahmekosten	1 500		
Grundstückskosten	6 000		
Nabzb VorSt Reparatur	1 710		
Gewinn	250 397		
	388 500		388 500

Erläuterungen:

Einlagen 2007:		Sonst. Verbindlichkeiten 2007:	
Kaufpreis	800 000	GrESt	42 000
Notariatskosten	8 925	Zinsverbindlichkeiten	55 000
Grundbuchkosten	1 300		**97 000**
Renovierung	53 550	Entnahmen 2007:	
Grundstückskosten	6 000	Miete KG	171 360
Kreditaufnahme	1 500	Miete Betriebsleiter	4 500
		Tätigkeitsvergütung	285 600
	871 275		**461 460**

Punkteverteilung: Übungsklausur 8

I/1.a) Mitunternehmer (MU)

Unmittelbare Beteiligung, auch B-GmbH & Co. KG als MU, Vorschriften	2
Mittelbare Beteiligung, KB als MU der Z-KG, Vorschriften	2/4

I/1.b) Gewinnanteile und Vergütungen

Vergütung für Geschäftsführung der Komplementärin	1
Umsatzsteuer/Vorsteuer	2
Einbeziehung in Sonderbilanz inkl. USt	1
Vergütung für Tätigkeit des KB	1
Keine Umsatzsteuer	1/6

I/2.a) Sonderbetriebsvermögen

Notwendiges Sonderbetriebsvermögen auch hinsichtlich Arbeitnehmer-Wohnung	2
Bewertungsgrundsätze	1/3

I/2.b) Anschaffungskosten

Aufteilung des Gesamtkaufpreises nach Verhältnis der Verkehrswerte	1
Nichtabziehbare Vorsteuer/Aufteilung	1
Grundbuchkosten und GrESt	2
Schönheitsreparaturen	1
AfA	1
Entwicklung der Bilanzansätze	2
Darstellung in der Sonderbilanz	2/10

I/2.c) Sonderbetriebseinnahmen

Erfassung der Mieterträge im Sonderbereich	1
Passivierung der USt-Schuld aufgrund Option	1/2

I/2.d) Finanzierung

Darlehensverpflichtung als passives Sonderbetriebsvermögen	1
Zinsaufwand als Sonderbetriebsausgabe/Zinsverbindlichkeit	1
Kosten der Kreditsicherung als S-BA und Einlage	1
Einbeziehung des Sachverhalts in die Sonderbilanz	2/5
	30

II/1. Lagerhalle

Bewertungsgrundsätze	1
Beurteilung der überhöht abgezogenen AfA	2
Korrekturbuchung und Gewinnauswirkung	1
Veräußerung/Begünstigung nach § 6b EStG	1
Veräußerungsgewinn	1
Korrekturbuchungen und Gewinnauswirkung	2/8

II/2. Grundstück

Erwerb in Teilabbruchabsicht / keine AfaA	2
Nachträgliche Herstellungskosten	1
Berechnung der AfA für 2006	1
Korrekturbuchungen und Gewinnauswirkung	1/5

II/3. Fahrzeuge

Bewertungsgrundsätze	1
Bestimmung der Abschreibung in der Form der Leistungs-AfA	1
Korrekturbuchung und Gewinnauswirkung	1/3

II/4. Aktien

Bewertungsgrundsätze	1
Bilanzierung einer Beteiligung – einheitlicher Vermögensgegenstand	1
Bestimmung der Anschaffungskosten	1
Außerplanmäßige Abschreibung in HB mit Begründung	1
Korrekturbuchung und Gewinnauswirkung	1
Unzulässige Teilwertabschreibung in StB mit Begründung	1
Gewinnauswirkung lt. StB – § 60 Abs. 2 EStDV	1/7

II/5. Waren

Verbot der Bilanzierung schwebender Geschäfte	1
Keine Rückstellung für drohende Verluste in HB	1
Aktivierung geleisteter Anzahlungen	1
Korrekturbuchung und Gewinnauswirkung	1/4

II/6. Fertigerzeugnisse

Herstellungskosten lt. HB	2
Korrekturbuchung und Gewinnauswirkung	1
Herstellungskosten lt. StB	2
Zulässige Teilwertabschreibung nach Steuerrecht unabhängig von HB	1
Ermittlung des niedrigeren Teilwerts	2
Gewinnauswirkung lt. StB – § 60 Abs. 2 EStDV	1/9

II/7.a) Forderungen X

Erfolgswirksame Berichtigung der Bilanz zum 31.12.2006	2
Keine Berichtigung der Umsatzsteuer - Begründung	1
Korrekturbuchung und Gewinnauswirkung	1/4

II/7.b) Forderung Y

Wertaufholung zum 31.12.2006	2
Passivierung der zu berichtigenden USt-Begründung	1
Korrekturbuchung und Gewinnauswirkung	1/4

II/8. Baukostenzuschuss

Immaterieller Vermögensgegenstand in HB – Wirtschaftsgut in StB	2
Bewertungsgrundsätze und Abschreibung	1
Korrekturbuchung und Gewinnauswirkung	1/4

II/9. Auszubildende

Keine Rückstellung in HB und St	2
Korrekturbuchung und Gewinnauswirkung	1/3

II/10. Bankdarlehen

Anschaffungskosten der Produktionsanlage	1
Keine Teilwertabschreibung	1
Berechnung der AfA 2006 mit Begründung	2
Korrekturbuchung und Gewinnauswirkung zu Tz 10. a)	1
Passivierung des Darlehens in ausländischer Währung	1
Bewertung zum Stichtag – höherer beizulegender Wert	1
Korrekturbuchung und Gewinnauswirkung zu Tz 10. b)	1
Bewertung in der StB – Verbot der Passivierung mit dem höheren Wert	1
Gewinnauswirkung lt. StB – § 60 Abs. 2 EStDV	1/10
	61

III/1. Handelsbilanz

Rechtliche Begründung zur Richtigkeit der Buchungen	2/2

III/2. Steuerbilanz

Rechtliche Begründung zur Abweichung der StB von der HB	2
Auflösung der Rechnungsabgrenzung	1
Umbuchung	1/4

III/3. Latente Steuerbelastung

Aktivierungswahlrecht für eine Bilanzierungshilfe in der HB	2
Kein Punktabzug, wenn Berechnung fehlt / Zwei Pluspunkte bei Berechnung	0
Aktivierungsverbot in der StB mit Begründung nach § 5 Abs. 1 EStG	1/3
	9
	100

STEUERBERATERPRÜFUNG 2003 (Original)

Aktualisiert auf die Rechtslage 2007

Prüfungsaufgabe aus dem Gebiet der Buchführung und des Bilanzwesens

Bearbeitungszeit: 6 Stunden

Hilfsmittel:
Laut Ladungsschreiben zugelassene Hilfsmittel,
z. B.: NWB-Textausgabe Deutsche Steuergesetze

Aufgabenteil I

Sachverhalt

Die X-GmbH betreibt eine Gaststätte. Sitz der Gesellschaft ist Magdeburg. Das Stammkapital der in 1995 gegründeten Gesellschaft beträgt 100 000 € und ist voll eingezahlt. Das Wirtschaftsjahr der GmbH stimmt mit dem Kalenderjahr überein. Für die Wirtschaftsjahre bis einschließlich 2006 wurden ausschließlich übereinstimmende Handels- und Steuerbilanzen erstellt, weil sich abweichende Ansätze oder Bewertungen nicht ergeben haben.

Geschäftsführender Gesellschafter der X-GmbH ist Günther X. Er hält 100 % der Anteile. Nach den Betriebsgrößenmerkmalen wird die X-GmbH als kleine Kapitalgesellschaft i. S. d. § 267 HGB eingestuft. Die X-GmbH führt mit den Erlösen aus der Gaststätte nur zum Vorsteuerabzug berechtigende Umsätze aus. Gewinnausschüttungen wurden für 2006 nicht beschlossen und sind auch für 2007 nicht geplant.

Aus den Konten des betrieblichen Rechnungswesens ergibt sich ein vorläufiger – formlos und vorläufig ermittelter – Jahresüberschuss von 100 000 €. Die Konten des betrieblichen Rechnungswesens enthalten die handelsrechtlich maßgeblichen Werte und Bestände. Ausgehend von den Konten der Buchführung sind für die Erstellung der Handels- und Steuerbilanz sowie der entsprechenden Gewinn- und Verlustrechnungen zum 31. 12. 2007 die folgenden Teilsachverhalte noch zu überprüfen. Tag der Bilanzaufstellung ist der 31. 3. 2008.

Sachanlagen und sonstige betriebliche Aufwendungen

(Konten unbebaute Grundstücke und Grundstücksaufwand)

Mit Vertrag vom 3. 1. 2007 erwarb die X-GmbH an dem Grundstück Magdeburg, Harnackstraße 8, ein Erbbaurecht, um ein neues Gaststättengebäude zu errichten. Besitz, Gefahr, Nutzungen und Lasten des umsatzsteuerfrei erworbenen Erbbaurechts sind am 4. 1. 2007 auf die GmbH übergegangen. Das Erbbaurecht hat eine Laufzeit von 99 Jahren und wurde am 3. 3. 2007 in das Grundbuch eingetragen. Folgende Aufwendungen sind aufgrund der Bestellung des Erbbaurechts entstanden:

Grunderwerbsteuer	16 300 €
Maklerprovision (einschl. 19 % USt)	5 950 €
Gerichtskosten	3 000 €
Notargebühren (einschl. 19 % USt)	2 975 €
Summe	28 225 €

Die Beträge wurden per Bank überwiesen und in voller Höhe (28 225 €) auf dem Konto Grundstücksaufwand gebucht.

Jeweils einmal jährlich zum 30. 12. sind Erbbauzinsen i. H. v. 20 000 € zu entrichten. Die erste Rate wurde am 29. 12. 2007 durch Bank überwiesen und ebenfalls auf dem Konto Grundstücksaufwand erfasst.

Am 6. 7. 2007 erhielt die X-GmbH folgende Rechnung der Magdeburger Straßenbau AG:

Erschließung des Gewerbegebietes Harnackstraße. Der Stadt Magdeburg; Kosten für Leistungen im Bereich außerhalb der Grundstücksgrenze; Abschluss der Arbeiten am 30. 6. 2007;

Ihr Anteil	25 000 €
zuzüglich 19 % USt	4 750 €
Summe	29 750 €

zu zahlen bis zum 20. 7. 2007. Aufgrund der Überweisung vom 19. 7. 2007 wurde gebucht:

Unbebaute Grundstücke	25 000 €			
Vorsteuer	4 750 €	an	Bank	29 750 €

Die Übernahme der Erschließungskosten außerhalb des Grundstücks durch die X-GmbH ist im Erbbaurechtsvertrag entsprechend geregelt. Die Erschließung innerhalb der Grundstücksgrenzen wurde durch den Eigentümer finanziert.

Immaterielle Vermögensgegenstände (Konto Firmenwert)

Finanzanlagen (Konto Beteiligungen)

Am 3. 1. 2007 erwarb die X-GmbH von H. Röder für 90 000 € einen Kommanditanteil an der Schloss-Brauerei-KG. H. Röder war zu 5 % als Kommanditist beteiligt. Das Kapitalkonto des H. Röder wies am 3. 1. 2007 einen Bestand zu 70 000 € aus. Der um 20 000 € höhere Kaufpreis ergab sich aufgrund eines (selbst geschaffenen) Firmenwerts bei der KG von 400 000 €. Bei Überweisung des Kaufpreises wurde wie folgt gebucht:

Beteiligungen	70 000 €			
Firmenwert	20 000 €	an	Bank	90 000 €

Gemäß Erklärung zur gesonderten und einheitlichen Feststellung der Einkünfte der KG ergibt sich für die X-GmbH ein zutreffender Anteil am Gewinn für 2007 i. H. v. 750 €, der sich wie folgt zusammensetzt:

Anteil am Gewinn laut Bilanz	./. 3 000 €
Gewinn laut Ergänzungsbilanz	1 700 €
Anteil an nicht abzugsfähigen Betriebsausgaben (§ 4 Abs. 5 EStG)	2 050 €
Festzustellender Gewinnanteil	750 €

Zahlungen seitens der Schloss-Brauerei-KG sind daraufhin nicht erfolgt, so dass auch seitens der GmbH nichts gebucht wurde.

Der Verlust der KG ist im Wesentlichen durch Inanspruchnahme von steuerlichen Sonderabschreibungen entstanden. Da Günther X einen Gewinnanteil erwartet hatte, wies er die Buchhaltung an, die Hälfte der Anschaffungskosten auszubuchen.

Daraufhin wurde im Rahmen der Jahresabschlussarbeiten auf den 31. 12. 2007 gebucht:

sonst. betr. Aufwendungen   45 000 €   an   Beteiligungen   35 000 €
                                         an   Firmenwert   10 000 €

Zusätzlich wurde eine planmäßige Abschreibung auf den Firmenwert, ausgehend von einer Nutzungsdauer von 4 Jahren, wie folgt gebucht:

Abschreibungen   5 000 €   an   Firmenwert   5 000 €

Forderungen und sonstige Vermögensgegenstände

(Konto Forderungen aus Lieferungen und Leistungen)

Im Februar 2008 erfuhr Günther X während des Skiurlaubes von seinem Nachbarn, Amtsrichter Schäfer, dass der ehemals gute Kunde der X-GmbH, Kaufmann Fritz Müller, im November 2007 unerwartet nicht belastetes Grundvermögen im Wert von ca. 300 000 € geerbt hat. Die X-GmbH hat noch eine Forderung gegen Müller i. H. v. 5 800 € aus der Gestaltung eines Betriebsfestes am 4. 5. 2005. Wegen Zahlungsunfähigkeit des Müller hat die X-GmbH die Forderung in der Bilanz zum 31. 12. 2006 richtig mit 0 € bewertet.

Fritz Müller hat ansonsten keine Schulden. Das geerbte Grundstück hat er unmittelbar nach Abwicklung der Erbschaftsformalitäten im August 2008 für 320 000 € veräußert und der X-GmbH 5 800 € im September 2008 überwiesen.

Aufgabe

Ermitteln Sie die Auswirkungen auf den in Handelsbilanz und Steuerbilanz auszuweisenden Jahresüberschuss für 2007, die sich aufgrund der genannten Feststellungen ergeben. Beurteilen Sie unter Angabe der einschlägigen Ansatz- und Bewertungsvorschriften erschöpfend, wie die dargestellten Teilsachverhalte aus handelsrechtlicher und steuerrechtlicher Sicht zu behandeln sind. Dabei sind für beide Bilanzen die sich aus den Sachverhalten ergebenden Kontobestände in € zum 31.12.2007 zu ermitteln. Steuerrückstellungen sind nicht zu berechnen. Die für den Abschluss noch erforderlichen Buchungssätze sind anzugeben. Soweit es zulässig ist, sollen planmäßige Abschreibungen in Handelsbilanz und Steuerbilanz einheitlich vorgenommen werden. Der Gewinn laut Steuerbilanz soll möglichst niedrig ausfallen.

Aufgabenteil II

Sachverhalt

Die Firma Nadel & Zwirn OHG (OHG) betreibt seit 1997 in Saarbrücken einen Großhandel mit Textilien. Am Gewinn, Verlust, Vermögen und den stillen Reserven sind seit Gründung der OHG die Gesellschafter Nadel (N) zu 60 % und Zwirn (Z) zu 40 % beteiligt. Sie erhalten das Beratungsmandat für die OHG und deren Gesellschafter. Die vom Buchhalter der OHG erstellten und Ihnen übergebenen vorläufigen Bilanzen stellen sich in vereinfachter Form wie folgt dar:

Aktiva in €	Bilanz OHG zum 31.12.2007		Passiva in €
Grundstück Schlossstr.		Kapital N	240 000
– Grund und Boden	300 000	Kapital Z	160 000
– Gebäude	400 000	Verbindlichkeiten	800 000
Beteiligung Y-GmbH	50 000		
Geschäftseinrichtung	50 000		
Waren	300 000		
Kasse	40 000		
Bank	60 000		
	1 200 000		1 200 000

Aktiva in €	Ergänzungsbilanz N zum 31.12.2007		Passiva in €
Minderkapital	30 000	Grund u. Boden Schlossstr.	30 000
	30 000		30 000

Aktiva in €	Ergänzungsbilanz Z zum 31.12.2007		Passiva in €
Grund u. Boden Schlossstr.	30 000	Mehrkapital	30 000
	30 000		30 000

Aus den Ihnen übergebenen Unterlagen und erteilten Auskünften ergibt sich Folgendes:

1. Die Handelsbilanzen und die Steuerbilanzen sollen übereinstimmen. Das Geschäftsjahr/Wirtschaftsjahr entspricht dem Kalenderjahr.

2. Die Ergänzungsbilanzen werden geführt, weil bei Gründung der OHG N sein damaliges Einzelunternehmen zu Buchwerten eingebracht und Z eine die Buchwerte übersteigende Bareinlage geleistet hatte. Die ermittelten Bilanzansätze sind insoweit nicht zu beanstanden.

3. Die Y-GmbH betreibt in Saarlouis einen Fabrikationsbetrieb zur Fertigung von Hemden. Die OHG ist alleinige Gesellschafterin der X-GmbH. Die Betriebe der OHG und der Y-GmbH sind organisatorisch getrennt; sie haben unterschiedliche Kunden- und Lieferantenstämme.

4. Gemäß notariellem Vertrag vom 1.4.2007 hatten Gesellschafter N und seine Ehefrau zu je 1/2 ein Grundstück (Hof- und Gebäudefläche) in Völklingen erworben, um privat für das Alter vorzusorgen. Die Eheleute möchten das Grundstück daher in ihrem Privatvermögen halten. Besitz, Gefahr, Nutzungen und Lasten gingen zum 1.7.2007 auf die Erwerber über, die Eintragung im Grundbuch erfolgte am 1.10.2007. Die Anschaffungskosten (einschl. Erwerbsnebenkosten) für das Grundstück betrugen insgesamt 600 000 €; davon entfielen unstreitig auf den Grund und Boden 120 000 € und auf das im Jahr 1960 erbaute Gebäude 480 000 €.
Das Gebäude besteht aus drei Etagen mit einer Nutzfläche von jeweils 120 qm. Da die OHG dringenden zusätzlichen Raumbedarf hatte, wurde ab 1.7.2007 das erste Obergeschoss von der OHG als Lager genutzt. Ab 1.7.2007 waren das Erdgeschoss als Ladenlokal an einen Geschäftsfreund vermietet und das zweite Obergeschoss dem Z unentgeltlich als Wohnung überlassen. Der Geschäftsfreund und die OHG zahlten pünktlich im Voraus ihre vereinbarten monatlichen Mieten umsatzsteuerfrei i.H.v. jeweils 2 400 € auf das private Bankkonto der Eheleute N. Die OHG buchte die Zahlungen als betrieblichen Mietaufwand.
Da die privaten Mittel, die von beiden Ehegatten jeweils zur Hälfte zum Grundstückserwerb bereit gestellt wurden, zur Begleichung der Anschaffungskosten des Grundstücks nicht ausreichten, hatten die Eheleute N ein gesamtschuldnerisches Darlehen (Laufzeit 18 Jahre, Zinssatz 6 %) aufgenommen, das am 1.7.2007 i.H.v. 420 000 € valutierte. Zinsen und Tilgung (fällig jeweils zum Jahresablauf, erstmals am 31.12.2007) werden über das private Bankkonto der Eheleute N abgewickelt. Die Eheleute N zahlten pünktlich 21 000 € (8 400 € für Tilgung und 12 600 € für Zinsen 2007). Die übrigen Grundstücksaufwendungen betrugen für die Zeit vom 1.7. bis 31.12.2007 1 200 €. Der Buchhalter der OHG hatte bisher – außer dem Mietaufwand – nichts weiter gebucht.

5. Am 31.12.2007 sind stille Reserven beim Grund und Boden des Grundstücks Schlossstraße i.H.v. 130 000 € und bei der Beteiligung Y-GmbH i.H.v. 270 000 € vorhanden. Bei den übrigen Vermögensgegenständen/Wirtschaftsgütern der OHG entsprechen zu diesem Zeitpunkt die Buchwerte den Teil- und Verkehrswerten.

6. Im Beschluss der Gesellschafterversammlung vom 27.12.2007 war festgelegt worden, dass die OHG mit Wirkung ab 1.1.2008 in zwei selbständige Betriebe aufgeteilt wird. Dem Beschluss zufolge übernehmen Gesellschafter Z die Beteiligung an der Y-GmbH und Gesellschafter N das übrige Gesamthandsvermögen und die Schulden der OHG einschließlich der jeweiligen stillen Reserven.

Die Gesellschafter haben vereinbart, dass in ihren neu gegründeten Einzelfirmen die übernommenen Vermögensgegenstände/Wirtschaftsgüter mit ihren Buchwerten fortgeführt werden. Weitere Zahlungen wurden nicht geleistet. Z erzielt nach der Aufteilung aus seiner Beteiligung weiterhin gewerbliche Einkünfte.

Aufgabe

Würdigen Sie den Sachverhalt aus bilanzsteuerrechtlicher Sicht und begründen Sie Ihre Lösung knapp, aber erschöpfend anhand der einschlägigen Bestimmungen. Erläutern Sie dabei kurz die Auswirkung auf die gewerblichen Einkünfte der Gesellschafter. Auf evtl. Gewerbesteuer, Umsatzsteuer und Grunderwerbsteuer ist nicht einzugehen. Centbeträge sind zu runden. Die Lösung ist nur gemäß der Verwaltungsauffassung vorzunehmen. Gehen Sie davon aus, dass die Besteuerung der stillen Reserven sichergestellt ist. Eventuell erforderliche notarielle Beurkundungen liegen vor.

Erstellen Sie in vereinfachter Form evtl. erforderliche (Ergänzungs-/Sonder-)Eröffnungs- und Schlussbilanzen für die Gesellschafter bzw. deren Einzelfirmen. Wenden Sie dabei – sofern erforderlich – die Kapitalkontenanpassungsmethode an.

Aufgabenteil III

Sachverhalt

Die im Handelsregister eingetragene Mörtel KG (KG) mit Sitz in Hannover betreibt seit mehreren Jahren ein Bauunternehmen. Komplementär und zur Geschäftsführung berufen ist Maurermeister Anton Mörtel (A). Kommanditisten sind seine Söhne Bernd Mörtel (B) und Caspar Mörtel (C). A ist zu 50 % am Gewinn und Verlust sowie den stillen Reserven der KG beteiligt, B und C zu jeweils 25 %.

Die KG ermittelt den Gewinn nach § 5 EStG und erstellt eine Handels- und Steuerbilanz. Sie erzielte bisher nachhaltig positive Ergebnisse. Das Betriebsvermögen übersteigt den Betrag von 235 000 €. Dies trifft auch für das Wirtschaftsjahr 2007 und das bereits angelaufene Wirtschaftsjahr 2008 zu. Das Wirtschaftsjahr entspricht dem Kalenderjahr. Umsätze werden nach den allgemeinen Vorschriften des UStG versteuert, es besteht grundsätzlich die Berechtigung zum vollen Vorsteuerabzug. Soweit im Sachverhalt nicht ausdrücklich vorgegeben, hat die KG von dem Recht, auf Steuerbefreiungen zu verzichten (§ 9 UStG), keinen Gebrauch gemacht.

Sie haben den Auftrag, im Oktober 2008 die Handelsbilanz und Steuerbilanz zum 31.12.2007 sowie die Gewinn- und Verlustrechnung für das Wirtschaftsjahr 2007 zu erstellen. Im Rahmen der bereits weitgehend fertig gestellten Abschlussarbeiten sind noch die nachfolgenden Feststellungen und Angaben zu berücksichtigen.

1. Bauvorhaben städtische Kindertagesstätte

Die KG hat im Februar 2007 von der Stadt Hannover den Zuschlag für den Bau einer Kindertagesstätte auf einem städtischen Grundstück erhalten. Die KG hatte bei der Ausschreibung bewusst ein Angebot unter den Selbstkosten abgegeben, weil sie erstmals in Geschäftsbeziehungen mit der Stadt treten wollte und die begründete Erwartung hatte, dass eine erfolgreiche Abwicklung dieses Auftrags zu (gewinnbringenden) Folgeaufträgen führen würde.

Die routinemäßig durchgeführte Nachkalkulation des Auftrags durch A am 2.1.2008 hat ergeben, dass

- die Material- und Lohnkosten des Jahres 2007 aufgrund der tatsächlichen Preisentwicklung im Jahre 2007 versehentlich zu niedrig veranschlagt worden sind, so dass sich der bei Abgabe des Angebots bewusst eingegangene Verlust noch vergrößern wird, und
- die KG das Objekt aufgrund von – zwischenzeitlich wieder behobenen – Personalengpässen im Jahre 2007 nicht rechtzeitig zum 1.7.2008 fertig stellen kann.

Im Einzelnen ergeben sich folgende Zahlen (jeweils ohne Umsatzsteuer):

Erlös (Auftragsvolumen) laut Ausschreibung der Stadt	2 000 000 €
Selbstkosten laut Kalkulation bei Abgabe des Angebots (einschl. Verwaltungs- und Vertriebskosten von jeweils 5 000 €)	2 090 000 €
Versehentlich nicht berücksichtigte Preissteigerungen im Jahre 2007 bei den Lohn- und Materialkosten (nicht in den kalkulierten Selbstkosten enthalten)	20 000 €
Vertragsstrafe wegen nicht fristgerechter Fertigstellung	50 000 €

Der branchenübliche Unternehmergewinn bei einem solchen Bauvorhaben beträgt 1 % des tatsächlichen Erlöses (ohne Umsatzsteuer).

Für die Errichtung des Gebäudes sind der KG bis zum 31.12.2007 Aufwendungen von 115 000 € (ohne Umsatzsteuer) entstanden, davon Verwaltungskosten und Vertriebskosten von jeweils 5 000 €.

HINWEIS

Gehen Sie davon aus, dass im Jahre 2008 keine Verwaltungs- und Vertriebskosten auf den Auftrag entfallen und die Feststellungen im Rahmen der Nachkalkulation zutreffend sind.

2. Überlassung Baukran

Die KG hatte im März 2007 verbindlich einen Baukran zum Preis von 100 000 € (ohne Umsatzsteuer) bestellt. Aufgrund einer danach erfolgten Stornierung eines Großauftrages war der Kran für die KG entbehrlich geworden. Ihr war es jedoch noch gelungen, hinsichtlich des Krans eine Leasingvereinbarung mit einem anderen Unternehmen abzuschließen. Er konnte somit am 30.6.2007 direkt an dieses andere Unternehmen ausgeliefert werden. Vereinbarungsgemäß wurde der Kran am 2.9.2007 durch Arbeitnehmer des Lieferanten fertig montiert.

Nach dem am 2.6.2007 geschlossenen Leasingvertrag erhielt die KG bis zum 31.12.2007 monatlich – erstmals am 1.9.2007 – 1 000 €. Vom 1.1.2008 an sollte die KG einmal jährlich 12 000 € erhalten, zahlbar jeweils im Voraus am Jahresanfang, letztmals also am 1.1.2014 für die Zeit bis zum 31.12.2014. Während dieser Zeit ist der Vertrag grundsätzlich nicht kündbar. Die KG hat das Recht, zum 31.12.2014 von dem

Kunden den Erwerb des Krans zu einem Preis von 50 000 € zu verlangen. Der Kran hat eine betriebsgewöhnliche Nutzungsdauer von 12 Jahren.

HINWEIS

In den angegebenen Beträgen ist Umsatzsteuer nicht enthalten.

Die KG hat die Ansprüche aus dem Überlassungsverhältnis, soweit sie auf die Zeit nach dem Bilanzstichtag entfallen, zur teilweisen Refinanzierung der Investition an ihre Hausbank forfaitiert. Die Verträge mit der Bank sehen vor, dass die KG hinsichtlich der laufenden Raten für den Bestand der Forderung und die Freiheit von Einreden einstehen muss. Bei der Forfaitierung des künftigen Anspruchs auf den Verwertungserlös bestand die Bank darauf, dass die KG zusätzlich die Haftung für die Bonität des Kunden übernimmt und sich bei Uneinbringlichkeit der Forderung zum Rückkauf verpflichtet, obwohl bei Überprüfung des Kunden durch die Bank keinerlei Zweifel an seiner Bonität festgestellt worden sind.

Am 31.12.2007 erhielt die KG von der Bank für die Forfaitierung der künftigen laufenden Raten (ohne Umsatzsteuer) einen Betrag von 61 596 €. Für die Forfaitierung des künftigen Kaufpreises (ohne Umsatzsteuer) zahlte die Bank 36 250 €.

HINWEIS

Die Bank hat ihrer Kalkulation die Beträge ohne Umsatzsteuer und einen zutreffenden Abzinsungsfaktor zugrunde gelegt. Gehen Sie davon aus, dass die Bank die Umsatzsteuer für die KG zu gegebener Zeit zutreffend an das Finanzamt abführen wird.

3. Grundstücke Gewerbegebiet

Zu Beginn des Wirtschaftsjahres 2007 befanden sich im Betriebsvermögen der KG zwei unbebaute Grundstücke, die in einem von der Stadt Hannover erschlossenen Gewerbegebiet belegen waren (Flurstücke $7/_{19}$ und $7/_{20}$). Das Flurstück $7/_{19}$ hatte die KG im Jahre 1995 für umgerechnet 50 000 € einschl. Nebenkosten (= Buchwert am 1.1.2007) erworben und seitdem als Lagerplatz eigenbetrieblich genutzt. Im Januar 2007 hat die KG begonnen, auf diesem Grundstück ein Gebäude mit Sozial- und Büroräumen für ihre Arbeitnehmer zu errichten. Als Lagerplatz diente seitdem das im Wirtschaftsjahr 2006 für 100 000 € einschl. Nebenkosten erworbene unbebaute Nachbargrundstück (Flurstück $7/_{20}$), auf dem die KG in den nächsten Jahren noch eine Lagerhalle errichten möchte. Im Wirtschaftsjahr 2007 sind nachträgliche Anschaffungskosten für dieses Grundstück nicht angefallen.

Unmittelbar vor Fertigstellung des Gebäudes auf dem Flurstück $7/_{19}$ erhielt die KG am 20.8.2007 überraschend ein attraktives Kaufangebot für dieses Grundstück von dem benachbarten Elektrobetrieb Kabel & Stecker GmbH, die das bebaute Grundstück für eigene betriebliche Zwecke nutzen wollte. Die KG konnte das Angebot aus wirtschaftlichen Erwägungen heraus nicht ablehnen. Der notarielle Vertrag wurde am 25.8.2007 geschlossen. Als Kaufpreis wurden 1,3 Mio. € vereinbart (Anteil Grund und Boden 100 000 €, Gebäude 1,2 Mio. €).

Die Erwerberin behielt sich eine förmliche Abnahme des Gebäudes vor. Besitz, Gefahr, Nutzungen und Lasten sollten deshalb erst nach Abnahme des Gebäudes am Tag der

Kaufpreiszahlung auf die GmbH übergehen, und zwar unabhängig von einem möglichen teilweisen Kaufpreiseinbehalt wegen etwaiger Mängel oder noch ausstehender Restarbeiten. Sämtliche Veräußerungskosten sollte die GmbH tragen.

Die Abnahme durch die Geschäftsführung der GmbH erfolgte am 1. 9. 2007. Es wurden Mängel bzw. noch erforderliche Restarbeiten festgestellt, die jeweils ausschließlich das Gebäude betreffen. Es bestand Übereinstimmung, dass die GmbH deshalb einen Betrag von 200 000 € einbehalten sollte. Der Betrag von 1,1 Mio. € ging am 3. 9. 2007 bei der KG ein. Im Laufe des Jahres 2007 entrichtete die GmbH nach Erledigung eines Teils der Mängel weitere 50 000 €. Die am Bilanzstichtag noch ausstehenden 150 000 € entsprechen den Aufwendungen, die die KG für die Erledigung der restlichen Arbeiten zur Mängelbeseitigung veranschlagt hat (Vollkosten = Wert der Einzelkosten zuzüglich angemessener Teile der notwendigen Gemeinkosten). Die Eintragung der GmbH als neue Eigentümerin im Grundbuch erfolgte am 21. 1. 2008.

Die Restarbeiten und Mängel hat die KG bis zum 30. 4. 2008 erledigt bzw. beseitigt. Die Geschäftsführungen der KG und der GmbH gingen einvernehmlich davon aus, dass das Gebäude zu diesem Zeitpunkt frei von Mängeln war. Die GmbH entrichtete den Restkaufpreis von 150 000 € am 4. 5. 2008.

Am 10. 9. 2008 hat die GmbH unter Einschaltung eines Rechtsanwalts mitgeteilt, dass neue schwerwiegende Mängel an dem Gebäude aufgetreten seien und sie eine Rückabwicklung der Verträge in der Weise verlange, dass die einander gewährten Leistungen jeweils zurückerstattet werden und die GmbH so gestellt wird, als ob sie zu keinem Zeitpunkt Eigentümerin des Grundstücks gewesen sei. Die KG hat dem sofort zugestimmt. Der entsprechende Vertrag soll in Kürze vor dem Notar geschlossen werden. Die Eintragungen im Grundbuch werden voraussichtlich im Januar 2009 mit anschließender Erstattung des Kaufpreises durch die KG vorgenommen.

Der KG waren bis zum 31. 12. 2007 insgesamt 900 000 € für die Errichtung des Gebäudes entstanden. Gehen Sie davon aus, dass die KG diese Aufwendungen zutreffend als Herstellungskosten auf dem Konto „Geschäftsbauten" gebucht hat.

HINWEIS
Die vorstehenden Beträge enthalten keine Umsatzsteuer. Sie ist der GmbH bisher auch nicht in Rechnung gestellt worden.

Aufgabe

Beurteilen Sie den Sachverhalt umfassend aus handels- und steuerrechtlicher Sicht für das Wirtschaftsjahr 2007.

Buchungssätze sind nicht zu bilden. Zu einer etwaigen Steuerabgrenzung (§ 274 Abs. 2 HGB) ist nicht Stellung zu nehmen.

Gehen Sie davon aus, dass die KG den Jahresüberschuss laut Handelsbilanz bzw. den Gewinn laut Steuerbilanz grundsätzlich jeweils so niedrig wie möglich ausweisen möchte. Zur Vermeidung längerer Rechtsstreitigkeiten bittet die KG jedoch, im Zweifel nach der Verwaltungsauffassung zu verfahren. Sofern die Möglichkeit besteht etwaige Rücklagen/stille Reserven erfolgsneutral zu übertragen, möchte die KG davon möglichst frühzeitig Gebrauch machen. In diesem Rahmen gelten erforderliche Anträge als gestellt.

STEUERBERATERPRÜFUNG 2003 (Original)

Aktualisiert auf die Rechtslage 2007

Lösung der Prüfungsaufgabe aus dem Prüfungsgebiet der Buchführung und des Bilanzwesens

Aufgabenteil I

1. Erbbaurecht

Das Erbbaurecht stellt ein grundstücksgleiches Recht dar (§§ 311b, 873, BGB, §§ 1, 11 ErbbauVO). Es ist daher nicht unter den immateriellen Vermögensgegenständen auszuweisen, sondern es gehört als Vermögensgegenstand bzw. Wirtschaftsgut zum abnutzbaren Sachanlagevermögen (§ 266 Abs. 2 A. II. 1. HGB; vgl. BFH v. 4. 6. 1991, BStBl 1992 II 70). Sowohl handelsrechtlich als auch steuerrechtlich ist das Erbbaurecht mit den Anschaffungskosten zu bewerten und planmäßig abzuschreiben.

Zu den Anschaffungskosten gehören nach § 255 Abs. 1 HGB alle Aufwendungen, die getätigt werden, um den Vermögensgegenstand/Wirtschaftsgut zu erwerben und in den Zustand zu versetzen, dass dieser den zugewiesenen betrieblichen Zweck erfüllen kann. Nach diesen Grundsätzen betragen die Anschaffungskosten des Erbbaurechts:

Notariatskosten	2 500 €
+ Grundbuchkosten	3 000 €
+ Grunderwerbsteuer	16 300 €
+ Maklerprovision	5 000 €
Anschaffungskosten	26 800 €

Nicht zu den Anschaffungskosten gehört dagegen die nach § 15 UStG abziehbare Vorsteuer (§ 9b Abs. 1 UStG).

> **ANMERKUNG**
>
> Der Aufgabentext (in der Wiedergabe des Originals) unterstellt, dass Rechnungen mit gesondertem Steuerausweis i. S. d. § 14 UStG vorliegen. Ein entsprechender Hinweis im Sachverhalt fehlt. Die Aussage „einschl. 19 % USt" ist eigentlich nicht ausreichend und würde auch den Schluss erlauben, dass mangels Rechnung lediglich „noch nicht verrechenbare Vorsteuerbeträge" zu aktivieren wären. Vgl. dazu BFH v. 12. 5. 1993, BStBl 1993 II 786.

Ebenfalls nicht zu den Anschaffungskosten gehören die vom Erbbauberechtigen zu zahlenden Erschließungskosten. Es handelt sich insoweit lediglich um ein zusätzliches Entgelt für die Nutzung, das neben den Erbbauzinsen zu entrichten ist (BFH v. 17. 4. 1985, BStBl 1985 II 617, v. 8. 12. 1988, BStBl 1989 II 407 sowie v. 19. 10. 1993, BStBl II 1994; vgl. auch H 6.4 „Erschließungskosten – Erbbaurecht" EStH 2007). Während die Erbbauzinsen jährlich entrichtet werden und insoweit zutreffend als Aufwand beurteilt wurden, stellt die Zahlung der Erschließungskosten eine Ausgabe vor dem Bilanzstichtag dar, die teilweise Aufwand für die Restlaufzeit des Erbbaurechts nach dem Bilanzstichtag darstellen. Dementsprechend ist sowohl in der Handelsbilanz als auch in der Steuerbilanz eine aktive Rechnungsabgrenzung geboten (§ 250 Abs. 1 Nr. 1 HGB, § 5 Abs. 5 Satz 1 Nr. 1 EStG; H 5.6 „Bestimmte Zeit ..." EStH 2007). Dabei wird davon ausgegangen, dass die Erschließungsmaßnahme bei Begründung des Erbbaurechts bereits abgeschlossen war, so dass eine Verteilung des Aufwands auf 99 Jahre vorzunehmen ist.

> **ANMERKUNG**
> Dem Sachverhalt kann nicht entnommen werden, wann die Erschließungsmaßnahme durchgeführt wurde. Mitgeteilt wird lediglich der Zeitpunkt der Erteilung der Rechnung und der Zahlungszeitpunkt. Diese Termine dürften eigentlich nicht zum Anlass genommen werden, eine Verteilung des Aufwands auf 98,5 Jahre vorzunehmen. Ein Punktabzug dürfte für diese Lösung allerdings nicht erfolgen, weil der Mangel in der Aufgabe zu suchen ist.

Der Rechnungsabgrenzung ist ein Betrag von 29 750 € zugrunde zu legen. Die gesondert in Rechnung gestellte Umsatzsteuer darf nicht als Vorsteuer abgezogen werden, weil die X-GmbH nicht Empfängerin der Leistung des Erschließungsträgers ist (§ 15 Abs. 1 Nr. 1 Satz 1 UStG). Die Straßenbau AG hat ihre Leistung an die Stadt Magdeburg ausgeführt. Sie schuldet daher den in einer Rechnung an die X-GmbH ausgewiesenen Steuerbetrag nach § 14c Abs. 2 UStG.

> **HINWEIS**
> Für den Fall, dass die Straßenbau AG sich im eigenen Namen gegenüber der X-GmbH zur Leistung verpflichtet hätte und nicht im Auftrag der Stadt Magdeburg aufgetreten wäre, wäre nach der Rechtsprechung des BFH v. 28. 2. 1002, BStBl 2003 II 950 der Vorsteuerabzug nicht zu versagen gewesen. Vgl. dazu auch BMF v. 10. 12. 2003, BStBl 2003 I 785.

Die Verpflichtung, den Erbbauzins zu entrichten, ist nicht zu passivieren. Das Erbbaurecht ist Gegenstand eines Dauerschuldverhältnisses, das als schwebendes Geschäft zu beurteilen ist. Eine Passivierung im Wege einer Rückstellung käme in Handels- und Steuerbilanz nur dann in Betracht, wenn ein Erfüllungsrückstand vorliegen würde oder nur in der Handelsbilanz, wenn ein Verlust aus dem schwebenden Geschäft drohen würde (§ 249 Abs. 1 HGB, § 5 Abs. 4a EStG). Entsprechende Hinweise ergeben sich aus dem Sachverhalt nicht.

Das Erbbaurecht ist planmäßig linear abzuschreiben (§ 253 Abs. 2 HGB). Dies gilt für die Handelsbilanz ebenso wie für die Steuerbilanz (§ 5 Abs. 1 und 6, § 6 Abs. 1 Nr. 1, § 7 Abs. 1 Satz 1 EStG).

Kontenentwicklung

Zugang	26 800 €
./. planmäßige Abschreibung/AfA	271 €
Wert 31. 12. 2007	26 529 €

Nach allem ergeben sich folgende **Umbuchungen** zum 31. 12. 2007:

Erbbaurecht	26 529 €			
Abschreibungen	271 €			
Vorsteuer	1 425 €	an	Grundstücksaufwendungen	28 225 €

Akt. Rechnungsabgrenzung	29 450 €	an Unbebaute Grundstücke	25 000 €
Grundstücksaufwendungen	300 €	an Vorsteuer	4 750 €

Bilanzansatz	Handelsbilanz	Steuerbilanz
Unbebaute Grundstücke	./. 25 000 €	./. 25 000 €
Grundstücksgleiche Rechte	+ 26 529 €	+ 26 529 €
Aktive Rechnungsabgrenzung	+ 29 450 €	+ 29 450 €
Umsatzsteuerschuld	+ 3 325 €	+ 3 325 €
Jahresüberschuss/Gewinn	+ 27 654 €	+ 27 654 €

2. Beteiligung an der Schloss-Brauerei-KG

a) Handelsbilanz

Die Beteiligung an der KG stellt handelsrechtlich einen Vermögensgegenstand dar, der dem Vollständigkeitsgebot (§ 246 Abs. 1 HGB) folgend nach allgemeinen Grundsätzen unter den Finanzanlagen auszuweisen ist (§ 271 Abs. 1, § 266 Abs. 2 A. III. 3. HGB) und nach § 253 Abs. 1 und 2 HGB i.V.m. § 279 Abs. 1 Satz 2 HGB zu bewerten ist. Die Bilanzierung nach der Spiegelbildmethode kommt insoweit nicht in Betracht. (IDW RS HFA 7; IDW RS HFA 18. *Falterbaum/Bolk/Reiß*, Buchführung und Bilanz, Achim, 20. Auflage, S. 335.)

Die Beteiligung an der Schloss-Brauerei-KG ist nach diesen Grundsätzen mit den Anschaffungskosten zu bewerten, denn Gründe für eine Abschreibung auf den niedrigeren beizulegenden Wert liegen nicht vor. Der beizulegende Wert ist insbesondere nicht dadurch bereits niedriger, weil in der Bilanz der KG auf steuerrechtlichen Vorschriften beruhende Sonderabschreibungen vorgenommen wurden.

Der Ausweis eines Firmenwerts in der Bilanz der X-GmbH ist unzulässig, weil die GmbH neben der Beteiligung keinen Firmen- oder Geschäftswert erworben hat. Vielmehr entfällt die Zahlung in vollem Umfang auf den Erwerb der Beteiligung, die dementsprechend mit 90 000 € zu aktivieren ist.

Da die KG im Wirtschaftsjahr 2007 handelsrechtlich betrachtet einen Verlust erwirtschaftet hat, kommt eine weitere Buchung, insbesondere als Verbindlichkeit nicht in Betracht, weil offensichtlich keine Nachschusspflicht besteht. Der Verlustanteil mindert auch nicht den Buchwert der Beteiligung in der Handelsbilanz. Darüber hinaus ist auch keine Buchung im Rahmen der Rechnungslegung der GmbH im Hinblick auf die nicht abziehbaren Betriebsausgaben der KG geboten, denn diese Aufwendungen mindern den handelsbilanziellen Gewinn der KG. Schließlich ist für Zwecke der Handelsbilanz der GmbH eine Buchung des steuerrechtlich festgestellten Gewinnanteils von 750 € als „Beteiligungserlöse" unzulässig, denn entsprechende Beteiligungserträge hat die X-GmbH handelsrechtlich betrachtet gerade nicht erzielt.

Nach allem ist die folgende Umbuchung geboten:

Beteiligungen	55 000 €	an	Firmenwert	5 000 €
		an	sonst. betr. Aufwendungen	45 000 €
		an	Abschreibungen	5 000 €

ANMERKUNGEN

Der zu dieser Klausur bekannt gewordenen amtlichen Lösung ist nicht zu folgen, soweit der Verlustanteil, der auf die X-GmbH entfällt, als Minderung des Beteiligungsbuchwertes erfasst wurde. Das Gleiche gilt für die Einbeziehung des Ergebnisses der Ergänzungsbilanz in die Bewertung der Beteiligung nach Handelsrecht. Die amtliche Lösung ist auch insoweit nicht zutreffend, als die nicht abziehbaren Betriebsausgaben der KG bei der GmbH mit handelsbilanzieller Wirkung als Aufwand gebucht wurden.

Weiter ist der amtlichen Lösung nicht zu folgen, soweit der gesondert und einheitlich festgestellte Gewinnanteil, der die Ergebnisse der Gesamthandsbilanz, der Ergänzungsbilanz und der außerbilanziellen Hinzurechnung nach § 4 Abs. 5 EStG umfasst, als „Beteiligungserlös" gebucht und gleichzeitig in diesem Umfang der Aktivposten „Beteiligungen" erhöht wird. Dies ist handelsrechtlich unzutreffend.

b) Steuerbilanz

Das Steuerrecht folgt der handelsrechtlichen Beurteilung nicht. Nach der Rechtsprechung des BFH ist die Beteiligung an einer Personengesellschaft (hier der KG) kein von der Gesellschaft getrenntes selbständiges Wirtschaftsgut. Steuersubjekte sind bei der Personengesellschaft allein die Gesellschafter, deren Gewinnanteile als Besteuerungsgrundlagen festgestellt werden. Gewinne und Verluste sowie Wertminderungen bei der KG dürfen daher nur bei dieser im Rahmen der gesonderten und einheitlichen Feststellung berücksichtigt werden (BFH, GrS v. 25. 2. 1991, BStBl II 1991 691; BFH v. 24. 3. 1999, BStBl 2000 II 399; v. 30. 4. 2003, BStBl 2004 II 804).

Aus dieser vom Handelsrecht abweichenden Würdigung ergibt sich zwingend, dass die Beteiligung an der KG zwar in der Steuerbilanz auszuweisen, jedoch nicht nach den Grundsätzen des § 6 EStG zu bewerten ist (BFH v. 30. 4. 2003, BFH/NV 2003, 1515). Eine Abschreibung der Beteiligung auf den niedrigeren Teilwert kommt folglich mit steuerrechtlicher Wirkung nicht in Betracht (BFH v. 6. 11. 1985, BStBl 1986 II 333; BFH v. 20. 6. 1985, BStBl 1985 II 654). Vielmehr wird der Bilanzposten in der Steuerbilanz der GmbH als „Anteil des Gesellschafters am Betriebsvermögen der KG" nach der sog. Spiegelbildmethode entsprechend der Entwicklung der Kapitalkonten in der Steuerbilanz einschließlich der Ergänzungsbilanz der KG ausgewiesen (*Falterbaum/Bolk/Reiß*, Buchführung und Bilanz, Fleischer Verlag, 20. Auflage, S. 337). Gewinne erhöhen den Beteiligungswert, Verluste mindern den Posten. Die hierfür maßgeblichen Gewinnanteile bzw. Verlustanteile ergeben sich allein aus der Gewinnfeststellung für die KG (§ 15 Abs. 1 Nr. 2, 1. Halbsatz EStG).

Die Kapitalkonten werden allerdings nicht durch die Hinzurechnung der nicht abziehbaren Betriebsausgaben beeinflusst, weil es sich insoweit um eine Erhöhung des Gewinns außerhalb der Bilanz der KG handelt (§ 4 Abs. 5 EStG). Dementsprechend mindert sich insoweit auch nicht der spiegelbildlich auszuweisende Bilanzposten „Beteiligungen" in der Steuerbilanz der X-GmbH.

Diese Sachbehandlung stellt sicher, dass der gesondert und einheitlich festgestellte Gewinn- oder Verlustanteil vorbehaltlich nicht abziehbarer Betriebsausgaben sowie anderer außerbilanzieller Hinzurechnungen bzw. Kürzungen mit dem in der Steuerbilanz ausgewiesenen Beteiligungsertrag übereinstimmt.

Diese Grundsätze gelten auch für das Kapital und die Ergebnisse einer Ergänzungsbilanz, denn die KG hat für die X-GmbH eine Ergänzungsbilanz aufzustellen, in der die Mehrzahlung für den Firmenwert als Korrekturwert zur Gesamthandsbilanz der KG zu aktivieren ist. Die gebotene Abschreibung dieses Mehrwerts nach § 7 Abs. 1 Satz 3 EStG beträgt 1 333 € und mindert den Gewinnanteil der X-GmbH. Dementsprechend mindert sich der Beteiligungsbuchwert in der Steuerbilanz der GmbH um 1 333 €.

ANMERKUNG

Fehlerhaft angesichts der Beschreibung des Erwerbs des Kommanditanteils geht der Sachverhalt davon aus, dass sich gemäß Erklärung zur gesonderten und einheitlichen Feststellung der Einkünfte der KG für die X-GmbH ein **zutreffender** Gewinnanteil für 2007 i. H. v. 750 € ergibt, der sich aus einem Anteil am Gewinn von ./. 3 000 €, einem **Gewinn laut Ergänzungsbilanz von 1 700 €** und nicht abziehbaren Betriebsausgaben von 2 050 € zusammensetze. Wie dieser Gewinn laut Ergänzungsbilanz angesichts der Aktivierung eines Mehrwerts und dessen gewinnmindernder Abschreibung nach § 7 Abs. 1 Satz 3 EStG zustande kommen soll, bleibt ein Geheimnis des Klausurverfassers. Man kann nur hoffen, dass diese Fehlleistung bei der Korrektur der Klausur nicht zu Lasten der Prüfungsteilnehmer gegangen ist.

Entwicklung des Beteiligungskontos in der Steuerbilanz der X-GmbH:

Zugang 3. 1. 2007	90 000 €
./. Verlustanteil laut Gesamthandsbilanz	3 000 €
./. Verlustanteil laut Ergänzungsbilanz	1 333 €
Stand 31. 12. 2007	85 667 €

Die Differenz gegenüber der Handelsbilanz der X-GmbH kann nach § 60 Abs. 2 Satz 2 EStDV in einer abweichenden Steuerbilanz ausgewiesen werden:

Beteiligungen 31. 12. 2007	./. 4.333 €

Ausgehend davon, dass der Jahresüberschuss als Ergebnis der Handelsbilanz und dem folgend als Anspruch der Gesellschafter (§ 29 Abs. 1 GmbHG) zwingend in die Steuerbilanz zu übernehmen ist und keiner Änderung durch steuerrechtliche Abweichungen zugänglich ist, ist in der Steuerbilanz der X-GmbH im Hinblick auf den steuerlichen Mindergewinn ein Ausgleichsposten auszuweisen.

Bilanzansatz	Handelsbilanz	Steuerbilanz
Beteiligungen	+ 55 000 €	+ 40 667 €
Firmenwert	./. 5 000 €	./. 5 000 €
Jahresüberschuss	+ 50 000 €	+ 50 000 €
Steuerlicher Ausgleichsposten	-	./. 4 333 €

Ermittlung des zu versteuernden Einkommens reduziert auf diesen Sachverhalt:

Jahresüberschuss	+ 50 000 €
Mindergewinn (steuerlicher Ausgleichsposten)	./. 4 333 €
Nicht abziehbare Betriebsausgaben	+ 2 050 €
Zu versteuerndes Einkommen (Änderung)	+ 47 717 €

3. Forderungen aus Lieferungen und Leistungen

Forderungen sind nach § 253 Abs. 1 Satz 1 HGB mit den Anschaffungskosten zu bewerten. Die Anschaffungskosten entsprechen dem Nennwert der Forderung i. H. v. 5 800 €. Diese Bewertung ist nach Wegfall der Gründe für die zum 31. 12. 2005 vorgenommene Abschreibung sowohl in der Handelsbilanz der GmbH als auch in der Steuerbilanz geboten. Ein Beibehaltungswahlrecht entsprechend § 253 Abs. 5 HGB steht der X-GmbH nicht zu, denn die Wertaufholung in der Handelsbilanz ist nach § 280 Abs. 1 HGB zwingend. § 280 Abs. 2 HGB läuft (seit 1999) leer, weil die Wertaufholung auch in der Steuerbilanz zu erfolgen hat (§ 6 Abs. 1 Nr. 2 Satz 3 EStG i. V. m. § 6 Abs. 1 Nr. 1 Satz 4 EStG).

Die Wertaufholung ist bereits zum 31. 12. 2007 vorzunehmen, weil der Wegfall der Gründe für die Abschreibung durch den Erbfall bedingt ist, mithin durch ein Ereignis, das vor dem Bilanzstichtag verwirklicht worden ist und von dem die GmbH vor Bilanzaufstellung Kenntnis erlangt hat (Wertaufhellung entsprechend § 252 Abs. 1 Nr. 4 HGB, § 5 Abs. 1 Satz 1 EStG; vgl. zum Problem der Wertaufhellung auch EuGH v. 7. 1. 2003 – Rs. C-306/99, BIAO, DStRE 2003, 69, sowie BFH v. 20. 8. 2003, BStBl 2003 II 941).

Mit der Wertaufholung ist grundsätzlich auch die Berichtigung der Umsatzsteuerschuld verbunden. Zwar entsteht die Umsatzsteuer aufgrund dieser Berichtigung nach § 17 Abs. 2 Nr. 1 i. V. m. § 13 Abs. 1 Nr. 5 UStG erst mit der nachträglichen Vereinnahmung, jedoch ist diese Verpflichtung bereits zum 31. 12. 2007 zu passivieren und unter den sonstigen Verbindlichkeiten auszuweisen (§ 266 Abs. 3 C. 8 HGB).

HINWEIS

Vertretbar ist insoweit auch ein Ausweis unter den Rückstellungen, weil es an einer Konkretisierung des Schuldpostens am Bilanzstichtag noch fehlt.

Die **Umbuchung** zum 31. 12. 2007 lautet

Forderungen aus LuL	5 800 €	an	sonst. betr. Erträge	5 000 €
		an	sonst. Verbindlichkeiten	800 €

ANMERKUNG ZU DEN SONSTIGEN BETRIEBLICHEN ERTRÄGEN

§ 275 Abs. 2 Nr. 4 HGB: Ein Ausweis „Erlöse aus der Zuschreibung von Wirtschaftsgütern des Umlaufvermögens" ist nach § 275 HGB nicht vorgesehen. Abgesehen davon ist die Bezeichnung „Erlöse" im Zusammenhang mit einer Wertaufholung – so die amtliche Lösung – sicher unzutreffend. DATEV verwendet das Konto 4915 „Erträge aus Zuschreibungen des Umlaufvermögens" und ordnet dieses Konto zutreffend dem GuV-Posten „Sonstige betriebliche Erträge" zu (SKR 04).

Bilanzansatz	Handelsbilanz	Steuerbilanz
Forderungen aus Lieferungen und Leistungen	5 800 €	5 800 €
Sonstige Verbindlichkeiten	+ 800 €	+ 800 €
Jahresüberschuss/Gewinn	+ 5 000 €	+ 5 000 €

Aufgabenteil II

1. Bilanz der Nadel & Zwirn OHG

Die Bilanz der OHG zum 31.12.2007 ist nicht zu beanstanden. Dies gilt nach Aufgabenstellung in gleicher Weise für die Ergänzungsbilanzen, in der die Korrekturwerte zur Gesamthandsbilanz der OHG zutreffend ausgewiesen sind (BFH v. 28.9.1995, BStBl 1996 II 68).

2. Grundstück in Völklingen

Das Grundstück gehört nicht zum Gesellschaftsvermögen der OHG und darf daher in ihrer Handelsbilanz nicht ausgewiesen werden (§§ 242, 246 Abs. 1 HGB). Nach § 5 Abs. 1 EStG gilt dies auch für die Steuerbilanz der Gesellschaft. Soweit das Grundstück dem Gesellschafter N als Bruchteilseigentümer zuzurechnen ist (§ 39 Abs. 1 AO) und es der OHG zur Nutzung dient, liegt allerdings notwendiges Sonderbetriebsvermögen I vor, das in einer Sonderbilanz für N zu aktivieren ist. Die Sonderbilanz ist von der Geschäftsführung der OHG aufzustellen und mit der Feststellungserklärung dem Finanzamt einzureichen (vgl. auch R 4.2 Abs. 12 EStR).

Im gegebenen Sachverhalt besteht das Gebäude steuerrechtlich betrachtet (R 4.2 Abs. 4 EStR) entsprechend der verschiedenen Nutzungs- und Funktionszusammenhänge aus drei selbständigen Gebäudeteilen, und zwar

a) betriebliche Nutzung der OHG im 1. OG,

b) fremdbetriebliche Nutzung im EG und

c) Wohnzwecke im 2. OG.

Jedem selbständigen Gebäudeteil ist der Grund und Boden anteilig zuzurechnen. Für die Aufteilung ist grundsätzlich das Nutzungsverhältnis des Gebäudes maßgebend (R 4.2 Abs. 6 EStR). Darüber hinaus sind der Grund und Boden sowie das Gebäude entsprechend den Eigentumsverhältnissen in der Bruchteilsgemeinschaft jeweils den Bruchteilseigentümern zuzurechnen, so dass im Ergebnis hinsichtlich des Gebäudes und des Grund und Bodens jeweils sechs verschiedene Wirtschaftsgüter anzunehmen sind. Daraus folgt, dass $1/6$ des Grund und Bodens sowie $1/6$ des Gebäudes als Sonderbetriebsvermögen zu bilanzieren sind (R 4.2 Abs. 7 und 12 EStR).

Diese Beurteilung gilt auch für die gesamtschuldnerisch eingegangene Darlehensverpflichtung, die folglich mit $1/6$ des Nennwerts in der Sonderbilanz zu passivieren ist. Die Schuldzinsen stellen insoweit Sonderbetriebausgaben dar.

Der dem Betrieb der OHG dienende Grundstücksteil ist dem Gesellschafter N seit dem Übergang von Besitz, Gefahr, Nutzungen und Lasten als wirtschaftlichem Eigentümer mit Wirkung vom 1.7.2007 zuzurechnen (§ 39 Abs. 2 Nr. 1 AO). Der zivilrechtliche Eigentumsübergang mit Eintragung des Eigentümerwechsels in das Grundbuch ist insoweit unbeachtlich.

Der betrieblich genutzte Grundstücksteil ist im Wege der Anschaffung Sonderbetriebsvermögen geworden, weil der Erwerbszeitpunkt mit dem Beginn der Nutzung durch die OHG übereinstimmt. Die Bewertung des Grundstücksteils hat demzufolge mit den

Anschaffungskosten zu erfolgen. Insbesondere liegt keine Einlage des Grundstücksteils vor, weil dieser vor der Nutzung durch die OHG nicht zum Privatvermögen des Gesellschafters gehört hat (vgl. § 4 Abs. 1 Satz 7 EStG).

> **HINWEIS**
> Die amtliche Lösung geht von der Einlage des Grundstücksteils aus. Dies ist unzutreffend.

Eine Einlage liegt allerdings hinsichtlich der Zahlungsmittel vor, die aus dem Privatvermögen zur Zahlung des Kaufpreises i. H. v. 30 000 € eingesetzt worden sind (120 000 € x $1/6$).

Während der anteilige Grund und Boden nach § 6 Abs. 1 Nr. 2 Satz 1 EStG mit den Anschaffungskosten auszuweisen ist, muss der Gebäudeteil nach § 6 Abs. 1 Nr. 1 Satz 1 EStG mit den Anschaffungskosten abzüglich AfA bewertet werden.

Die AfA ist nach § 7 Abs. 4 Satz 1 Nr. 2 EStG zu bestimmen und beträgt 2% der Anschaffungskosten. Für 2007 ist die Abschreibung zeitanteilig vorzunehmen. Die AfA beträgt 800 € und mindert den Sonderbilanzgewinn des N für 2007.

Die Grundstückskosten stellen Sonderbetriebsausgaben in dem Umfang dar, in dem sie von N getragen wurden und durch die betriebliche Nutzung des Grundstücks durch die OHG veranlasst sind. Als Sonderbetriebsausgaben sind folglich 200 € ($1/6$ von 1 200 €) zu berücksichtigen. In gleicher Höhe liegen Einlagen vor, weil die Zahlung aus privaten Mitteln erfolgt ist.

Einlagen liegen auch hinsichtlich der anteiligen Tilgung des Darlehens i. H. v. 1 400 € ($1/6$ von 8 400 €) und der Bezahlung der betrieblich veranlassten Schuldzinsen i. H. v. 2 100 € ($1/6$ von 12 600 €) vor. § 4 Abs. 4a EStG ist nicht anzuwenden, weil das Darlehen der Finanzierung des Erwerbs von Anlagevermögen dient.

Schließlich sind die Mietzahlungen der OHG insoweit als Vergütungen für die Überlassung eines Wirtschaftsguts durch den Mitunternehmer N zu würdigen, als sie von diesem im Rahmen der Bruchteilsgemeinschaft bezogen worden sind (§ 15 Abs. 1 Nr. 2, 2. Halbsatz EStG). Es handelt sich mithin um Sonderbetriebseinnahmen im Umfang von 7 200 € (2 400 € x 6 x $1/2$). In gleicher Höhe liegen Entnahmen im Sonderbereich vor. Die Buchung der OHG als Mietaufwand ist zutreffend und darf nicht beanstandet werden.

> **ANMERKUNG**
> In der amtlichen Lösung wurde ausgeführt, dass „der von der OHG gebuchte Mietaufwand insoweit rückgängig zu machen" sei und dass stattdessen „gleichzeitig eine Entnahme des Gesellschafters N" vorliege. Dem ist auf keinen Fall zu folgen. Geradezu handelt es sich um Mietaufwand der OHG. Die Hinzurechnung zum Gewinn der Mitunternehmerschaft erfolgt ausschließlich im Sonderbereich.

Der in der Sonder-GuV zur Sonderbilanz ausgewiesene Gewinn entspricht dem Unterschied zwischen Sonderbetriebseinnahmen und Sonderbetriebsausgaben und ist im Rahmen der gebotenen additiven Gewinnermittlung in die gesonderte und einheitliche Feststellung des Gewinns (§§ 179, 180 AO) einzubeziehen und dem Gesellschafter N zuzurechnen.

A	Sonderbilanz für N zum 31.12.2007			P
Grund und Boden		20 000 €	Sonderkapital 1.1.2007	0 €
Gebäude	80 000 €		Einlagen	+ 33 700 €
AfA	./. 800 €	79 200 €	Entnahmen	./. 7 200 €
			Gewinn	+ 4 100 €
			Sonderkapital 31.12.2007	30 600 €
			Darlehen	70 000 €
			Tilgung	./. 1 400 € 68 600 €
		99 200 €		99 200 €

A	Sonder-GuV 2007		P
Abschreibung/AfA	800 €	Mieterträge	7 200 €
Grundstückskosten	200 €		
Schuldzinsen	2 100 €		
Gewinn	4 100 €		
	7 200 €		7 200 €

Entwicklung des Sonderkapitals zum 31.12.2007:

Sonderkapital 1.1.2007			0 €
+ Einlagen	a) Zahlung für Grundstück	30 000 €	
	b) Grundstückskosten	200 €	
	b) Tilgung des Darlehens	1 400 €	
	c) Schuldzinsen	2 100 €	33 700 €
./. Entnahmen (Miete)			7 200 €
+ Sonderbilanzgewinn			4 100 €
Sonderkapital 31.12.2007			30 600 €

3. Auflösung der OHG – Realteilung

Die OHG wird im Wege einer Realteilung durch Beschluss der Gesellschafter mit Wirkung vom 1.1.2008 aufgelöst (§ 131 Abs. 1 Nr. 2 i.V. m. § 145 Abs. 1 HGB). Im Rahmen der Realteilung übernehmen die Gesellschafter jeweils selbständige Teilbetriebe, die sie in ihren Einzelunternehmen fortführen. Teilbetriebe liegen vor, wenn ein organisatorisch selbständiger Teil eines Betriebs mit einer gewissen Selbständigkeit dergestalt ausgestattet ist, dass er alle Merkmale eines selbständigen Betriebs aufweist, selbständig geführt wird und daher als solcher lebensfähig ist (BFH v. 5.6.2003, BStBl 2003 II 838). Für den von N fortgeführten organisatorisch selbständigen und unabhängigen Betrieb der OHG versteht sich dies von selbst und für die Beteiligung an der GmbH ist dies anzunehmen, weil die Beteiligung das gesamte Nennkapital der GmbH umfasst (R 16 Abs. 3 EStR).

Die Realteilung erfolgt nach § 16 Abs. 3 Satz 2 EStG zu Buchwerten, denn die Besteuerung der stillen Reserven ist offensichtlich sichergestellt. Die Sperrfrist nach § 16 Abs. 3 Satz 3 EStG ist nicht zu beachten, weil die Realteilung nicht im Wege der Übertragung einzelner Wirtschaftsgüter vollzogen wird, sondern durch Übertragung von Teilbetrieben.

Unter Fortführung der Buchwerte ist die Realteilung in der Weise durchzuführen, dass die Kapitalkonten der Gesellschafter erfolgsneutral an die Buchwerte der übernommenen Vermögensgegenstände angepasst werden. In die Kapitalanpassung sind auch die Ergänzungsbilanzen einzubeziehen. Damit gehen stille Reserven aufgrund gesetzlicher Anordnung von einem Gesellschafter auf einen anderen Gesellschafter über. Die stillen Reserven betragen dem Sachverhalt entsprechend insgesamt 400 000 € und entfallen auf N mit 60 % (240 000 €) und auf Z mit 40 % (160 000 €). Da mit der GmbH-Beteiligung stille Reserven i. H. v. 270 000 € auf Z übergehen, N jedoch stille Reserven in den Vermögensgegenständen der OHG von nur 130 000 € übernimmt, erfolgt im Ergebnis ein Transfer i. H. v. 110 000 €. Als Folge dieses interpersonellen Übergangs stiller Reserven wird Z bei der Veräußerung der Anteile künftig eine höhere Steuerbelastung hinnehmen müssen. Zum Vorteil wird ihm gereichen, dass die Veräußerung der GmbH-Anteile dem Halbeinkünfteverfahren unterliegen wird.

Die Realteilung wird dem Beschluss der Gesellschafterversammlung entsprechend mit Wirkung vom 1. 1. 2008 vollzogen. Die Kapitalanpassung findet deshalb nicht mehr in der Schlussbilanz auf den 31. 12. 2007 statt. Vielmehr ist diese Bilanz unter Beachtung des Bilanzenzusammenhangs (§ 252 Abs. 1 Nr. 1 HGB, § 4 Abs. 1 Satz 1 EStG) am 1. 1. 2008 fortzuführen und am gleichen Tag nach Kapitalanpassung und Übertragung der Vermögensgegenstände aufzulösen.

Entsprechend den Buchwerten der Vermögensgegenstände der OHG, die jeweils auf N und Z übergehen, betragen die angepassten Kapitalkonten im Zeitpunkt der Realteilung nach Auflösung der Ergänzungsbilanzen:

	N	Z	Gesamt
Schlussbilanz 31. 12. 2007	240 000 €	160 000 €	400 000 €
Ergänzungskapital	./. 30 000 €	+ 30 000 €	0 €
Anpassung	+ 140 000 €	./. 140 000 €	0 €
Kapital nach Realteilung	350 000 €	50 000 €	400 000 €

A	Bilanz der N & Z OHG zum 1. 1. 2008		P
Grund und Boden	300 000 €	Kapital N	350 000 €
Gebäude	400 000 €	Kapital Z	50 000 €
Geschäftsausstattung	50 000 €	Schulden	800 000 €
Beteiligung Y-GmbH	50 000 €		
Warenbestand	300 000 €		
Geldkonten	100 000 €		
	1 200 000 €		1 200 000 €

Während Z in der Eröffnungsbilanz seines Betriebs die Beteiligung zu aktivieren hat, muss N neben den von der OHG übernommenen Vermögensgegenständen auch das bisher zum Sonderbetriebsvermögen gehörende Grundstück und die Darlehenschuld in seiner Eröffnungsbilanz ausweisen. Es handelt sich insoweit hinsichtlich des Sonderbetriebsvermögens um eine Überführung von Wirtschaftsgütern, die nach § 6 Abs. 5 Satz 2 EStG mit dem Buchwert zu bewerten ist.

A	Eröffnungsbilanz Z zum 1.1.2008		P
Beteiligung Y-GmbH	50 000 €	Kapital 1.1.2008	50 000 €
	50 000 €		50 000 €

A	Eröffnungsbilanz N zum 1.1.2008		P
Grund und Boden	320 000 €	Kapital 1.1.2008	380 600 €
Gebäude	479 200 €	Darlehensschulden	68 600 €
Geschäftsausstattung	50 000 €	Schulden	800 000 €
Warenbestand	300 000 €		
Geldkonten	100 000 €		
	1 249 200 €		1 249 200 €

Aufgabenteil III

1. Unfertige Arbeiten auf fremdem Grund und Boden

Aufgrund Werkvertrags (§ 651 BGB) hat sich die KG verpflichtet, ein Gebäude auf fremdem Grund und Boden zu errichten. Da die Baumaßnahme am Bilanzstichtag 31.12.2007 noch nicht fertig gestellt und abgenommen ist, liegt ein schwebendes Geschäft vor, das als solches nicht Gegenstand der Bilanzierung sein darf, soweit sich Ansprüche und Verpflichtungen gleichwertig gegenüber stehen. Dies gilt für die Handelbilanz ebenso wie für die Steuerbilanz (§ 5 Abs. 1 Satz 1 EStG; BFH v. 25.10.1994, BStBl 1995 II 312; v. 10.7.2002, BStBl 2002 II 784).

Ein Bilanzausweis ist indes geboten, wenn der Anspruch auf die Leistung und die Verpflichtung zur Gegenleistung im Rahmen desselben schwebenden Geschäftes sich nicht mehr ausgewogen gegenüber stehen. Dementsprechend sind Forderungen zu aktivieren, wenn und soweit die KG ihre Verpflichtung zur Leistung ganz oder teilweise erfüllt hat. Auf der anderen Seite sind Rückstellungen für drohende Verluste aus schwebenden Geschäften zu würdigen, wenn und soweit der Anspruch auf die Gegenleistung den Wert der Verpflichtung nach Verhältnissen am Bilanzstichtag nicht mehr deckt.

a) Unfertige Baumaßnahme

Mit der Durchführung der Baumaßnahme auf fremdem Grund und Boden geht das Eigentum an den eingefügten Bauteilen auf die Stadt Hannover über (§§ 93, 946 BGB). In diesem Umfang hat die KG bereits einen Teil der zu erbringenden Gesamtleistung ausgeführt. Dementsprechend hat die KG die unfertige Baumaßnahme auf fremdem Grund und Boden unter den Vorräten als „Unfertige Leistungen" auszuweisen und mit den Herstellungskosten zu bewerten, die bis zum Bilanzstichtag angefallen sind (BFH v. 10. 7. 2002, BStBl 2002 II 784; v. 7. 9. 2005, BStBl 2006 II 298; vgl. dazu auch H 6.1, H 6.3 und H 6.7 „Halbfertige Bauten auf fremdem Grund und Boden" EStH 2007. Der Begriff „halbfertig" ist dabei abzulehnen. § 253 Abs. 1 Satz 1 HGB, § 255 Abs. 2 HGB, § 5 Abs. 1 und 6 EStG, § 6 Abs. 1 Nr. 2 Satz 1 EStG).

ANMERKUNG

Dem Sachverhalt kann nicht entnommen werden, in welchem Umfang Materialgemeinkosten und Fertigungsgemeinkosten in den Selbstkosten enthalten sind. Angesichts der Aufgabenstellung wäre diese Information jedoch von Bedeutung gewesen, denn es soll handelsrechtlich wie steuerrechtlich jeweils der niedrigst mögliche Gewinn angestrebt werden. Nach § 255 Abs. 2 HGB unterliegen die Gemeinkosten dem Aktivierungswahlrecht in der Handelsbilanz. Der Verzicht auf die Aktivierung würde folglich zu einem niedrigeren Jahresüberschuss führen. Mangels Angaben im Sachverhalt wird (praxiswidrig) unterstellt, dass bis zum Bilanzstichtag nur Einzelkosten angefallen sind. Für die Steuerbilanz sind diese Überlegungen nicht von Bedeutung, weil das Bewertungswahlrecht des Handelsrechts in der Steuerbilanz nicht zur Verfügung steht (§ 5 Abs. 6 EStG).

Zu den Herstellungskosten gehören nicht die Vertriebskosten (§ 255 Abs. 2 Satz 4 HGB). Das Gleiche gilt für die nach § 15 UStG abziehbare Vorsteuer (§ 9b Abs. 1 EStG) und die Vertragstrafe. Hinsichtlich der Verwaltungsgemeinkosten kann handelsrechtlich ebenso wie steuerrechtlich vom Aktivierungswahlrecht Gebrauch gemacht werden (§ 255 Abs. 2 HGB, § 5 Abs. 1 und 6 EStG; R 6.3 Abs. 4 EStR 2005). Der Aufgabenstellung entsprechend unterbleibt die Einbeziehung in die Herstellungskosten. Die Herstellungskosten betragen folglich 105 000 €.

Die unfertigen Bauten sind allerdings zum Bilanzstichtag in der Handelsbilanz mit dem niedrigeren beizulegenden Wert (§ 253 Abs. 3 HGB) und in der Steuerbilanz mit dem niedrigeren Teilwert (§ 5 Abs. 1 EStG, § 6 Abs. 1 Nr. 2 Satz 2 EStG) zu bewerten. Dabei kommt die Abschreibung in der Steuerbilanz nur im Falle einer voraussichtlich dauernden Wertminderung in Betracht. Davon kann angesichts der Schilderung im Sachverhalt ausgegangen werden, denn die KG wird für ihre erbrachte Leistung einen Deckungsbeitrag nicht mehr durchsetzen können.

Die Abschreibung ergibt sich aus dem Fehlbetrag, um den der erzielbare Erlös die insgesamt angefallenen und noch zu erwartenden Selbstkosten der Baumaßnahme nach Verhältnissen am Bilanzstichtag unterschreitet (vgl. auch H 6.8 EStH „Retrograde Bewertungsmethode" EStH 2007).

HINWEIS

Diese Lösung entspricht der nunmehr maßgeblichen Rechtssprechung des BFH v. 7. 9. 2005, BStBl 2006 II 298. Die damalige amtliche Lösung beruhte noch auf dem inzwischen durch die Entscheidungen des BFH überholten Schreiben des BMF v. 14. 11. 2000, BStBl 2000 I 1514.

Dabei dürfen Verluste, die mit dem Ziel einer günstigeren Preisgestaltung einkalkuliert wurden, nicht berücksichtigt werden, weil auch ein gedachter Erwerber i. S. d. § 6 Abs. 1

Nr. 1 Satz 3 EStG eine entsprechende Preisgestaltung vorgenommen hätte (BFH v. 29.4.1999, BStBl 1999 II 681; vgl. auch H 6.7 „Verlustprodukte" EStH 2007).

Der Fehlbetrag beläuft sich danach auf 100 000 € (Selbstkosten 2 100 000 € ./. Werkpreis 2 000 000 €). Nach Abzug der kalkulierten Verluste (80 000 €) verbleibt ein Fehlbetrag von 20 000 €, so dass in dieser Höhe in Handels- und Steuerbilanz eine Abschreibung auf den niedrigeren beizulegenden Wert bzw. Teilwert geboten ist.

HINWEIS

So bereits vor Änderung der Verwaltungsauffassung für die Handelsbilanz FN-IDW 2000, 290, 293; BeBiKo, § 253 HGB, Rz 521; Hoffmann, DB 2001, 2016.

Grundsätzlich wäre im Rahmen einer retrograden Bewertung bei der Ermittlung des niedrigeren Teilwerts auch ein durchschnittlich erzielbarer Gewinn abzuziehen. Im vorliegenden Fall kommt dieser Abzug jedoch nicht in Betracht, weil der Werkpreis ohne Gewinnaufschlag kalkuliert wurde (BFH v. 29.4.1999, BStBl 1999 II 681; BFH v. 25.7.2000, BStBl 2001 II 566).

In der Bilanz sind die unfertigen Leistungen deshalb mit 85 000 € zu aktivieren.

b) Rückstellungen für drohende Verluste aus schwebenden Geschäften

Während in der Steuerbilanz Rückstellungen für drohende Verluste aus schwebenden Geschäften nicht ausgewiesen werden dürfen (§ 5 Abs. 4a EStG), sind solche Verpflichtungen dagegen in der Handelsbilanz nach § 249 Abs. 1 Satz 1 HGB zu passivieren. Die Bewertung dieser Rückstellung erfolgt nach § 253 Abs. 1 Satz 2 HGB mit dem Betrag, der zur Erfüllung dieser Verpflichtung erforderlich ist. Das sind die Vollkosten, soweit sie noch nicht als Abschreibung, Verwaltungskosten oder Vertriebskosten gewinnmindernd berücksichtigt worden sind. Dieser Betrag ist nicht abzuzinsen, weil die Verpflichtung keinen Zinsanteil enthält.

Da jedoch Verluste, die bereits beim Vertragsabschluss kalkuliert worden sind, um den Auftrag zu erhalten, in die Bewertung nicht einbezogen werden dürfen (BFH, GrS v. 23.6.1997, BStBl 1997 II 735), droht im Ergebnis aus diesem schwebenden Geschäft am Bilanzstichtag kein Verlust. Eine Rückstellung ist in der Handelsbilanz daher nicht auszuweisen.

Berechnung:

Selbstkosten insgesamt	2 100 000 €
./. kalkulierte Verluste	80 000 €
./. Abschreibung	20 000 €
./. Vereinbarter Werkpreis ohne Umsatzsteuer	2 000 000 €
Rückstellung	0 €

c) Rückstellungen für die Verpflichtung zur Zahlung der Vertragsstrafe

Dem Sachverhalt zufolge wurde die Verpflichtung zur Zahlung einer Vertragstrafe durch Personalengpässe im abgelaufenen Kalenderjahr 2007 verursacht. Angesichts der rechtlichen Verpflichtung aufgrund des Werkvertrags und der wirtschaftlichen Verursachung der Belastung ist zum 31.12.2007 sowohl in der Handelsbilanz als auch in der Steuerbilanz eine Rückstellung für ungewisse Verbindlichkeiten auszuweisen (§ 249 Abs. 1 Satz 1 HGB, § 5 Abs. 1 Satz 1 EStG). Die Bewertung erfolgt nach § 253 Abs. 1 Satz 2 HGB und § 5 Abs. 1 und Abs. 6 EStG i.V. m. § 6 Abs. 1 Nr. 3 sowie Nr. 3a EStG mit dem zur Erfüllung der Verpflichtung erforderlichen Geldbetrag i. H. v. 50 000 €. Eine Abzinsung kommt angesichts der voraussichtlichen Restlaufzeit der Verpflichtung in der Steuerbilanz nicht in Betracht (§ 6 Abs. 1 Nr. 3a Buchst. e EStG).

Bilanzansatz	Handelsbilanz	Steuerbilanz
Forderungen / Unfertige Bauten	+ 85 000 €	+ 85 000 €
Rückstellungen	+ 50 000 €	+ 50 000 €
Jahresüberschuss/Gewinn	+ 35 000 €	+ 35 000 €

2. Baukran

a) Anschaffung und Nutzungsüberlassung

Der Baukran ist der KG nach den Grundsätzen des zivilrechtlichen und wirtschaftlichen Eigentums zuzurechnen (§ 39 AO). Insbesondere liegt trotz der langfristigen und bis zum 31.12.2014 unkündbaren Leasingvereinbarung kein wirtschaftliches Eigentum der Leasingnehmerin vor, denn es handelt sich weder um einen Vertrag nach Art eines Spezialleasings, noch um ein Finanzierungsleasing, bei dem die Leasingraten in der unkündbaren Grundmietzeit die Anschaffungskosten und die Finanzierungskosten decken. Vielmehr handelt es sich um einen Teilamortisationsvertrag (BMF v. 19.4.1971, BStBl 1971 I 264, Tz III. 2a), der die KG berechtigt, den Leasinggegenstand dem Leasingnehmer in Höhe des im Leasingvertrag festgelegten Restwertes anzudienen (BMF v. 22.12.1975, IV B 2 – S 2170 – 161/75, nicht im BStBl veröffentlicht, jedoch abgedruckt im ESt-Handbuch als Anhang 21/III). Die Forfaitierung der Leasingraten und der künftigen Ansprüche auf den Erlös nach Ablauf der Grundmietzeit hat für die Beurteilung dieser Zurechnung keine Bedeutung (BMF v. 9.1.1996, BStBl 1996 I 9).

Der Baukran ist nach § 246 Abs. 1 i.V. m. § 253 Abs. 1 und 2 EStG unter den Vermögensgegenständen des Sachanlagevermögens auszuweisen und mit den Anschaffungskosten abzüglich AfA zu bewerten. Die gleiche Sachbehandlung ist in der Steuerbilanz geboten (§ 5 Abs. 1 und Abs. 6 i.V. m. § 6 Abs. 1 Nr. 1 Satz 1 EStG).

Maßgebend für den Beginn der planmäßigen Abschreibung in der Handelsbilanz bzw. der Absetzung für Abnutzung (AfA) in der Steuerbilanz ist die Inbetriebnahme, die nach Montage am 2.9.2007 erfolgt. Unter Berücksichtigung der Abschreibung nach den Grundsätzen der degressiven AfA beträgt die Abschreibung in 2007 höchstens 30 % (§ 7 Abs. 2 Satz 3 EStG), bei einer betriebsgewöhnlichen Nutzungsdauer von 12 Jahren in der Handels- und Steuerbilanz jedoch nur 25 % von 100 000 € x $^4/_{12}$ = 8 334 € (§ 253 Abs. 2 HGB; § 7 Abs. 2 i.V. m. § 7 Abs. 1 Satz 4 EStG).

b) Forfaitierung der Leasingraten und des Anspruchs auf den Restwert

Die Abtretung der künftigen Leasingraten stellt schuldrechtlich betrachtet eine Forfaitierung dar, denn die KG (Forfaitist) hat die Ansprüche aus dem Leasingvertrag an ihre Hausbank (Forfaiteur) verkauft. Aufgrund der Forfaitierung gehen alle Rechte aus den Forderungen auf den Forfaiteur über, insbesondere auch das Risiko der Zahlungsunfähigkeit des Schuldners. Die KG trägt lediglich das Risiko des rechtlichen Bestands der Forderungen.

aa) Forfaitierung der Leasingraten

Die laufenden Leasingraten sind forfaitiert, denn die KG muss (nur) für den rechtlichen Bestand der Forderung und die Freiheit von Einreden bis zum Ablauf der Grundmietzeit einstehen. Mit dem Verkauf der Forderung und der damit verbundenen Gutschrift der Forfaitierungserlöse sind die Ansprüche der KG folglich erfüllt und der Gewinn grundsätzlich realisiert.

Die KG ist aufgrund des Leasingvertrages jedoch verpflichtet, die Nutzung des ihr zuzurechnenden Gegenstandes zu gewähren. Aufgrund dieser Verpflichtung gegenüber dem Leasingnehmer hat die KG den Forfaitierungserlös, der nur die nach dem Bilanzstichtag fälligen Raten umfasst, zum 31.12.2007 i.H.v. 61 596 € passiv abzugrenzen und verteilt auf die verbleibende Grundmietzeit zeitanteilig – erstmals in 2008 – gewinnerhöhend aufzulösen (§ 250 Abs. 2 HGB, § 5 Abs. 5 Satz 1 Nr. 2 EStG; BMF v. 9.1.1996, BStBl 1996 I 9, Tz III. 2a).

bb) Forfaitierung des Anspruchs auf den Restwert (Verwertungserlös)

Hinsichtlich der Abtretung des Anspruchs auf den Restwert hat die KG die Haftung für die Zahlungsfähigkeit des Leasingnehmers zu übernehmen und sich außerdem zum Rückkauf der Forderung im Falle der Uneinbringlichkeit verpflichtet. Es liegt folglich nur eine sog. unechte Forfaitierung vor, die aber ebenso wie bei einer echten Forfaitierung des Anspruchs auf den Restwert als Darlehensgewährung der Hausbank an die KG zu beurteilen ist (BFH v. 8.11.2000, BStBl 2001 II 722; das BMF-Schreiben v. 9.1.1996, BStBl 1996 I 9 ist deshalb insoweit überholt. Vgl. dazu H 5.6 „Forfaitierung von Forderungen aus Leasing-Verträgen" EStH 2007). Die Darlehensschuld ist zum 31.12.2007 zu passivieren (§ 246 Abs. 1 HGB, § 5 Abs. 1 EStG) und mit dem Rückzahlungsbetrag i.H.v. 36 250 € zu bewerten (§ 253 Abs. 1 Satz 2 HGB, § 5 Abs. 1 und 6 i.V.m. § 6 Abs. 1 Nr. 3 EStG). Eine Abzinsung erfolgt nicht, denn es handelt sich nicht um eine unverzinsliche Darlehensverpflichtung. Zu den folgenden Bilanzstichtagen ist die Darlehensschuld bis zum Ablauf der Grundmietzeit ratierlich aufzuzinsen (BFH v. 8.11.2000, BStBl 2001 II 722).

3. Grundstücke

a) Veräußerung des Flurstücks 7/19

Mit dem Übergang von Besitz, Gefahr, Nutzungen und Lasten im Anschluss an die Abnahme ist das wirtschaftliche Eigentum an dem Grundstück 7/19 auf die GmbH als Erwerberin übergegangen (§ 39 Abs. 2 Nr. 1 AO). In diesem Zeitpunkt liegt deshalb eine Veräußerung des bebauten Grundstücks vor. Auf den Übergang des zivilrechtlichen Eigentums (§§ 873, 925 BGB) kommt es für den Zeitpunkt angesichts der Vereinbarungen der Parteien nicht mehr an. Der Anspruch auf den Kaufpreis ist folglich als Forderung zu aktivieren (§ 246 Abs. 1 HGB, § 5 Abs. 1 EStG). Gleichzeitig ist der Veräußerungsgewinn realisiert (§ 252 Abs. 1 Nr. 4 HGB, § 5 Abs. 1 EStG). Der Veräußerungsgewinn beträgt 350 000 € und entfällt mit 50.000 € auf den Grund und Boden.

Die Rückabwicklung des Kaufvertrages und die damit verbundene Rückübertragung des zivilrechtlichen und wirtschaftlichen Eigentums am Grundstück 7/19 ist ein Geschäftsvorfall des Jahres 2008, der auf die Bilanzierung und Bewertung des Betriebsvermögens zum 31. 12. 2007 keinen Einfluss nimmt. Dies gilt auch angesichts der Tatsache, dass die Rückabwicklung vor der fristgerechten Bilanzaufstellung für 2007 erfolgt ist (BFH v. 3. 7. 1991, BStBl 1991 II 802). Es handelt sich um ein Ereignis nach dem Bilanzstichtag und nicht um eine lediglich wertaufhellende Erkenntnis zu objektiv am Bilanzstichtag bestehenden Verhältnissen (BFH v. 20. 8. 2003, BStBl 2003 II 941 zur Wertaufhellung in Handels- und Steuerbilanz).

b) Rückstellung wegen Wandlung des Kaufvertrages

Zu prüfen ist allerdings, ob eine Rückstellung aufgrund der Verpflichtung zur Rückerstattung des Kaufpreises nach Wandlung des Kaufvertrages zum 31. 12. 2007 zu passivieren ist. Die Rückstellung wäre geboten (§ 249 Abs. 1 HGB, § 5 Abs. 1 EStG), wenn die KG am Bilanzstichtag 31. 12. 2007 objektiv mit einer Wandlung des Kaufvertrages ernstlich hätte rechnen müssen, so dass eine ungewisse Verbindlichkeit anzunehmen wäre. Dem Sachverhalt zufolge war die Beseitigung der Mängel beabsichtigt, so dass aus der Sicht des Bilanzstichtages gerade keine Wandlung des Kaufvertrages drohte. Das gilt auch vor dem Hintergrund, dass die Wandlung vor der Bilanzaufstellung erklärt wurde (BFH v. 28. 3. 2000, BStBl 2002 II 227; vgl. dazu auch BMF v. 21. 2. 2002, BStBl 2002 I 335). Eine Rückstellung ist deshalb im Hinblick auf die Wandlung nicht zulässig.

c) Rückstellung für Gewährleistungen

Die Verpflichtung zur Beseitigung der Mängel und der Durchführung der erforderlichen Restarbeiten ist jedoch als Rückstellung für ungewisse Verbindlichkeiten zu passivieren (§ 249 Abs. 1 HGB, § 5 Abs. 1 EStG). Die Rückstellung ist in der Handelsbilanz mit dem Betrag zu bewerten, der zur Durchführung dieser Arbeiten und damit zur Erfüllung der Gewährleistungspflicht nach dem 31. 12. 2007 erforderlich ist (§ 253 Abs. 1 Satz 2 EStG). Zu diesem Zweck sind in die Bewertung sämtliche Einzel- und Gemeinkosten (Vollkosten) einzubeziehen. Für Zwecke der Steuerbilanz ist die Rückstellung dagegen mit den Einzelkosten und (lediglich) den angemessenen Teilen der notwendigen Gemeinkosten zu bewerten (§ 5 Abs. 6 i.V. m. § 6 Abs. 1 Nr. 3a Buchst. b EStG).

Dem Sachverhalt zufolge sollen die Vollkosten jedoch der steuerrechtlich gebotenen Bewertung entsprechen, so dass insoweit keine Abweichung gegenüber der Handelsbilanz besteht (§ 60 Abs. 2 EStDV). Die Rückstellung ist deshalb in Handels- und Steuerbilanz mit 150 000 € zu passivieren.

d) Übertragung stiller Reserven nach § 6b EStG

Die Veräußerung des Grundstücks 7/19 ist hinsichtlich des Grund und Bodens nach § 6b Abs. 1 Satz 1 i.V. m. Abs. 4 EStG begünstigt. Das Grundstück hat insbesondere mindestens sechs Jahre zum Anlagevermögen einer inländischen Betriebsstätte gehört (§ 6b Abs. 4 Nr. 2 EStG). Diese Voraussetzungen sind hinsichtlich des Gebäudes offensichtlich nicht erfüllt. Die Möglichkeit, die stillen Reserven, die anlässlich der Veräußerung aufgedeckt wurden, auf eine Reinvestition zu übertragen, ist deshalb auf den Betrag von 50 000 € begrenzt.

Der Abzug dieses Betrages kann im Jahr der Veräußerung von den Anschaffungskosten des im vorangegangenen Wirtschaftjahr angeschafften Grundstücks 7/20 erfolgen (§ 6b Abs. 1 Satz 1 und Satz 2 Nr. 1 EStG). Die Übertragung erfolgt ausweislich des klaren Gesetzeswortlauts im Jahr der Veräußerung durch Abzug vom Buchwert des reinvestierten Wirtschaftsguts am Schluss des vorangegangenen Wirtschaftjahres (§ 6b Abs. 1 Satz 1 und Abs. 5 EStG) und nicht im Wege der Rückwärtsberichtigung (R 6b Abs. 1 Satz 6 EStR gibt deshalb lediglich den Gesetzeswortlaut wieder und ist daher als Anweisung entbehrlich).

Um die nach der Aufgabenstellung gebotene „möglichst frühzeitige Übertragung stiller Reserven" steuerrechtlich für das Wirtschaftsjahr 2007 durchsetzen zu können, ist der Abzug nach § 6b Abs. 1 EStG dem Grundsatz der umgekehrten Maßgeblichkeit folgend (§ 5 Abs. 1 Satz 2 EStG) als steuerrechtliche Abschreibung auch bei der Bewertung des Grundstücks 7/20 in der Handelsbilanz zu berücksichtigen (§ 254 HGB). Das Grundstück ist daher zum 31. 12. 2007 in Handels- und Steuerbilanz mit 50 000 € auszuweisen. Nach § 6b Abs. 4 Nr. 5 EStG ist dafür Sorge zu tragen, dass der Abzug in der Buchführung verfolgt werden kann. Einer Passivierung eines Sonderpostens mit Rücklageanteil bedarf es dabei nicht.

Punkteverteilung: StB-Prüfung 2003 (Original)

I/1. Erbbaurecht

Bilanzierung und Anschaffungskosten, Abschreibung	3
Vorsteuer, § 9b Abs. 1 EStG	1
Erbbauzins	2
Erschließungskosten, kein Vorsteuerabzug	2
Rechnungsabgrenzung	2
Umbuchungen/Korrekturbuchungen	2
Bilanzansätze	1/13

I/2. Beteiligung

Finanzanlagevermögen in HB – Kein Wirtschaftsgut in StB	2
Spiegelbildmethode in StB	2
Firmenwert – Korrekturposten in der Ergänzungsbilanz	1
Entwicklung des Postens in der HB	1
Entwicklung des Postens in der StB	2
Umbuchungen – Handelsbilanz	1
Umbuchungen – Steuerbilanz	2/11

I/3. Forderungen

Kein Beibehaltungswahlrecht, sondern Wertaufholungsgebot - HB	2
Bewertung in der StB	1
Wertaufhellung	1
Passivierung der USt-Schuld	1
Umbuchungen und Gewinnauswirkungen	2/7
	31

II/2. Grundstück Völklingen

Betriebsvermögen / Bruchteilsvermögen	2
Bilanzierungsverbot für Ehegattenvermögen - Drittaufwand	1
Selbständige Gebäudeteile	1
Zuordnung des Grund und Bodens	1
Notwendiges Sonderbetriebsvermögen (1/6)	2
Anschaffungskosten und Abschreibung – Keine Einlage	2

Privatvermögen hinsichtlich Vermietung an Z	1
Passivierung des Darlehens (1/6) in der Sonderbilanz	2
Darlehenstilgung und Zinszahlungen als Einlagen	2
Mietzahlungen – Vergütungen (§ 15 Abs. 1 Nr. 2 EStG)	2
Aufstellung der Sonderbilanz 31. 12. 2007 nebst Sonder-GuV	2
§ 4 Abs. 4a EStG ist nicht anzuwenden	1/19

II/3. Realteilung

Begründung der Realteilung – Teilbetriebe – Anteil an KapG	2
Buchwertfortführung - keine Sperrfrist	2
Kapitalanpassung	3
Auflösung der Sonderbilanz – Überführung nach § 6 Abs. 5 Satz 2 EStG	2
Auflösung der Ergänzungsbilanz	2
Bilanz der OHG nach Kapitalanpassung 1. 1. 2008	1
Eröffnungsbilanz N	2
Eröffnungsbilanz Z	1/15
	34

III/1. Unfertige Bauten

Schwebendes Geschäft am Bilanzstichtag	1
Zurechnung der Baumaßnahme nach BGB und § 39 AO	2
Ausweis der Baumaßnahme unter den Vorräten	1
Bewertung mit den Herstellungskosten bis Stichtag	3
Abschreibung wegen des erwarteten Verlustes	3
Kalkulierter Verlust ist nicht zu berücksichtigen	1
Unternehmergewinn ist nicht zu berücksichtigen	1
Rückstellung für drohende Verluste aus schwebenden Geschäften	3
Berechnung	1
Passivierungsverbot in der Steuerbilanz	1
Vertragsstrafe – Rückstellung	1/18

III/2. Baukran

Zurechnung des wirtschaftlichen Eigentums beim Leasinggeber	2
Anschaffungskosten und Abschreibung	1
Forfaitierung der Leasingraten	2
Forfaitierung des künftigen Verwertungserlöses	3/8

III/3. Grundstück

Veräußerung des Grundstücks 2007	2
Rückabwicklung in 2007 ohne Bedeutung – Keine Rückstellung	2
Gewährleistungsrückstellung	1
Abzug der stillen Reserven nach § 6b EStG in 2007	2
Abzug vom Buchwert 31.12.2006 - Keine Rückwärtsberichtigung	2/9
	35
	100

STEUERBERATERPRÜFUNG 2004 (Original)

Aktualisiert auf die Rechtslage 2007

Prüfungsaufgabe aus dem Gebiet der Buchführung und des Bilanzwesens

Bearbeitungszeit: 6 Stunden

Hilfsmittel:
Laut Ladungsschreiben zugelassene Hilfsmittel,
z. B.: NWB-Textausgabe Deutsche Steuergesetze

Aufgabenteil I

Sachverhalt 1

Tom Teuber (T) ist als Präparator selbständig tätig und betreibt in Haselünne (H) sein Gewerbe in Form eines Einzelunternehmens. Der Gewerbebetrieb erfordert keinen nach Art oder Umfang in kaufmännischer Weise eingerichteten Geschäftsbetrieb.

Im Jahre 2005 hat T die Firma seines Unternehmens „Präparator Teuber, e. Kfm." in das Handelsregister eintragen lassen. Zu T's Tätigkeiten gehört u. a. die Herstellung von Anschauungsobjekten und Lehrmodellen für Schulen, Museen und private Auftraggeber im In- und Ausland. Einen nicht unwesentlichen Teil seiner Arbeit widmet er der Präparation von Jagdtrophäen.

Da ihm seine Werkstatt in H zu klein wird, hat T im Jahre 2006 ein Grundstück in Lüneburg (L) erworben. Auf diesem Grundstück beabsichtigte er, im Spätherbst 2007 ein Gebäude zu errichten, in dem er Werkstatt, Büro und einen Ausstellungsraum unterbringen will.

T verspricht sich von dem Ortswechsel auch einen größeren Kundenstamm, da sich in L eine Jagdschule (J-GmbH), die ihm in der Vergangenheit bereits umfangreiche Aufträge zur Fertigung von Anschauungs- und Lehrmaterial erteilt hat, befindet. In den Lehrgangsteilnehmern der Jagdschule sieht T eine nicht unerhebliche Anzahl potenzieller Kunden.

Im Jahre 2001 erwarb T zu Anschaffungskosten von umgerechnet 15 000 € eine 30 %ige Beteiligung an der in Göttingen (G) ansässigen G-GmbH, die ein Fachgeschäft für Tierpräparate, Felle und Trophäen betreibt. Die wirtschaftliche Verfügungsmacht bzgl. dieser Beteiligung erlangte T im Mai 2001. Zurzeit des Erwerbs der Beteiligung war die G-GmbH bester Kunde und enger Geschäftspartner des T.

Im Jahre 2007 veräußerte T diese von Anfang an in seinem Betriebsvermögen gehaltene und zum Veräußerungszeitpunkt korrekt mit den ursprünglichen Anschaffungskosten bewertete und bilanzierte Beteiligung zu einem angemessenen Veräußerungspreis in Höhe von 82 000 €. Die wirtschaftliche Verfügungsmacht wurde dem Käufer im Juli 2007 verschafft.

Im Vorfeld der Veräußerung unternahm T eine Bahnfahrt zum Sitz der G-GmbH nach G. Diese Fahrt war erforderlich geworden, weil T die Genehmigung der Gesellschaft zur Abtretung der Geschäftsanteile einholen musste. Für die Fahrt entrichtete T brutto 59,50 €. Ein Betrag von 9,50 € war im Fahrschein gesondert als Umsatzsteuer ausgewiesen. T nahm folgende Buchungen vor:

Reisekosten	50,00 €			
Vorsteuer	9,50 €	an	Kasse	59,50 €
Bank	82 000,00 €	an	Beteiligung	15 000,00 €
		an	sonst. betr. Erträge	67 000,00 €

Um Investitionen und die Ansiedlung traditionellen Handwerks zu fördern, sagte die Stadt L dem T bedingungslos zu, sich mit 2 000 € an den Kosten der Errichtung des Gebäudes zu beteiligen. Vor dem von T geplanten Baubeginn (Spätherbst 2007) wurde der Betrag im September 2007 an T überwiesen. T buchte:

Bank	2 000 €	an	sonst. betr. Erträge	2 000 €

Wegen widriger Witterungsverhältnisse wird das Gebäude erst im Frühjahr 2008 errichtet.

Aufgabe

Beurteilen Sie als T's Steuerberater/in den geschilderten Sachverhalt unter Angabe der einschlägigen Bestimmungen im Hinblick auf den zu erstellenden Jahresabschluss zum 31. 12. 2007. Beachten Sie dabei, dass T Wert darauf legt, den steuerlichen Gewinn für das Jahr 2007 so niedrig wie möglich zu halten.

Geben Sie gegebenenfalls erforderliche Korrekturbuchungssätze an.

> **HINWEIS**
>
> T schwankt noch, ob er den Veräußerungserlös aus der Beteiligung an der G-GmbH zur Finanzierung der Herstellungskosten des Gebäudes nutzen wird oder ob er auf das Angebot des J, Inhaber der in L ansässigen Jagdschule (J-GmbH), einen 25 %igen Geschäftsanteil an der J-GmbH zu erwerben, zurückkommen sollte.
>
> T erstellt eine Handels- und eine Steuerbilanz. Umsatzsteuerliche Besonderheiten bestehen nicht. T ist zum vollen Vorsteuerabzug berechtigt.

Sachverhalt 2

Die in Lingen ansässige Erfrischungsgetränke-GmbH (E-GmbH), deren Wirtschaftsjahr dem Kalenderjahr entspricht, füllt Mineralwasser ab und stellt Erfrischungsgetränke her. Zu diesem Zweck verfügt sie bereits über vier Brunnen. Um ihre Kapazität steigern zu können, beschloss die E-GmbH, auf dem ihr gehörenden Betriebsgelände einen weiteren Bohrbrunnen zur Gewinnung von Tiefenwasser durch die Firma B bauen zu lassen.

Das Umweltamt gewährte der E-GmbH am 17. 1. 2007 aus ökologischen Gründen allerdings nur ein Wasserrecht für einen Zeitraum von 10 Jahren ab Fertigstellung des Brunnens und verpflichtete die GmbH gleichzeitig, unverzüglich nach Ablauf der 10 Jahre den Bohrbrunnen aus dem Erdreich zu entfernen und das Bohrloch zu verfüllen. Für den Fall, dass die E-GmbH diese Auflage nicht einhält, hat sie mit erheblichen Bußgeldern zu rechnen.

Der neue Brunnen wurde am 1.7.2007 fertig gestellt und von diesem Zeitpunkt an sofort von der E-GmbH zur Tiefenwassergewinnung genutzt. Die Firma B stellte der E-GmbH für den Bau des Bohrbrunnens insgesamt 474 512,50 € (inkl. 19% gesondert ausgewiesene Umsatzsteuer) in Rechnung.

Für die Baugenehmigung hatte die E-GmbH im März 2007 Kosten von 1 250 € entrichtet. Die Kostenrechnung des Umweltamtes für die Gewährung des 10-jährigen Wasserrechts in Höhe von 10 000 € bezahlte die E-GmbH am 26.4.2007.

Die Kosten für das Entfernen der Brunnenanlage und die Verfüllung des Bohrloches belaufen sich nach den Preisverhältnissen Ende Dezember 2007 auf 100 000 €. Nach der bestmöglichen Schätzung werden die Kosten, unter Einbeziehung von Preissteigerungen von jährlich 2%, am 1.7.2013 jedoch 120.700 € betragen. Der langfristige Zinssatz beträgt 6,5%.

Aus der Buchführung der E-GmbH ergeben sich bezüglich des geschilderten Sachverhaltes zum 31.12.2007 folgende Bilanzansätze:

Bohrbrunnen:	443 072 €
Rückstellung:	66 392 €

Dazu wird Ihnen die folgende Erläuterung gegeben:

„Die Rückstellung ist wie folgt ermittelt worden:

	bestmöglich geschätzter Preis 1.7.2017:	120 700 €
x	Abzinsungsfaktor (Zinssatz 6,5 %) 0,55005	
=	abgezinster Wert zum 31.12.2007:	66 392 €

Die geschätzten Kosten für die Entfernung der Brunnenanlage und die Verfüllung des Bohrlochs wurden in dem Maße, wie sie als Rückstellung angesetzt wurden, den Herstellungskosten hinzugerechnet. Der Absetzung für Abnutzung wurde eine Nutzungsdauer von 10 Jahren zugrunde gelegt. Es wurde die lineare Abschreibungsmethode angewandt.

Die Kosten der Gewährung des 10-jährigen Wasserrechts wurden in voller Höhe als Aufwand gebucht."

Aufgabe

Können diese Bilanzansätze dem Grunde und der Höhe nach so in die Steuerbilanz übernommen werden?

Falls nein, aus welchen konkreten Gründen nicht?

Bilden Sie die für die Steuerbilanz korrekten Bilanzansätze.

Begründen Sie Ihre Entscheidungen und geben Sie die maßgeblichen Ansatz- und Bewertungsvorschriften an.

> **HINWEIS**
>
> Umsatzsteuerliche Besonderheiten bestehen nicht. Die E-GmbH ist zum vollen Vorsteuerabzug berechtigt.
>
> Beachten Sie, dass die E-GmbH einen möglichst niedrigen steuerlichen Gewinn wünscht.
>
> Verfahren Sie im Zweifel nach der Verwaltungsauffassung. Runden Sie bitte stets auf volle Euro-Beträge.

Aufgabenteil II

Sachverhalt

Die X-GmbH hat ihren Sitz in Magdeburg. Sie betreibt eine Maschinenfabrik. Das Stammkapital der in 1995 gegründeten Gesellschaft beträgt 200 000 € und ist voll eingezahlt. Geschäftsführender Gesellschafter der X-GmbH ist Heinrich X. Er hält 100 % der Anteile.

Nach den Betriebsgrößenmerkmalen wird die X-GmbH als mittelgroße Kapitalgesellschaft i. S. d. § 267 HGB eingestuft. Das Wirtschaftsjahr der GmbH stimmt mit dem Kalenderjahr überein. Für die Wirtschaftsjahre bis einschließlich 2006 wurden ausschließlich einheitliche Handels- und Steuerbilanzen erstellt, weil sich abweichende Ansätze oder Bewertungen bisher nicht ergeben haben.

Aus Finanzierungsgründen soll in der Handelsbilanz zum 31. 12. 2007 ein möglichst hohes Eigenkapital ausgewiesen werden. Der Jahresüberschuss in der Steuerbilanz soll jedoch möglichst niedrig ausfallen. Gewinnausschüttungen wurden für das Jahr 2006 nicht beschlossen und sind auch für das Jahr 2007 nicht geplant.

Die X-GmbH führt nur zum Vorsteuerabzug berechtigende Umsätze aus.

Aus den Konten des betrieblichen Rechnungswesens ergibt sich handels- und steuerrechtlich zunächst ein zutreffend ermittelter Jahresüberschuss von 140 000 €.

Ausgehend von den Konten der Buchführung sind für die Erstellung der Handels- und Steuerbilanz sowie der entsprechenden Gewinn- und Verlustrechnungen zum 31. 12. 2007 die folgenden Sachverhalte noch zu überprüfen.

Tag der Bilanzaufstellung ist der 31. 3. 2008.

Anschaffung des Betriebs Handel mit „Ersatzteilen für Spezialmaschinen"

Die X-GmbH erwarb mit Vertrag vom 15. 12. 2006 vom 65-jährigen Fritz Meyer im Ganzen den von ihm bisher in seinem Unternehmen gesondert geführten Handel mit Ersatzteilen für Spezialmaschinen. Herr Meyer hatte den Teilbetrieb in gemieteten Räumen betrieben. Als Tag des tatsächlichen Übergangs wurde der 1. 1. 2007 bestimmt. Zwischen den beteiligten Personen bestehen weder verwandtschaftliche noch andere Beziehungen.

Folgende Konditionen wurden ausgehandelt:

Die X-GmbH übernimmt:

- den Warenbestand zum marktüblichen Preis von 150 000 €,
- die vollwertigen Forderungen aus Lieferungen und Leistungen zum Nennwert von 70 000 € und
- die im Januar 2007 fälligen Verbindlichkeiten aus Lieferungen und Leistungen von 220 000 €.

Als Gegenleistung verpflichtet sich die X-GmbH zu Folgendem:

- 90 200 € sind von der X-GmbH an Herrn Meyer am 15. 1. 2007 bar zu zahlen.
- Die X-GmbH zahlt Herrn Meyer eine monatlich im Voraus fällige Rente auf Lebenszeit in Höhe von 750 € beginnend am 1. 1. 2007. Der für die Besteuerung maßgebliche versicherungsmathematische Barwert der Rente beträgt am 1. 1. 2007 89 800 € und am 31. 12. 2007 87 300 €.

Sämtliche Zahlungen wurden pünktlich entrichtet.

In der Gewinnermittlung für Herrn Meyer wurde der gesamte Sachverhalt als betrieblicher Vorgang behandelt. Folgende Buchungen sind in diesem Zusammenhang im Jahr 2007 erfolgt:

1. 1. 2007:

Wareneingang	150 000 €			
Forderungen aus LuL	70 000 €	an	Verbindlichkeiten aus LuL	220 000 €

15. 1. 2007:

sons. betr. Aufwendungen	90 200 €	an	Bank	90 200 €

jeweils zum Ersten jeden Monats:

Rentenaufwand	750 €	an	Bank	750 €

Durch die Übernahme des Handelsbetriebs war ein Neuaufbau der inneren Organisation des Unternehmens und des Vertriebsnetzes notwendig. Die erforderlichen Maßnahmen wurden am 28. 2. 2007 abgeschlossen. Die Kosten hierfür betragen nach zutreffender Ermittlung 35 000 € und sind in den Konten Personalaufwand mit 10 000 € und sonstige betriebliche Aufwendungen mit 25 000 € enthalten.

Außerdem wurde vom 5. 1. 2007 bis zum 25. 1. 2007 eine Werbekampagne durchgeführt, die dazu diente, den neuen Geschäftszweig der X-GmbH überregional bekannt zu machen. Die dafür am 25. 1. 2007 in Rechnung gestellten Aufwendungen wurden sofort bezahlt und wie folgt gebucht:

Werbeaufwand	30 000 €			
Vorsteuer	5 700 €	an	Bank	35 700 €

Steuerrückstellungen:

Anhand der bisherigen Buchungen und Berechnungen des Buchhalters wurden die Steuerrückstellungen zutreffend mit folgenden Werten ermittelt:

Gewerbesteuer	20 000 €
Körperschaftsteuer	22 000 €
Solidaritätszuschlag	1 210 €

Der Jahresüberschuss nach Buchung dieser Rückstellungen beträgt 140 000 €. Der Hebesatz für die Gewerbesteuer beträgt 400 %.

Aufgabe

Ermitteln Sie die Auswirkungen auf den in Handelsbilanz und Steuerbilanz auszuweisenden Jahresüberschuss für das Jahr 2007, die sich aufgrund der genannten Feststellungen ergeben. Verwenden Sie für die Zusammenstellung des Ergebnisses dafür die Anlage 1.

Beurteilen Sie unter Angabe der einschlägigen Ansatz- und Bewertungsvorschriften, wie die dargestellten Sachverhalte aus handelsrechtlicher und steuerrechtlicher Sicht zu behandeln sind. Soweit erforderlich, sind die Kontobestände zum 31.12.2007 zu ermitteln.

Die für den handelsrechtlichen Abschluss zum 31.12.2007 noch erforderlichen Buchungssätze (einschließlich etwaiger Korrekturbuchungssätze) sind anzugeben.

Sollte ggf. ein abweichender steuerlicher Abschluss erforderlich sein, sind die dafür notwendigen weiteren bzw. zusätzlichen Buchungssätze anzugeben.

In diesem Fall ist für die Überleitung vom handelsrechtlichen Abschluss auszugehen.

Aufgabenteil III

Sachverhalt

Anton Brauer (A) betreibt in Cottbus eine Brauerei. Das Wirtschaftsjahr entspricht dem Kalenderjahr. Die Handelsbilanz soll mit der Steuerbilanz übereinstimmen.

Für die Jahre 2005 bis 2007 findet zurzeit eine Betriebsprüfung statt. Die Bilanz für 2007 liegt dem Finanzamt noch nicht vor.

Bis zum Beginn der Betriebsprüfung im Mai 2008 hat sich ausschließlich die Ehefrau des A, Elisabeth Brauer (E), um die Buchführung der Brauerei gekümmert. Durch die Betriebsprüfung sahen sich die Eheleute Brauer aber veranlasst, Sie als Steuerberater/in mit der Überprüfung zu beauftragen.

Aufgrund der bisherigen Feststellungen des Betriebsprüfers und anhand der Ihnen von Ihren Mandanten überlassenen Unterlagen ergeben sich folgende Sachverhalte:

1. Grundstückskauf

Bis zum Ende des Jahres 2005 wurde die Brauerei auf einem im Alleineigentum des A stehenden Grundstück (G 1) betrieben. Ein betriebsnotwendiger Lagerplatz befand sich auf einem 5 Kilometer entfernten, ebenfalls im Alleineigentum des A stehenden Grundstück (G 2). Die notwendigen täglichen Transportleistungen zwischen Brauerei und Lagerplatz wurden durch eine Spedition erbracht. Diese Transporte sah A jedoch aufgrund der ständig steigenden Kraftstoffpreise als zu teuer an. Daher beschloss er im Januar 2006, zwei unmittelbar neben seinem Grundstück G 1 gelegene Grundstücke (G 3 und G 4) zu erwerben.

Das Grundstück G 3 war im Zeitpunkt des Erwerbs mit einer Lagerhalle bebaut, die A unstreitig nach grundlegenden Umbauarbeiten unter nahezu völliger Aufgabe erheblicher Bausubstanz (Entfernung sämtlicher Decken und Zwischenwände, Entfernung und Neugestaltung der Vorderfront, neues Dach) als Lagerhalle nutzen wollte.

Kurz nach dem Erwerb (1. 2. 2006) stellte sich bereits am 5. 2. 2006 heraus, dass die Lagerhalle eine von außen nicht sichtbare, beginnende Korrosion in tragenden Teilen aufwies. Obwohl die Lagerhalle weder technisch noch wirtschaftlich verbraucht war, entschloss sich A daraufhin, die Lagerhalle abzureißen. Der Abriss erfolgte noch im Februar 2006. Die Abbruchkosten betrugen 50 000 € zzgl. 16% USt = 8 000 €.

Die Anschaffungskosten für G 3 betrugen insgesamt 600 000 €, davon entfallen (zutreffend) 590 000 € auf den Grund und Boden und 10 000 € auf die Lagerhalle. Der Vorgang wurde wie folgt gebucht:

Buchung 2006:

Grundstück G 3	590 000 €			
Lagerhalle G 3 alt	10 000 €	an	Bank	600 000 €
AfaA	10 000 €	an	Lagerhalle G 3 alt	10 000 €
sons. betr. Aufw.	50 000 €			
Vorsteuer	8 000 €	an	Bank	58 000 €

Anstelle der alten Halle wurde sofort eine neue errichtet. Zu den Herstellungskosten von 500 000 € zzgl. 16% USt = 80 000 € zahlte A noch 50 000 € zzgl. 16% USt = 8 000 € für die beschleunigte Erstellung der Halle, die am 1. 4. 2006 fertig gestellt wurde. Die Nutzungsdauer der Halle beträgt unstreitig 25 Jahre.

Buchung 2006:

Lagerhalle G 3 neu	500 000 €			
sons. betr. Aufw.	58 000 €			
Vorsteuer	80 000 €	an	Bank	638 000 €
AfA	20 000 €	an	Lagerhalle G 3 neu	20 000 €

Buchung 2007:

AfA	20 000 €	an	Lagerhalle G 3 neu	20 000 €

Das Grundstück G 4 war mit einer am 1. 1. 2006 technisch und wirtschaftlich verbrauchten Baracke bebaut, die A bei Erwerb abzureißen plante, um das Grundstück G 4 mit einer bislang nicht vorhandenen Hofbefestigung (Pflasterung) zu versehen, damit eine optimale Anfahrt an die Lagerhalle auf Grundstück G 3 gewährleistet war.

A erwarb das Grundstück G 4 am 31. 1. 2006 mit Übergang von Besitz, Gefahr, Nutzungen und Lasten umsatzsteuerfrei zum Kaufpreis von 50 000 €. Der Buchwert der Baracke betrug am 1. 1. 2006 10 000 €.

Buchung 2006:

Grundstück G 4	40 000 €			
Gebäude G 4	10 000 €	an	Bank	50 000 €

Im Februar 2006 wurde die Baracke wie geplant abgerissen. Die Kosten für den Abriss beliefen sich auf 5 000 € zzgl. 16% USt = 800 €.

Buchung 2006:

AfaA	10 000 €	an	Gebäude G 4	10 000 €
sons. betr. Aufwendungen	5 000 €			
Vorsteuer	800 €	an	Bank	5 800 €

Unmittelbar nach dem Abriss der Baracke wurde planmäßig mit dem Anlegen der Hofbefestigung (Nutzungsdauer 10 Jahre) begonnen, die zum 1. 4. 2006 fertig gestellt war. Die Kosten betrugen 30 000 € zzgl. 16% USt = 4 800 €.

Buchung 2006:

Grundstück G 4	30 000 €			
Vorsteuer	4 800 €	an	Bank	34 800 €

2. Grundstücksverkauf

Das nun nicht mehr benötigte Grundstück G 2 (Buchwert 20 000 €) veräußerte A im Jahr 2006 zum Kaufpreis von 50 000 € an X. Dieser wollte auf dem Grundstück G2 (Bauerwartungsland) ein privat genutztes Einfamilienhaus errichten. Besitz, Gefahr, Nutzungen und Lasten gingen am 1. 10. 2006 über. Der Kaufpreis wurde am 1. 12. 2006 auf das betriebliche Konto des A überwiesen.

Entgegen allen Erwartungen wurde das Grundstück durch die Stadt im Januar 2007 aber endgültig nicht als Bauland ausgewiesen. Daraufhin erklärte X im Februar 2007 die Wandlung des Kaufvertrages mit A. Im März 2007 gingen deshalb Besitz, Gefahr, Nutzungen und Lasten gegen Rückzahlung des Kaufpreises wieder auf A über.

Im April 2007 erstellte Frau E den Jahresabschluss für das Jahr 2006. Den Grundstücksverkauf buchte sie wie folgt:

Buchung 2006:

Bank	50 000 €	an	Grundstück G 2	20 000 €
		an	sonst. betr. Erträge	30 000 €

Die im Februar 2007 erfolgte Wandlung des Kaufvertrages betrachtete sie als wertaufhellende Tatsache und bildete eine Rückstellung, um den Gewinn aus der Grundstücksveräußerung zu neutralisieren.

Buchung 2006:

sonst. betr. Aufwendungen   30 000 €   an   Rückstellungen   30 000 €

Die Rückabwicklung des Kaufvertrages buchte E für das Jahr 2007 wie folgt:

Buchung 2007:

Grundstück G 2   20 000 €
sonst. betr. Aufwendungen   30 000 €   an   Bank   50 000 €

Rückstellungen   30 000 €   an   sonst. betr. Erträge   30 000 €

Der Betriebsprüfer will die Rückstellung für 2006 nicht anerkennen, weil es sich bei dem Rückabwicklungsverhältnis um ein schwebendes Geschäft handele, weshalb lediglich eine Rückstellung für drohende Verluste aus schwebenden Geschäften in Betracht käme, die steuerrechtlich nach § 5 Abs. 4a EStG nicht gebildet werden dürfe.

Die Einbuchung des Grundstücks G 2 im Jahr 2007 mit dem Buchwert beanstandete der Betriebsprüfer ebenfalls, weil der Vollzug der Wandlung einen neuen Kauf darstelle. Das Grundstück sei daher mit den Anschaffungskosten zu bilanzieren.

3. Lastenaufzug

An der neuen Halle wurde am 1. 4. 2007 ein Lastenaufzug (Nutzungsdauer 10 Jahre) installiert. Die Kosten für den Lastenaufzug betrugen 50 000 € zzgl. 19% = 9.500 €.

Buchung 2007:

Gebäude G 3   50 000 €
Vorsteuer   9 500 €   an   Bank   59 500 €

Weitere Buchungen wurden nicht vorgenommen.

4. Flaschenpfand

Der Bestand an Pfandflaschen in der Brauerei betrug zum

31. 12. 2005	31. 12. 2006	31. 12. 2007
5 000 000 Fl.	6 000 000 Fl.	7 000 000 Fl.

Der Bestand der bei den Getränkehändlern umlaufenden Pfandflaschen betrug zum

31. 12. 2005	31. 12. 2006	31. 12. 2007
10 000 000 Fl.	12 000 000 Fl.	14 000 000 Fl.

Im Januar 2005 wurde der gesamte bisherige Flaschenbestand, eine besonders geformte und daher aufgrund der Kleinserie teure Flaschenart, durch standardisiertes Einheitsleergut mit einer Stückzahl von 15 000 000 Flaschen ersetzt.

In den Jahren 2006 und 2007 wurden jeweils in der ersten Jahreshälfte 3 000 000 Flaschen neu angeschafft, der Stückpreis beträgt in allen drei Jahren 0,10 € und das Pfandgeld beträgt ebenfalls 0,10 € pro Flasche.

Die betriebsgewöhnliche Nutzungsdauer der Pfandflaschen beträgt 3 Jahre. Gehen Sie zur Vereinfachung davon aus, dass in den Jahren 2005 bis 2007 keine Pfandflasche durch Glasbruch oder Ähnliches verloren gegangen ist.

Während die vereinnahmten Pfandgelder als Betriebseinnahmen behandelt wurden, ist der gesamte in der Brauerei vorhandene Flaschenbestand als Anlagevermögen aktiviert worden.

Bestand (in €) zum

31.12.2005	31.12.2006	31.12.2007
1 500 000	1 800 000	2 100 000

Weitere Buchungen wurden in diesem Zusammenhang nicht vorgenommen.

5. Biersteuer

In der Gewinn- und Verlustrechnung für 2005 weist A einen Aufwand für Biersteuer in Höhe von 3 000 000 € aus. Von diesem Betrag entfallen 20 % auf den Bierbestand, der am 31.12.2005 auf dem Grundstück G 2 gelagert ist. Gemäß § 2 Biersteuergesetz entsteht die Biersteuer, wenn das Bier die Brauerei verlässt, und zwar auch dann, wenn es nur in ein brauereieigenes Auslieferungslager verbracht wird.

Am 31.12. der Jahre 2006 und 2007 sind keine Bierbestände vorhanden.

Aufgabe

Beurteilen Sie unter Angabe der einschlägigen Rechtsvorschriften den vorstehenden Sachverhalt. Die im Sachverhalt enthaltenen Rechtsauffassungen der Beteiligten sind kritisch zu hinterfragen. Gegebenenfalls erforderliche Korrekturbuchungssätze sind anzugeben.

Stellen Sie die Gewinnauswirkungen für die Jahre 2005 bis 2007 dar. Füllen Sie dazu die Anlagen 2 bis 4 aus.

Der Gewinn soll möglichst niedrig ausfallen. Auf § 6b EStG ist **nicht** einzugehen.

Aufgabenteil II – Anlage 1

Ermittlung Jahresüberschuss		
	Handelsbilanz	Steuerbilanz
Vorläufiger Jahresüberschuss	140 000 €	140 000 €
Jahresüberschuss		

Aufgabenteil III – Anlage 2

Auswirkung auf GuV für 2005		
GuV-Position	+	./.
1.		
2.		
3.		
4.		
5.		
6.		
7.		
8.		
9.		
10.		
etc.		
Summe		

Gewinnerhöhung/-minderung 2005 = _____

Aufgabenteil III – Anlage 3

Auswirkung auf GuV für 2006		
GuV-Position	+	./.
1.		
2.		
3.		
4.		
5.		
6.		
7.		
8.		
9.		
10.		
etc.		
Summe		

Gewinnerhöhung/-minderung 2006 = _____

Aufgabenteil III – Anlage 4

Auswirkung auf GuV für 2007		
GuV-Position	+	./.
1.		
2.		
3.		
4.		
5.		
6.		
7.		
8.		
9.		
10.		
etc.		
Summe		

Gewinnerhöhung/-minderung 2007 = _____

STEUERBERATERPRÜFUNG 2004 (Original)

Aktualisiert auf die Rechtslage 2007

Lösung der Prüfungsaufgabe aus dem Prüfungsgebiet der Buchführung und des Bilanzwesens

Aufgabenteil I

1. Päparator Teuber

a) Beteiligung an der G-GmbH

T ist Gewerbetreibender und damit spätestens seit Eintragung seines Betriebs in das Handelsregister Kaufmann (§ 2 HGB) und daher nach §§ 238 ff. HGB zur Buchführung und zur Aufstellung von Bilanzen verpflichtet. Nach § 140 AO trifft ihn diese Pflicht auch für Zwecke der Besteuerung. Da der Sachverhalt offen lässt, ob schon vor der Eintragung in das Handelsregister wegen Überschreitens der Grenzen Buchführungspflicht für Zwecke der Besteuerung nach § 141 AO besteht, wird unterstellt, dass T ohne eine solche Verpflichtung freiwillig Jahresabschlüsse aufgrund ordnungsmäßiger Buchführung aufgestellt hat.

> **HINWEIS**
> Dies ist zu rechtfertigen, denn laut Sachverhalt wurde die Beteiligung „von Anfang an bilanziert".

Die Beteiligung an der G-GmbH gehört seit ihrer Anschaffung zum Betriebsvermögen des Gewerbebetriebs des T. Ausgehend von einer mindestens freiwilligen Erstellung von Jahresabschlüssen (Bilanzen und GuV, § 242 Abs. 3 HGB) kann dahingestellt bleiben, ob die Beteiligung zum notwendigen oder zum gewillkürten Betriebsvermögen gehört. Angesichts des Umfangs der Beteiligung und des Geschäftszwecks der GmbH sowie der Tatsache, dass die G-GmbH im Zeitpunkt des Erwerbs der Beteiligung bester Kunde und enger Geschäftspartner des T war und die Beteiligung deshalb auf Dauer dem Betrieb des T zu dienen bestimmt war, dürfte eine Einstufung als notwendiges Betriebsvermögen naheliegender sein.

> **HINWEIS**
> Die amtliche Lösung geht fälschlich von gewillkürtem Betriebsvermögen aus. Für die Lösung ist dies jedoch nicht von Bedeutung.

Da die Beteiligung mehr als sechs Jahre zum Betriebsvermögen gehört hat, ist mangels abweichender Sachverhaltsvorgaben davon auszugehen, dass die Anteile an der G-GmbH bis zu ihrer Veräußerung zum Finanzanlagevermögen gehört haben. Die Beteiligung ist dementsprechend als Wirtschaftsgut des nicht abnutzbaren Anlagevermögens nach Handels- und Steuerrecht zutreffend mit den Anschaffungskosten in Höhe von 15 000 € bewertet worden (§ 246 Abs. 1, § 266 Abs. 2 A. III. 3, § 253 Abs. 1 HGB, § 5 Abs. 1 und 6, § 6 Abs. 1 Nr. 2 Satz 1 EStG).

Die Veräußerung der Beteiligung im Juli 2007 erfolgt nach Ablauf von mehr als sechs Jahren seit ihrer Anschaffung und ist deshalb nach § 6b Abs. 10 EStG begünstigt. Danach kann T den Veräußerungsgewinn bis zum Betrag von 500 000 € entweder in Höhe des nicht nach § 3 Nr. 40a EStG steuerfreien Teils von den Herstellungskosten des Gebäudes abziehen (§ 6b Abs. 10 Satz 1 und 2 EStG) oder einschließlich des nach § 3 Nr. 40a EStG steuerfreien Teils des Gewinns von den Anschaffungskosten eines Anteils an einer Kapitalgesellschaft abziehen (§ 6b Abs. 10 Satz 1 und 3 EStG) oder einschließlich des nach § 3 Nr. 40a EStG steuerfreien Teils des Gewinns eine gewinnmindernde Rücklage bilden (§ 6b Abs. 10 Satz 1 und 5 EStG).

Da T den Ausweis eines möglichst niedrigen Gewinns anstrebt und eine entsprechende Investition in 2007 offensichtlich nicht mehr erfolgt ist, ist eine gewinnmindernde Rücklage zu passivieren.

> **HINWEIS**
> Aus dem Sachverhalt ergibt sich nur, dass das Gebäude nicht mehr in 2007 fertig gestellt wurde. Es wird unterstellt, dass auch der Erwerb eines Anteils an der J-GmbH offensichtlich nicht mehr vor Ablauf des 31. 12. 2007 erfolgt ist, so dass eine Übertragung auf diese Anteile jedenfalls nicht in 2007 erfolgen kann.

Die Voraussetzungen für die Passivierung einer gewinnmindernden Rücklage liegen vor. Insbesondere ermittelt T den Gewinn aus Gewerbebetrieb als Kaufmann nach § 4 Abs. 1 i. V. m. § 5 und § 6b Abs. 4 Nr. 1 EStG und das veräußerte Wirtschaftsgut gehörte im Zeitpunkt der Veräußerung mindestens sechs Jahre zum Anlagevermögen einer inländischen Betriebsstätte des Steuerpflichtigen (§ 6b Abs. 4 Nr. 2 EStG). Schließlich muss die Bildung und Auflösung der Rücklage in der Buchführung verfolgt werden können (§ 6b Abs. 4 Nr. 5 EStG).

§ 6b Abs. 4 Nr. 4 EStG ist nicht entsprechend anzuwenden (§ 6b Abs. 10 Satz 4 EStG) und § 6b Abs. 4 Nr. 3 EStG, wonach die angeschafften Wirtschaftsgüter wiederum zum Anlagevermögen gehören müssen, ist für die Passivierung der Rücklage ohne Bedeutung. Diese Voraussetzung ist erst im Zeitpunkt der Anschaffung oder Herstellung der reinvestierten Wirtschaftsgüter zu prüfen.

> **HINWEIS**
> Die amtliche Lösung bezieht § 6b Abs. 4 Nr. 3 EStG in die Prüfung der Voraussetzungen für die Bildung der Rücklage ein. Dies ist offensichtlich unzutreffend, denn anders als im Falle der Ansparabschreibung oder der Rücklage für Ersatzbeschaffung ist die Absicht zu investieren gerade keine Voraussetzung für die Passivierung einer Rücklage nach § 6b EStG.

Der nach § 6b Abs. 10 EStG begünstigte Gewinn ist nach § 6b Abs. 2 EStG zu bestimmen und beträgt 66 940 €, weil vom Verkaufspreis in Höhe von 82 000 € neben dem Buchwert in Höhe von 15 000 € auch die Veräußerungskosten abzuziehen sind. Diese betragen (gerundet) 60 €, denn die Bahnfahrt wurde im wirtschaftlichen Zusammenhang mit der Veräußerung der Beteiligung durchgeführt. Die Vorsteuer ist wegen des Zusammenhangs mit der nach § 4 Nr. 8f UStG steuerfreien Veräußerung vom Abzug ausgeschlossen (§ 15 Abs. 2 Nr. 1 UStG) und als Aufwand zu behandeln. Dieser Betrag gehört daher ebenfalls zu den Veräußerungskosten.

> **HINWEIS**
> Vertretbar ist auch davon auszugehen, dass die Beteiligung umsatzsteuerrechtlich betrachtet nicht zum Unternehmensvermögen gehört, weil das Erwerben, Halten und Veräußern keine unternehmerische Tätigkeit darstellt. In diesem Fall ist der Vorsteuerabzug ebenfalls nicht zulässig,

weil die Leistung nicht für das Unternehmen ausgeführt wurde (§ 15 Abs. 1 Nr. 1 Satz 1 UStG). Vgl. zur Problemstellung BMF v. 26. 1. 2007, BStBl 2007 I 211 m. w. N.

Verkaufspreis	82 000 €
./. Buchwert	15 000 €
./. Veräußerungskosten	60 €
Veräußerungsgewinn	66 940 €

Dem Grundsatz der umgekehrten Maßgeblichkeit folgend (§ 5 Abs. 1 Satz 2 EStG) ist die Rücklage in der Handels- und Steuerbilanz übereinstimmend als Sonderposten mit Rücklageanteil (SoPo/RL) auszuweisen (§ 247 Abs. 3 HGB). Die Rücklage umfasst dabei sowohl den steuerpflichtigen als auch den nach § 3 Nr. 40a und § 3c Abs. 2 EStG steuerfreien Teil des Veräußerungsgewinns (§ 6b Abs. 10 Satz 5 EStG).

Nach allem ergeben sich folgende Umbuchungen zum 31. 12. 2007:

sonst. betr. Aufwendungen   10 €   an   Vorsteuer   10 €

sonst. betr. Aufwendungen*   66 940 €   an   SoPo/RL   66 940 €

HINWEIS

* § 281 Abs. 2 HGB schreibt ausdrücklich vor, dass die Einstellung in den Sonderposten mit Rücklageanteil unter den sonstigen betrieblichen Aufwendungen auszuweisen sind. Wenn auch § 281 HGB nicht im Jahresabschluss eines Einzelunternehmens verpflichtend zu beachten ist, so ergibt sich doch aus § 246 Abs. 2 HGB, dass die Einstellung in den Sonderposten nicht durch Saldierung (Minderung) der Erträge im Jahresabschluss dargestellt werden darf. Die amtliche Lösung verstößt gegen dieses Saldierungsverbot. Abgesehen davon verlangt auch § 6b EStG eine den Gewinn mindernde Passivierung der Rücklage durch Darstellung in der Buchführung.

b) Zuschuss der Stadt L

Die Zahlung der Stadt stellt sich als Investitionszuschuss dar, der ohne Gegenleistung des Zuschussempfängers gewährt wurde. Da auch keine Rückzahlungsverpflichtung besteht, ist der Zuschuss grundsätzlich erfolgswirksam zu vereinnahmen. Aufgrund der Zweckbestimmung der Stadt, die Herstellungskosten des Gebäudes zu bezuschussen, kann T aus Billigkeitsgründen zwischen einer erfolgswirksamen Vereinnahmung und einer Minderung der Herstellungskosten des Gebäudes wählen (R 6.5 Abs. 2 EStR 2005). Weil das Gebäude erst nach dem Bilanzstichtag fertig gestellt wird und der Zuschuss bereits vor dem 31. 12. 2007 vereinnahmt wurde, kann T eine den Gewinn mindernde Rücklage passivieren (R 6.5 Abs. 4 EStR 2005). Zur Ausübung dieses Wahlrechts ist dem Grundsatz der umgekehrten Maßgeblichkeit folgend (§ 5 Abs. 1 Satz 2 EStG) in der Handels- und Steuerbilanz übereinstimmend ein Sonderposten mit Rücklageanteil (SoPo/RL) auszuweisen (§ 247 Abs. 3 HGB).

Notwendige **Umbuchung** zum 31. 12. 2007:

sonst. betr. Aufwendungen*   2 000 €   an   SoPo/RL   2 000 €

> **HINWEIS**
> * Die amtliche Lösung macht unzutreffend den bisher gebuchten Ertrag rückgängig. Vgl. dazu bereits die Anmerkung zur vorangehenden Lösung.

2. Erfrischungsgetränke-GmbH

a) Brunnen

Der Brunnen stellt ein bewegliches abnutzbares Wirtschaftsgut des Anlagevermögens dar, das dem Grundsatz der Einzelbewertung folgend (§ 252 Abs. 1 Nr. 3 HGB) in der Handels- und Steuerbilanz unter den technischen Anlagen auszuweisen ist, denn es handelt sich um eine Betriebsvorrichtung i. S. d. § 68 Abs. 2 Nr. 2 BewG (§ 246 Abs. 1, § 266 Abs. 2 A. II. Nr. 2 HGB, § 5 Abs. 1 Satz 1 EStG). Die Bewertung erfolgt mit den um die planmäßige Abschreibung bzw. Absetzung für Abnutzung verringerten Herstellungskosten (§ 253 Abs. 1 und 2 HGB, § 5 Abs. 1 und 6, § 6 Abs. 1 Nr. 1 Satz 1 EStG).

Die Herstellungskosten betragen nach § 255 Abs. 2 HGB und § 6 Abs. 1 Nr. 1 Satz 1 EStG in Handels- und Steuerrecht übereinstimmend 400 000 €, weil ausschließlich Einzelkosten im Hinblick auf die Leistung der Firma B und die Gebühren für die Baugenehmigung angefallen sind. Nicht zu den Herstellungskosten gehört die in Höhe von 75 762,50 € abziehbare Vorsteuer (§ 9b Abs. 1 EStG). Ebenfalls nicht zu den Herstellungskosten der Brunnenanlage gehören die Kosten der künftigen Beseitigung der Anlage und das anschließende Verfüllen des Bohrlochs, denn es handelt sich nicht um Aufwendungen, die durch den Verbrauch von Gütern und die Inanspruchnahme von Diensten zur Herstellung eines Vermögensgegenstandes beitragen. Geradezu das Gegenteil ist hinsichtlich dieser Aufwendungen der Fall. Darüber hinaus kommt die Aktivierung künftig entstehender Aufwendungen ohnehin nicht in Betracht.

Die betriebsgewöhnliche Nutzungsdauer beträgt aufgrund der behördlich begrenzten Nutzungserlaubnis 10 Jahre und ist der Berechnung der planmäßigen Abschreibung zugrunde zu legen. Die Abschreibung kann in Handels- und Steuerbilanz nach § 7 Abs. 2 Satz 1 bis 3 EStG degressiv mit 30 % der Herstellungskosten erfolgen, denn die Brunnenanlage gehört zu den beweglichen Anlagegütern (§ 253 Abs. 2 Satz 1 HGB, § 5 Abs. 1 Satz 2 EStG, R 7.1 Abs. 3 EStR 2005). Da die Fertigstellung und Inbetriebnahme der Anlage am 1. 7. 2007 erfolgt ist, ist eine zeitanteilige Abschreibung für 6 Monate geboten (§ 7 Abs. 1 Satz 4 EStG).

Herstellungskosten	400 000 €
./. Abschreibung	40 000 €
Bilanzansatz 31. 12. 2007	360 000 €

b) Wasserrecht

Das Wasserrecht gehört zu den immateriellen Vermögensgegenständen des Anlagevermögens und ist aufgrund des entgeltlichen Erwerbs mit den Anschaffungskosten abzüglich planmäßige Abschreibung in der Handelsbilanz zu aktivieren (§ 246 Abs. 1 und

§ 248 Abs. 2, § 266 Abs. 2 A. II Nr. 1, § 253 Abs. 1 und 2 HGB). Die gleiche Lösung ist in der Steuerbilanz geboten (§ 5 Abs. 2, § 6 Abs. 1 Nr. 1 Satz 1 EStG).

Immaterielle Vermögensgegenstände sind unbewegliche Wirtschaftsgüter und deshalb ausschließlich zeitanteilig linear auf die betriebsgewöhnliche Nutzungsdauer abzuschreiben (§ 253 Abs. 2 Satz 1 HGB, § 7 Abs. 1 Satz 1 und 2 EStG). Die Nutzungsdauer beträgt entsprechend der behördlichen Begrenzung des Rechts 10 Jahre, so dass die Abschreibung für 2007 für 6 Monate 500 € beträgt.

Anschaffungskosten	10 000 €
./. Abschreibung	500 €
Bilanzansatz 31. 12. 2007	9 500 €

c) Verpflichtung zur Entfernung und Rekultivierung

Die Verpflichtung zur Entfernung des Brunnens und der Verfüllung des Bohrlochs beruht auf öffentlichem Recht und führt bei Missachtung zu Sanktionen durch die Umweltbehörde. Es handelt sich demgemäß um eine ungewisse Verbindlichkeit, die rechtlich und wirtschaftlich vor dem Bilanzstichtag verursacht ist. Aus diesem Grund ist übereinstimmend in Handels – und Steuerbilanz eine Rückstellung für ungewisse Verbindlichkeiten zu passivieren (§ 249 Abs. 1 HGB, § 5 Abs. 1 Satz 1 EStG, R 5.7 Abs. 1 und 2 EStR 2005).

Die Bewertung der Rückstellung erfolgt in der Handelsbilanz unter Beachtung des Stichtagsprinzips und damit der Wertverhältnisse am Bilanzstichtag (§ 252 Abs. 1 Nr. 4 HGB) mit dem Betrag, der nach vernünftiger kaufmännischer Beurteilung notwendig ist, um die Verpflichtung zu erfüllen (§ 253 Abs. 1 Satz 2 HGB). Dabei ist die Rückstellung im Wege der zeitanteiligen Ansammlung bis zur Erfüllung der Verpflichtung jährlich aufzustocken. Eine Abzinsung erfolgt nicht, weil die zugrunde liegende Verbindlichkeit keinen Zinsanteil enthält.

In der Steuerbilanz erfolgt die Bewertung abweichend vom Maßgeblichkeitsgrundsatz unter Beachtung der Bewertungsgrundsätze des § 6 Abs. 1 Nr. 3a EStG (§ 5 Abs. 6 EStG – Bewertungsvorbehalt). Dabei sind ausgehend von den Wertverhältnissen am Bilanzstichtag insbesondere die Grundsätze der Ansammlung (§ 6 Abs. 1 Nr. 3a Buchst. d EStG) und der Abzinsung (§ 6 Abs. 1 Nr. 3a Buchst. e EStG) zu beachten.

Die Abzinsung hat mit 5,5 % zu erfolgen. Als Restlaufzeit ist der Zeitraum zwischen dem Bilanzstichtag und dem Beginn der Erfüllung (1. 7. 2017) zugrunde zu legen. Der verbleibende Abzinsungszeitraum beträgt am 31. 12. 2007 noch 9 $^{1}/_{2}$ Jahre. Auf der Grundlage der Tabelle 1 zu § 12 Abs. 3 BewG (vgl. auch Tabelle 2 zum BMF-Schreiben v. 26. 5. 2005, BStBl 2005 I 699, mit gleichen Zahlen) ist die Verpflichtung zum 31. 12. 2007 mit 3 008 € (Rundung des Ergebnisses von 3 007,50 € entsprechend der Aufgabenstellung) zu bewerten und in dieser Höhe gewinnmindernd in der Steuerbilanz auszuweisen.

Berechnung:

a) Ansammlung

100 000 € : 10 Jahre x 0,5 Jahre = 5 000 €

b) Abzinsung

$$5\,000\,€ \times \frac{(0{,}585 + 0{,}618)}{2} = 3\,007{,}50\,€$$

Aufgabenteil II

1. Abweichende Steuerbilanz

Der Aufgabenstellung zufolge strebt die GmbH in der Handelsbilanz den Ausweis eines hohen Eigenkapitals durch Ausübung von Wahlrechten an. Soweit die Ausübung dieser Wahlrechte steuerrechtlichen Vorschriften über die Bewertung und Abschreibung widersprechen, ist der handelsrechtlichen Bilanzierung und Bewertung in der Steuerbilanz nicht zu folgen (§ 5 Abs. 6 EStG). Für diese Situation sieht § 60 Abs. 2 Satz 1 EStDV vor, durch Erläuterungen und Anmerkungen zur Handelsbilanz eine abweichende steuerliche Gewinnermittlung zu ermöglichen. Stattdessen kann auch eine abweichende Steuerbilanz aufgestellt werden (§ 60 Abs. 2 Satz 2 EStDV). Letzteres ist offensichtlich gewollt. Buchmäßig kann dies dadurch erreicht werden, dass sich dem für handelsrechtliche Zwecke gefertigten Jahresabschluss eine Fortsetzung der Buchführung allein für steuerrechtliche Zwecke unmittelbar anschließt. Dies erfordert zum Teil Umbuchungen, die vorangehende handelsrechtlich gebotene oder gewollte Buchungen rückgängig machen.

2. Erwerb des Handels mit Ersatzteilen

a) Aktivierung der übernommenen Wirtschaftsgüter

Die im Zusammenhang mit dem Erwerb des Teilbetriebs übernommenen Vermögensgegenstände bzw. Wirtschaftsgüter sind grundsätzlich einzeln zu bewerten (§ 246 Abs. 1, § 252 Abs. 1 Nr. 3, § 253 Abs. 1 HGB; § 6 Abs. 1 Satz 1 EStG). Dabei sind die einzelnen Wirtschaftsgüter mit dem Teilwert, höchstens mit den Anschaffungskosten anzusetzen (§ 6 Abs. 1 Nr. 7 EStG).

Da es sich umsatzsteuerrechtlich um eine nicht steuerbare Geschäftsveräußerung im Ganzen handelt, besteht kein Vorsteueranspruch, der nach § 9b Abs. 1 EStG zu würdigen wäre. Die Anschaffungskosten setzen sich deshalb aus der Barzahlung und der Übernahme der Rentenverpflichtung zusammen. Nicht dazu gehören die übernommenen betrieblichen Schulden, denn sie stellen sich lediglich als (negativer) Teil des übergehenden Betriebsvermögens dar. Dabei ist die Rentenverpflichtung mit dem Barwert zum Zeitpunkt des Rentenbeginns zugrunde zu legen (§ 253 Abs. 1 Satz 2 HGB, § 5 Abs. 1 Satz 1 EStG, R 6.2 EStR 2005).

Die Anschaffungskosten für die Summe aller Wirtschaftsgüter abzüglich Betriebsschulden betragen folglich 180 000 € (90 200 € + 89 800 €). Dieser Betrag entfällt mit 150 000 € auf den Warenbestand, mit 70 000 € auf die übertragenen Forderungen und mindernd mit 220 000 € auf die übernommnen Verbindlichkeiten.

Der Unterschiedsbetrag in Höhe von 180 000 €, um den die Gegenleistung von 180 000 € den Wert der einzelnen Vermögensgegenstände (220 000 €) abzüglich Schulden (220 000 €) im Zeitpunkt der Übernahme übersteigt, darf in der Handelsbilanz als Geschäfts- oder Firmenwert angesetzt werden (§ 255 Abs. 4 HGB). Dem Wunsch nach Ausweis eines möglichst hohen Eigenkapitals folgend wird von diesem Aktivierungswahlrecht Gebrauch gemacht. Gleichzeitig wird auf eine planmäßige Abschreibung verzichtet, weil § 255 Abs. 4 Satz 2 HGB eine Abschreibung zwingend erst ab dem folgenden Geschäftsjahr verlangt. Auch § 255 Abs. 4 Satz 3 HGB zwingt nicht zur Abschreibung in der Handelsbilanz.

Abweichend hiervon ist die Aktivierung des entgeltlich erworbenen Firmenwerts als Wirtschaftsgut des unbeweglichen, abnutzbaren Anlagevermögens in der Steuerbilanz geboten (§ 5 Abs. 2 EStG). Der Abschreibung ist nach § 7 Abs. 1 Satz 3 EStG eine betriebsgewöhnliche Nutzungsdauer von 15 Jahren zugrunde zu legen. Die (nur zulässige lineare) Abschreibung in der Steuerbilanz beträgt folglich 12 000 € (§ 7 Abs. 1 EStG).

Bilanzansatz	Handelsbilanz	Steuerbilanz
Firmenwert	180 000 €	168 000 €

b) Rentenverpflichtung

Die Rentenverpflichtung ist übereinstimmend in Handels- und Steuerbilanz mit dem Barwert (§ 253 Abs. 1 Satz 2 HGB, § 5 Abs. 1 und 6, § 6 Abs. 1 Nr. 3 EStG, H 6.10 „Rentenverpflichtungen" EStH 2007) zu bewerten. Die Verringerung des Barwerts durch Tilgung zum 31. 12. 2007 i. H. v. 2 500 € ist erfolgswirksam zu buchen. Dabei wird der Rentenaufwand um die in den Rentenzahlungen enthaltenen Tilgungsbeträge verringert, um in der Gewinn- und Verlustrechnung nur noch den in den Rentenzahlungen enthalten Zinsanteil als Aufwand auszuweisen.

HINWEIS

Eine Buchung als sonstige betriebliche Erträge – so die bekannt gewordene amtliche Lösung – dürfte nicht handelsrechtlichen Grundsätzen ordnungsmäßiger Buchführung entsprechen, weil ein nicht realisierter Gewinn ausgewiesen wird und Aufwendungen gezeigt werden, die in dieser Höhe gar nicht entstanden sind, denn Aufwand ist nur der Zinsanteil.

Dem Grundsatz der Einzelbewertung folgend (§ 252 Abs. 1 Nr. 3 HGB) berührt die Änderung des Barwerts nicht die Anschaffungskosten der übernommenen Wirtschaftsgüter.

Bilanzansatz	Handelsbilanz	Steuerbilanz
Rentenschuld	+ 87 300 €	+ 87 300 €

Nach allem sind die folgenden **Umbuchungen** zum 31. 12. 2007 unter Berücksichtigung des handelsrechtlich gewollten hohen Eigenkapitalausweises erforderlich:

Wareneinkauf	150 000 €	an	sonst. betr. Aufwendungen	90 200 €
Forderungen	70 000 €	an	Verbindlichkeiten	220 000 €
Firmenwert	180 000 €	an	Rentenschuld	89 800 €

Rentenschuld	2 500 €	an	Rentenaufwand	2 500 €

Für steuerrechtliche Zwecke ist darüber hinaus die folgende (ergänzende) Buchung geboten:

Abschreibungen (AfA)	12 000 €	an	Firmenwert	12 000 €

c) Aufwendungen für Ingangsetzung/Erweiterung des Geschäftsbetriebs

Die Aufwendungen für die Erweiterung des Geschäftsbetriebs aufgrund der Neuausrichtung der innerbetrieblichen Organisation, des Vertriebs und der auf diesen Umstand hinweisenden Werbeaktion dürfen in der Handelsbilanz als Bilanzierungshilfe aktiviert und vor dem Anlagevermögen unter dieser Bezeichnung ausgewiesen werden (§ 269 Abs. 1 Satz 1 HGB). Da laut Aufgabe ein möglichst hoher Eigenkapitalausweis anzustreben ist, ist von dem Aktivierungswahlrecht Gebrauch zu machen. Eine Abschreibung der Bilanzierungshilfe ist in 2007 nicht vorzunehmen, denn zwingend vorgeschrieben ist diese erst i. H. v. mindestens 25 % ab dem folgenden Geschäftsjahr (§ 282 HGB). Die Bilanzierungshilfe beträgt zum 31. 12. 2007 folglich 65 000 €.

Die abziehbare Vorsteuer ist mangels Aufwands nicht einzubeziehen. Bei geplanten Gewinnausschüttungen wäre die Ausschüttungssperre nach § 269 Satz 2 HGB zu beachten.

In der Steuerbilanz kommt der Ausweis der Bilanzierungshilfe nicht in Betracht, denn es handelt sich weder um ein Wirtschaftsgut noch um einen Rechnungsabgrenzungsposten. Der Grundsatz der Maßgeblichkeit (§ 5 Abs. 1 Satz 1 EStG) kann nicht greifen, weil danach (nur) das Betriebsvermögen anzusetzen ist, das nach handelsrechtlichen Grundsätzen ordnungsmäßiger Buchführung auszuweisen ist. Betriebsvermögen im Sinne des § 5 Abs. 1 EStG ist die Summe aller Wirtschaftsgüter abzüglich Schulden eines Betriebs. Dazu gehört die Bilanzierungshilfe gerade nicht. Im Hinblick auf § 10d EStG führt dieses Aktivierungsverbot steuerrechtlich betrachtet nicht zu Nachteilen.

Bilanzansatz	Handelsbilanz	Steuerbilanz
Aufwendungen für Ingangsetzung/Erweiterung des Geschäftsbetriebs	+ 65 000 €	–

Nach allem ist folgende **Umbuchung** zum 31. 12. 2007 unter Berücksichtigung des handelsrechtlich gewollten hohen Eigenkapitalausweises erforderlich:

Aufwendungen für Ingangsetzung/Erweiterung des Geschäftsbetriebs	65 000 €	an	aktivierte Eigenleistungen	35 000 €*
		an	Werbeaufwand	30 000 €

HINWEIS

* Vgl. § 275 Abs. 2 Nr. 3 HGB. Die amtliche Lösung macht den Personalaufwand und den sonstigen betrieblichen Aufwand mit Hilfe einer Habenbuchung rückgängig. Dies verstößt gegen § 246 Abs. 2 HGB.

Für steuerrechtliche Zwecke ist darüber hinaus die folgende Buchung geboten:

Aktivierte Eigenleistungen	35 000 €			
Werbeaufwand	30 000 €	an	Aufwendungen für Ingangsetzung/Erweiterung des Geschäftsbetriebs	65 000 €

d) Steuerrückstellungen

Nach § 249 Abs. 1 Satz 1 HGB i.V. m. § 5 Abs. 1 Satz 1 EStG ist im Hinblick auf die Belastung des Jahresergebnisses durch Gewerbe- und Körperschaftsteuer sowie den Solidaritätszuschlag die Passivierung von Rückstellungen wegen ungewisser Verbindlichkeiten geboten. Das gilt sowohl für die Handelsbilanz als auch mit Maßgeblichkeit für die Steuerbilanz. Die nach § 10 Nr. 2 KStG vorgeschriebene Hinzurechnung der Steuern vom Einkommen erfolgt außerhalb der Bilanz im Rahmen der Ermittlung des zu versteuernden Einkommens der GmbH.

In die Bemessungsgrundlage zur Berechnung der berichtigten Steuerrückstellungen sind nur die Gewinnauswirkungen einzubeziehen, die den steuerlichen Gewinn entsprechend § 4 Abs. 1 und § 5 EStG und damit den Gewerbeertrag (§ 7 GewStG) und dem folgend das zu versteuernde Einkommen (§ 8 KStG) beeinflusst haben:

Abschreibung auf den Firmenwert	./. 12 000 €
Rückgängigmachung der Aufwandsbuchung	+ 90 200 €
Minderung des Barwerts der Rentenschuld	+ 2 500 €
Erhöhung des Gewerbeertrags	+ 80 700 €
Erhöhung der GewSt-Rückstellung für 2007	./. 13 450 €
Gewinn nach GewSt-Rückstellung	67 250 €
Erhöhung der KSt-Rückstellung für 2007	./. 16 812 €
Erhöhung der Rückstellung für den SolZ	./. 924 €
Gewinn lt. Steuerbilanz	49 514 €

Berechnung der Berichtigung der GewSt-Rückstellung (§ 11 GewStG):

80 700 € x 5 % x 400 % x $5/6$* = 13 450 €

* Zum gleichen Ergebnis führt eine Berechnung mit dem Divisor 1,2.

Berechnung der Berichtigung der KSt-Rückstellung (§ 23 Abs. 1 KStG):

67 250 € x 25 % = 16 812 €

Berechnung der Berichtigung der Rückstellung für den SolZ:

16 812 € x 5,5 % = 924 €

Bilanzansatz	Handelsbilanz	Steuerbilanz
Steuerrückstellungen	+ 31 186 €	+ 31 186 €

Nach allem ist die folgende **Umbuchung** zum 31.12.2007 erforderlich:

| Steuern vom Einkommen und Ertrag | 31 186 € | an | Steuerrückstellungen | 31 186 € |

e) Latente Steuern

Der dem Geschäftsjahr zuzurechnende Steueraufwand ist im Verhältnis zum Jahresüberschuss zu niedrig, denn der nach den steuerrechtlichen Vorschriften zu versteuernde Gewinn ist niedriger als das handelsrechtliche Ergebnis. Weil sich dieser Unterschied in den folgenden Jahren durch Abschreibungen in der Handelsbilanz wieder ausgleicht, ist in Höhe der voraussichtlichen Steuerbelastung eine Rückstellung zu passivieren und in der Bilanz oder im Anhang gesondert anzugeben (§ 274 Abs. 1 Satz 1, § 249 Abs. 1 Satz 1 HGB). Während in der Handelsbilanz für die Passivierung der Rückstellung ein Passivierungsgebot besteht, ist ein entsprechender Ausweis in der Steuerbilanz unzulässig, denn künftige Verpflichtungen dürfen nach Steuerrecht nicht passiviert werden.

Die Abweichung des handelsrechtlichen Ergebnisses vom steuerrechtlich auszuweisenden Gewinn beträgt 77 000 € und beruht auf

Abschreibung des Firmenwerts	12 000 €	
Aktivierung der Ingangsetzungskosten	65 000 €	
Unterschied	77 000 €	
a) Gewerbesteuer: 5 % x 400 % x $^5/_6$	12 833 €	12 833 €
	64 167 €	
b) Körperschaftsteuer: 25 %		16 041 €
c) Solidaritätszuschlag: 5,5 %		882 €
Latente Steuerbelastung		29 756 €

Bilanzansatz	Handelsbilanz	Steuerbilanz
Steuerrückstellungen	+ 29 756 €	—

Die folgende **Umbuchung** ist zum 31.12.2007 erforderlich:

| Steuern vom Einkommen und Ertrag | 29 756 € | an | Steuerrückstellungen | 29 756 € |

Für steuerrechtliche Zwecke ist darüber hinaus die folgende (korrigierende) Buchung geboten:

| Steuerrückstellungen | 29 756 € | an | Steuern vom Einkommen und Ertrag | 29 756 € |

Aufgabenteil II – Anlage

	Handelsbilanz	Steuerbilanz
Jahresüberschuss bisher	140 000 €	140 000 €
Abschreibung auf den Firmenwert		./. 12 000 €
Sonstige betriebliche Aufwendungen	+ 90 200 €	+ 90 200 €
Rentenaufwand	+ 2 500 €	+ 2 500 €
Aktivierte Eigenleistungen	+ 65 000 €	
Steuern vom Einkommen und Ertrag	./. 31 186 €	./. 31 186 €
Steuern vom Einkommen und Ertrag	./. 29 756 €	
Jahresüberschuss lt. Handelsbilanz	**236 758 €**	
Gewinn lt. Steuerbilanz		**189 514 €**

Der Unterschiedsbetrag ist in der Steuerbilanz als steuerlicher Ausgleichsposten (./. 42 244 €) beim Eigenkapital (nach dem Jahresüberschuss, vgl. § 266 Abs. 3 A. I. 5 HGB) auszuweisen.

Aufgabenteil III

1. Anschaffung des Grundstücks

a) Grundstück G 3

Während das Grundstück G 3 zutreffend mit den Anschaffungskosten i. H. v. 590 000 € bewertet und dem folgend aktiviert wurde (§ 253 Abs. 1 HGB, § 5 Abs. 1 Satz 1, § 6 Abs. 1 Nr. 2 EStG), entspricht die Aktivierung und anschließende außerplanmäßige Abschreibung (AfaA) der Lagerhalle nicht den Grundsätzen, die für den Fall des Erwerbs eines Gebäudes mit der Absicht eines Totalabrisses unter Aufgabe der vorhandenen Bausubstanz zu beachten sind.

Danach sind die Abbruchkosten und der Restbuchwert eines bei Erwerb technisch und wirtschaftlich noch nicht verbrauchten Gebäudes bei einem Erwerb mit Abbruchabsicht als Herstellungskosten eines neuen Wirtschaftsguts zu beurteilen, wenn dem Abbruch die Errichtung dieses Wirtschaftsguts im zeitlichen und wirtschaftlichen Zusammenhang nachfolgt. Das gilt auch im vorliegenden Fall, weil beim Erwerb bereits die Absicht bestand, die vorhandene Bausubstanz nahezu völlig zu beseitigen. Die Feststellung späterer bei Erwerb noch nicht entdeckter Mängel und die folgende vollständige Beseitigung der Bausubstanz ändert an dieser Beurteilung nichts mehr (BFH v. 4. 12. 1984, BStBl 1985 II 208 und insbesondere BFH v. 15. 12. 1996, BStBl 1997 II 325).

Der Ausnahmefall, dass ein Erwerb mit der Absicht vorliegt, lediglich einen Teil des Gebäudes abzureißen, und sich erst nach Erwerb das Erfordernis des vollständigen Abbruchs ergibt, so dass Restbuchwert und Abbruchkosten im Hinblick auf die Beurteilung als Betriebsausgaben oder Herstellungskosten aufzuteilen wären, liegt offensichtlich nicht vor. Insbesondere fehlt es für eine Aufteilung an den dafür erforderlichen Angaben im Sachverhalt.

> **ANMERKUNG**
> Die Lösung dieses Sachverhalts ist ohne detaillierte Kenntnis der fraglichen BFH-Entscheidung nur schwer möglich. Es wurde daher auch eine Lösung zugelassen, wonach der Restbuchwert und die Abbruchkosten unter Berufung auf H 6.4 „Abbruchkosten" EStH 2007 ausgehend von einer fehlenden Abbruchabsicht als sofort abziehbare Betriebsausgaben beurteilt wurden.

Weil die alte Lagerhalle bis zu ihrem Abbruch als technisch und wirtschaftlich nicht verbrauchtes Gebäude grundsätzlich nutzbar ist, wäre grundsätzlich noch AfA für den Monat Februar zu verrechnen. Angesichts fehlender Angaben zum Bauantrag und zur ggf. kürzeren Nutzungsdauer und damit zur Abschreibung nach § 7 Abs. 4 Satz 2 EStG und des vermutlich geringfügigen Betrags wird auf eine weitere Lösung insoweit verzichtet. (Die amtliche Lösung geht auf diese Frage gar nicht ein.)

Nach allem sind die Herstellungskosten der neuen Lagerhalle um 10 000 € (Restbuchwert Altbau) und 50 000 € (Abbruchkosten) zu erhöhen. Außerdem gehören die sog. Schnellbaukosten (50 000 €) zu den Herstellungskosten, denn sie wurden im Zusammenhang mit der Errichtung des Gebäudes für die Inanspruchnahme von Diensten aufgewendet (§ 255 Abs. 2 HGB). Die Vorsteuer ist abziehbar und gehört deshalb nicht zu den Herstellungskosten (§ 9b Abs. 1 EStG).

Die neue Lagerhalle ist als Wirtschaftsgut des unbeweglichen abnutzbaren Anlagevermögens mit den Herstellungskosten abzüglich AfA zu bewerten (§ 253 Abs. 1 und 2 HGB, § 5 Abs. 1 und 6, § 6 Abs. 1 Nr. 1 Satz 1 EStG). Gründe für eine Teilwertabschreibung liegen nicht vor, denn der Teilwert entspricht mit widerlegbarer Vermutung den Herstellungskosten abzüglich AfA (R 6.7 EStR 2005).

Die AfA für die neue Halle ist nach § 7 Abs. 4 Satz 2 EStG zu bestimmen und beträgt 4 % der Herstellungskosten, weil die betriebsgewöhnliche Nutzungsdauer unstreitig weniger als 33 Jahre beträgt. Im Jahr der Herstellung 2006 ist die AfA zeitanteilig zu berechnen.

Kontenentwicklung:

Baukosten	500 000 €
+ Schnellbaukosten	50 000 €
+ Abbruchkosten	50 000 €
+ Restbuchwert Altgebäude	10 000 €
Herstellungskosten/AfA-Bemessungsgrundlage	610 000 €
./. AfA 2006 (610 000 € x 4 % x $9/_{12}$)	18 300 €
Bilanzansatz 31. 12. 2006	591 700 €
./. AfA 2007	24 400 €
Bilanzansatz 31. 12. 2007	567 300 €

Korrekturbuchungen 2006:

Lagerhalle (G 3 – neu)	110 000 €	an	Abschreibungen (AfaA)	10 000 €
Vorsteuer	8 000 €	an	sonst. betr. Aufwendungen	108 000 €
Lagerhalle (G 3 – neu)	1 700 €	an	Abschreibungen (AfA)	1 700 €

Korrekturbuchungen 2007:

Abschreibungen (AfA)	4 400 €	an	Lagerhalle (G 3 – neu)	4 400 €

b) Grundstück G 4

Die Bausubstanz auf dem Grundstück G 4 ist technisch und wirtschaftlich verbraucht. In diesem Fall liegt kein Erwerb eines bebauten Grundstücks mit der Folge der Aufteilung der Anschaffungskosten auf Grund und Boden sowie Gebäude vor. Vielmehr entfällt der Kaufpreis ausschließlich auf die Anschaffung des Grund und Bodens. Die Anschaffungskosten betragen folglich 50 000 € zzgl. Nebenkosten des Erwerbs (GrESt/Notar/Grundbuch). (Der Sachverhalt gibt zur Höhe der Erwerbsnebenkosten leider keinen Hinweis.)

Die Abbruchkosten der wertlosen Substanz gehören zu den Herstellungskosten der Hofbefestigung, denn der Abbruch war bereits bei Erwerb des Grundstücks beabsichtigt und die Aufwendungen dienen der Freimachung des Grundstücks, damit die Hofbefestigung errichtet werden kann (§ 255 Abs. 2 HGB, § 5 Abs. 1, § 6 Abs. 1 Nr. 1 EStG, H 6.4 „Abbruchkosten" EStH 2007). Die Vorsteuer ist abziehbar und ist deshalb nicht in die Herstellungskosten einzubeziehen (§ 9b Abs. 1 EStG).

Die Hofbefestigung gehört zu den Außenanlagen und stellt keine Betriebsvorrichtung dar (§ 68 Abs. 2 Nr. 2 BewG). Es handelt sich folglich um ein unbewegliches abnutzbares Wirtschaftsgut des Anlagevermögens, das nur linear und zeitanteilig abgeschrieben werden darf (§ 7 Abs. 1 Satz 1 und 2 EStG).

Kontenentwicklung:

Baukosten	30 000 €
+ Abbruchkosten	5 000 €
Herstellungskosten/AfA-Bemessungsgrundlage	35 000 €
./. AfA 2006 (35 000 € x 10 % x $^9/_{12}$)	2 625 €
Bilanzansatz 31. 12. 2006	32 375 €
./. AfA 2007	3 500 €
Bilanzansatz 31. 12. 2007	28 875 €

Korrekturbuchungen 2006:

Grundstück (G 4)	10 000 €	an	Abschreibungen (AfaA)	10 000 €
Hofbefestigung	35 000 €	an	sonst. betr. Aufwendungen	5 000 €
		an	Grundstück (G 4)	30 000 €
Abschreibungen (AfA)	2 625 €	an	Hofbefestigung	2 625 €

Korrekturbuchungen 2007:

Abschreibungen (AfA)	3 500 €	an	Hofbefestigung	3 500 €

2. Verkauf des Grundstücks G 2

Die Veräußerung des Grundstücks G 2 ist mit Übergang des wirtschaftlichen Eigentums in der Form des Übergangs von Besitz, Gefahr, Nutzungen und Lasten am 1.10.2006 erfolgt (§ 39 Abs. 2 Nr. 1 AO). Mit der Veräußerung ist die Aufdeckung der stillen Reserven verbunden (§ 252 Abs. 1 Nr. 4 HGB; auf § 6b EStG ist entsprechend der Aufgabenstellung nicht einzugehen).

Die Passivierung der Rückstellung wegen der Rückgängigmachung des Kaufvertrages in 2007 ist unzulässig. Weder liegt am Bilanzstichtag eine ungewisse Verbindlichkeit vor, noch kann von einem drohenden Verlust aus schwebendem Geschäft die Rede sein (§ 249 Abs. 1 Satz 1 HGB), so dass es keiner weiteren Auseinandersetzung mit § 5 Abs. 4a EStG bedarf.

Eine Rückstellung wegen ungewisser Verbindlichkeiten könnte nur dann in Betracht kommen, wenn am Bilanzstichtag ernstlich mit einer Rückabwicklung des Kaufvertrages zu rechnen gewesen wäre. Das gilt auch dann, wenn die Wandlung vor Bilanzaufstellung erklärt wird (BFH v. 28.3.2000, BStBl 2002 II 227; BMF v. 21.2.2002, BStBl 2002 I 335). Aus dem Sachverhalt ergibt sich zweifelsfrei, dass die Ereignisse, die die Rückabwicklung des Kaufvertrages ausgelöst haben, nach dem 31.12.2006 eingetreten sind.

Die tatsächlich erfolgte Rückabwicklung in 2007 aufgrund eines Sachmangels (§§ 434, 437 BGB) stellt keine Anschaffung dar. Vielmehr ist das Grundstück wieder mit seinen ursprünglichen Anschaffungskosten (Buchwert im Zeitpunkt der Veräußerung) in das Anlagevermögen aufzunehmen und entsprechend zu aktivieren, so dass mit der Rücknahme des Grundstücks ein außerordentlicher Aufwand in Höhe von 30 000 € verbunden ist. Die Auflösung der Rückstellung ist rückgängig zu machen.

Korrekturbuchungen 2006:

Rückstellungen 30 000 € an sonst. betr. Aufwendungen 30 000 €

Korrekturbuchungen 2007:

sonst. betr. Erträge 30 000 € an Rückstellungen 30 000 €

3. Lastenaufzug

Die Einfügung des Lastenfahrstuhls in die Lagerhalle ist als Herstellung eines selbständigen beweglichen und abnutzbaren Vermögensgegenstands bzw. Wirtschaftsguts zu beurteilen, denn es handelt sich wegen der Verbindung mit dem Grundstück zwar um einen wesentlichen Bestandteil (§ 94 BGB), aber um eine Betriebsvorrichtung i. S. d. § 68 Abs. 2 Nr. 2 BewG (R 7.1 Abs. 3 EStR 2005).

Die Betriebsvorrichtung ist mit den Herstellungskosten abzüglich AfA nach § 7 Abs. 2 Satz 1 – 3 EStG zu bewerten (§ 255 Abs. 2, § 253 Abs. 1 und 2 HGB, § 5 Abs. 1 und 6, § 6 Abs. 1 Nr. 1 EStG). Die zeitanteilige AfA für 2007 beträgt 30 % für 9 Monate (§ 7 Abs. 1 Satz 4 EStG), mithin 11 250 €.

Kontenentwicklung:

Herstellungskosten/AfA-Bemessungsgrundlage	50 000 €
./. AfA 2007 (50 000 € x 30 % x $^9/_{12}$)	11 250 €
Bilanzansatz 31. 12. 2007	38 750 €

Korrekturbuchungen 2007:

Technische Anlagen	50 000 €	an	Gebäude (G 3 – neu)	50 000 €
Abschreibungen (AfA)	11 750 €	an	Technische Anlagen	11 750 €

4. Pfandflaschen

a) Flaschenbestand

Der Bestand der bei den Händlern umlaufenden Pfandflaschen gehört ebenso zum Anlagevermögen wie die sich in der Brauerei selbst befindlichen Flaschen (§ 247 Abs. 2 HGB). Der Gesamtbestand ist mit den Anschaffungskosten abzüglich Abschreibungen (AfA) zu bewerten (§ 253 Abs. 1 und 2 HGB, § 5 Abs. 1 und 6, § 6 Abs. 1 Nr. 1 EStG).

Anstelle der Bewertung mit den fortgeführten Anschaffungskosten kommt auch die Sofortabschreibung (irrtümlich von R 6.13 EStR 2005 als „Bewertungsfreiheit" bezeichnet) nach § 6 Abs. 2 EStG in Betracht, denn es handelt sich um geringwertige Wirtschaftsgüter. Für eine entsprechende Bewertung bedarf es jedoch einer gleich lautenden Bilanzierung in der Handelsbilanz (§ 5 Abs. 1 Satz 2 EStG, § 254 HGB). Da von dieser Bewertung in den Handelsbilanzen zum 31. 12. 2005, 31. 12. 2006 und 31. 12. 2007 nicht Gebrauch gemacht worden ist, könnte diese Abschreibung nur im Wege der Bilanzänderung nachträglich in Anspruch genommen werden (§ 4 Abs. 2 Satz 2 EStG, BMF v. 18. 5. 2000, BStBl 2000 I 587). Dies setzt grundlegend voraus, dass nicht nur die Steuerbilanzen geändert werden, sondern auch die Handelsbilanzen (Maßgeblichkeitsgrundsatz).

Dem Sachverhalt kann nicht entnommen werden, ob eine entsprechende Änderung der Handelbilanzen im zeitlichen Zusammenhang mit den Bilanzberichtigungen angestrebt wird oder bereits erfolgt ist.

> **HINWEIS**
>
> Anmerkung: Versäumt man – wie die amtliche Lösung – auf die Frage der Maßgeblichkeit und damit die notwendig vorangehende Änderung der Handelsbilanz einzugehen, kommt man zum gleichen Ergebnis, weil den begehrten Bilanzänderungen keine Bilanzberichtigungen vorausgegangen ist, die zu Gewinnerhöhungen geführt haben (§ 4 Abs. 2 Satz 2 EStG), denn aufgrund der vorangehenden Aufgabenteile und der Passivierung der Rückstellungen (siehe unter b) kommt es aufgrund der Berichtigungen (saldiert) zu Gewinnminderungen. Vgl. dazu zur Problemstellung ausführlich *Falterbaum/Bolk/Reiß*, Buchführung und Bilanz, Achim, 20. Auflage, S. 1089.

Solange dies nicht geschieht, liegt keine wirksame Änderung der Steuerbilanz vor. Das gilt auch für das Jahr 2007, denn die Steuerbilanz ist dem Finanzamt bereits eingereicht und kann ebenfalls nur unter den besonderen Voraussetzungen des § 4 Abs. 2 Satz 2 EStG bei gleichzeitiger Änderung der Handelbilanz geändert werden.

Kontenentwicklung:

Zugang 1/2005 (15 000 000 Fl. × 0,10 €)			1 500 000 €
./. AfA 2005 (1 500 000 € × 33$^1/_3$ %)			500 000 €
Bilanzansatz 31.12.2005			1 000 000 €
Zugang 2006			300 000 €
./. AfA 2006	a) Altbestand	500 000 €	
	b) Zugang	100 000 €	600 000 €
Bilanzansatz 31.12.2006			700 000 €
Zugang 2007			300 000 €
./. AfA 2007	a) Altbestand	600 000 €	
	b) Zugang	100 000 €	700 000 €
Bilanzansatz 31.12.2007			300 000 €

Korrekturbuchungen 2005:

Abschreibungen (AfA)	500 000 €	an	Betriebsausstattung	500 000 €

Korrekturbuchungen 2006:

Abschreibungen (AfA)	600 000 €	an	Betriebsausstattung	600 000 €

Korrekturbuchungen 2007:

Abschreibungen (AfA)	700 000 €	an	Betriebsausstattung	700 000 €

ANMERKUNGEN

Erlaubt man – wie irrtümlich die amtliche Lösung – die Inanspruchnahme der GwG-Abschreibung in 2007 ohne weitere Begründung im Wege der Bilanzänderung, dann lauten die Korrekturbuchungen für 2007:

Abschreibungen (AfA)	600 000 €	an	Betriebsausstattung	600 000 €
Abschreibungen (gWG)	300 000 €	an	Betriebsausstattung	300 000 €

b) Pfandgelder

Die Verpflichtungen zur Rückzahlung der Pfandgelder gegenüber den verschiedenen Getränkehändlern sind ungewisse Verbindlichkeiten und deshalb als Rückstellungen zu passivieren (§ 249 Abs. 1 Satz 1 HGB, § 5 Abs. 1 Satz 1 EStG). Die Bewertung der Rückstellungen erfolgt nach § 253 Abs. 1 Satz 2 HGB und § 5 Abs. 1 und 6, § 6 Abs. 1 Nr. 3a EStG mit dem Betrag, der voraussichtlich zur Erfüllung der Verpflichtung erforderlich ist. Da der Bestand dem Sachverhalt zufolge nicht durch Glasbruch und sonstige Abgänge gemindert ist, droht eine Inanspruchnahme in Höhe der vereinnahmten und zutreffend als Betriebseinnahme gebuchten Pfandgelder für die im Umlauf befindlichen Flaschen. Dementsprechend sind die Rückstellungen

- ▶ zum 31.12.2005 mit 1 000 000 €
- ▶ zum 31.12.2006 mit 1 200 000 € und
- ▶ zum 31.12.2007 mit 1 400 000 € zu passivieren.

Korrekturbuchungen 2005:

sonst. betr. Aufwendungen   1 000 000 €   an   sonst. Rückstellungen   1 000 000 €

Korrekturbuchungen 2006:

sonst. betr. Aufwendungen   200 000 €   an   sonst. Rückstellungen   200 000 €

Korrekturbuchungen 2007:

sonst. betr. Aufwendungen   200 000 €   an   sonst. Rückstellungen   200 000 €

5. Biersteuer

Die Biersteuer gehört zu den Verbrauchsteuern und entsteht, wenn das Bier die Brauerei verlässt und in den nicht gebundenen Verkehr überführt wird (§ 2 BierStG). Die Belastung durch Verbrauchsteuern gehört zu den Vertriebskosten und ist deshalb nicht als Teil der Herstellungskosten des Bierbestandes zu erfassen (§ 255 Abs. 2 Satz 6 HGB). Die mit der Entrichtung der Verbrauchsteuern verbundene Gewinnminderung tritt jedoch erst ein, wenn der Bestand umgesetzt wird, denn die als Aufwand behandelten Verbrauchsteuern sind auf der Aktivseite der Bilanz auszuweisen, soweit sie auf am Abschlussstichtag auszuweisende Wirtschaftsgüter des Vorratsvermögens entfallen (§ 5 Abs. 5 Satz 2 Nr. 1 EStG). Diesem Aktivierungsgebot in der Steuerbilanz entspricht das Aktivierungswahlrecht in der Handelsbilanz (§ 250 Abs. 1 Satz 2 Nr. 1 HGB). Da laut Aufgabenstellung Handels- und Steuerbilanz übereinstimmen sollen, erfolgt die Aktivierung auch in der Handelsbilanz.

Der danach auszuweisende Aktivposten gehört weder zu den Rechnungsabgrenzungsposten i.S.d. § 5 Abs. 5 Satz 1 EStG, noch beinhaltet er einen bewertungsfähigen Vermögensgegenstand. Es handelt sich auch nicht um eine Bilanzierungshilfe, sondern vielmehr um einen selbständigen Aktivposten (*Schmidt/Weber-Grellet* EStG, § 5 Rz 259), der gewinnmindernd aufzulösen ist, wenn der fragliche Bestand sich durch Verkauf oder Verbrauch verringert.

Korrekturbuchungen 2005:

Aktivierte Verbrauchsteuer   600 000 €   an   Verbrauchsteueraufwand   600 000 €

Korrekturbuchungen 2006:

Verbrauchsteueraufwand   600 000 €   an   aktivierte Verbrauchsteuer   600 000 €

Teil III – Anlage 1

Gewinnauswirkungen 2005

GuV-Position	+	./.
1. Abschreibungen (Tz 5)		500 000 €
2. sonst. betr. Aufwendungen (Tz 5)		1 000 000 €
3. Verbrauchsteueraufwand	600 000 €	

Gewinnminderung 2005 = 900 000 €

Teil III – Anlage 2

Gewinnauswirkungen 2006

GuV-Position	+	./.
1. Abschreibungen/AfaA (Tz 1a)	10 000 €	
2. sonst. betr. Aufwendungen (Tz 1a)	108 000 €	
3. Abschreibungen/AfA (Tz 1a)	1 700 €	
4. Abschreibungen/AfaA (Tz 1b)	10 000 €	
5. sonst. betr. Aufwendungen (Tz 1b)	5 000 €	
6. Abschreibungen/AfA (Tz 1b)		2 625 €
7. sonst. betr. Aufwendungen (Tz 2)	30 000 €	
8. Abschreibungen/AfA (Tz 4a)		600 000 €
9. sonst. betr. Aufwendungen (Tz 4b)		200 000 €
10. Verbrauchsteueraufwand (Tz 5)		600 000 €

Gewinnminderung 2006 = 1 237 925 €

Teil III – Anlage 3

Gewinnauswirkungen 2007

GuV-Position	+	./.
1. Abschreibungen/AfA (Tz 1a)		4 400 €
2 Abschreibungen/AfA (Tz 1b)		3 500 €
3. Sonstige betriebliche Erträge (Tz 2)		30 000 €
4. Abschreibungen/AfA (Tz 3)		11 250 €
5. Abschreibungen/AfA (Tz 4a)		700 000 €
6. sonst. betr. Aufwendungen (Tz 4b)		200 000 €

Gewinnminderung 2007 = 949 150 €

ANMERKUNG

Geht man mit der amtlichen Lösung von der Zulässigkeit der Bilanzänderung im Hinblick auf die Abschreibung der geringwertigen Wirtschaftsgüter (Flaschen) im Fall 4 aus, beträgt die Summe der Gewinnminderungen für 2007 insgesamt 1 149 150 €.

Punkteverteilung: StB-Prüfung 2004 (Original)

I/1a) Beteiligung

Halbeinkünfteverfahren	1
Betriebsvermögen/Anlagevermögen/6-Jahres-Frist	2
Veräußerungsgewinn	3
Rücklage nach § 6b Abs. 10 EStG, § 5 Abs. 1 Satz 2 EStG	2
Kein Vorsteuerabzug	1
Umbuchungen/Korrekturbuchungen	1/10

I/1b) Zuschuss

Investitionszuschuss	1
Wahlrecht nach R 6.5 EStR	1
Zuschussrücklage	1/3

I/2a) Brunnen

Betriebsvorrichtung	1
Bewertungsgrundsätze	1
Herstellungskosten	2
Abschreibung	1
Bilanzansatz	1/6

I/2b) Wasserrecht

Immaterielles Wirtschaftsgut	1
Aktivierungsgebot	1
Abschreibung und Bilanzansatz	1/3

I/2c) Rückstellung

Entfernungsverpflichtung = ungewisse Verbindlichkeit	2
Öffentlich-rechtliche Verpflichtung	1
Bewertung der Rückstellung/Wertverhältnisse/Ansammlung/Abzinsung	3
Berechnung der Rückstellung/Interpolation	2/8
	30

II

§ 60 EStDV	1
Erwerb eines Teilbetriebs – Bewertungsgrundsätze	3
Korrektur der Buchung von 90 200 €	1
Anschaffungskosten der übernommenen einzelnen Wirtschaftsgüter	3
Rentenverpflichtung, Passivierung, Barwertminderung, Bilanzierung	4
Firmenwert – Aktivierung und Abschreibung in HB, dagegen in StB	4
Umbuchungen – Handelsbilanz und Steuerbilanz	3
Bilanzansätze in HB und StB	1
Ingangsetzungskosten – Handelsbilanz	2
Aktivierungsverbot in der Steuerbilanz	1
Buchungen – Handelsbilanz – Ergänzende Buchungen – Steuerbilanz	2
Steuerrückstellungen – Ermittlung des zvE	1
Gewerbesteuer	1
KSt/SolZ	1
Buchungen und Bilanzansätze – Handelsbilanz/Steuerbilanz	2
Latente Ertragsteuerbelastung (§ 274 HGB) – Begründung	2
Latente Ertragsteuerbelastung (§ 274 HGB) – Berechnung	2
Passivierungsverbot in StB	1
Buchungen – Handelsbilanz und ergänzend StB	2
Ermittlung des berichtigten Jahresüberschusses bzw. des Gewinns lt. StB	2/39
	39

III/1a) Grundstück G3

Bewertungsgrundsätze – Würdigung des Abbruchs und der Abbruchkosten	3
Schnellbaukosten, Vorsteuer	2
Aktivierung und Abschreibung	1/6

III/1b) Grundstück G 4

Bewertungsgrundsätze – Würdigung der Anschaffung und des Abbruchs	2
Bilanzierung der Hofbefestigung und Abschreibung	2/4

III/2. Verkauf des Grundstücks G 2

Veräußerung in 2006	1
Keine Rückstellung zum 31.12.2006 wegen Rücktritts in 2007	2
Aktivierung des Grundstücks in 2007	2/5

III/3. Lastenaufzug

Betriebsvorrichtung / Herstellungskosten	1
Aktivierung und Abschreibung	1/2

III/4. Flaschenpfand

Anlagevermögen / Geringwertige Wirtschaftsgüter	2
Mangels gleichlautender Bewertung in HB keine Bilanzänderung	1
Bilanzberichtigung für 2005 – 2007	2
Rückstellung für die Pfandrücknahmeverpflichtung	2/7

III/5. Biersteuer

Vertriebskosten	1
Aktivierung nach § 5 Abs. 5 Satz 2 Nr. 2 EStG in 2005	2
Auflösung des Aktivpostens in 2006	1/4

III/Anlage

GuV 2005 – 2007	3/3
	31
	100